REVISTA TRIMESTRAL DE

DIREITO PÚBLICO

31/2000

MALHEIROS EDITORES

Revista Trimestral de Direito Público

Órgão do

INSTITUTO GERALDO ATALIBA
IDEPE — INSTITUTO INTERNACIONAL
DE DIREITO PÚBLICO E EMPRESARIAL

INSTITUTO DE DIREITO ADMINISTRATIVO PAULISTA
IDAP

RTDP
Publicação trimestral de
MALHEIROS EDITORES LTDA.
Rua Paes de Araújo, 29, cj. 171
CEP 04531-940 - São Paulo, SP - Brasil
Tel.: (011) 3078-7205 - FAX.: (011) 3168-5495

Diretor responsável: Álvaro Malheiros
Diretora: Suzana Fleury Malheiros

Assinaturas e comercialização:
CATAVENTO DISTRIBUIDORA DE
LIVROS S.A.
Rua Conselheiro Ramalho, 928
CEP 01325-000 - São Paulo, SP - Brasil
Tel.: (011) 289-0811 - FAX (011) 251-3756

Supervisão Gráfica: Vânia Lúcia Amato
Editoração Eletrônica: Letra por Letra Studio

SUMÁRIO

DOUTRINA

A "QUESTÃO POLÍTICA" NAS MEDIDAS PROVISÓRIAS: UM ESTUDO DE CASO
— *Fábio Konder Comparato* 5
BREVE NOTA A PROPÓSITO DA ALTERAÇÃO DOS CONTRATOS REGIDOS PELA LEI N. 8.666/93
— *Eros Roberto Grau* 17
IMPENHORABILIDADE DOS BENS DAS EMPRESAS ESTATAIS EXERCENTES DE ATIVIDADES PÚBLICAS
— *Celso Antônio Bandeira de Mello* 19
USO DO ESPAÇO URBANO POR CONCESSIONÁRIAS DE SERVIÇOS DE TELECOMUNICAÇÕES
— *Adilson Abreu Dallari* 26
NOTAS PARA UM DEBATE SOBRE O PRINCÍPIO DA EFICIÊNCIA
— *Paulo Modesto* 47
ASPECTOS JURÍDICOS DA OUTORGA DA EXPLORAÇÃO DO SISTEMA DE BILHETAGEM ELETRÔNICA PARA A INICIATIVA PRIVADA
— *Floriano de Azevedo Marques Neto* 56
O ESTADO BRASILEIRO, SUA ATUAÇÃO E SEU DEVER CONSTITUCIONAL
— *Valmir Pontes Filho* 67
GÊNESES DOS ATOS ADMINISTRATIVOS NEGOCIAIS VINCULADOS E DISCRICIONÁRIOS
— *Toshio Mukai* 75
RESPONSABILIDADE DO ADMINISTRADOR PÚBLICO
— *Sérgio Sérvulo da Cunha* 79

PARECERES

UTILIZAÇÃO DA FAIXA DE DOMÍNIO DE RODOVIA MEDIANTE PASSAGEM SUBTERRÂNEA DE CABOS OU DUTOS — POSSIBILIDADE DE COBRANÇA
— *Celso Antônio Bandeira de Mello* 90

VALIDADE DE LEIS ESTADUAIS QUE ESTIPULAM ISENÇÃO DE PEDÁGIO, OU OUTRO BENEFÍCIO TARIFÁRIO, NAS RODOVIAS CONCEDIDAS
— *Antônio Carlos Cintra do Amaral* 97

REMOÇÃO DE SERVIDORES PÚBLICOS — CRITÉRIOS OBJETIVOS — RAZOABILIDADE
— *Clóvis Beznos* 106

COOPERATIVAS — PARTICIPAÇÃO EM LICITAÇÕES — VIABILIDADE — CONDIÇÕES
— *Maria Paula Dallari Bucci* e *Márcia Walquiria Batista dos Santos* 120

PARTICIPAÇÃO POPULAR NA ADMINISTRAÇÃO PÚBLICA
— *Marcos Augusto Perez* 126

ESTUDOS E COMENTÁRIOS

SERVIÇO PÚBLICO DE TELEVISÃO À LUZ DO SISTEMA ESPANHOL
— *Fábio Medina Osório* 138

GENOCÍDIO TRIBUTÁRIO DO SERVIDOR INATIVO
— *Antônio Souza Prudente* 163

TOMBAMENTO: UMA ANÁLISE CRÍTICA
— *Heraldo Garcia Vitta* 166

PERFIL DO USUCAPIÃO CONSTITUCIONAL
— *Edílson Pereira Nobre Júnior* 189

LICITAÇÃO PÚBLICA: (IN)EXEQÜIBILIDADE DAS PROPOSTAS E GARANTIA CONSTITUCIONAL
— *Joel de Menezes Niebuhr* 202

O DOMÍNIO DA UNIÃO SOBRE TERRAS DEVOLUTAS
— *Nilma de Castro Abe* 216

A "QUESTÃO POLÍTICA" NAS MEDIDAS PROVISÓRIAS: UM ESTUDO DE CASO

Fábio Konder Comparato

Doutor *Honoris Causa* da Universidade de Coimbra.
Doutor em Direito da Universidade de Paris.
Professor Titular da Faculdade de Direito da Universidade de São Paulo (USP)

1. O ato e o fato. 2. "Questões políticas" e "atos de governo": sentido e alcance dessas doutrinas: 2.1 A "political question doctrine" na jurisprudência da Suprema Corte dos Estados Unidos – 2.2 A teoria dos "atos de governo" na jurisprudência do Conselho de Estado Francês – 2.3 A recusa da doutrina norte-americana das "questões políticas" na Alemanha e na Itália – 2.4 A boa doutrina brasileira sobre a judiciabilidade de "questões políticas". 3. A inconstitucionalidade de medida provisória carente dos requisitos de urgência e relevância da matéria.

Na patologia das medidas provisórias o que importa não é apenas o estudo das diferentes doenças que o instituto tem apresentado, desde sua infeliz introdução no sistema constitucional de 1988. O que interessa, antes de mais nada, ao cultor do Direito não desligado do valor supremo da justiça é pesquisar a etiologia profunda dessas moléstias. Nessa perspectiva, parece útil discutir o problema à luz de uma teoria constitucional que, elaborada inicialmente nos Estados Unidos e depois transportada parcialmente para a Europa, está, ainda que de forma subliminar e informe, sempre presente em boa parte dos acórdãos de nossos Tribunais Superiores federais: a teoria da "questão política".

Para tanto, um dos métodos de análise mais convenientes é, certamente, o exame em profundidade de uma ocorrência patológica individual. A escolha recaiu sobre a Medida Provisória 2.088-35, de 27.12.2000.

1. O ato e o fato

A Medida Provisória 2.088-35, editada em 27.12.2000 e publicada no dia seguinte, apresenta-se, quanto à sua numeração, como a 35ª reedição de igual diploma normativo. Logicamente, portanto, deveria haver 34 edições anteriores da mesma Medida Provisória de n. 2.088. Este número, porém, somente foi atingido com o ato normativo editado pelo Presidente da República em 27.12.2000. Nenhuma outra medida provisória anterior ostenta o n. 2.088.

Pelo exame do *Diário Oficial da União* verifica-se que a medida provisória que teria servido de base para a redação da de n. 2.088-35 foi a de n. 1.964-34, assinada em 21.12.2000 (portanto, apenas seis dias antes) e publicada em 22 de dezembro. Esta, sim, foi a reedição verdadeira da mesma medida provisória, que vinha tendo uma numeração seqüencial: 1.964-33, 1.964-32 e 1.964-31. O art. 4º da Medida Provisória 1.964-34, de resto, dispõe: "Ficam convalidados os atos praticados com base na Medida Provisória n. 1.964-33, de 23 de novembro de 2000".

Ora, o objeto da Medida Provisória 1.964-34 já era heteróclito: tratava-se, conjuntamente, de alterar a Lei 6.368, de 21.10.1976, que "dispõe sobre medidas de prevenção e repressão ao tráfico ilícito e uso indevido de substâncias entorpecentes ou que determinem dependência física ou psíquica", bem como a Lei 8.112, de 11.12.1990, que "dispõe sobre o regime dos servidores públicos civis da União, das autarquias e das funções públicas federais". A Medida Provisória 2.088-35 veio acrescer mais dois elementos a esse conjunto disparatado de matérias: a alteração da Lei 8.429, de 2.6.1992, que dispõe sobre a improbidade administrativa, além da alteração da Lei 9.525, de 3.12.1997, que "dispõe sobre as férias dos servidores públicos civis da União, das autarquias e das fundações públicas federais".

Como é fácil de perceber, até pelas inteligências mais retardadas, a Medida Provisória 2.088-35 não é mera repetição de outra, mas *uma nova medida provisória*, solertemente apresentada como sendo a 35ª reedição do mesmo diploma normativo. O próprio Presidente da República, autor do ato, fornece argumentos taxativos nesse sentido. O Decreto 2.954, por ele assinado em 29.1.1999, ao estabelecer "regras para a redação de atos normativos de competência dos órgãos do Poder Executivo", dispõe, em seu art. 17:

"Art. 17. As medidas provisórias terão numeração seqüencial, em continuidade às séries iniciadas em 1988.

"§ 1º. Na reedição de medidas provisórias, serão mantidos os números originários a elas atribuídos, acrescidos do número correspondente à reedição, separado por hífen.

"(...).

"§ 3º. Será atribuído número novo ao primeiro texto de medida provisória em edição."

É lamentável se queira induzir em erro o público em geral e o Poder Judiciário em particular, mediante o grosseiro expediente de meter de cambulhada alterações da Lei de Improbidade Administrativa em medida provisória que *apenas seis dias antes* regulava questões de repressão e prevenção ao tráfico ilícito de entorpecentes ou assuntos de funcionalismo público.

Mas, afinal, por que teria o Chefe de Estado agido de modo tão aberrante da boa prática legislativa, por ele mesmo recomendada?

A razão desponta com clareza quando se atenta para a data em que foi assinado o ato normativo: 27.12.2000. Nessa data o Congresso Nacional achava-se em recesso. Ora, segundo o mandamento inequívoco da Constituição Federal, "em caso de relevância e urgência, o Presidente da República poderá adotar medidas provisórias, com força de lei, devendo submetê-las de imediato ao Congresso Nacional, *que, estando em recesso, será convocado extraordinariamente para se reunir no prazo de cinco dias*".

Poderia o Chefe de Estado, sem se desmoralizar por completo perante a opinião pública e os parlamentares, convocar extraordinariamente o Congresso Nacional para apreciar uma medida provisória carecedora do requisito de urgência?

É verdade que os espíritos malévolos seriam capazes de sustentar que a urgência na alteração de uma lei promulgada há oito longos anos residiria no fato de o Ministério Público Federal estar se aproximando perigosamente da chefia do Executivo em alguns inquéritos civis públicos em andamento. Sucede que mesmo essa malevolência veio a perder seu sentido quando o Presidente da República, ao "reeditar" a malsinada medida provisória pela 36ª vez, em 26.1.2001, eliminou totalmente os dispositivos que coartavam e reprimiam a ação do Ministério Público nas ações de improbidade administrativa. Restaram disposições anódinas sobre o procedimento a ser observado em tais ações.

Com isto, tornou-se patente que a excepcionalidade daquele ato normativo não se justificava, nem pela urgência nem, tampouco, pela relevância da matéria.

De onde a pergunta inafastável: pode o Supremo Tribunal Federal continuar a tolerar tais abusos?

Na verdade, só existe em Direito uma única possibilidade teórica de se justificar esse procedimento inconstitucional do Chefe do Poder Executivo: sustentar que os requisitos de relevância e urgência na edição de medidas provisórias constituem questões insuscetíveis de apreciação pelo Poder Judiciário.

Ora, essa justificativa, fundada na doutrina norte-americana das "questões políticas" e na teoria francesa dos "atos de governo", é inaceitável, como se passa a demonstrar.

2. "Questões políticas" e "atos de governo": sentido e alcance dessas doutrinas

2.1 A "political question doctrine" na jurisprudência da Suprema Corte dos Estados Unidos

As origens dessa controvertida teoria encontram-se no célebre aresto "Marbury *vs.* Madison" de 1803, que serviu de fundamento para a instituição do juízo de constitucionalidade das leis, primeiro nos Estados Unidos, e em seguida nos demais países onde se instituiu o Estado de Direito. Naquele julgado a questão foi apresentada com limpidez e correção, e as linhas de solução então encontradas servem ainda de modelo para o julgamento de litígios semelhantes nos tempos atuais. A jurisprudência ulterior da Suprema Corte Americana, porém, ao abandonar o reto caminho traçado por essa decisão inaugural, acabou por se perder num emaranhado de contradições e sutilezas, transformando a matéria numa "doutrina amorfa",[1] despida de todo conteúdo.[2]

Em "Marbury *vs.* Madison" o Juiz Marshall assentou, logo no início de seu voto, que "a competência, ou área de atuação, do Tribunal *[the province of the Court]* consiste, unicamente, em decidir a respeito de direitos dos indivíduos,[3] e não examinar de que maneira o Executivo ou os agentes do Executivo desempenham funções discricionárias. *[perform duties in which they have a discretion]* Questões de natureza política, ou que são, pela Constituição e as leis, atribuídas ao Executivo, não podem nunca ser trazidas ao julgamento deste Tribunal" *[Questions in their nature political, or which are, by the Constitution and laws, submitted to the Executive, can never be made in this Court].*

Mais adiante, porém, lembrou o Juiz Marshall um princípio óbvio: "Não se pode presumir que alguma disposição da Constituição seja despida de efeito; tal interpretação é inadmissível, a menos que ela resulte dos próprios termos (em que foi vazada essa disposição)".

1. Cf. Gerald Gunther e Kathleen M. Sullivan, *Constitucional Law*, 13ª ed., Westbury, Nova York, The Foundation Press, Inc., 1997, p. 45.

2. Cf. Daniel A. Farber, William N. Eskridge Junior e Philip P. Frickey, *Constitucional Law – Themes for the Constitution's Third Century*, St. Paul, West Publishing, 1993, p. 1.040.

3. Não se deve esquecer que a demanda levada ao conhecimento da Suprema Corte era uma ação de *mandamus*.

A questão de se saber se uma lei viola ou não a Constituição é de extrema gravidade e fundamental importância para o país. Ela pode e deve ser julgada à luz de princípios bem estabelecidos, há longo tempo. O primeiro e supremo princípio é o de que o povo, numa Democracia, é o único detentor do poder de determinar a forma como será organizada a sociedade política, em vista da felicidade geral. "A vontade original e suprema organiza o Estado e estabelece, para cada um de seus órgãos, a competência respectiva. Ela pode limitar-se a isto, ou então fixar certos limites, que não podem ser ultrapassados pelos órgãos do Estado."

Ora – prosseguiu ele –, "a organização política dos Estados Unidos é desta última espécie. Os poderes legislativos são definidos e limitados; e foi justamente para evitar que tais limites fossem mal-compreendidos ou ignorados que se redigiu a Constituição. Por que razão limitar poderes e estabelecer essa limitação por escrito, se tais limites podem, a qualquer momento, ser desconsiderados por aqueles que devem a eles se ater? A distinção entre um Estado com ou sem poderes limitados é abolida se esses limites não restringem a ação das pessoas, em relação às quais foram impostos, e se os atos autorizados são juridicamente equiparáveis aos atos proibidos. A asserção de que a Constituição refreia todo ato legislativo que a contraria é por demais evidente para ser contestada; caso contrário o Poder Legislativo terá competência para mudar a Constituição mediante lei ordinária".

"Entre esses dois elementos da alternativa não há meio-termo. Ou a Constituição é um Direito superior, imutável pelos meios ordinários, ou ela se situa no mesmo nível dos atos legislativos, e, tal como estes, pode ser mudada quando isto aprouver aos legisladores."

"Se o primeiro elemento da alternativa é verdadeiro, uma lei contrária à Constituição não tem validade; se verdadeiro o último elemento, então as Constituições escritas não passam de tentativas absurdas, por parte do povo, para limitar um poder em si mesmo ilimitável."

Os princípios assim postos, formula o Juiz Marshall a indagação capital: "Se um ato legislativo contrário à Constituição é nulo, impõe-se ele aos tribunais, obrigando-os a reconhecer os seus efeitos? Ou, em outras palavras, embora não seja juridicamente válido, constitui ele uma norma tão efetiva quanto um ato válido? *[though it be not law, does it constitute a rule as operative as if it was a law?]* Tal seria destruir na prática o que foi estabelecido em teoria; e não precisaríamos perder tempo com um absurdo tão grosseiro".

A conclusão é peremptória: "O Poder Judiciário dos Estados Unidos estende-se a todos os casos suscitados à luz da Constituição" *[The Judicial Power of the United States is extended to all cases arising under the Constitution]*

Em resumo, de "Marbury *vs.* Madison" podem ser extraídas duas conclusões:

1. Num regime de separação de Poderes a Constituição atribui a cada um dos ramos do Estado uma competência exclusiva bem definida. Os atos de competência do Poder Executivo, a que se atribui a caracterização de "políticos", pertencem a essa classe, não cabendo, obviamente, ao Judiciário exercê-los.

2. Não obstante, por força do próprio princípio de competência exclusiva de cada ramo do Estado, não se pode subtrair do Judiciário o poder-dever de julgar se o exercício dos atos de competência exclusiva, ou "política", do Legislativo e do Executivo obedecem às prescrições limitativas da Constituição.

No curso dos 200 anos que se seguiram a essa decisão histórica, as chamadas "questões políticas" foram decididas pela Suprema Corte a respeito de várias matérias, tais como relações exteriores e declaração de guerra (caso do Vietnã), processo de emenda à Constituição, garantia do regime republicano, *impeachment*, a fixação do número de deputados em função da população representada e o chamado "privilégio presidencial" (caso Nixon). Em quase todas as decisões a Suprema Corte julgou-se competente para examinar os atos impugnados, tanto do Executivo quanto do Legislativo, à luz da Constituição.

Em "Baker *vs.* Carr", julgado em 1962, a Corte fixou seu entendimento, definitivamente, sobre dois pontos óbvios, que os julgados posteriores a "Marbury *vs.* Madison" haviam obscurecido: 1) o que dá ensejo à exceção de "questão política" é a relação existente entre o Judiciário Federal e os demais Poderes da União, e não a relação entre o Judiciário Federal e os Estados; 2) a "questão política" diz respeito à garantia constitucional de separação de Poderes.

2.2 A teoria dos "atos de governo" na jurisprudência do Conselho de Estado Francês

Uma diferença marcante entre a *political question doctrine* norte-americana e a teoria francesa dos "atos de governo" deve ser desde logo ressaltada: enquanto a primeira diz respeito ao juízo de constitucionalidade dos atos praticados pelo Executivo ou o Legislativo, a teoria francesa situa-se exclusivamente no plano da legalidade. A razão é óbvia: na França o juízo de constitucionalidade das leis é recentíssimo, pois remonta à Constituição de 1958 e à criação do Conselho Constitucional, como órgão judicante separado do Poder Judiciário.

Numa primeira fase, que vai do acórdão *Laffite*, de 1822, ao acórdão *Príncipe Napoleão*, de 1875, o Conselho de Estado decidiu que não cabia recurso nem ao Poder Judiciário nem à jurisdição administrativa quando os atos impugnados dissessem respeito à "alta política", ou seja, quando a Administração declarasse que havia agido com um "objetivo político".

A partir de 1875 e até a entrada em vigor da Constituição de 1958 a justificativa do "objetivo político" foi abandonada, e a jurisprudência do órgão de contencioso administrativo passou a sustentar que certos atos, embora "aparentemente administrativos", não ensejariam, "pela sua natureza", debate algum pela via contenciosa; ou que um ato, "em razão de sua natureza", foge a todo controle jurisdicional. Estabeleceu-se, então, empiricamente e sem sistematicidade alguma, uma lista de *actes de gouvernement* cuja prática não daria ensejo a um juízo de validade nem à responsabilidade administrativa.

Numa terceira fase, cujo início remonta, *grosso modo*, ao período imediatamente posterior a 1945, o Conselho de Estado passou a admitir a judiciabilidade de alguns atos que, tradicionalmente, eram considerados imunes ao controle judicial ou administrativo, notadamente a proclamação do estado de sítio por uma autoridade administrativa e os decretos de extradição.

Hoje entende-se que os atos insuscetíveis de controle, quer pelo Judiciário, quer pelo Conselho de Estado, são de duas ordens: 1) os atos que dizem respeito às relações entre órgãos estatais, fora da Administração Pública, como o Governo e o Parlamento; 2) os atos concernentes às relações entre os Poderes Públicos Franceses e as autoridades estrangeiras, como os tratados internacionais. No entanto, mesmo em relação a essas duas exceções a posição de recusa de julgamento não é absoluta, a tal ponto que alguns autores falam, ironicamente, do *introuvable acte de gouvernement*.[4]

2.3 A recusa da doutrina norte-americana das "questões políticas" na Alemanha e na Itália

Na República Federal Alemã o Tribunal Federal Constitucional, ao usar de sua competência para fixar a própria competên-

4. Cf. Georges Vedel e Pierre Delvolvé, *Droit Administratif*, 11ª ed., v. I, Paris, Presses Universitaires de France, 1990, p. 511.

cia (*Kompetenz-Kompetenz*) à luz dos dispositivos da Lei Fundamental de 1949, proclamou, em acórdão de 31.7.1973, o princípio da autolimitação de seus próprios poderes jurisdicionais. O Tribunal apressou-se, porém, em esclarecer que esse *judicial self-restraint* não significava "uma redução ou enfraquecimento de suas competências, mas antes a recusa de *fazer política*; *[der Verzicht, Politik zu treiben]* isto é, a recusa de interferir no campo constitucionalmente estruturado e delimitado da livre atuação política"; ou, em outras palavras, o reconhecimento da "reserva, aos demais órgãos constitucionais, de um espaço garantido de livre atuação política".[5]

O professor Klaus Stern, ao comentar essa decisão, fez questão de frisar que "a recepção desse americanismo não deixa de suscitar problemas, se ele significa mais do que uma simples referência aos limites funcionais ou de competência da jurisdição constitucional".[6] A doutrina germânica é, na verdade, unânime em reconhecer que a *political question doctrine* norte-americana não encontra no sistema constitucional do país o menor amparo.[7]

Já na Itália a questão da judiciabilidade de atos do Executivo foi posta perante o Tribunal Constitucional precisamente a respeito da edição de decretos-leis, à luz do disposto no art. 77 da Constituição de 1947 – artigo, esse, que representou, como se sabe, a fonte direta da norma inscrita no art. 62 de nossa Constituição, relativa às medidas provisórias.

O Tribunal Italiano fixou sua jurisprudência sobre dois pontos da maior importância nessa matéria:

1) reconheceu, expressamente, sua competência para verificar o "respeito dos requisitos de validade constitucional, relativos à preexistência dos pressupostos de necessidade e urgência", precisando que o controle judicial de legitimidade difere daquele exercido pelo Parlamento no momento da conversão do decreto-lei em lei. Especificamente, no acórdão de n. 29/1995 julgou como violador da Constituição um decreto-lei que carecia do pressuposto de urgência;

2) por acórdão de n. 360/1996, o Tribunal Constitucional Italiano decidiu que a reiteração dos decretos-leis não convertidos em lei deve ser tida, em si e por si, como contrária à letra e ao espírito do art. 77 da Constituição.[8]

Escusa ressaltar a notável importância desses julgados italianos para orientação da doutrina e da jurisprudência entre nós no tocante ao juízo de constitucionalidade de medidas provisórias.

2.4 A boa doutrina brasileira sobre a judiciabilidade de "questões políticas"

Escrevendo no início do século XX sobre a transposição, desejada por alguns, da doutrina das "questões políticas" do Direito Norte-Americano para o nosso, Rui Barbosa lembrou, desde logo, a opinião de Willoughby de que "não há nada, realmente, mais artificial do que a distinção entre questões *políticas* e questões *jurídicas*". E observou: "Político fora da presença da Justiça, um litígio pode assumir o caráter de judiciário, assumindo a forma regular de uma ação".[9]

5. *Apud* Klauss Stern, *Das Staatsrecht der Bundesrepublik Deutschland*, 2ª ed., v. I, Munique, C. H. Beck, 1984, p. 135.

6. Idem, ibidem.

7. Cf., *inter alii*, Klaus Schlaich, *Das Bundesverfassungsgericht*, 3ª ed., Munique, C. H. Beck, 1994, n. 469; *Kommentar zum Grundgesetz für die Bundesrepublik Deutschland*, v. 2, Luchterland, 1989, p. 1.009.

8. Cf. Temístocle Martines, *Diritto Costituzionale*, 9ª ed., Milão, Giuffrè, 1997, pp. 475-476 e 601.

9. *Comentários à Constituição Federal Brasileira*, coligidos e ordenados por Homero Pires, v. IV, São Paulo, Saraiva, 1933, p. 41. A argumentação de Rui foi integralmente adotada por Pedro Lessa em seus comentários sobre o Poder Judiciário na Constituição Federal de 1891 (*Do Poder*

A razão disso é simples:

"O efeito da interferência da Justiça, muitas vezes, não consiste senão *em transformar*, pelo aspecto com que se apresenta o caso, uma questão *política* em questão *judicial*.

"Mas a atribuição de declarar inconstitucionais os atos da legislatura envolve, inevitavelmente, a Justiça Federal em questões políticas. É, indubitavelmente, um poder, até certa altura, político, exercido sob as formas judiciais. Quando a pendência toca a direitos individuais, a Justiça não se pode abster de julgar, ainda que a hipótese entenda com os interesses políticos de mais elevada monta."

Mesmo em relação ao exercício de funções discricionárias – prosseguiu ele – pode caber a interferência judicial se delas houver abuso claro e grosseiro. "Dar-se-á essa hipótese – escreveu – quando, por exemplo, a pretexto, em nome ou sob a cor de exercer atribuições tais, o Governo ou o Congresso as ultrapassarem, perpetrando atos que, evidentemente, nelas não caibam".

Fazendo em seguida alusão, sem a citar, à teoria administrativista francesa dos "atos de governo", afirmou Rui Barbosa que, mesmo tratando-se de poderes "totalmente discricionários, o de que não conhecem os tribunais é *do modo* como tais poderes, uma vez existentes, são exercidos, nas raias do que lhes traçou a eles a lei. Mas da alçada incontestável dos tribunais será entenderem na matéria, para examinar duas questões, se forem levantadas: a da existência desses poderes e a da sua extensão, comparada com o ato controverso. Se a autoridade *invoca uma atribuição inexistente*, ou *exorbita de uma atribuição existente*, embora discricionária dentro dos seus limites, não pode a Justiça recusar o socorro legal ao direito do indivíduo ou do Estado, que para ela apelar".[10]

Sobrevindo, porém, a Constituição de 1934, seu art. 68 determinou ser "vedado ao Poder Judiciário conhecer de questões exclusivamente políticas".

Que se devia entender pela expressão?

Pontes de Miranda encarregou-se de responder, e fez questão de reiterar suas observações críticas, ao comentar as Constituições de 1946 e de 1967/1969.[11]

Tome-se – propôs ele – um ato que sempre se considerou de natureza política: a declaração de guerra. Aqui, o que é imune à apreciação judicial é "a oportunidade, o acerto ou a conveniência do ato. É exclusivamente política a questão de se saber se convinha, ou se não convinha, declarar-se a guerra. Ao Congresso Nacional compete, exclusivamente, autorizar o Presidente da República a declará-la".

Mas, obviamente – aduziu –, não pode o Judiciário recusar-se a examinar se os requisitos formais desse ato, impostos pela Constituição, foram ou não observados.

Lembra, a seguir, vários outros casos em que, também tradicionalmente, se declara excluída a interferência judicial: a manutenção de relações diplomáticas, a verificação de poderes dos representantes diplomáticos estrangeiros, os tratados e convenções internacionais, a fixação de limites entre Estados-membros da Federação, o comando e a administração das forças militares, a distribuição orçamentária da despesa, a intervenção federal nos Estados ou destes nos Municípios, o provimento dos cargos políticos e a demissão de funcionários públicos, a convocação extraordinária do Congresso Nacional, a licença da Casa respectiva para se processar um parlamentar. Em todas essas hipóteses – frisou – o cumprimento dos pressupostos ou requisitos previstos na Constituição é sempre matéria submetida à soberana apreciação de juízes e tribunais.

Judiciário, Livraria Francisco Alves, 1915, pp. 54 e ss.).

10. Idem, pp. 43-44.

11. Cf. *Comentários à Constituição de 1967 com a Emenda n. 1 de 1969*, 2ª ed., t. III, São Paulo, Ed. RT, 1970, pp. 637 e ss.

O exemplo da convocação extraordinária do Congresso Nacional, lembrado por Pontes de Miranda, amolda-se perfeitamente à questão ora examinada. Sem dúvida, a Constituição/1988, tal como as anteriores, aliás, atribui ao Presidente da República esse poder (art. 57, § 6º, II). Mas ela estabelece com precisão os casos em que o Congresso pode ser convocado extraordinariamente pelo Chefe do Poder Executivo: "em caso de urgência ou interesse público relevante". Fora dessas hipóteses a convocação extraordinária do Congresso Nacional é inconstitucional, e os parlamentares podem, legitimamente, recusar-se a se reunir.

É exatamente por isso que o art. 62 da Constituição determina que o Congresso, quando em recesso, seja convocado extraordinariamente para apreciar medida provisória que, nesse período, haja editado o Presidente da República. Os requisitos para o exercício desse poder normativo extraordinário são precisamente os mesmos enunciados no art. 57, § 6º, II: urgência e relevância da matéria.

Como não perceber, diante de disposições tão claras, a ilegitimidade de uma eventual recusa do Judiciário em verificar se tais requisitos constitucionais foram efetivamente observados pelo Presidente da República?

Pontes de Miranda é incisivo: "Nunca se considera questão exclusivamente política qualquer questão que consista em saber-se se existe ou não, ou – se existe – qual a extensão ou qual a amplitude de atribuição das entidades políticas (União, Estados-membros, Distrito Federal, Municípios), de algum dos poderes públicos (Poder Legislativo Federal, Poder Judiciário Estadual, Prefeitos, Câmaras Municipais), ou de algum dos seus órgãos, e se foi, ou não, violado, ou se pode ou se não pode ser violado (*habeas corpus*, mandado de segurança) direito de alguém".[12]

E arremata: "Sempre que se discute se é constitucional, ou não, o ato do Poder Executivo, ou do Poder Judiciário, ou do Poder Legislativo, a questão judicial está formulada, o elemento político foi excedido, e caiu-se no terreno da questão *jurídica*".[13]

Em suma, no Direito Brasileiro, como em todos os sistemas jurídicos contemporâneos que obedecem ao padrão do Estado de Direito, o que está em jogo na discussão sobre as "questões políticas" não é o poder-dever de julgar, incumbente ao Judiciário. O que está em jogo é algo bem mais profundo: "é a relação entre o juízo normativo e o juízo político, a relação entre o Direito e a Política".[14]

Quando se diz que ao Judiciário é vedado "fazer política" o que se afirma não é, obviamente, que esse Poder estatal não faça parte da organização política do país, nem tampouco que o Judiciário seja um órgão subordinado, na estrutura do Estado. O que se quer afirmar é que a atividade política do Judiciário tem natureza essencialmente diversa daquela desenvolvida pelo Legislativo (ou o próprio povo soberano) e pelo Executivo. Ao primeiro incumbe a tomada das decisões fundamentais para a comunidade como um todo (*Grundentscheidungen*, *policy determination*), enquanto ao segundo, as decisões executórias das decisões fundamentais (*Aus- oder Durchführung der Grundentscheidungen*, *policy execution*). Ao Judiciário, por sua vez, cabe, com exclusividade, exercer o controle de todos esses atos ou decisões, com base na Constituição e nas leis (*policy control*).[15]

Montesquieu, a quem se credita a primeira elaboração da teoria da separação de Poderes no Direito Moderno, explicou com clareza a essência desse mecanismo institu-

12. Idem, p. 642.

13. Idem, p. 644.

14. Cristina M. M. Queiroz, *Os Actos Políticos no Estado de Direito – O Problema do Controle Jurídico do Poder*, Coimbra, Almedina, 1990, p. 210.

15. Karl Loewenstein, *Verfassungslehre*, 3ª ed., Tübingen, J. C. Mohr (Paul Siebeck), 1975, p. 40.

cional. Foi a distinção entre a "faculdade de estatuir" e a "faculdade de impedir".[16] A primeira incumbe, de modo original, ao legislador e, de modo executório, ao governo. A segunda pertence aos órgãos incumbidos de autorizar, sancionar ou aprovar os atos ou decisões daqueles outros órgãos. O Judiciário, como é óbvio, não possui a *faculté de statuer*, mas sim a *faculté d'empêcher*. Mas isto que ele chamou de "faculdade" é, claramente, um poder-dever, do qual o Judiciário não está constitucionalmente autorizado a abrir mão, sem o quê a estrutura do Estado perderia o equilíbrio e a harmonia.

3. A inconstitucionalidade de medida provisória carente dos requisitos de urgência e relevância da matéria

Já se disse e repetiu, um sem-número de vezes, que a maior dificuldade na técnica argumentativa é provar o óbvio. Bem examinadas as coisas, não vai nisso ironia alguma. Em Política, como em tudo mais, a reiteração de um abuso acaba por fazê-lo entrar na normalidade da vida.

É o que se dá com o poder, atribuído pela Constituição ao Presidente da República, de editar medidas provisórias. Trata-se, a todas as luzes, de uma competência excepcional, e não ordinária. Mas a prática brasileira acabou por transformar o abuso manifesto em costume pacífico e consagrado, sob as vistas complacentes do órgão judicial incumbido de zelar pela guarda e conservação do sistema constitucional.

A Constituição/1988, tal como as que a precederam, consagrou a separação de Poderes como princípio fundamental da ordem política (art. 2º). A doutrina publicista moderna, a partir das análises elaboradas pelos juristas alemães na vigência da Constituição de Weimar, mostrou que esse mecanismo de independência e harmonia entre os grandes ramos do Estado é uma *garantia institucional* das liberdades civis e políticas.[17] O que significa, em termos de rigidez do sistema, que o instituto da separação de Poderes não pode ser enfraquecido nem, *a fortiori*, eliminado pela via de emendas à Constituição (art. 60, § 4º, IV).

Como admitir, então, que essa garantia institucional das liberdades individuais possa ser suprimida pela reiteração não sancionada do abuso? Se o costume *contra legem* não tem validade, tê-lo-ia, por acaso, o costume contrário à ordem constitucional?

No Estado de Direito a competência legiferante primária – escusa lembrar o óbvio – pertence ao Poder Legislativo. Ao Executivo compete originariamente, nessa matéria, apenas um poder impediente, a *faculté d'empêcher* de Montesquieu, consubstanciada no veto (arts. 48 e 66). A Constituição/1988, aliás, reforça o princípio, ao determinar que o Congresso Nacional suste "os atos normativos do Poder Executivo que exorbitem do poder regulamentar, ou dos limites da delegação legislativa" (art. 49, V). Não havendo o texto se referido às medidas provisórias, teria porventura o constituinte equiparado esses diplomas normativos a leis próprias e autênticas?

É evidente que não. Tanto as medidas provisórias quanto as leis delegadas vêm re-

16. "J'appelle *faculté de statuer* le droit d'ordonner par soi-même, ou de corriger ce qui a été ordonné par un autre. J'appelle *faculté d'empêcher* le droit de rendre nulle une résolution prise par quelque autre: ce qui était la puissance des tribuns de Rome. Et quoique celui qui a la faculté d'empêcher puisse avoir aussi le droit d'approuver, pour lors cette approbation n'est autre chose qu'une déclaration qu'il en fait point d'usage de sa faculté d'empêcher, et dérive de cette faculté" (*De l'Esprit des Lois*, Livro XI, Capítulo VI).

17. A história dessa construção doutrinária foi bem contada por Klaus Stern, *Das Staatsrecht* ..., 2ª ed., v. III/1, 1988, § 68. Sobre o assunto, cf., no Brasil, Paulo Bonavides, *Curso de Direito Constitucional*, 7ª ed., São Paulo, Malheiros Editores, 1998, Capítulo 15; em Portugal, J. J. Gomes Canotilho, *Direito Constitucional e Teoria da Constituição*, 3ª ed., Coimbra, Almedina, pp. 373, 445 e 1.044.

guladas na Constituição em modo excepcional relativamente às leis complementares e ordinárias. Excepcional não apenas quanto ao processo legislativo, mas sobretudo no que diz respeito ao princípio de separação de Poderes, que domina toda essa matéria.

As medidas provisórias são nitidamente excepcionais em relação ao processo legislativo normal, porque representam uma inversão de procedimento. Enquanto o Presidente da República, no tocante às leis, só pode atuar no início (pela iniciativa) e no final (pelo veto) do processo, sendo-lhe vedado fazer entrar em vigor um texto normativo não aprovado pelo Congresso Nacional, as medidas provisórias são autênticos decretos com força de lei, como diz com maior rigor técnico a Constituição Italiana, os quais entram em vigor antes de serem definitivamente apreciados pelo órgão legislativo. Por isso mesmo, tais decretos têm vigência *provisória*: lei autêntica e efetiva somente existe depois que o Congresso Nacional vota o texto editado pelo Chefe do Poder Executivo, aprovando-o no todo ou em parte.

Excepcionais são também as medidas provisórias quando analisadas à luz do princípio fundamental da separação de Poderes. No regime presidencial – já se disse excelentemente[18] – o Chefe do Executivo deve ser eleito pelo povo, mas ele não pode, nunca, ser considerado representante do povo, pela boa razão de que a representação popular nada mais é do que um mecanismo de defesa do povo, perante o Poder Executivo. Este tem, com efeito, a prerrogativa que os romanos denominavam *imperium*. Ele concentra em suas mãos todos os poderes coativos em relação ao povo: a polícia judiciária e a administrativa, o poder de tributar, o poder de expropriar *et alii*. A função essencial dos parlamentares, enquanto representantes do povo, consiste, justamente, em *limitar os poderes de coação do governo e fiscalizar o seu exercício.*

Ora, a lei constitui o primeiro e principal limite ao campo de atuação imperativa do Poder Executivo, no quadro constitucional. Se o governo pudesse definir, ele próprio, os limites do seu poder de *imperium* a garantia institucional das liberdades civis e políticas estaria perdida. Ele tenderia, inelutavelmente – como, aliás, se tem visto à saciedade entre nós –, a usar da função legislativa para reforçar ainda mais suas prerrogativas, interferindo até mesmo nas garantias judiciais de direitos. De Poder Executivo, ele se torna aos poucos o Poder único e incontrastável, o "ditador constitucional" – ou seja, um paradoxo institucionalizado.

Quem o diz não é o autor destas linhas, mas o principal inspirador do nosso sistema de governo presidencial, Rui Barbosa: "Ninguém aqui se importa – denunciou ele – com as ditaduras presidenciais. (...). Ninguém se acautela, se defende, se bate contra as ditaduras do Poder Executivo. Embora o Poder Executivo, no regime presidencial, já seja, de sua natureza, uma semiditadura, coibida e limitada muito menos pelo corpo legislativo, seu cúmplice habitual, do que pelos diques e freios constitucionais da Justiça (...). Deste feitio, o Presidencialismo Brasileiro não é senão a ditadura em estado crônico, a irresponsabilidade geral, a irresponsabilidade consolidada, a irresponsabilidade sistemática do Poder Executivo".[19]

Pois é exatamente por esse caráter duplamente excepcional das medidas provisórias que a Constituição atribui ao Presidente da República – e somente a ele, nunca a um auxiliar seu, como o Advogado-Geral da União – o poder de editá-las (art. 62). A

18. Karl Loewenstein, *Verfassungslehre*, 3ª ed., pp. 34 e ss.

19. Discurso de posse na presidência do Instituto dos Advogados Brasileiros proferido em 19.11.1914, in *Obras Completas*, v. XLI, t. IV, 1914, *Trabalhos Jurídicos*, Rio de Janeiro, Ministério da Cultura/Fundação Casa de Rui Barbosa, pp. 232-233.

responsabilidade pela *usurpação do poder legislativo*, pelo sistemático e doloso abuso e desvio de funções na edição de medidas provisórias, recai pessoalmente na chefia do Poder Executivo, qualquer que tenha sido o redator efetivo de tais atos. E essa responsabilidade é, em tese, de natureza criminal, segundo dispõe a própria Constituição em seu art. 85, II: "São crimes de responsabilidade os atos do Presidente da República que atentem contra a Constituição Federal e, especialmente, contra: (...); II – o livre exercício do Poder Legislativo (...)".

Contra a evidência do atentado permanente à Constituição é ridículo argumentar com a ausência de culpa do Chefe do Poder Executivo, em razão da negligência do Congresso Nacional em exercer seu inalienável poder de controle sobre o turbilhão de medidas provisórias por aquele editadas. Como o Tribunal Constitucional Italiano teve ocasião de salientar nos julgados acima citados, é ao Judiciário que incumbe, em última instância e perante todos os demais Poderes, a guarda da Constituição. Se o Parlamento deixa de exercer o poder-dever de preservar sua competência legislativa, nem por isso ficam os juízes e tribunais dispensados de cumprir, com zelo e presteza, suas funções. A usurpação do poder legislativo não fere apenas o Congresso Nacional: ela viola também, e sobretudo, a soberania do povo e os direitos fundamentais, para cuja defesa existe uma Constituição.

A técnica das Constituições escritas – e, portanto, rígidas –, nunca é demais relembrar, foi inventada para a proteção do povo, não para melhorar a "governabilidade", como se diz hoje. O art. 16 da *Declaração dos Direitos do Homem e do Cidadão*, aprovada solenemente pela Assembléia Nacional Francesa na abertura da Revolução de 1789, é incisivo: "Toda sociedade, na qual a garantia dos direitos não é assegurada, nem a separação dos Poderes determinada, não tem Constituição".

Ressalte-se que as exigências constitucionais de *urgência* e *relevância da matéria* para o exercício do poder excepcional de editar medidas provisórias são logicamente interligadas. O Chefe do Poder Executivo só pode intervir na área própria de atribuições do Congresso Nacional quando se tratar de problema imprevisto, de reconhecida importância, cuja solução pode ficar comprometida caso se venha a utilizar o processo legislativo normal. Se a questão a regular não é de excepcional relevância não há, logicamente, urgência alguma em se baixar um decreto com força de lei.

Ora, no caso da Medida Provisória impropriamente definida como sendo de n. 2.088-35 era manifesto que não havia qualquer problema legislativo urgente a resolver naquele final de ano. Se tivesse havido o Presidente da República não precisaria usar do expediente não-recomendável de apresentar nova medida provisória como se fora simples reedição de medida provisória anterior: ele teria enfrentado a dificuldade sem disfarces, pela convocação extraordinária do Congresso Nacional para apreciar a medida nova, como impõe a Constituição.

Mas não foi somente este o vício manifesto do ato perpetrado pelo Presidente da República. Em 27.12.2000 a matéria considerada relevante e que suscitou desde logo acesa polêmica em todo o país foi a responsabilização dos membros do Ministério Público como *improbi administratores* pelo fato de exercerem a iniciativa acusatória em casos de improbidade de agentes públicos. Ou seja, a equiparação dos acusadores aos acusados, numa espécie de lei punitiva às avessas.

Pois bem, diante do clamor público suscitado pela ousadia do ato normativo, o Chefe do Executivo, logo no mês seguinte, recuou, e suprimiu toda e qualquer menção aos responsáveis pela abertura de inquéritos ou ações judiciais nas demandas intentadas com fundamento na Lei 8.429/1992. O que restou, depois disso? Algumas poucas e mofinas disposições procedimentais, sobre a forma de instrução da ação, a defesa prévia do réu, o cabimento de agravo da decisão que recebe a petição inicial, a extinção antecipada do processo, a aplicação do disposto no art. 221 do Código de Processo Penal aos depoimentos e inquirições ...

É esta a extraordinária relevância da matéria, a justificar o recurso à via legislativa de exceção? Será esta a melhor maneira de o Chefe de Estado cumprir seu juramento solene de "manter, defender e cumprir a Constituição" (art. 78)?

A pior corrupção de um país não advém da desonestidade pecuniária dos governantes, mas do desbaratamento, por eles provocado, dos mecanismos constitucionais de garantia da soberania popular e dos direitos humanos.

BREVE NOTA A PROPÓSITO DA ALTERAÇÃO DOS CONTRATOS REGIDOS PELA LEI N. 8.666/93

Eros Roberto Grau

Professor Titular da Faculdade de Direito da Universidade de São Paulo

O artigo 65 da Lei n. 8.666/93 enuncia os casos nos quais os contratos administrativos poderão ser alterados, com as devidas justificativas, seja unilateralmente pela Administração, seja por acordo das partes.

O texto não tem merecido atenção mais detida da doutrina. Não obstante, enseja algumas perplexidades.

O fato é que o preceito cuida de distintas matérias.

O inciso I enuncia duas hipóteses de alteração unilateral do contrato, por decisão da Administração. Já o inciso II cuida de alterações consensuais, para cuja realização diz o texto se impor o acordo das partes.[1]

Essa enunciação tem por um lado a virtude de discriminar, expressamente, os casos nos quais incide o *dever*, da Administração, de alterar o contrato, impondo sua manifestação de vontade à outra parte (inciso I, alíneas *a* e *b*).

De outra banda indica três casos de alteração contratual *compulsória*, às quais se sujeitam ambas as partes, Administração e contratado — trata-se, aí, das alíneas *b* e *c* (*quando necessária* a modificação) e *d* (*para restabelecer*), todas do inciso II. O "acordo das partes" é, aqui, expressivo unicamente da circunstância de a alteração contratual dever ser reduzida a um termo aditivo ao contrato; recusando-se porém, qualquer das partes, a assinar esse termo, poderá a outra exigir judicialmente o suprimento dessa omissão.

Por fim, indica uma hipótese de possibilidade de alteração contratual, a da alínea *a* do inciso II, na qual a modificação do contrato decorre exclusivamente da vontade de ambas as partes.

As enunciações contidas no inciso I e nas alíneas *b*, *c* e *d* do inciso II são exaustivas — *numerus clausus*; a alínea *a* do inciso I é exemplificativa. Por isso mesmo, se a alteração atender ao interesse público e, mais ainda, adequar a contratação à legalidade, poderá ser procedida.

A alteração que convém ao interesse público e torna adequado o contrato à legalidade, não sendo do tipo indicado nas alíneas *b*, *c* e *d* do inciso II do artigo 65, não será compulsória para o particular. Não obstante, deve a Administração persegui-la, buscando, para obtê-la, o consenso do particular. Daí dizermos que se trata, no caso,

1. Marçal Justen Filho (*Comentários à Lei das Licitações e Contratos Administrativos*, 5ª ed., São Paulo, Dialética, 1998, p. 515) sustenta que no inciso II há hipóteses de alteração facultativa — seria o caso da alínea *a* — e de modificação obrigatória do contrato — seria o caso da alínea *b*.

de alteração que depende do consenso do particular para ser procedida, embora se imponha à Administração. Esta não poderá contudo procedê-la sem aquele consenso ainda quando se trate de adequação da contratação à legalidade, hipótese de convalidação do contrato.

Aqui, no entanto, a doutrina que afirma, e de modo correto, o *dever* de convalidação dos atos administrativos[2] — porque a convalidação é uma imposição da legalidade — encontra obstáculo a transpor, já que o cumprimento desse *dever* depende do consenso do particular.

2. Weida Zancaner, *Da Convalidação e da Invalidação dos Atos Administrativos*, Ed. RT, São Paulo, 1990, pp. 53-57.

IMPENHORABILIDADE DOS BENS DAS EMPRESAS ESTATAIS EXERCENTES DE ATIVIDADES PÚBLICAS

CELSO ANTÔNIO BANDEIRA DE MELLO

Titular da Faculdade de Direito da PUC/SP

1. Há, conforme inúmeras vezes averbamos[1] dois tipos fundamentais de empresas públicas e sociedades de economia mista: a) as exploradoras de atividade econômica e b) as prestadoras de serviço público (que, em rigor, melhor se diriam prestadoras de atividade pública, pois não necessariamente dita atividade terá a compostura específica do serviço público, se a este se der uma acepção mais restrita, como nós mesmos o fazemos).

Tal discrímen, logo acompanhado por Hely Lopes Meirelles e mais tarde reproduzido por Eros Grau,[2] disseminou-se e está hoje plenamente consagrado na doutrina e na jurisprudência. Pode-se mesmo dizer que a Constituição de 1988 bem reflete esta distinção básica.

Com efeito, no capítulo relativo aos "Princípios Gerais da Atividade Econômica", logo depois de fixar que a exploração direta deste setor só será permitida ao Estado "quando necessária aos imperativos da segurança nacional ou a relevante interesse coletivo, conforme definidos em lei" (art. 173, *caput*), estatui que as que "explorem atividade econômica de produção ou comercialização de bens ou de prestação de serviços" ficarão sujeitas a um estatuto estabelecido em lei dispondo, entre outras coisas, sobre sua "sujeição ao regime jurídico próprio das empresas privadas, inclusive quanto aos direitos e obrigações civis, comerciais, trabalhistas e tributárias" (§ 1º, II). Embora tal dicção seja exagerada em face de outros preceptivos nela mesma residentes e ao diante referidos, ficou claro no artigo em pauta que a Lei Magna sufragou o reconhecimento de que nem todas as empresas do Estado têm o mesmo objeto, pois algumas delas são prepostas à exploração de atividade econômica e não a atividades típicas do Poder Público.

2. As exploradoras de atividade econômica atuam em esfera pertinente aos particulares, onde só excepcionalmente cabe, nos termos do "supra" mencionado art. 173, protagonização direta de empresa estatal. Bem por isto, são reguladas fundamentalmente pelo direito privado, como consta do referido o § 1º, II, em despeito de sofrerem inflexões do direito público, algumas delas, de resto, previstas expressamente em outros dispositivos constitucionais relativos ou à

1. Tal discrímen vimos fazendo ao menos desde 1973, in *Prestação de Serviços Públicos e Administração Indireta*, 1ª ed., Ed. RT, 1973, pp. 101 e ss. Hoje, *Curso de Direito Administrativo*, 14ª ed., Malheiros Editores, 2002, pp. 175 e 176 e ss.

2. Cf., respectivamente, *Estudos e Pareceres*, v. II, Ed. RT, 1977, p. 151 e *Elementos de Direito Econômico*, Ed. RT, 1981, p. 103.

administração indireta em geral ou especificamente sobre empresas governamentais, qualquer que seja sua tipologia (arts. 5º, LXXIII; 14, § 9º; 37, *caput* e incisos II, XVII, XIX, XX; arts. 49, X; 52, VII; 54; 71 e incisos II, III e IV; 165, § 5º e 169, §, 1º). Eis porque dissemos ser excessiva a dicção do art. 173, § 1º, II.

Nesta hipótese, o Poder Público, por via das empresas que criar, estará operando em área que lhe é estranha, em princípio, por estar ubicada na órbita de atuação dos particulares, a qual, compreensivelmente, *não goza, nem tem porque gozar, das vantagens requeridas para defesa do interesse público.* Aliás, bem por isto, os múltiplos dispositivos constitucionais apontados como incidentes também sobre as exploradoras de atividade econômica, dizem respeito a restrições e não à outorga de vantagens, mesmo porque, se destas pudesse dispor entraria em competição desleal com as empresas privadas que operassem no mesmo campo de atuação econômica.

3. Pelo contrário, as exercentes de serviço público ou atividade pública propriamente dita, desempenham competências tipicamente estatais, públicas por excelência e, bem por isto, tal como o próprio Estado, gozam de prerrogativas e *proteções especiais*, tanto como sofrem restrições peculiares, umas e outras estabelecidas para resguardo dos interesses públicos que lhes incumbe prover.

Com efeito, o objeto a que se preordenam é de natureza idêntica àquele pertinente ao Poder Público. Assim, não poderiam ficar desassistidas de todo o envoltório jurídico instrumentador e defensivo dos interesses desta índole e grandeza, como também não poderiam ver-se liberadas dos cerceios que lhes são correlatos, os quais defendem, simultaneamente, a sociedade como um todo e os cidadãos em si mesmos contra eventuais desmandos.

Excluí-las deste regime, evidentemente, seria o mesmo que excluir os interesses públicos em causa dos mecanismos com que o Direito os quis envolver.

De resto, seria um completo absurdo (que ninguém sufragaria) supor-se que, pela via da criação de tais entidades, o Estado, quando operante em setor que lhe é correspondente, pudesse se despedir das prerrogativas e proteções que a ordem jurídica inculca aos interesses públicos e se evadir das limitações impostas ao *modus procedendi* dos sujeitos incumbidos de sua cura.

4. Dentre as proteções outorgadas às atividades públicas, encontra-se, como é sabido e ressabido, a *impenhorabilidade dos bens públicos*, havendo unânime concordância quanto a isto. A vedação a que sejam penhorados dispõe-se a peremptoriamente impedir sejam expostos à contingência de praceamento, evento que colocaria em sobressalto os titulares de tais bens, exigindo-lhes, para salvá-los, imediato desconcerto do planejamento orçamentário ou — hipótese ainda mais grave — *colocaria em risco a continuidade da atividade pública a que estivessem prepostos.* Tal resultado, se fora possível, é bem de ver, instauraria uma inadmissível preponderância de interesses patrimoniais de terceiros sobre atividade cuja natureza e importância possui, de direito e por todos os títulos, inquestionável primazia.

Isto posto, resta saber que bens gozam da sobredita proteção, isto é, que bens são bens públicos.

5. Bens públicos — conforme anotamos em obra teórica — "são todos os bens que *pertencem às pessoas jurídicas de Direito Público*, isto é, União, Estados, Distrito Federal, Municípios, respectivas autarquias e fundações de Direito Público (estas últimas, aliás, não passam de autarquias designadas pela base estrutural que possuem), *bem como os que, embora não pertencentes a tais pessoas, estejam afetados à prestação de um serviço público*".[3]

3. *Curso de Direito Administrativo*, 14ª ed., Malheiros Editores, 2002, p. 768 — os primeiros destaques são do original, os últimos são atuais.

Com efeito, basta que um bem esteja proposto a uma atividade pública, para categorizar-se como bem público. Deveras, o eminente Ruy Cirne Lima, em suas luminosas ensinanças, esclareceu: "Sinal distintivo dos bens do domínio público e do patrimônio administrativo é o fato de participarem da atividade administrativa da União, dos Estados, dos Municípios ou das entidades autárquicas".[4]

Disse ainda:

"Dá-nos a relação de administração, a seu turno, e não a propriedade, a medida de participação do bem, de que se cuida, na atividade administrativa.

"Mas a relação de administração e a propriedade não se excluem, ainda que coexistentes sobre os bens do domínio público e do patrimônio administrativo. Aquela domina e paralisa esta, superpõe-se-lhe, mas não a afasta."[5]

6. O alumiado mestre explica que sua formulação não briga com o que consta do Código Civil. Depois de mencionar o teor de seu art. 65 e a divisão dos bens públicos procedida no art. 66 (uso comum, uso especial e dominicais), esclarece que o referido diploma, ao mencioná-los, o faz em seção na qual está a distinguir os bens em função de seus proprietários (bens públicos e particulares). São estas suas palavras:

"O Código Civil nesta secção ocupa-se dos bens, considerando-os relativamente a seus proprietários; fiel a êsse critério geral, a sua classificação se restringe aos bens públicos, isto é, aos de propriedade das pessoas administrativas. Pensamos nós que nessas mesmas classes, perfeitamente nítidas e exatas, cabem ainda outros bens que não pertencem a tais proprietários? Não diz o Código o contrário.

"Podemos dizer, conseqüentemente, sem ofensa ao Código *que formam o domínio público e patrimônio administrativo todos os bens, pertençam a quem pertencerem, que participam da atividade administrativa e se acham, por isso mesmo, vinculados aos fins desta.*"[6]

Aliás, páginas antes, já dissera: "É indiferente quem seja o proprietário da coisa vinculada ao uso público. A relação de administração paralisará, em qualquer caso, a relação de direito subjetivo" (*Princípios de Direito Administrativo*, 3ª ed., Ed. Sulina, 1954, p. 46).

7. Viu-se que o autor em questão mencionou "domínio público" e "patrimônio administrativo". Registre-se a acepção que empresta a cada qual delas. Diz:

"As duas expressões '*domínio público*' e '*patrimônio administrativo*' não possuem, quanto ao conteúdo, a mesma intensidade; antes designam duas proporções diferentes de participação dos bens na atividade administrativa.

"Sob êsse aspecto, pode o domínio público definir-se como a forma mais completa de participação de um bem na atividade administrativa. São os bens de uso comum, ou do domínio público, o serviço mesmo prestado ao público pela administração. Assim, as estradas, ruas e praças (art. 66, I, Cód. Civ.).

"Pelo contrário, os bens do patrimônio administrativo são meramente instrumentos de execução dos serviços públicos; não participam própriamente da administração pública, porém do aparelho administrativo; antes se aproximam do agente do que da ação por este desenvolvida. Assim, os edifícios das repartições públicas (art. 66, II, Cód. Civ.)."[7]

Em suma: para o pranteado administrativista, a noção de bens públicos é mais extensa que a de propriedade, pois nele se incluem bens que não pertencem ao Poder Público; a marca específica dos que com-

4. *Princípios de Direito Administrativo*, 5ª ed., Ed. RT, 1982, p. 75.

5. Ob. cit., p. 77.

6. Ob. cit., p. 76 — os destaques são nossos.

7. Ob. cit., p. 77. O autor denomina os bens dominicais de bens do "patrimônio fiscal", cf. p. 74.

põem tal domínio é a de participarem da atividade administrativa pública, encontrando-se, pois, sob o signo da relação de administração. Com efeito, os bens comprometidos com o serviço ou atividade pública *ficam votados à satisfação de necessidades ou conveniências públicas, delas não podendo ser distraídos, o que os faz inaptos a garantirem pretensões de terceiros.*

É este mesmo entendimento que nos parece incontendível e que está abraçado no conceito que formulamos de bens público e "retro" deixamos transcrito.

8. Aliás, é exatamente por isto que, já há muitos anos, temos sustentado e vimos sustentando, que sociedades de economia mista e empresas públicas, quando prestadoras de serviço público — e o mesmo por idênticas razões vale para o caso de exercerem quaisquer outras atividades públicas — não podem ter penhorados e excutidos os bens aplicados a finalidades públicas, visto que seria inconcebível o apoderamento, pelos credores de seus bens que estejam prepostos a tais misteres.

Assim, ao tratar do tema da falência das sobreditas pessoas em face da Lei de Sociedades Anônimas (que exclui tal possibilidade), após examinar a situação das exploradoras de atividade econômica, que consideramos sujeitas à quebra, em despeito da dicção do art. 242 daquele diploma, assim expusemos e fundamentamos a posição que nos parece correta em relação às prestadoras de serviço público:

"Já, no que atina às prestadoras de serviço público a situação é outra.

"Se forem sociedades de economia mista, ainda que se tornem insolventes, não se *assujeitarão à falência* e o Poder Público *responderá subsidiariamente*, perante terceiros, procedendo-se na forma disposta no art. 242 da Lei das S/A. Entretanto, como os *bens que estão afetados à prestação do serviço* são bens públicos e, ademais, necessários à continuidade das prestações devidas ao corpo social, *não podem ser distraídos de tal finalidade*. Com efeito, não faria sentido que interesses creditícios de terceiros preferissem aos interesses de toda a coletividade no regular prosseguimento de um serviço público. Assim, jamais caberia a venda destes bens em hasta pública, que seria o consectário natural da penhora e execução judicial prevista neste artigo. Donde, o efeito das medidas referidas seria tão-somente o de caracterizar juridicamente a irrupção de responsabilidade subsidiária do Estado. Já com relação aos bens não afetados ao serviço nenhum problema haveria em que os credores neles se saciassem normalmente.

"Tratando-se de *empresa pública* não haverá impedientes à falência, porquanto o diploma em causa só ressalva da quebra as sociedades de economia mista, pois só delas é que cogita. Sem embargo, ao serem arrecadados os bens constitutivos da massa falida, aqueles aplicados à prestação do serviço ficarão à margem dela, pois têm que permanecer intangíveis, por serem bens públicos e, ademais, pela referida razão de serem necessários à continuidade do serviço público. É certo, entretanto, que o Estado responderá subsidiariamente até o montante das habilitações deferidas."[8]

9. Do mesmo modo, ao tratar da extinção de concessão de serviço público em razão de falência do concessionário, anotamos:

"Em face do que se expôs, é preciso considerar a posição dos credores diante da falência de concessionário, pois, conforme visto, por ocorrência dela, opera-se em favor do concedente a *reversão* dos bens aplicados ao serviço.

"Já por força da reversão, já por força do princípio da continuidade do serviço público — que, aliás, estriba a necessidade de reversão — fica perceptível a todas as luzes que os credores não poderiam se saciar no acervo requerido para a prestação do serviço.

8. *Curso*..., cit., pp. 183-184. Os destaques são do original.

"Então, desde logo, concorrem aos bens do concessionário não afetados à prestação do serviço, pois, no que a estes concerne, é estranho o poder concedente. Outrossim, consoante já visto, o concedente assumirá responsabilidade subsidiária integral pelos prejuízos resultantes da própria execução do serviço."[9]

Em suma: bens prepostos a uma atividade pública são, *ipso facto*, bens comprometidos com interesses transcendentes, interesses que concernem a toda a coletividade, motivo pelo qual recebem um tratamento jurídico protetor, obstativo de que pretensões patrimoniais de terceiros, por mais bem fundadas que sejam, possam prevalecer sobre as conveniências do todo social. Por isto são bens públicos, nada importando quem lhes detenha a titularidade. Enquanto estiverem participando da atividade administrativa, submetidos ao influxo da relação de administração, desfrutam de um resguardo peculiar *que não lhes é dado em consideração ao sujeito a que pertençam, mas em consideração à atividade a que estão jungidos*, o que equivale a dizer: proteção ao próprio interesse público que, notoriamente, prepondera sobre interesses menores, quando irredutível o conflito entre eles. Daí que são impenhoráveis, imprescritíveis e só alienáveis nos termos da lei.

10. O que se vem de expor não é, de modo algum, um pensamento isolado, escoteiro, singular, mas pelo contrário, sobre apoiado em lógica incontendível e nos mais sólidos princípios do direito público, notadamente o administrativo, corresponde ao que têm ensinado publicistas de escol. De fora parte as lições profundas e o esclarecimento teórico residente nos ensinamentos de Cirne Lima dantes transcritos, pode-se apresentar uma fieira de lições em igual sentido, proferidas por autores de induvidosa suposição.

Assim, Maria Sylvia Zanella Di Pietro, a eminente Titular de Direito Administrativo da Faculdade de Direito da USP anota, logo em seguida a menção que faz ao art. 66 do Código Civil:

"Tomando-se ao pé da letra esse dispositivo, até mesmo os bens das autarquias seriam bens privados.

"No entanto, tal preceito não serve de base para a definição dos bens das entidades da administração indireta, uma vez que, em 1916, quando foi promulgado o Código Civil, não se cogitava das mesmas.

"Já o art. 66, II, que define os *bens de uso especial*, traz importante subsídio, pois deixa claro que são bens públicos dessa natureza 'os edifícios ou terrenos aplicados a *serviço* ou *estabelecimento* federal, estadual ou municipal'.

"Ora, dentre as entidades da administração indireta, grande parte presta *serviços públicos*; desse modo, a mesma razão que levou o legislador a imprimir regime jurídico publicístico aos bens de uso especial, pertencentes à União, Estados e Municípios, tornando-os inalienáveis, imprescritíveis, insusceptíveis de usucapião e de direitos reais, justifica a adoção de idêntico regime para os bens de entidades da administração indireta afetados à realização de serviços públicos.

"É precisamente essa afetação que fundamenta a indisponibilidade desses bens, com todos os demais corolários.

"Com relação às autarquias e fundações públicas, essa conclusão tem sido aceita pacificamente. Mas ela é também aplicável às entidades de direito privado, com relação aos seus bens afetados à prestação de serviços públicos.

"É sabido que a administração pública está sujeita a uma série de princípios, dentre os quais o da *continuidade dos serviços públicos*. Se fosse possível às entidades da administração indireta, mesmo empresas públicas, sociedades de economia mista e concessionárias de serviços públicos, alienar livremente esses bens, ou se os mesmos pudessem ser penhorados, hipotecados, adquiridos por usucapião, haveria uma interrupção

9. *Prestação de serviços* ..., cit., pp. 58-59.

do serviço público. E o serviço é considerado público precisamente porque atende às necessidades essenciais da coletividade.

"(...).

"Portanto, são bens públicos de uso especial os bens das autarquias, das fundações públicas e os das entidades de direito privado prestadoras de serviços públicos, desde que afetados diretamente a essa finalidade."[10]

11. No *Direito Administrativo Brasileiro*, de Hely Lopes Meirelles, atualizado por Eurico de Andrade Azevedo, Délcio Balestero Aleixo e José Emmanuel Burle Filho, uma vez registrada a distinção entre estatais exploradoras de atividade econômica e prestadoras de serviço público, está consignado que: "As empresas prestadoras de serviços públicos, contudo, apresentam situação diferente, pois os bens vinculados ao serviço não podem ser onerados, nem penhorados, nem alienados (salvo autorização de lei específica), em face do princípio da continuidade do serviço públicos".[11]

Diógenes Gasparini, referindo-se aos bens das empresas públicas prestadoras de serviço público, averbou: "Se prestadoras de serviços públicos, terão uma proteção especial para os serviços e bens a ele afetados, como qualquer concessionário de serviço público tem, em razão do princípio da continuidade do serviço público".[12]

Seu pensamento se torna ainda mais claro ao se reportar às sociedades de economia mista: "Se prestadoras de serviços públicos, os bens, direitos e interesses vinculados à sua execução terão proteção especial, como qualquer concessionário de serviço público tem, em vista do princípio da continuidade do serviço público, conforme lição de Celso Antônio Bandeira de Mello (*Prestação*, cit., p. 142), ditada em relação às empresas públicas, mas perfeitamente pertinente às sociedades de economia mista, conforme já anotado em tópico anterior. *Em suma: seus bens não podem ser penhorados, ainda que o art. 242 da Lei das Sociedades Anônimas os considere penhoráveis e executáveis*".[13]

Desta mesma orientação é o magistério do inolvidável Geraldo Ataliba (in *RTDP* 7/21 a 40) e de Eros Grau (mesmo volume da *RTDP*, pp. 97 a 103).

12. Na Jurisprudência, basta referir a última decisão do Supremo Tribunal Federal sobre o tema, proferida ao propósito da impenhorabilidade dos bens da Empresa Brasileira de Correios e Telégrafos, no RE 220.906-DF, relator Maurício Corrêa, constante do *Informativo do STF* 213, de dez./2.000, em que prevaleceu a tese da garantia da impenhorabilidade de seus bens, merecendo ser salientada a passagem na qual se assinala que: "Assim, não se aplicam às empresas públicas, às sociedades de economia mista e a outras entidades estatais ou paraestatais que explorem serviços públicos a restrição contida no art. 173, § 1º, da Constituição Federal, isto é, a submissão ao regime jurídico próprio das empresas privadas, inclusive quanto às obrigações trabalhistas e tributárias, nem a vedação do gozo de privilégios fiscais não extensivos às do setor privado (CF, art. 173, § 2º)".

13. Uma vez que bens públicos não são penhoráveis, a garantia dos credores se faz por outro modo, isto é, na forma prevista no art. 100 da Constituição Federal, vale dizer, mediante o sistema de precatórios.

Como os bens das pessoas de direito público, União, Estados, Distrito Federal, Municípios e respectivas autarquias são ***todos** bens públicos*, independentemente da classe em que se aloquem (uso comum, uso especial ou dominicais), disto decorre que créditos contra aquelas pessoas serão sem-

10. *Direito Administrativo*, 11ª ed., Atlas, 1999, pp. 383-384.

11. 27ª ed., Malheiros Editores, 2002, p. 349.

12. *Direito Administrativo*, 5ª ed., Saraiva, 2000, p. 347.

13. Ob. cit., p. 358 — os destaques são nossos.

pre satisfeitos pela via dos precatórios quando estas resistam em saldá-los, pois não há como seus credores se saciarem em bens públicos, dada a impenhorabilidade deles, com a conseqüente previsão de um meio especial para que sejam solutos.

Já dentre os bens das entidades estatais de direito privado exercentes de atividades públicas, *serão públicos os afetados àquelas finalidades*, tal como disse Cirne Lima. Por conseguinte, estes, sim, são impenhoráveis. Na medida em que se constituem em base física do exercício de atividades públicas ("edifícios ou terrenos aplicados ao serviço ou estabelecimento federal, estadual ou municipal" — art. 66, II, do CC) ou em que estejam diretamente entregues ao uso público, sua preposição a misteres públicos lhes confere o caráter de bens públicos e como tais impenhoráveis e insuscetíveis de sofrerem processo de execução.

14. Se a variedade de bens a que se vem de aludir pudesse se assujeitar a penhora e se tais bens pudessem ser excutidos ficariam, contra toda a lógica e contra todos os princípios do direito público, expostos às pretensões de credores, com evidente comprometimento da continuidade do serviço público, isto é, das atividades públicas ou do ulterior desenvolvimento delas, instaurando-se nisto, conseqüentemente, uma teratológica supremacia de interesses patrimoniais de terceiros, sobre o interesse público.

Nisto haveria uma absoluta inversão do princípio fundante de todo o direito público e especificamente do direito administrativo. Ambos se assentam no indiscutível postulado, fulcral ao próprio Estado, da irrefragável preponderância do interesse público sobre quaisquer outros interesses de menor estatura. Ao lume deste cânone basilar não é concebível que pretensões de crédito de terceiros possam sobrelevar à proteção das atividades públicas e receber tratamento que traga consigo embutida a primazia deles sobre interesses públicos. Foi, de resto, em atenção a esta evidência, que o art. 100 da Constituição Federal, tal como o faziam suas predecessoras, estabeleceu um sistema específico para a satisfação de créditos contra as Fazendas Públicas.

Resulta daí que a forma de satisfação dos débitos de pessoas governamentais não garantidos por bens passíveis de penhora e execução é a prevista para as Fazendas Públicas, vale dizer, por via de precatórios judiciários com inclusão no orçamento do montante necessário à solução deles. Pela mesma lógica, o duplo grau de jurisdição, previsto como mecanismo acautelatório de interesses da Fazenda, haverá de ser respeitado no procedimento requerido para satisfação dos sobreditos créditos.

USO DO ESPAÇO URBANO POR CONCESSIONÁRIAS DE SERVIÇOS DE TELECOMUNICAÇÕES

ADILSON ABREU DALLARI

Professor Titular de Direito Administrativo da PUC/SP

1. Considerações preliminares. 2. Formas de uso de bens públicos. 3. A legislação municipal sobre uso de bens públicos. 4. Servidões administrativas. 5. A legislação sobre concessões de serviços públicos. 6. A legislação federal sobre telecomunicações. 7. Comentários à jurisprudência existente. 8. Considerações doutrinárias. 9. Conclusões.

1. Considerações preliminares

É mansamente pacífico o entendimento no sentido de que a passagem de dutos e fiação por imóveis privados depende, normalmente, conforme as circunstâncias, ou de desapropriação da faixa correspondente, ou da instituição de servidão. Em qualquer caso, sempre haverá necessidade de indenizar o particular proprietário da área afetada, em razão dos danos que lhe forem acarretados pelo sacrifício parcial de seu direito de propriedade.

Questiona-se, porém, a licitude ou a viabilidade da exigência de pagamento pela passagem de dutos ou fiação, feita por concessionário de serviço público, sobre ou sob área pública pertencente a pessoa jurídica distinta daquela outorgante da concessão.

Na mais resumida síntese, em tais situações, o que se alega, equivocadamente, é uma espécie de vocação natural das áreas públicas para a realização de serviços públicos, motivo pelo qual não se haveria de falar em pagamento pelo uso mesmo que tais serviços fossem realizados por empresas privadas concessionárias, pois o serviço por elas explorado, em si mesmo, não deixa de ser serviço público, que acaba sendo remunerado mediante o pagamento de tarifas pelos consumidores, que outra coisa não são senão a mesma coletividade "dona" dos imóveis públicos afetados pelas redes.

A discussão desse assunto começa pela identificação do que deve ser entendido como "serviço público", o que se fará com a preciosa ajuda de Caio Tácito, em estudo exatamente sobre o "Conceito de serviço público",[1] do qual se extraíram as passagens que seguem.

"Entre as mais árduas missões do jurista, no campo do direito administrativo, figu-

1. In *Temas de Direito Público – Estudos e Pareceres*, 1º v., Rio de Janeiro, Renovar, 1997, pp. 637-642.

ra a de conceituar, adequadamente, o serviço público. Embora ocorra, fragmentariamente, a qualificação legal das atividades ou órgãos do Estado suscetíveis dessa designação, não se torna fácil condensar, em síntese definidora, os elementos que o identifiquem, no tempo e no espaço."

"Costuma-se, ainda, opor, na caracterização do serviço público, a definição material ou funcional à concepção orgânica ou formal. A primeira tem em mira a atividade de interesse geral a que se destina o serviço; a segunda considera dominante o organismo administrativo que o desempenha.

"Ao conceito jurídico do serviço público, como expressão típica de atividade estatal, poder-se-á, ainda, agregar a sua significação econômica, social, política ou fiscal, nem sempre coincidente com o sentido orgânico ou administrativo da expressão."

"Certamente a evolução moderna do Estrado exaltou de tal forma a sua participação na ordem social, que a essencialidade passou a abranger tanto os encargos tradicionais de garantias da ordem jurídica como as prestações administrativas que são emanações dos modernos direitos econômicos e sociais do homem, tão relevantes, na era da socialização do Direito, como os direitos individuais o foram na instituição da ordem liberal."

"Temos, de uma parte, uma forma de ação geral e indivisível do serviço público, que atende diretamente a interesses coletivos indiscriminados (*uti universi*) e corresponde a uma atividade soberana e privativa do Estado.

"De outra parte, ocorrem prestações de serviço que, embora genéricas quanto à sua disponibilidade, visam a satisfazer interesses que se podem individualizar entre determinadas pessoas, que as usufruem diretamente (*uti singuli*). Tais prestações administrativas não são privativas do Estado *ratione materiae*, não emanam de seu poder soberano, embora possam constituir monopólio estatal *de lege*."

São elementos integrantes do conceito a relevância social da atividade, quem a executa, o regime jurídico de execução, os consumidores atingidos e a forma de instituição. O objeto deste estudo é a prestação de serviços públicos *uti singuli*, prestados a pessoas determinadas, cuja *execução* pode ser delegada a particulares.

Embora no decorrer da exposição sejam feitas referências a outros serviços análogos, o específico serviço público deflagrador do presente estudo é o de telefonia fixa, que é um serviço público federal.

Ou seja: não há um serviço público universal. Existem diferentes serviços públicos prestados sob diferentes regimes, por diferentes prestadores. No caso brasileiro, dada a estrutura federativa do Estado Nacional, cada serviço público será necessariamente jungido a uma específica entidade componente da Federação, podendo afetar (e este é o ponto nodal da questão) direitos e interesses de outras entidades federadas.

Por força do disposto no art. 21 da Constituição Federal, compete à União: "XI – explorar, diretamente ou mediante autorização, concessão ou permissão, os serviços de telecomunicações, nos termos da lei, que disporá sobre a organização dos serviços, a criação de um órgão regulador e outros aspectos institucionais".

O serviço público de telefonia fixa, espécie do gênero "serviços de telecomunicações", é, sem dúvida, um *serviço público federal*, mas teve sua execução delegada a empresas privadas, sob a forma de concessão, nos termos e condições estabelecidos pela Constituição Federal:

"Art. 175. Incumbe ao Poder Público, na forma da lei, diretamente ou sob regime de concessão ou permissão, sempre através de licitação, a prestação de serviços públicos.

"Parágrafo único. A lei disporá sobre:

"I – o regime das empresas concessionárias e permissionárias de serviços públicos, o caráter especial de seu contrato e de sua prorrogação, bem como as condições de caducidade, fiscalização e rescisão da concessão ou permissão;

"II – os direitos dos usuários;

"III – política tarifária;

"IV – a obrigação de manter serviço adequado."

O concessionário não adquire a titularidade; apenas explora economicamente a prestação do serviço concedido, que continua sendo público, e, como tal, sujeito a condicionamentos especiais e dotado de prerrogativas também especiais.

Para cumprir seu dever de prestar o serviço do qual é delegado o concessionário necessita utilizar ou ocupar espaços físicos. Tal ocupação, em algumas situações, é excludente de qualquer outra, obrigando a que a empresa concessionária adquira tais espaços, por qualquer das formas civis ou por meio de desapropriação, pagando a justa indenização, seja lá quem for o proprietário do imóvel desapropriado.

Em outras situações o uso feito pelo concessionário não é excludente; ou seja, pode conviver com outros usos. Ou, mais exatamente; o uso feito pelo concessionário não acarreta a necessidade de adquirir o imóvel, mas, sim, de apenas utilizá-lo. Quando a empresa concessionária necessita usar um imóvel alheio ela pode obter o direito de fazê-lo tanto pelas formas civis quanto por meio da instituição de servidão administrativa, pagando o valor correspondente aos danos materiais que o uso do imóvel alheio acarretar ao proprietário.

Quando esse direito de uso incide sobre imóvel particular não há problema algum. O problema está no uso pela empresa privada concessionária, para a prestação do serviço público concedido, de imóvel qualificado como bem público. Convém, portanto, agora, discorrer sobre o uso de bens públicos por pessoa física ou jurídica que não seja o titular de seu domínio.

O problema apontado não existe apenas na área das telecomunicações. O que passa a ser dito vale, em princípio, para qualquer outro serviço público concedido que apresente problemas análogos, como é o caso, por exemplo, do fornecimento de energia elétrica e de gás canalizado. Por essa razão, algumas referências legislativas, doutrinárias e, especialmente, jurisprudenciais são relativas a tais serviços.

2. *Formas de uso de bens públicos*

Os bens públicos são normalmente utilizados pela Administração Pública detentora de sua titularidade para a execução de seus serviços, ou são utilizados, de maneira geral, impessoal e indistinta, pela coletividade em geral, por todas as pessoas, em caráter não-exclusivo, para fins de locomoção e recreação.

Quando determinada pessoa, física ou jurídica, necessita usar um bem público em caráter exclusivo configura-se aquilo que a doutrina denomina de "uso especial de bem público", cujo regime jurídico é assim descrito por Hely Lopes Meirelles:

"*Uso especial* – Uso especial é todo aquele que, por um título individual, a Administração atribui a determinada pessoa para fruir de um bem público com exclusividade, nas condições convencionadas.

"(...).

"Ninguém tem direito natural a uso especial de bem público, mas qualquer indivíduo ou empresa pode obtê-lo mediante contrato ou ato unilateral da Administração, na forma autorizada por lei ou regulamento ou simplesmente consentida pela autoridade competente. Assim sendo, o uso especial do bem público será sempre uma utilização individual – *uti singuli* – a ser exercida privativamente pelo adquirente desse direito. O que tipifica o uso especial é a privatividade da utilização de um bem público, ou de parcela desse bem, pelo beneficiário do ato ou contrato, afastando a fruição geral e indiscriminada da coletividade ou do próprio Poder Público. Esse uso pode ser consentido gratuita ou remuneradamente, por tempo certo ou indeterminado, consoante o ato ou contrato administrativo que o autorizar, permitir ou conceder.

"Uma vez titulado regularmente o uso especial, o particular passa a ter um direito subjetivo público ao seu exercício, oponível a terceiros e à própria Administração, nas condições estabelecidas ou convencionadas. A estabilidade ou precariedade desse uso assim como a retomada do bem público, com ou sem indenização ao particular, dependerão do título atributivo que o legitimar."[2]

Os bens públicos, conforme acima referido, podem ser utilizados por terceiros por diversas formas já consagradas na legislação e na doutrina. Cada uma dessas formas tem características, condições e finalidades distintas.

Novamente recorremos ao magistério de Hely Lopes Meirelles para fornecer uma visão panorâmica e sintética, contendo apenas os elementos essenciais de cada uma dessa formas.

"*Autorização de uso*: autorização de uso é o ato unilateral, discricionário e precário pelo qual a Administração consente na prática de determinada atividade individual incidente sobre um bem público. Não tem forma nem requisitos especiais para sua efetivação, pois visa apenas a atividades transitórias e irrelevantes para o Poder Público, bastando que se consubstancie em ato escrito, revogável sumariamente a qualquer tempo e sem ônus para a Administração."

"*Permissão de uso*: permissão de uso é ato negocial, unilateral, discricionário e precário através do qual a Administração faculta ao particular a utilização individual de determinado bem público. Como ato negocial (TJSP, *RJTJSP* 124/202), pode ser com ou sem condições, gratuito ou remunerado, por tempo certo ou indeterminado, conforme estabelecido no termo próprio, mas sempre modificável e revogável unilateralmente pela Administração, quando o interesse público o exigir, dados sua natureza precária e o poder discricionário do permitente para consentir e retirar o uso especial do bem público. A revogação faz-se, em geral, sem indenização, salvo se em contrário se dispuser, pois a regra é a revogabilidade sem ônus para a Administração."

"*Cessão de uso*: cessão de uso é a transferência gratuita da posse de um bem público de uma entidade ou órgão para outro, a fim de que o cessionário o utilize nas condições estabelecidas no respectivo termo, por tempo certo ou indeterminado. É ato de colaboração entre repartições públicas, em que aquela que tem bens desnecessários aos seus serviços cede o uso a outra que deles está precisando."

"*Concessão de uso*: concessão de uso é o contrato administrativo pelo qual o Poder Público atribui a utilização exclusiva de um bem de seu domínio a particular, para que o explore segundo sua destinação específica. O que caracteriza a concessão de uso e a distingue dos demais institutos assemelhados – autorização e permissão de uso – é o caráter contratual e estável da outorga do uso do bem público ao particular, para que o utilize com exclusividade e nas condições convencionadas com a Administração.

"A concessão pode ser remunerada ou gratuita, por tempo certo ou indeterminado, mas deverá ser sempre precedida de autorização legal e, normalmente, de licitação para o contrato. Sua outorga não é nem discricionária nem precária, pois obedece a normas regulamentares e tem a estabilidade relativa dos contratos administrativos, gerando direitos individuais e subjetivos para o concessionário, nos termos do ajuste. Tal contrato confere ao titular da concessão de uso um direito pessoal de uso especial sobre o bem público, privativo e intransferível sem prévio consentimento da Administração, pois é realizado *intuitu personae*, embora admita fins lucrativos."

2. *Direito Administrativo Brasileiro*, 25ª ed., São Paulo, Malheiros Editores, 2000, pp. 474 e ss.

"*Concessão de direito real de uso*: a concessão de direito real de uso é o contrato pelo qual a Administração transfere o uso remunerado ou gratuito de terreno público a particular, como direito real resolúvel, para que dele se utilize em fins específicos de urbanização, industrialização, edificação, cultivo ou qualquer outra exploração de interesse social. É o conceito que se extrai do art. 7º do Decreto-lei federal 271, de 28.2.1967, que criou o instituto, entre nós.

"A concessão de uso, como direito real, é transferível por ato *inter vivos* ou por sucessão legítima ou testamentária, a título gratuito ou remunerado, como os demais direitos reais sobre coisas alheias, com a só diferença de que o imóvel reverterá à Administração concedente se o concessionário ou seus sucessores não lhe derem o uso prometido ou o desviarem de sua finalidade contratual."

"*Enfiteuse ou aforamento*: enfiteuse ou aforamento é o instituto civil que permite ao proprietário atribuir a outrem o domínio útil de imóvel, pagando a pessoa que o adquire (enfiteuta) ao senhoria direto uma pensão ou foro, anual, certo e invariável (CC, art. 678). Consiste, pois, na transferência do domínio útil de imóvel público a posse, uso e gozo perpétuos da pessoa que irá utilizá-lo daí por diante."[3]

Já tem entendido a jurisprudência[4] que, não obstante a Administração Pública possa ser locatária de imóvel particular, quando ela, Administração, outorga contratualmente o direito de uso remunerado e temporário de um imóvel público a pessoa privada não se configura uma relação locatícia, regida pela legislação civil, mas, sim, uma concessão de uso, regida pelo direito administrativo.

De qualquer maneira – e isto é o que se quer destacar –, em todos esses casos há uma relação negocial; não há compulsoriedade. Todas essas formas de uso especial de bem publico pressupõem um acordo de vontades, inclusive quanto ao preço a ser pago pelo uso.

Tanto faz que o outorgado seja pessoa física ou jurídica, de direito privado ou de *direito público*. Qualquer dessas formas pode servir para viabilizar o uso, por uma empresa concessionária de serviço público, de imóvel público necessário ao desenvolvimento dos serviços concedidos.

No caso especificamente em exame, da prestação de serviços de telefonia fixa, os problemas que estão surgindo, e que suscitaram a formulação deste estudo, referem-se (não exclusivamente, mas em maior número) ao uso, pelas empresas concessionárias, do solo, do subsolo e do espaço aéreo de vias públicas urbanas, o que determina a necessidade de um exame dessas formas negociais de uso no âmbito da Administração Pública Municipal.

3. A legislação municipal sobre uso de bens públicos

O Município, por força do disposto nos arts. 1º, 18 e 29 da Constituição Federal, é pessoa jurídica de direito público interno, integrante da Federação Brasileira, dotado de autonomia política, administrativa e financeira, regendo-se por sua respectiva lei orgânica e pela legislação própria que editar.

Cabe a cada Município dispor sobre o uso dos bens que integram seu patrimônio. Assim, cada problema surgido em cada específico Município dependerá, para sua solução, do exame da legislação própria local. Não obstante, existem muitos pontos que são tratados nas diversas legislações municipais de maneira bastante assemelhada, permitindo que se teçam algumas considerações de ordem geral sobre o uso especial de bens públicos municipais.

Normalmente a lei orgânica do Município, em diversos artigos, que precisam ser

3. Idem, ibidem.

4. Cf. STJ, REsp 55.275, rel. Min Demócrito Reinaldo, *RDA* 202/242.

examinados em seu conjunto, contempla os pontos principais referentes ao assunto. Inicialmente, é preciso verificar o que diz a lei orgânica do Município para se aferir se há, ou não, necessidade de autorização legislativa para a outorga.

Usualmente as leis orgânicas restringem a obrigatoriedade de autorização da Câmara Municipal apenas à alienação de bens imóveis e, no tocante à sua gestão, apenas às figuras da concessão administrativa e de direito real de uso. Nos demais casos de mera gestão, normalmente, deixam ampla margem de liberdade ao Executivo.

O ponto fundamental da legislação local está na enumeração das competências do prefeito municipal. Na parte da lei orgânica municipal que disciplina esse assunto cabe verificar quais os poderes conferidos ao prefeito no tocante aos bens públicos municipais.

As leis orgânicas costumam determinar que para celebrar convênios ou acordos, atos bi ou multilaterais, é indispensável a autorização da Câmara, a qual não é exigida nos casos de outorga de simples permissões ou autorizações, atos unilaterais e precários, que não cerceiam a liberdade ou comprometem economicamente o Município.

Especificamente quanto à gestão dos bens municipais, como regra geral sua administração compete ao prefeito, devendo ser respeitada a competência da Câmara quanto àqueles utilizados em seus serviços.

É normal que, na gestão dos bens municipais, seja dada competência ao prefeito para atribuir seu uso a terceiros, mediante concessão, permissão ou autorização, conforme o caso, o interesse público específico e as necessidades do outorgado. A enfiteuse ou aforamento praticamente não é utilizada.

A doutrina (conforme visto anteriormente) já traçou os pontos característicos dessas diferentes modalidades – delineamento, esse, que, com alguma variação, costuma ser acatado pelas legislações locais.

Num primeiro momento, portanto, parece não haver grandes dificuldades na outorga do uso do solo, do subsolo e do espaço aéreo aos concessionários de serviços públicos federais, desde que se chegue a um acordo no tocante ao preço; mas é exatamente aqui que está o problema, dado que, tradicionalmente (por circunstâncias bastante conhecidas e que são irrelevantes para a solução da questão atual), esse uso nunca foi devidamente formalizado e nunca foi feito em caráter oneroso.

Agora, em face das circunstâncias vigentes, imediatamente aflora a pergunta: caso não se chegue a um acordo, o titular do bem público pode recusar-se a outorgar, por exemplo, uma concessão de uso ou permissão de uso? E a resposta é positiva: sim, pode, se não houver entendimento quanto às condições do ajuste, inclusive quanto ao preço.

Tal resposta deflagra imediatamente uma perplexidade: isso poderia inviabilizar a prestação de um serviço público concedido! Tal perplexidade, entretanto, não existe, pois, sendo público o serviço concedido, a empresa privada concessionária pode compelir o proprietário do bem púbico a possibilitar seu uso, pela forma prevista na legislação brasileira exatamente para isso, qual seja, a servidão administrativa – assunto sobre o qual se passa a discorrer.

4. Servidões administrativas

Existe uma forma de utilização compulsória de bem público municipal por terceiro, desde que esse terceiro seja uma entidade federal ou estadual, ou empresa privada prestadora serviço público, mediante outorga da União ou do Estado. Trata-se da servidão administrativa, cuja instituição está prevista no art. 40 do Decreto-lei 3.365, de 21.6.1941, que dispõe sobre o processo da desapropriação, o qual diz, em síntese, que os dispositivos dessa lei são aplicáveis, no que couber, à instituição de servidões administrativas.

Já tivemos ocasião de publicar estudo sobre o tema, no qual estabelecemos as diferenças entre a servidão administrativa e outros meios de intervenção estatal na propriedade alheia (as limitações administrativas e as desapropriações) e delineamos seus traços principais – estudo, esse, do qual nos permitimos transcrever o essencial.

"As limitações administrativas, enquanto tais, são sempre gratuitas. Representam a forma mais branda de atuação estatal no tocante à propriedade privada, pois nada retiram do proprietário.

"No extremo oposto temos o instituto da desapropriação, definido no Código Civil Brasileiro como forma de extinção da propriedade privada. Com efeito, por meio da desapropriação o Estado faz desaparecer uma determinada propriedade privada, que é substituída por seu equivalente em dinheiro, e faz surgir, ao mesmo tempo, mas originariamente (sem que haja transferência), a propriedade pública.

"A desapropriação é sempre onerosa. É a forma mais intensa de intervenção estatal na propriedade, pois retira totalmente o conteúdo do direito de propriedade.

"Entre esses dois extremos estão as servidões administrativas, por meio das quais o Estado obtém o uso da propriedade privada sem retirá-la de seu proprietário, e se apresentam como medidas ora genéricas, ora específicas; ora gratuitas, ora onerosas.

"Enquanto a desapropriação configura claramente uma obrigação de dar, inexistente nos outros meios de atuação estatal aqui referidos, o tipo de obrigação decorrente das limitações administrativas e das servidões administrativas não é tão evidente.

"De maneira geral, pode-se dizer que das limitações decorre uma obrigação de não-fazer, de abster-se, um *nòn facere*; enquanto das servidões deriva um dever de suportar que se faça, deixar fazer, um *pati*.

"Cabe, por último, apenas registrar que *as servidões administrativas admitem também uma separação entre indenizáveis e não-indenizáveis. Ou seja, algumas são instituídas a título gratuito e outras a título oneroso*, mas essa separação decorre não da essência ou da natureza de determinados tipos de servidão, mas, sim, das circunstâncias inerentes a cada caso concreto.

"Em princípio, como ensina Bielsa, a servidão administrativa é indenizável, pois a proteção à propriedade alcança sua privação total ou parcial. A servidão, embora afete apenas o atributo da exclusividade, que deixa de existir, é uma privação parcial e, assim, em princípio indenizável.

"Mas, intervém com rara argúcia Hely Lopes Meirelles, o que se indeniza não é a propriedade, mas o prejuízo eventualmente causado pelo uso público.

"*Em resumo, remanesce para o Estado o dever de indenizar somente quando e na medida em que a instituição de uma servidão administrativa causar um prejuízo ao titular da propriedade privada. Isto, entretanto, somente pode ser verificado em cada caso concreto.*"[5]

Nada existe de novo ou inusitado na utilização do instituto jurídico da servidão administrativa como forma de obtenção do uso de imóveis alheios. O vetusto Código de Águas (Decreto 24.643, de 10.4.1934) já estabelecia, em seu art. 151, que o concessionário, para a exploração do serviço, tinha o direito de: "c) estabelecer as servidões permanentes ou temporárias exigidas para as obras hidráulicas e para o transporte e distribuição de energia elétrica".

Esse direito foi regulamentado pelo Decreto 35.851, de 16.7.1954, que, não obstante cuide especificamente da transmissão e distribuição de energia elétrica, fornece um excelente quadro dos ônus e prerrogativas, de ambas as partes envolvidas, no tocante à instituição de servidão administrativa:

"Art. 1º. As concessões para o aproveitamento industrial das quedas d'água, ou,

5. Adilson Abreu Dallari, "Servidões administrativas", *RDP* 59-60/90-91 e 95-96, São Paulo, Ed. RT.

de modo geral, para produção, transmissão e distribuição de energia elétrica, conferem aos seus titulares o direito de constituir as servidões administrativas permanentes ou temporárias, exigidas para o estabelecimento das respectivas linhas de transmissão e de distribuição.

"Art. 2º. A constituição da servidão, a que se refere o artigo anterior, depende da expedição, pelo Poder Executivo, de decreto em que, para esse efeito, se reconheça a conveniência de estabelecê-la e se declarem de utilidade pública as áreas destinadas à passagem da linha.

"§ 1º. Para a fixação das áreas sujeitas ao ônus da servidão, a Administração terá em vista, entre outros característicos, a tensão da linha, o número de circuitos e o tipo da construção.

"§ 2º. A servidão compreende o direito, atribuído ao concessionário, de praticar, na área por ela abrangida, todos os atos de construção, manutenção, conservação e inspeção das linhas de transmissão de energia elétrica e das linhas telegráficas e telefônicas auxiliares, sendo-lhe assegurado ainda o acesso à área da servidão, através do prédio serviente, desde que não haja outra via praticável.

"Art. 3º. Os proprietários das áreas atingidas pelo ônus limitarão o uso e gozo das mesmas ao que for compatível com a existência da servidão, abstendo-se, em conseqüência, de praticar, dentro delas, quaisquer atos que a embaracem ou lhe causem dano, incluídos entre eles os de erguerem construções ou fazerem plantações de elevado porte.

"§ 1º. A Administração, ao expedir o decreto de servidão, poderá vedar que tais construções ou plantações se façam em uma faixa paralela à área da servidão, estabelecendo-lhe os respectivos limites.

"§ 2º. Aos concessionários é assegurado o direito de mandar podar ou cortar quaisquer árvores que, dentro da área da servidão ou na faixa paralela à mesma, ameacem as linhas de transmissão ou distribuição.

"Art. 4º. Uma vez expedido o decreto de que trata o art. 2º, a constituição da servidão se realizará mediante escritura pública, em que o concessionário e os proprietários interessados estipulem, nos termos do mesmo decreto, a extensão e limites do ônus e os direitos e obrigações de ambas as partes.

"Art. 5º. Os proprietários das áreas sujeitas à servidão têm direito à indenização correspondente à justa reparação dos prejuízos a eles causados pelo uso público das mesmas e pelas restrições estabelecidas ao seu gozo.

"Art. 6º. Os concessionários poderão promover, no caso de embaraço oposto pelos proprietários à constituição da servidão, ou ao respectivo exercício, as medidas judiciais necessárias ao seu reconhecimento, cabendo-lhes também a faculdade de utilizar-se do processo da desapropriação, nos termos do art. 40 do Decreto-lei n. 3.365, de 21 de junho de 1941."

Conforme já foi acima referido, aplicam-se ao processo judicial de instituição de servidão, no que couber, as mesmas normas que disciplinam o processo da desapropriação. Em um e outro desses institutos jurídicos sempre é possível atingir o resultado almejado de maneira amigável, desde que exista acordo quanto ao valor da indenização. Mas, da mesma forma que acontece na desapropriação, o cerne da maioria das ações judiciais versa sobre a fixação do valor da indenização.

Alguns excertos da jurisprudência são bastante ilustrativos. No primeiro deles, relatado pelo eminente Des. Moraes Salles, são enfocadas as diferenças fundamentais entre a desapropriação e a servidão:

"Como se sabe, a servidão administrativa distingue-se, nitidamente, da desapropriação (*RTJ* 67/294 e 52/284 e *RDP* 12/184).

"Com efeito, a desapropriação retira a propriedade de alguém (particular ou entidade política menor), transferindo-a para o expropriante. Na servidão administrativa não se verifica a transmissão da propriedade, porque o ônus imposto pela Administração ao particular é meramente de uso público. Porque na desapropriação o particular é despojado do domínio, compensa-se o vazio econômico por ele sofrido mediante o pagamento de uma indenização. Recompõe-se seu patrimônio com a soma correspondente ao desfalque gerado pela desapropriação. *Na servidão pública, entretanto, porque a propriedade permanece com o particular cujo bem foi afetado pela serventia, só serão indenizáveis os prejuízos acarretados pelo ônus.*

"Observa-se, portanto, que na desapropriação haverá sempre indenização; *na servidão administrativa só se verificará ressarcimento quando houver prejuízo para o particular. Não havendo prejuízo, não terá lugar a indenização. Note-se, entretanto, que as restrições ao gozo do imóvel, impostas pela servidão ao proprietário, constituem prejuízos ao seu patrimônio, pelo quê devem ser também indenizadas.*"[6]

Em outro acórdão decidiu-se pela invalidação do laudo pericial exatamente porque o perito estimou o valor da indenização devida pela instituição da servidão administrativa como se se tratasse de uma desapropriação: "De se concluir que o laudo pericial não agiu com acerto em fixar a indenização da faixa sob servidão como se a terra fosse desapropriada. Cumpria-lhe avaliar o prejuízo, a desvalorização (se houve) da construção do caminho que se sobrepõe aos dutos subterrâneos. O *expert* não ofereceu elementos via dos quais se possa fixar a indenização. Desaceita a quantia que se encontrou, como indenização a um terreno desapropriado, impende encontrar o justo valor, a critério pericial".[7]

Num terceiro acórdão o foco da controvérsia sobre a indenização devida incidia apenas sobre a área ocupada pelas torres de transmissão (não havendo questionamento quanto ao valor fixado para a faixa de passagem das linhas). Considerando que havia ocupação completa do terreno onde se situavam as torres, o perito estabeleceu a indenização pela instituição da servidão no valor correspondente ao da desapropriação. Tal valor foi reduzido pelo acórdão: "A restrição sofrida pelos apelados, quanto à área em que instaladas as torres de transmissão de energia elétrica, não corresponde à perda total dos direitos de propriedade, uma vez que de desapropriação não se cuida. Bem por isso, com razão a apelante, a sugerir o alto percentual, bem próximo do máximo, de 95% daquele fixado no laudo aceito. Esse valor é o que servirá de fundamento para o ressarcimento devido exclusivamente quanto às áreas das torres, como destacadas no laudo do assistente técnico (fls. 144), mantido embora o valor básico do laudo do perito judicial".[8]

Conforme se pode notar, costuma-se estabelecer o valor da indenização pela servidão em um percentual aplicado sobre o valor do imóvel. Esse percentual é bastante variável, conforme demonstra Ronaldo de Albuquerque,[9] mediante a transcrição parcial de vários acórdãos.

O primeiro deles (TFR, Ap. cível 36.949), relatado pelo Min. Carlos Velloso, fixa o percentual em 50%. Mas esse mesmo eminente Ministro, quando ainda no mesmo Tribunal Federal de Recursos, em outro caso (na Ap. cível 68.077), considerando que se tratava de terrenos rurais distantes das zonas urbanas, fixou o percentual em 10%.

Outro acórdão (TFR, Ap. cível 73.655, rel. Min. Armando Rolemberg), por se tratar de área bastante acidentada, utilizada pa-

6. TJSP, 9ª C., Ap. 113.013-2, rel. Des. Moraes Salles, j. 11.12.1986, *RT* 616/86-87.

7. TJMG, 1ª C., Ap. 74.279-1, rel. Des. Paulo Tinôco, j. 12.4.1988, *RT* 633/157.

8. TJSP, 13ª C., Ap. 199.280-2/2, rel. Des. Wanderley Racy, j. 10.11.1992, *RT* 692/88.

9. *Desapropriação e Constituição de Servidão Administrativa*, São Paulo, Atlas, 1987, pp. 132 e ss.

ra descanso e lazer, considera razoável o percentual de 20%. Em outro acórdão (TFR, Ap. cível 82.333, rel. Min. Sebastião Alves dos Reis) a onerosidade trazida ao imóvel pela servidão justifica a aplicação do índice de 40%.

Como se nota, em diversos casos mais ou menos contemporâneos, e até em acórdãos proferidos pelo mesmo Relator, há uma grande diversidade de percentuais, determinados pelas circunstâncias do caso concreto e fixados por critério de razoabilidade.

Em face da proteção dada pela Constituição Federal à propriedade privada, e diante da disciplina dada à fixação do valor da indenização pela legislação federal, cabe apenas dizer que, se não houver acordo entre as partes, caberá ao juiz estabelecer o valor da justa indenização.

"Indenizar", etimologicamente, significa tornar indene, sem dano. "Indenizar" significa compor o dano, reparar integralmente o dano, na exata medida em que este se verificar e, obviamente, *se* houver dano material, dado que lesão de direito sempre haverá, consistente na perda do direito de exclusividade sobre o imóvel afetado.

E quando será "justa" a indenização? Sérgio Ferraz oferece alguns parâmetros: "A idéia de justo, por mais variáveis que sejam as acepções de cunho filosófico incidentes sobre a construção desse conceito, necessariamente é informada de uma tônica de conformidade, congruência, proporção, equilíbrio, equivalência, correspondência ou paridade".[10]

Não há, portanto, como se estabelecer de maneira universal e segura os critérios para a fixação da indenização devida pela instituição da servidão. No caso concreto sempre se haverá de considerar a efetiva restrição acarretada ao imóvel, podendo ocorrer que isso até mesmo não aconteça (ou aconteça em grau mínimo), sendo também relevantes os proveitos que poderão advir da execução do serviço para o próprio titular do bem afetado, inclusive a utilização que ele possa vir a fazer dos dutos e postes instalados.

O fato é que a possibilidade da instituição de servidões administrativas também está expressamente prevista na legislação que disciplina os serviços de telecomunicações. O art. 100 da Lei 9.472/1997 – a chamada "Lei Geral de Telecomunicações" – dispõe nestes termos: "Art. 100. Poderá ser declarada a utilidade pública, para fins de desapropriação ou instituição de servidão, de bens imóveis ou móveis, necessários à execução do serviço, cabendo à concessionária a implementação da medida e o pagamento da indenização e das demais despesas envolvidas".

Dispositivo correlato figura na legislação federal que trata das concessões de serviços de energia elétrica. A Lei 9.074, de 7.7.1995, em seu art. 10 (com a redação dada pela Lei 9.648, de 27.5.1998), também cuida da instituição de servidões administrativas: "Art. 10. Cabe à Agência Nacional de Energia Elétrica – ANEEL declarar a utilidade pública, para fins de desapropriação ou instituição de servidão administrativa, das áreas necessárias à implantação de instalações de concessionários, permissionários e autorizados de energia elétrica".

A Lei Geral de Concessões de Serviços Públicos – Lei 8.987, de 13.2.1995, que "dispõe sobre o regime de concessão e permissão da prestação de serviços públicos previsto no art. 175 da Constituição Federal, e dá outras providências" – não deixou esse assunto de lado, tendo incluído a viabilização da instituição de servidões como um encargo do concedente, paralelamente às desapropriações necessárias à execução dos serviços concedidos: "Art. 29. Incumbe ao poder concedente: (...); VIII – declarar de utilidade pública os bens necessários à execução do serviço ou obra pública, promovendo as desapropriações, diretamente ou mediante outorga de poderes à concessionária, caso em que será desta a responsabili-

10. *A Justa Indenização na Desapropriação*, São Paulo, Ed. RT, 1978, p. 11.

dade pelas indenizações cabíveis; IX – declarar de necessidade ou utilidade pública, para fins de instituição de servidão administrativa, os bens necessários à execução de serviço ou obra pública, promovendo-a diretamente ou mediante outorga de poderes à concessionária, caso em que será desta a responsabilidade pelas indenizações cabíveis".

Em síntese: não existe possibilidade jurídica de o Município (ou qualquer outra entidade pública estadual, ou qualquer delegatário de serviço público estadual ou municipal) impedir a instalação e funcionamento de um serviço público federal concedido, negando autorização para a instalação de dutos, postes e fiação. Se não se chegar a um entendimento quanto ao uso do solo, do subsolo e do espaço aéreo municipal (ou estadual), sempre haverá possibilidade de se recorrer à via judicial, para que isso seja feito de maneira coercitiva.

5. A legislação sobre concessões de serviços públicos

Para os fins do presente estudo, cabe, agora, examinar a questão da repercussão dos ônus e encargos econômicos e financeiros decorrentes do uso remunerado de imóveis de terceiros para a instalação de dutos e fiação.

A concessão de serviço público é um contrato administrativo, e, como tal, está sujeita à aplicação subsidiária dos princípios e das normas previstas na Lei 8.66619/93, que (além das licitações) cuida dos contratos administrativos em geral, estabelecendo o direito à manutenção do *equilíbrio econômico-financeiro* do contrato.

A expressão define a necessária relação de igualdade entre as partes celebrantes de um contrato administrativo no que tange especificamente às cláusulas econômicas. Estas não podem ser alteradas unilateralmente, por expressa proibição constante do § 1º do art. 58 da Lei 8.666/1993.

Nas demais, ou seja, naquelas que ajustam a forma e o conteúdo do objeto pactuado, as chamadas "cláusulas regulamentares", a Administração Pública atua segundo uma posição sobranceira em relação ao particular, podendo promover alterações unilaterais no ajuste ao sabor único e exclusivo do interesse público que representa. Para fazê-lo valer ela pode e deve se socorrer de todos os instrumentos previstos em lei, sem que o particular possa a isso se contrapor.

Isso não significa, entretanto, que os interesses do contratado não estejam resguardados, pois se assim fosse a Administração jamais encontraria quem com ela quisesse contratar. Os propósitos mercantis do particular contratado formam a esfera intangível e imutável do ajuste, cabendo-lhe integral proteção no que tange à fórmula financeira inicialmente prevista para a relação. *A remuneração originalmente projetada para o negócio até seu término deve se manter* ainda que a Administração, ao influxo da necessidade pública, promova alterações nas prestações avençadas.

Assim, a lei disciplina as garantias do particular à manutenção do equilíbrio econômico-financeiro do ajuste, a ele se referindo em inúmeras passagens, como se verifica em seus arts. 57, § 1º, 58, §§ 1º e 2º, e 65, II, "d", e §§ 5º e 6º – dentre outros dispositivos cujos termos são menos expressos sobre a questão. Importa, em razão disso, que a Administração sempre tem o dever de ressarcir integralmente os agravos econômicos que causar ao contratado.

Ou seja, cada parte há de se responsabilizar por aquilo a que se obrigou. Se o particular assumiu o encargo de executar o contrato por determinado preço, salvo situações excepcionais previstas na lei, deve honrar esse preço. Nesse preço estão seus custos e seus lucros. Mas ele não pode ser obrigado a honrar esse preço por algo diferente daquilo que ele se comprometeu a executar ou se, no curso da vigência do contrato, surgirem fatores imprevistos e imprevisíveis que venham a onerar significativamente os custos.

Diga-se de uma vez: o particular somente poderá experimentar um prejuízo *se* decorrente de *sua* incúria, de *sua* incapacidade, de *sua* inabilitação para fazer o que se propôs; enfim, de *sua* imprevidência, e *nunca* por algo atribuível à Administração concedente ou, ainda, o outros órgãos ou entidades do Poder Público, mesmo que de outra esfera de governo.

A Lei 8.987, de 13.2.1995, que disciplina as concessões de serviços públicos, cuida da manutenção do equilíbrio econômico-financeiro do contrato ao dispor sobre as tarifas, em seu art. 9º:

"Art. 9º. A tarifa do serviço público concedido será fixada pelo preço da proposta vencedora da licitação e preservada pelas regras de revisão previstas nesta Lei, no edital e no contrato.

"§ 1º. A tarifa não será subordinada à legislação específica anterior e somente nos casos expressamente previstos em lei sua cobrança poderá ser condicionada à existência de serviço público alternativo e gratuito para o usuário. *[redação dada pela Lei 9.648, de 27.5.1998]*

"§ 2º. Os contratos poderão prever mecanismos de revisão das tarifas, a fim de manter-se o equilíbrio econômico-financeiro.

"§ 3º. Ressalvados os impostos sobre a renda, a criação, alteração ou extinção de quaisquer tributos ou encargos legais, após a apresentação da proposta, quando comprovado seu impacto, implicará a revisão da tarifa, para mais ou para menos, conforme o caso.

"§ 4º. Em havendo alteração unilateral do contrato que afete o seu inicial equilíbrio econômico-financeiro, o poder concedente deverá restabelecê-lo, concomitantemente à alteração."

Esta alteração unilateral do contrato, mencionada no § 4º, tanto pode decorrer de uma específica alteração das cláusulas de serviço, promovida pelo concedente, como pode, também, ser decorrente de alterações das condições de execução do serviço acarretadas por fatos da Natureza ou decisões governamentais estranhas ao contrato de concessão, adotadas pela mesma ou por outras esferas de governo, mas com impacto sobre o equilíbrio contratual.

Essa questão foi objeto de percuciente observação feita por Marçal Justen Filho, que merece transcrição: "Reconhece-se que a equação econômico-financeira é intangível, na acepção de que, uma vez aperfeiçoada, não pode ser infringida. A manutenção do equilíbrio econômico-financeiro consiste na impossibilidade de alterar apenas um dos ângulos da equação. Não é possível alterar, quantitativa ou qualitativamente, apenas o âmbito dos encargos ou tão-somente o ângulo das retribuições. *Se forem adicionados encargos, rompe-se o equilíbrio, a não ser que também se ampliem as retribuições. Idêntico raciocínio se aplica em caso de redução dos encargos, o que acarretará a necessidade de redução das retribuições.* Em síntese, a manutenção do equilíbrio econômico-financeiro corresponde a uma espécie de magnetização dos ângulos ativo e passivo do conteúdo da relação jurídica: *à alteração de um ângulo deve corresponder uma alteração equivalente e correspondente no outro ângulo*".[11]

Disso se infere que tanto o aumento de encargos quanto o aumento de receita podem acarretar a necessidade de recomposição do equilíbrio contratual.

No tocante à concessão de serviços públicos de telefonia fixa, se ficar comprovado que o ônus decorrente da remuneração pelo uso dos imóveis de terceiros não estava inserido na composição inicial dos custos, configurando-se como um ônus adicional imprevisível e inevitável, certamente haverá necessidade de recompor o equilíbrio contratual, inclusive por meio de compensação no valor da tarifa.

Mas há uma outra faceta que merece destaque. Situações existem nas quais a exigência de remuneração pelo uso do imóvel é feita por concessionário de outro serviço

11. *Concessões de Serviços Públicos*, São Paulo, Dialética, 1997, pp. 145-146.

concedido (como, por exemplo, a operação de rodovias), o qual irá experimentar uma receita adicional, diversa da tarifa cobrada pela execução do serviço, que, em princípio precisa ser compensada, conforme previsto no art. 11 da Lei 8.987/1995:

"Art. 11. No atendimento às peculiaridades de cada serviço público, poderá o poder concedente prever, em favor da concessionária, no edital de licitação, a possibilidade de outras fontes provenientes de receitas alternativas, complementares, acessórias ou de projetos associados, com ou sem exclusividade, com vistas a favorecer a modicidade das tarifas, observado o disposto no art. 17 desta Lei.

"Parágrafo único. As fontes de receita previstas neste artigo serão obrigatoriamente consideradas para a aferição do inicial equilíbrio econômico-financeiro do contrato."

Também se coloca essa questão da compensação nos casos de compartilhamento remunerado da infra-estrutura, nos quais será necessário verificar qual o ônus efetivamente acarretado para cada um dos concessionários envolvidos em função das remunerações pagas e recebidas.

Em qualquer hipótese, porém, sempre será necessário observar a legislação federal sobre telecomunicações, que passa a ser examinada.

6. A legislação federal sobre telecomunicações

É oportuno repetir que, por força do disposto no art. 21 da Constituição Federal, compete à União: "XI – explorar, diretamente ou mediante autorização, concessão ou permissão, os serviços de telecomunicações, nos termos da lei, que disporá sobre a organização dos serviços, a criação de um órgão regulador e outros aspectos institucionais".

Concessão e permissão de *serviços públicos* (que não se confundem com concessão e permissão de *uso de bens públicos*) são formas tradicionais de outorga a particulares do direito de explorar serviços públicos. A grande novidade trazida ao inciso supratranscrito, pela redação que lhe foi dada pela Emenda Constitucional 8, de 15.8.1995, é a previsão da figura da "autorização". Sobre este específico ponto convém destacar a abordagem doutrinária que esclarece tratar-se de um terceiro instituto jurídico com a mesma designação de outros já conhecidos e descreve suas características principais:

"Doutrinariamente as autorizações sempre foram consideradas modalidades unilaterais de anuência estatal com a prática de certas atividades ou com a ocupação de bens públicos por particulares.

"Não obstante, o legislador constitucional empregou exatamente este mesmo *nomen juris* para designar uma modalidade de delegação unilateral de serviços públicos, ao lado das duas outras modalidades contratuais, a concessão e a permissão.

"Como modalidade unilateral de transferência administrativa essas autorizações de assento constitucional existem exclusivamente para emprego pela União e voltadas especificamente à prestação dos serviços públicos contemplados no art. 21, incisos XI: telecomunicações, e XII: (a) radiodifusão sonora, (b) energia elétrica, (c) navegação aérea, aerospacial e infra-estrutura aeroportuária, (d) transporte ferroviário e aquaviário entre portos brasileiros e fronteiras nacionais, ou que transponham os limites de Estado ou Território, (e) os serviços de transporte rodoviário interestadual e internacional de passageiros e (f) os portos marítimos, fluviais e lacustres.

"Inexistem, portanto, autorizações como instrumento de prestação de serviços públicos nos Estados e Municípios, pois o art. 175 da Constituição Federal só admitiu os dois regimes contratuais a que se refere: a concessão e a permissão."[12]

12. Diogo de Figueiredo Moreira Neto, *Mutações do Direito Administrativo*, Rio de Janeiro, Renovar, 2000, pp. 127 e 137-138.

A transcrição acima justifica-se pelo fato de que na área de telecomunicações alguns serviços (como a instalação de redes de fibra ótica) são outorgados a particulares na modalidade de "autorização", mas essa específica autorização prevista na Constituição Federal, e não a autorização mencionada na lei orgânica municipal, que serve a outras finalidades. É importante mencionar essa possibilidade em razão de problemas que podem surgir no compartilhamento da infra-estrutura, conforme será visto logo mais adiante.

A legislação federal sobre telecomunicações é bastante complexa, e para entendê-la é preciso percorrer um longo caminho, que começa pela Lei 9.472, de 16.6.1997 – Lei Geral de Telecomunicações –, podendo-se ir diretamente a seus arts. 62, 63 e 64, onde se encontra uma (parcial) classificação dos serviços de telecomunicações:

"Art. 62. Quanto à abrangência dos interesses a que atendem, os serviços de telecomunicações classificam-se em serviços de interesse coletivo e serviços de interesse restrito.

"Parágrafo único. Os serviços de interesse restrito estarão sujeitos aos condicionamentos necessários para que sua exploração não prejudique o interesse coletivo.

"Art. 63. Quanto ao regime jurídico de sua prestação, os serviços de telecomunicações classificam-se em públicos e privados.

"Parágrafo único. Serviço de telecomunicações em regime público é o prestado mediante concessão ou permissão, com atribuição à sua prestadora de obrigações de universalização e de continuidade.

"Art. 64. Comportarão prestação no regime público as modalidades de serviço de telecomunicações de interesse coletivo, cuja existência, universalização e continuidade a própria União comprometa-se a assegurar.

"Parágrafo único. Incluem-se neste caso as diversas modalidades do serviço telefônico fixo comutado, de qualquer âmbito, destinado ao uso do público em geral."

Os serviços de telefonia fixa em exame são prestados sob regime público e são de interesse coletivo, sendo outorgados mediante concessão.

A instalação de redes de suporte aos serviços de telecomunicações enquadra-se como serviço de interesse coletivo, prestado sob regime privado, daí sua outorga mediante simples autorização, conforme previsto no art. 131 da mesma lei.

Todos os serviços de interesse coletivo, inclusive aqueles prestados em regime privado, estão sujeitos à regra do art. 73 da Lei Geral de Telecomunicações:

"Art. 73. As prestadoras de serviços de telecomunicações de interesse coletivo terão direito à utilização de postes, dutos, condutos e servidões pertencentes ou controlados por prestadora de serviços de telecomunicações ou de outros serviços de interesse público, de forma não-discriminatória e a preços e condições justos e razoáveis.

"Parágrafo único. Caberá ao órgão regulador do cessionário dos meios a serem utilizados definir as condições para adequado atendimento do disposto no *caput*."

Isso significa que a outorga do direito de uso de imóvel alheio feita a uma empresa (inclusive por meio da instituição de servidão administrativa) aproveita a todo o sistema, ou seja, a todas as outras empresas que explorem outros serviços de telecomunicações de interesse coletivo, no limite das possibilidades físicas e nos termos das normas pertinentes.

Cabe destacar que nenhuma empresa, concessionária, permissionária ou autorizatária de serviços de telecomunicações, está imune à observância das normas locais no tocante a suas instalações físicas: "Art. 74. A concessão, permissão ou autorização de serviço de telecomunicações não isenta a prestadora do atendimento às normas de Engenharia e às leis municipais, estaduais ou do Distrito Federal relativas à construção civil e à instalação de cabos e equipamentos em logradouros públicos".

Fica perfeitamente claro que a lei federal não autoriza (nem poderia autorizar) a simples desconsideração das competências que a própria Constituição Federal outorga ao Município. A instalação de cabos e equipamentos deve ser feita em harmonia com os interesses municipais, devendo, sempre que possível, haver um entendimento, um diálogo, uma negociação, entre o concessionário e a autoridade local, sendo certo que nesse relacionamento o concessionário sempre deverá ter respaldo da autoridade federal concedente (inclusive para a instituição de servidão administrativa, se necessário), pois, conforme consta do art. 64, acima transcrito, a União se compromete a assegurar a viabilidade, a universalidade e a continuidade do serviço, nos termos do que consta dos arts. 79 e 80:

"Art. 79. A Agência regulará as obrigações de universalização e de continuidade atribuídas às prestadoras de serviço no regime público.

"§ 1º. Obrigações de universalização são as que objetivam possibilitar o acesso de qualquer pessoa ou instituição de interesse público a serviço de telecomunicações, independentemente de sua localização e condição sócio-econômica, bem como as destinadas a permitir a utilização das telecomunicações em serviços essenciais de interesse público.

"§ 2º. Obrigações de continuidade são as que objetivam possibilitar aos usuários dos serviços sua fruição de forma ininterrupta, sem paralisações injustificadas, devendo os serviços estar à disposição dos usuários, em condições adequadas de uso.

"Art. 80. As obrigações de universalização serão objeto de metas periódicas, conforme plano específico elaborado pela Agência e aprovado pelo Poder Executivo, que deverá referir-se, entre outros aspectos, à disponibilidade de instalações de uso coletivo ou individual, ao atendimento de deficientes físicos, de instituições de caráter público ou social, bem como de áreas rurais ou de urbanização precária e de regiões remotas."

Evidentemente, as metas acima referidas não poderão ser atingidas se não houver possibilidade concreta de instalação das redes e equipamentos. Além disso, os aspectos sociais do serviço, sua relevância social, os ônus decorrentes de benefícios proporcionados à coletividade, devem ser considerados tanto na negociação com a autoridade municipal, acima referida, quanto na eventual fixação judicial do valor da indenização devida pela instituição de servidão administrativa.

O certo é que, conforme consta do art. 2º do "Plano Geral de Outorgas", aprovado pelo Decreto 2.534, de 3.4.1998, as empresas prestadoras do serviço telefônico fixo comutado têm direito à "implantação, expansão e operação dos troncos, redes e centrais de comutação necessários à sua execução", devendo a União zelar pela eficácia concreta desse direito.

É um poder/dever da União assegurar a interconexão e o funcionamento do serviço como um todo, abrangendo tanto os segmentos de interesse coletivo quanto restrito, prestados em regime público ou privado, como é o caso das redes de suporte.

A implantação e o funcionamento de redes de telecomunicações destinadas a dar suporte à prestação de serviços de interesse coletivo, no regime público ou privado, estão previstos nos arts. 145 e ss. da Lei Geral de Telecomunicações, merecendo destaque o disposto no art. 147: "Art. 147. É obrigatória a interconexão às redes de telecomunicações a que se refere o art. 145 desta Lei, solicitada por prestadora de serviço no regime privado, nos termos da regulamentação".

O que se pretende reafirmar é a utilização geral das redes de suporte, quer dizer, que o empreendimento feito por uma empresa aproveita a todo o sistema de telecomunicações. Ou seja: o interesse por determinada utilização de um específico trecho de imóvel municipal ou estadual transcende o interesse da empresa concessionária, sendo efetivamente de interesse de todo o sistema.

Para garantir essa possibilidade de utilização geral, a legislação em exame atribuiu à ANATEL competência para estabelecer normas regulamentares que assegurem a compatibilização e a harmonia entre os serviços explorados por diferentes prestadoras: "Art. 150. A implantação, o funcionamento e a interconexão das redes obedecerão à regulamentação editada pela Agência, assegurando a compatibilidade das redes das diferentes prestadoras, visando à sua harmonização em âmbito nacional e internacional".

Não cabe à Prefeitura (ou ao Estado) interferir, de qualquer forma, nos equipamentos e no serviço de transmissão, sendo, portanto, evidentemente descabida qualquer taxa pelo exercício do poder de polícia quanto a isso, mesmo que instituída com o "nome" de preço público. Cabe ao Município, sim, cuidar dos aspectos urbanísticos das instalações, para que a cidade não seja desfigurada nem haja riscos ou inconvenientes para os munícipes; mas também não pode cobrar taxa de polícia quanto a isso, por força da imunidade conferida pelo § 3º do art. 155 da Constituição Federal, que será objeto de exame mais adiante.

Também não pode a Prefeitura impedir o compartilhamento da rede não só por outras empresas prestadoras de serviços de telecomunicações, como também, eventualmente, por outras empresas que explorem serviços de energia elétrica e transporte de combustíveis, evidentemente, na medida em que isso for compatível com a permissão de uso por ela outorgada, ou com os termos e limites de servidão administrativa que tenha sido instituída, e com as normas federais que regem a matéria.

Sobre esse assunto o Governo Federal editou a Resolução Conjunta 001, de 24.11.1999, firmada pela Agência Nacional de Energia Elétrica (ANEEL), pela Agência Nacional de Telecomunicações (ANATEL) e pela Agência Nacional do Petróleo (ANP), que aprova o *Regulamento Conjunto para Compartilhamento de Infra-Estrutura entre os Setores de Energia Elétrica, Telecomunicações e Petróleo*, do qual merece destaque o art. 4º: "Art. 4º. O agente que explora serviços públicos de energia elétrica, serviços de telecomunicações de interesse coletivo ou serviços de transporte dutoviário de petróleo, seus derivados e gás natural, tem direito a compartilhar infra-estrutura de outro agente de qualquer destes setores, de forma não-discriminatória e a preços e condições justos e razoáveis, na forma deste Regulamento".

O art. 7º desse regulamento conjunto, ao discriminar as infra-estruturas e os correspondentes itens passíveis de compartilhamento, menciona, expressamente, "dutos, condutos, postes e torres".

Em resumo, a matéria está exaustivamente tratada na legislação federal, cabendo ao Município preocupar-se exclusivamente com o que interferir na disciplina do uso do solo, do subsolo e do espaço aéreo urbanos e, muito especialmente, com os bens que integram seu patrimônio imobiliário, inclusive vias e logradouros públicos, podendo, sim, condicionar seu uso ao pagamento do preço correspondente, não obstante os revezes que tem suportado na esfera judicial, que passam a ser examinados.

7. Comentários à jurisprudência existente

Um considerável número de Municípios, por lei ou decreto, com os mais variáveis conteúdos e fundamentos, instituiu a exigência de pagamento, por parte da concessionária de serviço federal ou estadual, pelo uso do subsolo, do solo e do espaço aéreo ocupado por dutos, postes e fiação. A quase-totalidade se deu mal; quase todas as exigências municipais foram suspensas liminarmente ou anuladas por decisões judiciais.

Não é o caso de se proceder a um exame detalhado de cada um ou de alguns desses casos. Para os fins deste estudo basta destacar os aspectos mais relevantes que foram considerados nas decisões judiciais.

Alguns Municípios instituíram o IPTU, correspondente à área física ocupada pelos postes, ou também pela área dos dutos ou da projeção do espaço aéreo. Outros preferiram cobrar taxa pelo exercício do poder de polícia, invocando a necessidade de disciplinar o uso do espaço urbano, inclusive sob o aspecto ambiental. Enfim, muitos instituíram um tributo incidente, direta ou indiretamente, sobre os serviços concedidos.

Em tais casos a cobrança foi fulminada pelo Poder Judiciário com base no disposto no § 3º do art. 155 da Constituição Federal (com a redação dada pela EC 3), cuja redação é a seguinte: "§ 3º. À exceção dos impostos de que tratam o inciso II do *caput* deste artigo e o art. 153, I e II, nenhum outro tributo poderá incidir sobre operações relativas a energia elétrica, serviços de telecomunicações, derivados de petróleo, combustíveis e minerais do país".

Efetivamente, por força desse dispositivo, com exceção do ICMS e dos tributos incidentes sobre importação e exportação, nenhum outro *tributo* pode recair sobre os mencionados serviços.

Note-se, porém, que o dispositivo não tem a dimensão que lhe tem sido dada, pois ele não impede a cobrança de tributos incidentes sobre a empresa concessionária (como, por exemplo, a taxa de água e esgoto), nem – muitíssimo menos – impede a cobrança de qualquer outra coisa que não seja um tributo.

Diante disso, alguns Municípios instituíram *preços públicos* pelo uso dos bens imóveis urbanos, mas, na disciplina da matéria, deram à cobrança todas as características de verdadeiro *tributo*, inclusive com alíquotas e bases de cálculo. Em tais casos apenas o nome dado ao encargo financeiro era "preço público", mas a substância era de verdadeiro tributo, justificando-se, assim, a fulminação judicial.

Outro Municípios, entretanto, instituíram verdadeiros preços públicos, com base nas respectivas leis orgânicas, mas mesmo assim tiveram a pretensão repelida na via judicial, com fundamento no disposto no Decreto federal 84.398, de 16.1.1980, que "dispõe sobre a ocupação de faixas de domínio de rodovias e de terrenos de domínio público e a travessia de hidrovias, rodovias e ferrovias, por linhas de transmissão, subtransmissão e distribuição de energia elétrica, e dá outras providências".

O art. 1º desse decreto, com a redação que lhe foi dada pelo Decreto 86.859, de 19.1.1982, assim dispõe:

"Art. 1º. A ocupação de faixas de domínio de rodovias, ferrovias e de terrenos de domínio público, e a travessia de hidrovias, rodovias, ferrovias, oleodutos e linhas de transmissão de energia elétrica de outros concessionários, por linhas de transmissão, subtransmissão e distribuição de energia elétrica de concessionários de serviços públicos de energia elétrica, serão autorizadas pelo órgão público federal, estadual ou municipal ou entidade competente, sob cuja jurisdição estiver a área a ser ocupada ou atravessada.

"Parágrafo único. Para os fins do disposto neste artigo, será considerada entidade competente a pessoa física ou jurídica que, em razão de concessão, autorização ou permissão, for titular dos direitos relativos à via de transporte, duto ou linha a ser atravessada, ou a ter a respectiva faixa de domínio ocupada."

Até aqui nada existe que mereça maiores comentários. O problema está no art. 2º, desenganadamente inconstitucional: "Art. 2º. Atendidas as exigências legais e regulamentares referentes aos respectivos projetos, as autorizações serão por prazo indeterminado e *sem ônus* para os concessionários de serviços públicos de energia elétrica" (destacamos).

Salta aos olhos que não cabe à União dispor sobre o uso de bens públicos municipais, e muito menos por meio de simples decreto. Nem se diga que, no caso, a mencionada norma estaria apenas disciplinando um serviço público federal. Se assim for entendido será forçoso concluir que a gratuidade aí afirmada poderia estender-se também sobre bens públicos de particulares, pois o serviço continuaria sendo público federal.

Para sustentar a constitucionalidade desse dispositivo argumentou-se com o vetusto entendimento (já afastado pela melhor doutrina e jurisprudência) de que os bens públicos pertencem à coletividade, aos cidadãos, e não a esta ou àquela específica pessoa jurídica de direito público.

Obviamente, tal entendimento, já repudiado pelos tribunais, não tem como sustentar-se à luz dos princípios da autonomia municipal e da legalidade.

Com efeito, a autonomia municipal compreende a titularidade de todos os bens municipais e especialmente a plena liberdade, sem qualquer turbação não expressamente fundada na Constituição Federal, de sua administração. Além disso, decreto não é lei; é mero ato administrativo, de conteúdo normativo, dispondo sobre meios e modos de execução de alguma específica lei (que, no caso, não existe) e dirigido aos subordinados de seu signatário (coisa que o Município não é, com relação ao Presidente da República).

Esse específico dispositivo foi enfocado em artigo publicado na *Revista Literária do Direito* pelo respeitado mestre de direito constitucional, da Universidade Federal de Sergipe, Carlos Augusto Alcântara Machado, que, após cuidadosa análise e fundamentação, chegou às seguintes conclusões:

"a) O uso dos bens públicos, em especial o do solo urbano, por expressa disposição legal, pode ser gratuito ou oneroso, não havendo nenhum óbice para, mediante lei, ser fixada retribuição pela utilização *uti singuli* do respectivo bem.

"b) O Município, em face de sua autonomia como ente integrante da Federação Brasileira, poderá fixar, obedecendo ao princípio da legalidade, retribuição pelo uso do solo urbano, que não terá natureza tributária.

"c) A competência privativa da União para legislar e dispor sobre concessão do serviço público de energia elétrica não tem abrangência de interferir na autonomia municipal, pois se trata de prerrogativa de raiz constitucional e inerente à estrutura do Estado Brasileiro.

"d) O art. 2º do Decreto federal 84.398/1980, na parte que autoriza o uso do solo sem ônus, não foi recepcionado pela atual ordem constitucional."[13]

É evidente que o Município não pode proibir, impedir ou prejudicar o funcionamento de um serviço público federal. Mas é também verdade que *a execução de serviço público federal não pode servir de pretexto, nem tem força suficiente, para destroçar o princípio constitucional da autonomia municipal e, por extensão, o próprio princípio federativo, que integra o chamado cerne fixo da Constituição, não podendo ser abolido nem mesmo por emenda constitucional (cf. CF, art. 60, § 4º, I).*

O Município pode ser até mesmo compelido judicialmente a ceder o domínio ou o uso de seus bens para viabilizar o funcionamento de um serviço publico federal, por meio de desapropriação ou constituição de servidão administrativa; mas não gratuitamente.

8. Considerações doutrinárias

Hoje em dia (salvo alguma absoluta exceção) não mais se sustenta que os bens públicos possam ser havidos como *res nullius* (coisa de ninguém) ou *res comunis omni* (coisa pertencente à coletividade; na linguagem atual, bem difuso).

A melhor doutrina do direito administrativo é unânime em afirmar que os bens públicos são de *propriedade* ou domínio das pessoas jurídicas de direito público interno (União, Estados, Distrito Federal e Municípios) e de suas respectivas entidades autárquicas. Sem maior detalhamento, basta ci-

13. Março-abril/2000, p. 29.

tar, entre outros consagrados autores de obras gerais, Valmir Pontes, Hely Lopes Meirelles, Celso Antônio Bandeira de Mello, Lúcia Valle Figueiredo, Diógenes Gasparini, Maria Sylvia Zanella Di Pietro, Odete Medauar, Diogo de Figueiredo Moreira Neto e José dos Santos Carvalho Filho. Todos eles entendem que os bens públicos integram o patrimônio de alguma dessas mencionadas entidades dotadas de personalidade jurídica de direito público.

A jurisprudência tem uniformemente determinado o pagamento de indenização pela desapropriação de bens públicos, inclusive bens públicos de uso comum, como praças e vias públicas, conforme já por diversas vezes ocorreu quando da inundação de áreas urbanas em decorrência da construção de barragens. Não há por que dispensar, de maneira total e absoluta, o direito à indenização quando se tratar da constituição de servidão administrativa, pois, de qualquer forma, o direito de propriedade será sacrificado, ainda que parcialmente.

Com muito maior razão, não há como sustentar que a cessão voluntária de seus bens, ou do uso deles, por parte do Município, tenha que ser necessariamente gratuita.

O Código Civil, no art. 65, expressamente reconhece e afirma o domínio das entidades públicas sobre os respectivos bens. No art. 66 faz uma classificação quanto ao uso que deles se faça, sem que isso aniquile o domínio. E no art. 68 deixa bem claro que o uso deles (de quaisquer deles, inclusive os de uso comum) pode ser gratuito ou oneroso. Realmente, não há como contestar a possibilidade de que o proprietário público estabeleça um pagamento pelo uso de seus bens por outras pessoas, físicas ou jurídicas, públicas ou privadas. Se assim não fosse a simples cobrança de pedágio pelo uso de rodovia seria inconstitucional.

Com muitíssimo maior razão, é perfeitamente viável a cobrança de um preço público pelo uso especial de um bem público.

Diogo Freitas do Amaral, em sua notável monografia sobre *A Utilização do Domínio Público pelos Particulares*,[14] chega a afirmar que o uso especial deve ser sempre remunerado: "O fundamento deste dever de pagar uma quantia em dinheiro como retribuição do direito à utilização do domínio público é simples de entender e não se afasta, no essencial, daquele que alicerça idêntica obrigação a propósito dos usos comuns extraordinários. A sua justificação encontra-se luminosamente condensada nas palavras em que Jèze, sublinhando que o particular no uso privativo não usa a coisa como todos os outros mas para seu proveito pessoal, esclarece: seria injusto que de uma utilização privativa de certa coisa pública, construída e conservada com o dinheiro de todos os contribuintes, uma pessoa só extraísse gratuitamente vantagens exclusivas".

Essa situação não se altera absolutamente quando o uso especial é feito por uma empresa privada exploradora de serviço público. Nem mesmo haveria de ser gratuito se o serviço público fosse operado diretamente por uma pessoa jurídica de direito público diferente daquela titular do domínio, pois os patrimônios públicos são diferentes, afetando diferentemente diferentes contribuintes.

Preços públicos não se confundem, absolutamente, com tributos, conforme expõe, com sua insuperável clareza, o saudoso Hely Lopes Meirelles: "Os preços – diversamente dos tributos – são remunerações facultativas e negociais, resultantes da aquisição de bens ou da utilização de serviços da Administração, ou de seus delegados, ou mesmo de particulares, em transações voluntárias com o Poder Público ou com pessoas de personalidade privada. Daí por que os preços tanto podem ser estabelecidos e cobrados pela Administração Pública, como por qualquer particular que aliene ou permita a utilização de seus bens ou serviços, mediante uma contraprestação em dinheiro, fixada ou ajustada negocialmente com o interessado no bem ou no serviço. Estes preços não de-

14. São Paulo, Juriscredi, 1972, p. 217.

pendem de lei para sua cobrança e podem resultar tanto de uma fixação unilateral de quem os cobra (preço público ou tarifa), como podem ser ajustados entre o Poder Público e o particular, conciliando os respectivos interesses (preço semiprivado), como podem ser discutidos e acertados entre particulares em livre concorrência (preço privado). Os preços, quaisquer que sejam as suas espécies, nada têm que ver com os tributos. São categorias econômicas inteiramente diferentes e regidas por normas diversas".[15]

Portanto, não faz qualquer sentido a invocação do disposto no acima transcrito § 3º do art. 155 da Constituição Federal, que se refere apenas e tão-somente a tributos como fundamento da impossibilidade da cobrança de preços públicos.

9. Conclusões

Diante do que foi acima exposto, resta apenas sumariar, de maneira objetiva e sintética, algumas conclusões.

Estados e Municípios, bem como suas respectivas entidades autárquicas, podem cobrar um preço público pelo uso de seus imóveis, compreendendo o solo, o subsolo e o espaço aéreo. Delegatários de serviços públicos somente poderão cobrar se autorizados, expressa ou implicitamente, pelo delegante. Não havendo entendimento quanto às condições do uso, especialmente quanto aos valores de pagamento, poder-se-á instituir servidão administrativa.

Havendo entendimento, concordando a empresa concessionária do serviço telefônico com os valores fixados pelo proprietário do bem público sobre o qual serão colocadas as instalações, dutos e fiação, o pagamento terá a natureza jurídica de preço público. Não havendo entendimento, havendo necessidade de instituir servidão administrativa, o pagamento estipulado pelo juiz ou acordado pelas partes terá a natureza jurídica de indenização.

No caso do uso consentido, viabilizado por meio de concessão, permissão ou cessão de uso, deve ser observado o disposto na lei orgânica do Município ou na Constituição Estadual quanto à necessidade, ou não, de concordância do respectivo Poder Legislativo. Normalmente, na maioria dos casos, os preços públicos são fixados por decreto do Chefe do Executivo. Tratando-se de imóvel sob a posse de delegatário de serviço público, estando ele autorizado a ceder o uso a terceiros, o valor será fixado por contrato celebrado entre as empresas envolvidas.

Porém, nem as entidades públicas, nem as empresas delegatárias de serviço público, podem, licitamente, agir com a desenvoltura de empresas imobiliárias, visando à obtenção de lucro. O pagamento a ser efetuado sempre deverá ter caráter indenizatório. É lícito cobrar, será lícita a receita obtida, desde que não sejam fixados valores exorbitantes, que não guardem uma certa relação com os incômodos ou danos causados pelo uso de imóveis de seu domínio ou sob sua posse. Cabe registrar que, caso as pretensões sejam exorbitantes, o caminho a ser seguido deverá ser o da instituição de servidão administrativa.

Preços sempre dependem da concordância das partes envolvidas, que devem procurar valores razoáveis, que possam ser aceitos por ambas. Se o valor pretendido for inaceitável restará o caminho da instituição de servidão administrativa, na qual o valor da indenização será fixado segundo o prudente critério do juiz. Em qualquer dessas situações o valor justo sempre dependerá das circunstâncias específicas do caso concreto.

Finalmente, cabe lembrar que é inerente à concessão que o concessionário se disponha a prestar o serviço por sua conta e risco, tendo assegurado o direito à manutenção do equilíbrio econômico-financeiro estabelecido no momento e nos termos da

15. *Estudos e Pareceres de Direito Público*, v. II, São Paulo, Ed. RT, 1977, p. 513.

outorga, mas arcando com eventuais prejuízos decorrentes de sua imprevidência, incúria ou inaptidão para explorar o serviço. Sempre será necessário verificar se o pagamento pelo uso de imóveis alheios estava ou não compreendido na equação inicialmente estabelecida. Podendo demonstrar que tais pagamentos não estavam previstos e eram imprevisíveis, haverá necessidade de recomposição do equilíbrio contratual. A recomposição do equilíbrio deverá ser feita por aditamento contratual de maneira a compensar (por meio de aumento da receita ou redução das despesas) os custos adicionais. Caso haja discordância por parte do concedente será necessário recorrer às vias judiciais para fazer valer o direito à manutenção do equilíbrio econômico-financeiro do contrato.

São Paulo, março de 2001

NOTAS PARA UM DEBATE SOBRE O PRINCÍPIO DA EFICIÊNCIA[1]

PAULO MODESTO

Professor de Direito Administrativo da Universidade Federal da Bahia (UFBA)
e da Universidade Salvador (UNIFACS). Coordenador do Curso de Especialização
em Direito Público da UNIFACS. Membro do Ministério Público da Bahia,
do Instituto Brasileiro de Direito Administrativo e do Instituto dos Advogados da Bahia.
Conselheiro Técnico da Sociedade Brasileira de Direito Público (SBDP).
Ex-Assessor Especial do Ministério da Administração Federal e Reforma do Estado

1. Princípio da eficiência e Estado Social Democrático. 2. Temário possível para um debate sobre o princípio da eficiência. 3. O princípio da eficiência como princípio constitucional positivo: 3.1 Base constitucional do princípio da eficiência na Constituição/1988 – 3.2 Conteúdo do princípio da eficiência: 3.2.1 Instrumentalidade – 3.2.2 Pluridimensionalidade – 3.2.3 Conceito. 4. Conclusão.

1. Princípio da eficiência e Estado Social Democrático

Na sociedade contemporânea a Administração Pública permanece cumprindo um papel central e estratégico na conformação social. Afirmar isto é recusar a ilusão das aparências. Embora submetido a uma *dieta orgânica*, o Estado contemporâneo não interrompeu seu crescimento enquanto *instituição social*, ampliando continuamente sua intervenção nos domínios do "mundo-da-vida" (Habermas).

Nas sociedades dos nossos dias o crescimento do papel do Estado convive com a diminuição do aparelho do Estado, decorrente dos sucessivos processos de privatização.

O Estado concretizado em estruturas burocráticas (Estado-aparato) é atualmente muito menos significativo do que o Estado percebido em sua dimensão normativa e econômica. Esse é um dado importante do nosso tempo histórico. O Estado, hoje, manipula uma parte expressiva do produto interno bruto nacional. Fomenta e tributa, executa e delega serviços, regula a atividade

1. Texto-base da exposição feita no painel sobre o tema "O Princípio da Eficiência: Desafios Concretos" no XXIII Congresso Brasileiro de Direito Administrativo, realizado em 30.9.1999, na cidade de Florianópolis/SC. Pensado inicialmente para abertura do painel, em forma de provocação para o debate subseqüente, o texto foi ampliado na exposição oral em razão da modificação da composição da Mesa, tendo o autor deixado a presidência do painel para integrá-lo na condição de painelista. O painel foi ainda composto pelos eminentes professores Diogo de Figueiredo Moreira Neto (RJ) e Paulo Roberto Ferreira Motta (PR).

econômica e cultural em dimensões nunca vistas, controla, reprime e estimula, produzindo e reproduzindo tanto a riqueza quanto a exclusão social. Numa expressão de síntese: é a *organização nacional central na transferência de recursos entre os diversos grupos sociais*. O Estado não foi reduzido ao mínimo, nem é uma instituição em processo adiantado de decomposição, como alguns sugerem. Ao contrário, amplia seus tentáculos continuamente, penetrando em quase todas as dimensões da vida privada, tornando-nos cada vez mais dependentes de suas regulações e controles; amplia persistentemente sua participação no produto bruto nacional, numa sanha incansável por novos recursos; endivida-se de forma incontida, sem, entretanto, demonstrar capacidade para tratar adequadamente problemas sociais de vulto.

É o crescimento do Estado, não a sua diminuição, a causa imediata dos graves problemas de *legitimação* que atormentam o Estado contemporâneo. Mas, ao mesmo tempo – é importante frisar –, o Estado é indispensável, pois é a única organização, operando em larga escala, capaz de conter os interesses privados em limites socialmente razoáveis e apta a intervir intensivamente sobre a coletividade, associando *eficiência* e *eqüidade*.

Reclama-se do Estado, cada vez com maior impaciência, que otimize seu agir e conduza em termos adequados a realização dos fins prezados pela comunidade. Questiona-se a *omissão no agir*, a *aptidão do agir* e a *qualidade do agir estatal*. Essas exigências não são dirigidas a um Estado Liberal, mas a um Estado Democrático e Social, executor e fomentador da prestação de serviços coletivos essenciais. É o Estado Social que não pode descuidar de agir com eficiência, justificando os recursos que extrai da sociedade com *resultados socialmente relevantes*. Essas exigências, hoje, não são mais percebidas em termos meramente políticos ou econômicos. Foram positivadas, foram entronizadas no sistema jurídico, juridicizaram-se como *exigências do ordenamento nacional*.

Mas não são exigências apenas *negativas*, úteis para censurar ou recusar a validade de comportamentos que contravenham aos valores por ela expressados, pois também são válidas *positivamente*, para impor ao administrador a observância de cautelas e procedimentos que permitam a otimização possível na obtenção dos bens jurídicos prometidos pelo ordenamento. Exige-se do Estado *celeridade* e *simplicidade*, *efetividade* e *eficiência*, na obtenção de utilidades para o cidadão, na regulação da conduta pública e privada, na vigilância ao abuso de mercado, no manejo dos recursos públicos. Hoje estas são pautas de comportamento exigíveis do administrador para a validade e legitimidade da ação estatal. São imposições normativas, com caráter principiológico, condensadas sob o rótulo de *princípio da eficiência*, referido expressamente na cabeça do art. 37 da CF, com a redação dada pela EC 19/1998. Trata-se de tema ainda carente de maior exploração entre nós, mas cuja consideração parece urgente.

2. Temário possível para um debate sobre o princípio da eficiência

Pode-se polemizar sobre se o princípio da eficiência é "novo" ou antigo; se é uma exigência inerente ao Estado de Direito Social ou se foi entronizado artificialmente no ordenamento constitucional brasileiro pela Emenda Constitucional 19/1998; se esse princípio podia ser reconhecido no diploma constitucional de 1988 ou se foi o resultado do avanço de alguma ideologia liberal no direito constitucional brasileiro. Pode-se discutir se essa exigência de eficiência produzirá ou não efeitos concretos imediatos ou, ainda, se sua compreensão deve ser diferenciada em relação aos conteúdos que lhe são dados por outras disciplinas no rol das ciências humanas. Pode-se indagar se as referências a este princípio no ordenamento jurídico de outros países, revelado pelo Direito Comparado, ao apelar para signos semelhantes, auxiliam ou não na compreensão do alcance do princípio da eficiência no Direito Brasileiro. Mas não se pode, em qualquer caso, recusar a *positividade*, a *operatividade* e a *validade jurídica do princípio da eficiência* sob o argumento de que seu conceito foi tradicionalmente desenvolvido pela Sociologia e pelas ciências econômicas. Todos sabemos que os princípios jurídicos são normas, prescrições, dirigem-se a incidir sobre a realidade, referindo sempre algum *conteúdo impositivo*.

O termo "eficiência" não é privativo de ciência alguma; é um termo da língua natural, apropriado pelo legislador em sua acepção comum ou com sentido técnico próprio. São os juristas, como agentes ativos no processo de *construção do sentido dos signos jurídicos*, os responsáveis diretos pela exploração do conteúdo jurídico desse princípio no contexto do ordenamento normativo nacional.

No plano do Direito Comparado, como se sabe, fala-se em exigência de *boa administração* (ou bom andamento da administração), em princípio da *eficácia*, em princípio da *racionalização administrativa*, em princípio da *não-burocratização* e em *economicidade*. Não vou focar as diferenças e as semelhanças entre estes signos normativos do Direito Comparado. Outros já o fizeram com grande proveito, como Egon Bockmann Moreira, querido amigo e jurista de olhar analítico, em recente estudo sobre o princípio da eficiência e sua repercussão no processo administrativo.[2] Neste campo, vale à pena ordenar os conceitos, desconfiando das nomenclaturas, porque nem sempre as *semelhanças nominais* traduzem *semelhanças de conteúdo*. Essa pode ser uma das vias do debate que se inicia na doutrina nacional, mas não será realizada aqui, dado o caráter necessariamente sumário dessa exposição.

2. *Processo Administrativo, Princípios Constitucionais e a Lei 9.784/1999*, no prelo.

3. O princípio da eficiência como princípio constitucional positivo

É comum dizer-se que o princípio da eficiência ingressou na ordem constitucional brasileira, como princípio geral da Administração Pública, com a Emenda Constitucional 19/1998, que o introduziu expressamente na cabeça do art. 37.

Essa afirmação pode ser contestada sob diferentes perspectivas. Em primeiro lugar, admite uma desconfirmação formal, literal, no nível do texto constitucional, pois a própria redação original da Lei Fundamental de 1988 contemplava de forma expressa a exigência de eficiência na Administração Pública em diferentes disposições. Em outro plano, menos superficial, no plano estruturante dos princípios constitucionais, a afirmação também merece reparos.

3.1 Base constitucional do princípio da eficiência na Constituição/1988

O texto original da Constituição Federal /1988, ora de forma explícita, ora de forma implícita, refere a exigência de eficiência como uma obrigação constitucional da Administração Pública em diversas normas. Ressaltarei as que me parecem mais evidentes.

No art. 74, II, por exemplo, desde 1988 reza a Lei Maior que "os Poderes Legislativo, Executivo e Judiciário manterão, de forma integrada, sistema de controle interno com a finalidade de: (...); II – comprovar a legalidade e avaliar os resultados, quanto à *eficácia* e *eficiência*, da gestão orçamentária, financeira e patrimonial nos órgãos e entidades da Administração Federal, bem como da aplicação de recursos públicos por entidades de direito privado". Porém, mais do que isso, constatada alguma irregularidade nos aspectos controlados, devem os responsáveis comunicá-la imediatamente ao Tribunal de Contas da União, "sob pena de responsabilidade solidária" (art. 74, § 1º).

Ora, se a eficácia e a eficiência são *qualidades do agir administrativo* avaliadas obrigatoriamente no controle jurídico da atividade de todo órgão da Administração direta e das entidades da Administração indireta, em qualquer dos Poderes, e, em caso de irregularidade, sujeitam os responsáveis a sanções jurídicas, são *obrigações jurídicas*, imposições constitucionais, *exigências gerais vinculantes para o administrador público*. Numa palavra, são *princípios jurídicos de prossecução obrigatória*, pois os princípios, na boa definição de Robert Alexy, são "exigências de otimização": "normas que determinam que algo seja realizado na maior medida possível, dentro do contexto jurídico e real existente".[3]

Ademais, como entender, sem pressupor implícita a obrigação constitucional geral de assegurar a eficiência na gestão pública, a autorização constitucional dada ao Tribunal de Contas para avaliar a "legitimidade e economicidade" da atuação administrativa em geral, ao lado do controle de "legalidade", na cabeça do art.70 da Constituição Federal? Reflita-se que os Tribunais de Contas estão constitucionalmente autorizados a realizar "auditorias operacionais", distintas das auditorias contábil, financeira e patrimonial, pelo art.71, VII, da Constituição, perante os órgãos e entidades da Administração Pública, o que *não teria sentido se o administrador fosse livre para ser eficiente e ineficiente sem que a ineficiência importasse violação do Direito.*

Por fim, de forma explícita, o texto original da Constituição/1988, no § 7º do art.144, reza que "a lei disciplinará a organização e o funcionamento dos órgãos responsáveis pela segurança pública, de maneira a garantir a *eficiência* de suas atividades". É razoável entender que apenas os serviços de segurança pública sujeitam-se à obrigação constitucional de organização adequada e atuação eficiente? Não vale aqui o que se disse do princípio da motivação, não referido na cabeça do art. 37 da Constituição Federal, mas considerado princípio geral implícito em decorrência do regime republicano e de encontrar-se previsto, como exigência explícita, no art. 93, X, da Constituição, para todas as decisões administrativas dos tribunais? De outra parte, *a obrigação de prestar serviço adequado*, exigido no art. 175 da Constituição, porventura deve ser interpretada como dirigida apenas aos concessionários e permissionários de serviço público privados? São provocações que suscito como estímulo para a reflexão dos mais doutos e para fundamentar uma avaliação mais serena do que se tem dito sobre essa modificação formal no rol de princípios constitucionais gerais referentes à Administração Pública.

Ressalto, ainda, que também na doutrina jurídica, bem antes da Emenda Constitucional 19, o princípio da eficiência não era desconhecido. Hely Lopes Meirelles já apontava entre os "poderes e deveres do administrador público" o chamado "dever de eficiência", o qual chegou a denominar "o mais moderno princípio da função administrativa, que já não se contenta em ser desempenhada apenas com legalidade, exigindo resultados positivos para o serviço público e satisfatório atendimento das necessidades da comunidade e de seus membros". Segundo o mesmo autor, o princípio da eficiência impõe que todo agente público deve realizar suas atribuições com *presteza*, *precisão*, *perfeição* e *rendimento funcional*. Para Hely Lopes Meirelles o dever de eficiência corresponde ao "dever de boa administração" da doutrina italiana.[4]

A jurisprudência dos tribunais antes da Emenda Constitucional 19/1998 igualmente prestou homenagens ao princípio da eficiência em matéria administrativa. São refe-

3. *Teoría de los Derechos Fundamentales*, Madri, Centro de Estudios Constitucionales, 1993, p. 86.

4. *Direito Administrativo Brasileiro*, 20ª ed., São Paulo, Malheiros Editores, 1995, p. 90.

rências ainda tímidas constantes de decisões do Supremo Tribunal Federal[5] e do Superior Tribunal de Justiça.[6]

Mas o princípio da eficiência, além disso, pode ser percebido também como uma *exigência inerente a toda atividade pública*. Se entendemos a atividade de gestão pública como atividade necessariamente *racional* e *instrumental*, voltada a servir ao público, na *justa proporção das necessidade coletivas*, temos que admitir como inadmissível juridicamente o comportamento administrativo *negligente*, *contraprodutivo*, *ineficiente*. Não se trata de uma extravagância retórica. Raciocínio semelhante vem sendo adotado há anos pela doutrina alemã, que chega a afirmar ser o princípio da eficiência um "princípio constitucional estrutural pré-dado", ou, como parece melhor, uma "decorrência necessária da cláusula do Estado Social". Para alguns, como para o professor João Carlos Gonçalves Loureiro, o princípio da eficiência é percebido inclusive como uma decorrência da *idéia de justiça*. No

5. "O controle administrativo do ensino público permite a interferência oficial na direção dos educandários particulares, para afastar os diretores sem eficiência. Não constitui diminuição moral esse afastamento, pois nem todo cidadão ilibado tem competência para dirigir e administrar" (TP, RMS 2.201-DF, rel. Min. Abner de Vasconcelos, convocado, j. 7.1.1954, *DJU* 22.7.1954).

6. "Administrativo – Processo civil – Ação civil pública. 1. O Ministério Público está legitimado para propor ação civil pública para proteger interesses coletivos. 2. Impossibilidade do juiz substituir a Administração Pública determinando que obras de infra-estrutura sejam realizadas em conjunto habitacional. Do mesmo modo, que desfaça construções já realizadas para atender projetos de proteção ao parcelamento do solo urbano. 3. Ao Poder Executivo cabe a conveniência e a oportunidade de realizar atos físicos de administração (construção de conjuntos habitacionais etc.). O Judiciário não pode, sob o argumento de que está protegendo direitos coletivos, ordenar que tais realizações sejam consumadas. 4. As obrigações de fazer permitidas pela ação civil pública não têm força de quebrar a harmonia e independência dos Poderes. 5. O controle dos atos administrativos pelo Poder Judiciário está vinculado a perseguir a atuação do agente público em campo de obediência aos princípios da legalidade, da moralidade, da *eficiência*, da impessoalidade, da finalidade e, em algumas situações, o controle do mérito. 6. As atividades de realização dos fatos concretos pela Administração dependem de dotações orçamentárias prévias e do programa de prioridades estabelecido pelo governante. Não cabe ao Poder Judiciário, portanto, determinar as obras que deve edificar, mesmo que seja para proteger o meio ambiente. 7. Recurso provido" (1ª T., REsp 169.876-SP [98/0023955-3], rel. Min. José Delgado [1105], j. 16.6.1998, v.u., *DJU* 21.9.1998, p. 70, deram provimento ao recurso).

"Recurso em mandado de segurança – Administrativo – Administração Pública – Servidor público – Vencimentos – Proventos – Acumulação. A Administração Pública é regida por vários princípios: legalidade, impessoalidade, moralidade e publicidade (Constituição art. 37). Outros também se evidenciam na Carta Política. Dentre eles, o *princípio da eficiência*. A atividade administrativa deve orientar-se para alcançar resultado de interesse público. Daí a proibição de acumulação de cargos. As exceções se justificam. O magistério enseja ao professor estudo teórico (teoria geral) de uma área do saber; quanto mais se aprofunda, no âmbito doutrinário, mais preparado se torna para o exercício de atividade técnica. Não há dispersão. Ao contrário, concentração de atividades. Além disso, notório, há deficiência de professores e médicos, notadamente nos locais distantes dos grandes centros urbanos. O Estado, outrossim, deve ensejar oportunidade de ingresso em seus quadros, atento aos requisitos de capacidade e comportamento do candidato, para acolher maior número de pessoas e amenizar o seriíssimo problema de carência de trabalho. Nenhuma norma jurídica pode ser interpretada sem correspondência à justiça distributiva. A Constituição não proíbe ao aposentado concorrer a outro cargo público. Consulte-se, entretanto, a teleologia da norma. O Direito não pode, contudo, contornar a proibição de acumular cargos, seja concomitante ou sucessiva. A proibição de acumulação de vencimentos e proventos decorre do princípio que veda a acumulação de cargos. A eficiência não se esgota no exercício da atividade funcional. Alcança arco mais amplo, para compreender também a eficiência para a carreira" (6ª T., ROMS 5.590-DF [95/0016776-0], rel. Min. Luiz Vicente Cernicchiaro [1084], j. 16.4.1998, v.u., *DJU* 10.6.1996, p. 20.395, negaram provimento ao recurso).

seu dizer: "um mínimo de eficiência é uma exigência que integra a idéia de justiça".[7]

Em verdade, ao contrário de contrastar com o princípio da legalidade, ou legitimar sua atenuação, penso que o princípio da eficiência pode ser percebido como componente da própria legalidade, percebida sob um *ângulo material*, e não apenas formal. Refiro-me à legalidade material explorada excelentemente entre nós, há anos, pelo professor Celso Antônio Bandeira de Mello, nomeadamente quando trata do *dever de atuação ótima ou excelente do administrador nas hipóteses de discricionariedade*.[8]

Ser predicado da legalidade material, entretanto, não é um privilégio do princípio da eficiência. Os princípios da moralidade, da impessoalidade, da publicidade, entre outros, podem ser também encartados na abordagem ampliada do princípio da legalidade. O princípio da eficiência compõe uma das faces materiais do princípio da legalidade da Administração Pública, destacado pela Constituição por razões pragmáticas e políticas.

A literatura jurídica e administrativa mais recente, no entanto, tem sobrecarregado o princípio da eficiência de *expectativas* e *anátemas*, atribuindo-lhe aptidões revolucionárias, muitas delas incompatíveis com os demais princípios indicados, como se a introdução desse signo na cabeça do art. 37 da Constituição Federal modificasse intensamente o núcleo do regime jurídico administrativo. Para alguns, entusiastas da "novidade" do princípio, este marca um novo momento da Administração Pública, caracterizado pela ruptura com o modelo de "organização auto-referida", pois permitiria que a Administração Pública cuidasse menos dos meios e processos, e mais dos resultados externos do seu labor. Para outros a consagração do princípio da eficiência significa uma vitória da ideologia neoliberal, traduzindo um perigoso retrocesso na ordem constitucional inaugurada em 1988, capaz de provocar um grave abalo de suas estruturas e contribuir para o rompimento do Estado de Direito. Exageros à parte, com pleno respeito aos que pensam em contrário, entendo que essas duas leituras da Lei Maior esquecem o essencial. Nunca houve autorização constitucional para uma Administração Pública ineficiente. A boa gestão da coisa pública é obrigação inerente a qualquer exercício da função administrativa, e deve ser buscada nos limites estabelecidos pela lei. A função administrativa é sempre atividade finalista, exercida em nome e em favor de terceiros, razão pela qual exige legalidade, impessoalidade, moralidade, responsabilidade, publicidade e eficiência dos seus exercentes. O exercício regular da função administrativa, numa Democracia representativa, repele não apenas o capricho e o arbítrio, mas também a negligência e a ineficiência, pois ambos violam os interesses tutelados na lei. A atividade de administração – doutrina há décadas Gianinni – obriga à prossecução da *miglor cura degli interessi alieni*.[9]

Por entender assim, combati desde o primeiro momento a introdução dessa alteração na cabeça do art. 37 durante o processo de discussão da Proposta de Emenda Constitucional 173 no Congresso Nacional, sustentando, entre outros argumentos, que a proposta do Relator na Câmara dos Deputados era *desnecessária* e *redundante*. No entanto, pragmaticamente, quando sua adoção era inevitável, pela dinâmica do processo político, propugnei no Senado Federal para que a redação final não registrasse a expressão imprópria "qualidade dos serviços prestados", e sim o enunciado "eficiência", argüin-

7. João Carlos Gonçalves Loureiro, *O Procedimento Administrativo entre a Eficiência e a Garantia dos Particulares, Algumas Considerações*, Coimbra, Coimbra Editora, 1995, p. 147.

8. *Discricionariedade e Controle Judicial*, São Paulo, Malheiros Editores, 1992, pp. 33-36.

9. *Apud* Paulo Modesto, "Função administrativa", *Revista do Serviço Público* [2-3]119/110, 1995; *RTDP* 2/211-224, 1993.

do, então, a impropriedade de incluir a primeira redação entre os princípios gerais da Administração, por ela referir diretamente apenas um setor da Administração Pública (a esfera da prestação de serviços públicos), quando todos os demais princípios ostentavam um alcance geral. Por outro lado, anotava que o texto proposto pelo Relator contemplava uma clara redundância com o art. 175 da Constituição da República, já ocupado com a exigência de qualidade na prestação dos serviços públicos. Pesaram em favor da segunda redação, também, sua referência explícita em diversos dispositivos constitucionais e a terminologia que acompanha o tema no Direito Comparado. Esses fatos são *desmistificadores*, e apenas por essa razão merecem ser referidos. Mas demonstram também, aliados aos argumentos anteriores, que é preciso analisar o princípio da eficiência em articulação com o sistema constitucional estabelecido desde a promulgação da Constituição/1988. Somente assim parece possível explorar, com olhar mais atento, o conteúdo específico do princípio da eficiência.

O tema obriga a uma nova reflexão, ainda que sucinta, sobre o conteúdo a extrair da enunciação do princípio.

3.2 Conteúdo do princípio da eficiência

É certo que o princípio da eficiência ressente-se ainda de uma limitada consideração na doutrina especializada. No entanto, parece urgente delimitá-lo, para que seu conteúdo prescritivo não seja invocado de modo espúrio. A exploração do seu conteúdo pode ser útil também para que certos abusos administrativos fiquem melhor evidenciados e possam ser banidos da vida brasileira. Exemplos não faltam: compras de remédios específicos em excesso, com subseqüente vencimento do prazo de validade; construções iniciadas ao lado de obras inacabadas de mesma finalidade; compras superfaturadas; construções nababescas; subsídios injustificáveis a setores econômicos específicos, sem contrapartidas sociais; compras de produtos tecnologicamente defasados. Os exemplos poderiam ser multiplicados até a exaustão.

3.2.1 *Instrumentalidade*

O princípio constitucional da eficiência é um princípio instrumental, como todos os princípios da Administração Pública. Nenhum princípio de direito administrativo tem valor substancial auto-suficiente. Integra-se com os demais princípios, não podendo sobrepor-se a eles ou infirmar-lhes a validade. Não há nisso maior novidade. Os princípios são normas que exigem ponderação, concordância prática, aplicação tópica, complementação, como há anos ncs ensinou Canaris. Por isso, o princípio da eficiência, como todo princípio, não possui caráter absoluto, mas irradia efeitos em *quatro dimensões*: cumpre uma *função ordenadora*, uma *função hermenêutica*, uma *função limitativa* e uma *função diretiva*. Estudá-lo em todas essas dimensões permitirá melhor determinar seus contornos – tarefa que incumbe à doutrina jurídica, mas exige um esforço que, obviamente, excederá os limites de tempo estabelecidos para esta sessão.

3.2.2 *Pluridimensionalidade*

Trata-se também de "princípio pluridimensional", segundo alguns autores, de um princípio que não deve ser reduzido à mera economicidade no uso dos recursos públicos – vale dizer, a uma relação quantitativa entre o uso dos meios e o atingimento dos fins estabelecidos, consoante o emprego tradicional das ciências econômicas.

Penso que no sistema jurídico brasileiro, em face das normas referidas, o princípio da eficiência diz mais do que a simples exigência de economicidade ou mesmo de eficácia no comportamento administrativo. Entendo eficácia como a *aptidão do com-*

portamento administrativo para desencadear os resultados pretendidos. A eficácia relaciona, de uma parte, resultados possíveis ou reais da atividade e, de outra, os objetivos pretendidos. A eficiência pressupõe a eficácia do agir administrativo, mas não se limita a isto. A eficácia é, juridicamente, um *prius* da eficiência.

A imposição de atuação eficiente, do ponto de vista jurídico, refere duas dimensões da atividade administrativa indissociáveis: a) a *dimensão da racionalidade e otimização no uso dos meios*; b) a *dimensão da satisfatoriedade dos resultados da atividade administrativa pública.*

Não é apenas uma ou outra exigência, mas as duas idéias conjugadas. Eficiência, para fins jurídicos, não é apenas o razoável ou correto aproveitamento dos recursos e meios disponíveis em função dos fins prezados, como é corrente entre os economistas e os administradores. A eficiência, para os administradores, é um simples problema de otimização de meios; para o jurista, diz respeito tanto à otimização dos meios quanto à qualidade do agir final. Recorde-se que o administrador público está obrigado a agir tendo como parâmetro o melhor resultado, consultando-se o princípio da proporcionalidade.[10]

Na primeira dimensão do princípio da eficiência insere-se a *exigência de economicidade, igualmente positivada entre nós*, sendo o desperdício a idéia oposta imediata. Trata-se, aqui, da eficiência como qualidade da ação administrativa que maximiza recursos na obtenção de resultados previstos. Na segunda dimensão cuida-se da eficiência como qualidade da ação administrativa que obtém resultados satisfatórios ou excelentes, constituindo a obtenção de resultados inúteis ou insatisfatórios uma das formas de contravenção mais comuns ao princípio.

10. Cf. Juarez Freitas, *O Controle dos Atos Administrativos e os Princípios Fundamentais*, 2ª ed., São Paulo, Malheiros Editores, 1999, pp. 85-86.

A primeira face ou dimensão do princípio é enfatizada por diversas disposições constitucionais (em especial os arts. 39, § 7º, e 74, II, da CF). Enfatizam o segundo aspecto as disposições sobre "avaliação de resultado", em especial o referido no art. 37, § 3º – "avaliação periódica, externa e interna, da qualidade dos serviços" e a necessidade de lei para disciplinar a "representação contra o exercício negligente ou abusivo de cargo, emprego ou função na Administração Pública". Vale, neste ponto, conferir também o prescrito nos arts. 41, §§ 1º, III, e 3º, e 247.

Percebido em suas duas dimensões básicas, o princípio da eficiência, como referia Hely Lopes Meirelles, pode ser equiparado ao princípio tradicional da *boa administração*. Na administração prestadora, constitutiva, não basta ao administrador atuar de forma legal e neutra; é fundamental que atue com eficiência, com rendimento, maximizando recursos e produzindo resultados satisfatórios. Compras de material hospitalar para 30 anos sem sentido útil, em razão de perda do prazo de validade; construções de obras faraônicas, sem a correspondente reserva de recursos; contratações em excesso etc. são provas de que o princípio é útil e poderá ser invocado em diversas situações para responsabilizar autoridades irresponsáveis e levianas na gestão da coisa pública.

A obrigação de atuação eficiente, portanto, em termos simplificados, impõe: a) ação idônea (eficaz); b) ação econômica (otimizada); e c) ação satisfatória (dotada de qualidade).

É certo que o princípio da eficiência fortalece o chamado "controle *a posteriori* de resultados". Não há também aqui uma inovação absoluta, pois já o Decreto-lei 200/1967 submetia toda atividade do Poder Executivo ao *controle de resultados* (arts. 13 e 25, V), fortalecia o *sistema de mérito* (art. 25, VIII), sujeitava a Administração indireta à supervisão ministerial quanto à *eficiência administrativa* (art. 26, III) e recomendava a demissão ou dispensa do servidor comprovadamente ineficiente ou desidioso (art. 100). Mas esse dado não infirma, não nega, o controle de legalidade estrita, que deve e pode conviver com o controle de resultados.[11]

3.2.3 *Conceito*

Diante do que vem de ser dito, pode-se definir o princípio da eficiência como *a exigência jurídica, imposta à Administração Pública e àqueles que lhe fazem as vezes ou simplesmente recebem recursos públicos vinculados de subvenção ou fomento, de atuação idônea, econômica e satisfatória na realização das finalidades públicas que lhes forem confiadas por lei ou por ato ou contrato de direito público.*

4. Conclusão

O princípio da eficiência, embora não seja novo em nosso sistema jurídico, merece ser revigorado. Sobre uma adequada consideração desse princípio podem ser renovados diversos institutos do direito público. Ele permite oferecer nova legitimação à aplicação abrangente e geral do direito público na disciplina da Administração Pública e um controle mais efetivo da competência discricionária de agentes públicos. Desconsiderar sua importância no contexto dos demais princípios do Estado Social apenas pode satisfazer os que advogam a chamada "fuga para o direito privado", que Ramón Parada, com bom humor, diz que mais parece uma "debandada para o direito privado".[12]

É equivocado pensar que apenas o direito privado e os entes privados possam assegurar e impor padrões de eficiência nos serviços oferecidos ao cidadão e que a exigência de atuação eficiente não tenha sentido jurídico. No direito público mudam a natureza dos resultados pretendidos e a forma de realização da atividade, mas a necessidade de otimização ou obtenção da excelência no desempenho da atividade continua a ser um valor fundamental e um requisito da validade jurídica da atuação administrativa.

Pode ser esse o papel do princípio da eficiência: revigorar o movimento de atualização do direito público, para mantê-lo dominante no Estado Democrático e Social, exigindo que este último cumpra efetivamente a tarefa de oferecer utilidades concretas ao cidadão, conjugando *eqüidade* e *eficiência*. Não é uma síntese fácil, mas é uma síntese possível também para o direito administrativo, que vem traduzindo essas aspirações na utilização crescente de formas de agir "concertadas", "não-autoritárias", "fomentadoras", "negociadas", distantes do padrão de agir da Administração do Estado Liberal, policialesco, centrado na limitação e disciplina dos interesse privados sob formas imperativas, sancionadoras, hierarquizadas, soberanas. Encontrar um novo equilíbrio entre os interesses fundamentais do direito administrativo, evitando tanto a *prepotência* quanto a *impotência* do Estado, é o desafio posto à doutrina do nosso tempo e o resultado possível de um debate ainda muito longe de ser concluído.

11. Sobre o histórico do tema, cf. o trabalho de Jayme Baleeiro e Renan Baleeiro, "O princípio da eficiência e os Tribunais de Contas", in *Os Tribunais de Contas e as Reformas Constitucionais*, quatro estudos, livro editado pelo Tribunal de Contas do Estado da Bahia, 1999, p. 62.

12. *Derecho Administrativo – Parte General*, 10ª ed., v. I, Madri, Marcial Pons, 1998, p. 30.

ASPECTOS JURÍDICOS DA OUTORGA DA EXPLORAÇÃO DO SISTEMA DE BILHETAGEM ELETRÔNICA PARA A INICIATIVA PRIVADA

FLORIANO DE AZEVEDO MARQUES NETO

Doutor em Direito Público pela Universidade de São Paulo (USP).
Professor da Faculdade de Direito da Pontifícia Universidade Católica de São Paulo (PUC/SP).
Advogado

1. As diferentes hipóteses de execução de um cometimento público. 2. Um traço unificador: a necessidade de contrato administrativo. 3. As diferentes espécies compreendidas no gênero "concessão". 4. A enorme potencialidade da concessão de bem público. 5. As hipóteses de concessão e o Sistema "Metropass": 5.1 A hipótese de concessão de serviço público – 5.2 A concessão de uso de bem público intangível. 6. Possibilidade e dificuldades de implantação do programa como simples contratação de serviços. 7. Conclusão.

Cuida-se no presente trabalho de apresentar alguns aspectos relacionados com a modelagem jurídica do "Sistema de Bilhetagem Eletrônica para Transporte Coletivo", criado pelo Decreto estadual 43.680/1998, especialmente no tocante ao regime de execução que será adotado para sua implementação.

Preliminarmente, cumpre observar que, na busca de uma formatação de modelagem lastreada nas coordenadas do instituto de concessão – a serem adaptadas ao regime de empreitada, mesmo que esta seja por preços unitários –, dificuldades inúmeras seriam enfrentadas.

Essas dificuldades, obviamente, estão relacionadas com as dúvidas e questionamentos jurídicos suscitados em decorrência do não-enquadramento da espécie ao tradicional regime de prestação de serviços. Por outro lado, na hipótese emerge o comprometimento da financiabilidade do projeto objetivado.

Em face, portanto, de tais óbices, será praticamente impossível, para eventuais interessados, a montagem de um projeto financeiro não só viável como, também, vendável sob o ponto de vista de sua própria financiabilidade.

Sem embargo, tentaremos, aqui, enfrentar os aspectos jurídicos envolvidos, com vistas a suportar as decisões a serem adotadas pelos órgãos públicos competentes. Pretendemos, portanto, menos defender tese qualquer, e mais municiar decisões estratégicas – razão pela qual não segue abaixo um texto robustecido por colações doutrinárias, citações ou excertos jurisprudenciais.

1. As diferentes hipóteses de execução de um cometimento público

Quando o Poder Público quer ver produzida uma determinada utilidade pública para fruição, direta ou indireta, da coletividade, pode recorrer a vários instrumentos.

Pode, de maneira singela, executar tal cometimento diretamente, lançando mão da sua estrutura e de pessoal próprios (o que ocorre, por exemplo, com a prestação jurisdicional exercida por servidores públicos[1] – juízes – com a utilização de bens e equipamentos públicos: fóruns, escrivaninhas, cartórios, papelório etc.).

Pode, de outro lado, contratar uma pessoa física ou jurídica para que execute, em nome da Administração, as atividades necessárias a prover aquela dada utilidade pública, podendo fazê-lo por meio de vários regimes de execução indireta.

Pode, por fim, cometer a particulares o ônus de prover tal utilidade, recebendo em contrapartida o direito de explorá-la direta ou indiretamente. Neste ponto estaremos diante de uma plêiade de institutos jurídicos que podem, genericamente, ser referidos como "parcerias" entre o Poder Público e os particulares. Albergam-se aqui, desde as diversas modalidades de concessão, os termos de cooperação; os contratos de arrendamento prescritos na Lei 8.630/1993; a outorga condicionada e onerosa do direito de exploração de uma dada atividade de interesse coletivo; a exploração de marca comercial de empresa estatal; a cessão de direitos; outorga de licenças de exploração – e outros tantos.

No âmbito do que aqui se trata, não interessa a primeira hipótese (execução direta), de resto apenas referida no art. 6º, VII, da Lei 8.666/1993. Maior importância tem diferenciar entre os regimes de execução indireta (mera prestação de serviços) e a exploração no regime de concessão.

A execução indireta de uma obra ou serviço vem prevista conceitualmente no art. 6º, VIII, da Lei 8.666/1993. Pode ela se dar nos regimes de empreitada por preço unitário (art. 6º, VIII, "b"), por preço global (art. 6º, VIII, "a"), empreitada integral (art. 6º, VIII, "e"), no regime de tarefa (art. 6º, VIII, "d") ou, ainda, por administração contratada (art. 6º, VIII, "c", objeto de veto presidencial).

O traço realmente relevante na mera prestação de serviço (execução indireta) é que nela a Administração Pública contrata um particular para executar, isoladamente, um serviço para e sob a responsabilidade do órgão público. Isso deriva da própria definição de "serviço" contida no art. 6º, II, da Lei federal 8.666/1993, que o conceitua como "toda atividade destinada a obter determinada utilidade de interesse para a Administração".

Quatro são os fatores relevantes na caracterização da mera prestação de serviços: (i) o primeiro em que o tomador do serviço é a própria Administração Pública, que dele se utiliza para viabilizar atividade pública (de fomento, de ordenação, de gestão etc.); (ii) o segundo em que a remuneração do serviço contratado é feita pelo próprio Poder Público, mediante desencaixe de verbas orçamentárias e em remuneração ao serviço como um todo, independentemente do conteúdo econômico e do proveito que os administrados auferem da prestação; (iii) o terceiro cuida do fato de que na singela contratação de serviços pelos particulares ao Estado a prestação é feita por conta e risco da Administração, sendo alheios ao particular contratado os riscos subjacentes ao aproveitamento econômico do serviço prestado; (iv)

1. Embora saibamos que a Emenda Constitucional 20 fez destes agentes públicos "membros de Poder", isso não esvazia nosso raciocínio no sentido de que a atividade que exercem e o serviço que prestam são remunerados pelo Estado e, num contexto de jurisdição gratuita, independem da prestação efetiva de qualquer serviço. O juiz é assalariado pelo Estado para judicar, independentemente do tipo de provimento jurisdicional que presta. Não é um prestador de serviço, é um agente do Estado exercendo função pública.

por fim, a contratação pelo Poder Público de mera prestação de serviços por particulares pode recair sobre qualquer atividade ou prestação, desde que enquadradas dentro das categorias orçamentárias autorizadoras da despesa respectiva.

Quando, porém, o Poder Público intenta ver produzida e explorada uma utilidade pública, transferindo a terceiros tal incumbência, colocamo-nos diante de outro regime de execução. Nestas hipóteses o Estado contrata um particular para delegar-lhe a obrigação de, por sua conta e risco, prover a utilidade ou explorar a comodidade fruível diretamente pelo administrado.

Dito de outro modo, entendendo necessário ou conveniente oferecer à fruição coletiva uma dada utilidade pública (pode ser um bem, um serviço, uma comodidade) e não pretendendo fazê-lo com seus próprios meios, o Estado outorga a um particular (com ou sem exclusividade) o encargo de provê-la e o direito de explorá-la. Muitas são as conseqüências dessa opção administrativa.

Transferido ao particular o risco inerente à exploração da atividade, o regime jurídico aplicável deverá prever mecanismos aptos a garantir o retorno do investimento, contemplar prazo que viabilize a exploração, admitir a exigência de inversões pelo particular, regrar o modo de extinção da outorga, os limites da responsabilidade do particular, a possibilidade de oferecimento de dação de direitos em garantia de financiamentos – entre outros aspectos peculiares a este regime de execução.

Em linhas gerais, são estes os elementos que predicam a diferença do cometimento ao particular de uma simples prestação de serviço ou da outorga de direito à exploração de uma utilidade pública. Se tivéssemos que eleger um eixo diferençador entre estas duas modalidades de execução de cometimentos públicos, diríamos que ele se estabelece na definição de quem assumirá os riscos envolvidos no cometimento.

Na simples prestação de serviço os riscos permanecem com a Administração, que pagará ao particular o preço ajustado por aquilo que ele efetivamente executar, independentemente do uso ou resultado advindo da utilidade pública envolvida.

Já quando ocorre a outorga da exploração de uma utilidade pública (por exemplo, no regime de concessão) há transferência de riscos, assumindo o particular, total ou parcialmente, os riscos relativos ao negócio. E é isso que caracteriza este regime: a exploração do negócio (ou seja, seu financiamento, comercialização, taxa de retorno) fica por conta e risco do particular.

2. Um traço unificador: a necessidade de contrato administrativo

Embora sejam distintos os regimes de execução, em qualquer de suas modalidades, não prescindem da formalização de contrato administrativo. É que, qualquer que seja a avença firmada pela Administração, ela deverá, em regra, ser formalizada por um tipo de contrato específico, peculiar, um pouco distinto dos contratos de direito privado. Isso porque, sendo uma das partes o Poder Público, sempre haverá a necessidade de cláusulas exorbitantes que assegurem poderes desiguais, próprios a quem tutela interesses públicos.

Em que pese à exceção prevista no art. 62, § 3º, I, da Lei 8.666/1993 (contratos privados da Administração), o cabimento e a necessidade de contratos administrativos para formalizar, em gênero, os ajustes firmados pela Administração decorrem da própria locução constante do art. 2º e seu parágrafo único da citada lei.

Dizendo de outro modo, quer para a simples contratação da prestação de serviços, quer para outorgar a exploração de um bem, serviço, utilidade ou comodidade de titularidade do Poder Público, será necessário que a Administração firme um contrato administrativo com o particular, precedido de licitação pública – contrato, este, sujeito às peculiaridades arroladas no art. 58 da Lei 8.666/1993.

Há, contudo, diferenças nas espécies de contrato administrativo. Ou seja, há disposições da Lei 8.666/1993 que simplesmente não são aplicáveis aos contratos de concessão (*v.g.*, prazo, obtenção de financiamento, limites de valor contratual etc.).

Muito não cabe, aqui, dissertar sobre o assunto. Diga-se apenas que: (i) um contrato para outorga da exploração de uma utilidade pública terá muito mais complexas cláusulas regulamentares; (ii) um contrato para simples execução de serviço por empreitada envolve dois pólos de interesse (a Administração e o particular), enquanto na exploração de uma utilidade pública haverá três ordens de interesse (além do poder outorgante e do outorgado, haverá os interesses dos administrados que usufruirão daquela utilidade, tendo, pois, direitos e obrigações atinentes à exploração outorgada).

3. As diferentes espécies compreendidas no gênero "concessão"

Adentrando um pouco a questão específica envolvendo o "Metropass", cabe fazer uma pequena incursão nos aspectos jurídicos do regime de concessão. Desde o advento da Lei federal 8.987/1995 emergiu uma tendência no Direito Brasileiro de identificar, de forma absoluta, o regime geral de concessão com a concessão específica de serviço público. As definições legais constantes do art. 2º da referida norma legal muito contribuíram para isso, pois que tendem a levar a adstrição de toda concessão à outorga de exploração de um serviço público. Assim não é.

A confusão entre o regime geral de concessão e a espécie "concessão de serviço público" tem colocado a doutrina e mesmo o legislador diante de algumas aporias. Isso se verifica, por exemplo, no tocante às concessões rodoviárias, tratadas no mais das vezes como "concessões de serviços públicos de operação de rodovias". Porém, essa classificação acaba por colidir, por exemplo, com a prescrição do art. 1º, IV, da Lei federal 9.074/1995 (concessão de "vias federais", algo muito mais próximo à concessão de um bem público) ou com o disposto na Lei Complementar federal 100/1999 (que fez autorizar a incidência de ISS sobre "exploração de rodovia mediante cobrança de preço dos usuários").

O fato é que o Poder Público pode outorgar concessões outras que não tenham por objeto um serviço público. Para não irmos muito longe, veja-se a previsão de concessão do direito de lavra, prevista no art. 176 da Constituição. Igualmente ocorre com a concessão dos direitos de exploração, desenvolvimento e produção de petróleo, previstas no art. 23 da Lei federal 9.748/1997 (e não se diga tratar-se de serviço público, já que tais atividades são listadas como atividade econômica estrito senso pelo art. 177 da CF). Também é o que vemos com a outorga de direito de exploração de satélite brasileiro (mediante a ocupação de posição orbital notificada ao Brasil), prevista no art. 171 da Lei federal 9.472/1997.

O que caracteriza o regime de concessão não é o fato de existir um serviço público cuja prestação se transfere a um particular. Para que possamos cogitar de uma concessão de serviço público há que se ter, antes de mais nada, um serviço de titularidade do Estado (assim definido na Constituição ou em lei específica). Ademais, temos que (cf. o art. 2º, *caput*, da Lei federal 9.074/1995) é também necessário lei que autorize a concessão e fixe seus termos.

A concessão de serviços públicos é uma importante espécie de concessão. Não é, contudo, a única modalidade deste gênero de realização de cometimentos públicos.

Como vimos acima, o traço essencial do regime geral da concessão está em transferir ao particular a exploração, por sua conta e risco, de uma utilidade ou comodidade pública (serviço, bem, direito, prerrogativa, potencial econômico), exigindo dele o atendimento de obrigações (por exemplo, atendimento de compromissos de interesse da coletividade, universalidade na exploração, regras de continuidade, respeito aos consumidores ou usuários etc.).

A crise fiscal e a exigüidade de recursos para fazer frente aos investimentos públicos prenotam a imprescindibilidade de a Administração Pública potencializar o regime de concessões (e outros congêneres), de modo não só a contar com o concurso de particulares para prover necessidades coletivas (utilidades públicas), como também para auferir receitas de fontes não-impositivas (não-tributárias), explorando uma enorme gama de oportunidades e potenciais econômicos que, outrora, ou eram desperdiçados, ou eram apropriados por parcelas mais astutas da sociedade (legado do velho Estado Patrimonialista).

Justiça seja feita, esta perspectiva já era cogitada por Geraldo Ataliba e Celso Antônio Bandeira de Mello desde o início da década passada.[2] O segundo doutrinador, há mais de um lustro, publicou estudo demonstrando a viabilidade da execução de "Obra pública a custo zero",[3] porquanto custeada pela própria exploração da melhoria.

4. A enorme potencialidade da concessão de bem público

Nos estreitos lindes do presente não cabe muita digressão sobre tão apaixonante tema. Fiquemos apenas numa espécie distinta de concessão, diversa da concessão de serviço público.

É matéria pacífica na doutrina a possibilidade de o Poder Público outorgar concessão de bem público, definida pela mais básica doutrina como "o contrato administrativo pelo qual o Poder Público atribui a utilização exclusiva de um bem de seu domínio a particular, para que o explore segundo sua destinação específica. O que caracteriza a concessão de uso e a distingue dos demais institutos assemelhados é o caráter contratual e estável da outorga do uso do bem público ao particular, para que o utilize com exclusividade e nas condições convencionadas com a Administração".[4]

Ou seja, por meio da concessão de bem público a Administração outorga a um particular o direito de explorar, por sua conta e risco, um bem público, de forma estável e exclusiva mas não prejudicial ao uso de outrem (o que não interdita a outorga de outras concessões assemelhadas sobre bens congêneres), determinando condições e requisitos para utilização (e eventual exploração) do bem pelo particular outorgado.

Bem é verdade que a doutrina sempre pensou em bens imóveis quando tratou de concessão de uso de bem público. O Código Civil Brasileiro, por seu turno, define os bens públicos afirmando que assim o são "os de domínio nacional pertencentes à União, aos Estados ou aos Municípios" (art. 65). Mais adiante (art. 66) classifica tais bens em (i) *de uso comum* (bens imóveis de utilização geral da coletividade), (ii) *de uso especial* (edifícios e terrenos – *v.g.*, bens imóveis – aplicados a serviço do Poder Público) e (iii) *dominicais* (bens patrimoniais do Poder Público, objeto de direito real ou pessoal deste).

É óbvio, então, que o conjunto de bens públicos de titularidade do Estado é integrado por bens imóveis e móveis, tangíveis e intangíveis, estes últimos necessariamente como bens dominicais. Se é vastamente admissível a concessão de uso de bem público imóvel, menos possível não seria a concessão do uso (exploração comercial) de bens móveis, mesmo quando intangíveis

2. V., nesse sentido, as conclusões do seminário internacional "Iniciativa privada e serviços públicos", *RDP* 98/219 e ss., 1991.

3. *RTDP* 3/32 e ss., 1993.

4. *Direito Administrativo Brasileiro*, 15ª ed., p. 431.

(simples direitos ou potenciais econômicos agregados a uma dada utilidade pública). Lembremos que o Código Civil Brasileiro arrola, dentre os bens móveis, direitos reais sobre bens móveis (art. 48, I), os direitos de obrigação (art. 48, II) e os direitos de autor (art. 48, III).

Ora, quando uma entidade pública desenvolve uma pesquisa ao cabo da qual há um invento patenteável, os direitos de exploração desta patente integram o plexo de bens de titularidade do Poder Público e podem, portanto, ser objeto de concessão onerosa de uso por um particular (uma indústria, um laboratório, ou coisa que o valha). O direito conferido por organismo internacional de explorar uma posição orbital integra o plexo patrimonial da União. O mercado de um país ou determinado fundo de comércio criado por força de uma inversão pública geram direitos que pertencem à coletividade representada pelo Estado e podem, pois, ser entregues à exploração de um particular que por isso pague.

Nenhum observador esclarecido negaria, hoje, que o maior patrimônio da República Popular da China é seu abissal mercado interno e que seu Governo tem sido hábil em negociar com o Ocidente, a alto custo político e financeiro, o direito de ir lá explorar este monumental potencial econômico.

Do mesmo modo, ninguém imaginaria que o grupo liderado pela *Bell South* pagaria 2,7 bilhões de Reais em troca do uso de subfaixa de freqüência por outra razão que não a enorme demanda reprimida (mercado potencial) pela telefonia celular na Região Metropolitana de São Paulo.

Temos, então, que a consagrada concessão de uso de bem público pode ter por objeto a outorga a particular do direito de exploração, por sua conta e risco, de uma dada utilidade ou comodidade públicas (bem dominical, móvel e intangível de titularidade do Estado), fazendo-o a título oneroso, por prazo certo e determinado e mediante prévia licitação.

5. As hipóteses de concessão e o Sistema "Metropass"

Vai longa a presente dissertação. Cumpre já, sem mais delongas, aproximar o até aqui visto às especificidades do Sistema objeto de nossa atenção.

Conforme dispõe o art. 1º do Decreto 43.680/1998, o Sistema "Metropass" é definido como "o processo de pagamento de tarifas de viagens e de acesso aos sistemas metroviário, ferroviário, de ônibus e trolebus por meio de cartões inteligentes armazenados com créditos na forma de valores monetários, direitos de viagem e passes temporários". O § 1º deste art. 1º predica que o Sistema "permitirá operar de forma unificada o pagamento de tarifas e de acesso a todos os modais que integram o sistema metropolitano de transportes públicos" do Estado. E o art. 2º diz que o Sistema compreende várias atividades (serviços) que vão desde a emissão de cartões até a realização das transações financeiras inerentes ao Sistema.

Assim delimitado o que seja o Sistema, temos clareza de que, do ponto de vista jurídico, poderia sua exploração ser outorgada aos particulares, quer como concessão de serviço público, quer como concessão de exploração do direito de uso de bem público. Vejamos as duas espécies.

5.1 A hipótese de concessão de serviço público

Todas as atividades (serviços) que estão compreendidas no Sistema "Metropass", nos termos do art. 2º do Decreto estadual 48.638/1998, constituem atividades inerentes aos serviços públicos de transporte coletivo de passageiros na Região Metropolitana. Os cartões ali referidos prestam-se precipuamente ao pagamento de tarifas de transporte público de passageiros. As operações financeiras ali compreendidas cuidam de operacionalização da arrecadação tarifária adjeta aos referidos serviços.

Os serviços de transporte público de passageiros encontram prescrição legal em vários diplomas estaduais. Vemo-los previstos no art. 1º da Lei estadual 7.861/1992 (que criou a CPTM); no art. 4º da Lei municipal 6.048/1966, que constituiu o "Metrô". De mais a mais, os serviços de transporte coletivo vêm definidos como serviços públicos na Constituição Federal (art. 30, V), em que pese a ali ter o constituinte se referido à modalidade local, de competência dos Municípios. Fosse isso pouco, e a Constituição do Estado (art. 158, parágrafo único) preconiza expressamente que o transporte coletivo de caráter regional é serviço público (cf. art. 175 da CF) de competência do Estado, podendo ser prestado diretamente ou mediante concessão.

Se, com base nas prescrições constitucionais, entendemos que o serviço de transporte coletivo de âmbito regional é serviço público de competência estadual, cremos ser possível cogitar que a concessão deste serviço (autorizada pelo art. 158 da Constituição Bandeirante) não se dê apenas de forma global, mas admita-se a concessão de parcelas do serviço.

Tal entendimento vai ao encontro da perspectiva mais contemporânea da produção de utilidades públicas. A tendência mais moderna, surgida no Direito Anglo-Saxão, tem sido denominada entre os especialistas como "processo de *unbounding* das utilidades públicas". Cuida-se – nos dizeres de Santiago Muñoz Machado – de operações voltadas a "propiciar a multiplicação de sujeitos econômicos que intervenham nos setores antes controlados por um só prestador",[5] normalmente o próprio Estado.

Enseja-se, assim, a "separação jurídica de atividades obrigando a segregação dos antigos monopólios de serviços em diversas áreas de negócio" – perspectiva, esta, que caminha no sentido do *unbounding*.[6] Entre nós este processo foi efetivado no setor de energia elétrica, no qual, como se sabe, optou o Estado por segregar as diversas atividades integrantes do serviço público genérico de energia elétrica (art. 21, XII, "b", da CF) em atividades distintas para fins de outorgas (*v.g.*, geração, transmissão, distribuição de energia elétrica).

Mediante este raciocínio, possível que é a concessão do serviço como um todo, seria lícito efetivar a outorga de atividades isoladas (parcelas executivas) do serviço. É certo que para se prestar um serviço de transporte coletivo há que se executar atividades de bilhetagem, operação, manutenção de veículos, compensação financeira, gerenciamento operacional, conservação de linhas e outros. Sem a execução destas atividades não se põe à disposição do usuário a utilidade pública específica (no caso, o serviço de transporte).

Sustentável seria, portanto, a concessão desta parcela do serviço público maior previsto no art. 158, parágrafo único, da Constituição do Estado. Presente o primeiro requisito (previsão legal de uma dada utilidade de fruição coletiva como serviço público), tampouco faltaria o atendimento ao outro requisito já aqui referido.

É que no art. 2º, II, "c", da Lei estadual 7.450/1991 (que criou a Secretaria de Transportes Metropolitanos) vemos prescrita a autorização da SMT à "outorga de concessões, permissões e autorizações dos serviços, sua fiscalização e a fixação das respectivas tarifas, nos termos da legislação vigente". Os serviços aí referidos são, obviamente, os "transportes públicos de passageiros integrantes das regiões metropolitanas" (cf. art. 2º, I, c/c o art. 2º, II, desta mesma lei).

Também não seria necessária sequer a publicação do ato autorizativo específico referido no art. 5º da Lei federal 8.987/1995, pois que o Decreto 43.680/1998 poderia ser visto como atendendo a tal requisito, mormente à luz do disposto no seu art. 7º, I, quando outorga competências à EMTU – a

5. *Servicio Público y Mercado*, Madri, Civitas, 1998, p. 228.

6. Idem, p. 230.

gerenciadora do Sistema – para propor parcerias com a iniciativa privada, até mesmo promovendo as licitações para as respectivas contratações.

Em suma, caso se entenda conveniente a outorga de uma concessão de serviço público (ou de parcelas de serviços inerentes ao serviço público de transporte de passageiros em âmbito metropolitano), haveria base jurídica para fazê-lo. É certo que se deve analisar tal possibilidade à luz da viabilidade do projeto, traduzida, entre outros aspectos, na atratividade do capital privado para o empreendimento e na financiabilidade do projeto. Neste sentido, o ideal seria que o arcabouço legal fosse aperfeiçoado, introduzindo-se também algumas disposições no Projeto de Lei que hoje tramita pela Assembléia Legislativa de modo a (i) explicitar a possibilidade jurídica e a autorização legislativa para a concessão de serviço público em tela e (ii) precisar os contornos desta concessão.

Se isso for viável obteríamos grande segurança jurídica e institucional para a modelagem do empreendimento. Sua principal vantagem é o fato de que traz um menor ruído, pois a concessão de serviço público, hodiernamente, (i) tem sido crescentemente utilizada, (ii) pauta-se por lei específica e (iii) já foi absorvida pelos operadores do Direito. Não sendo possível a implantação do Sistema por meio de concessão de serviço público, inclinamo-nos para a concessão de uso, a seguir exposta.

5.2 A concessão de uso de bem público intangível

Como já exposto, é também plenamente possível que a implantação e a operação do Sistema em referência sejam cometidas a particulares por meio de uma concessão (licença) do direito de exploração do Sistema, entendido este direito como um bem intangível, dominical, de titularidade do Estado de São Paulo e com potencial econômico passível de outorga à exploração privada.

Da forma como foi definido pelo Decreto estadual 43.680/1998 (definição, esta, que não é propriamente jurídica, mas é a que temos), tal Sistema seria o plexo de operações integrantes do processo de pagamento de tarifas de viagem e de acesso às diversas modalidades de transporte coletivo com utilização de cartões inteligentes.

É inerente a esse processo organizacional a criação de um potencial econômico de exploração quer dos benefícios diretos do Sistema (fornecimento dos cartões, movimentação das receitas auferidas, logística operacional implantada), quer, principalmente, dos benefícios indiretos (exploração do potencial econômico agregado, como venda da disponibilidade de armazenamento de créditos, comercialização de publicidade acoplada aos cartões etc.). Ou seja, de uma decisão organizacional tomada pela Administração Pública emergiu um potencial agregado a uma atividade ou comodidade pública que pode (e deve) ser explorado com vistas a otimizar os ativos (imobiliários, mobiliários, intangíveis, recebíveis etc.) estatais.[7]

É inegável que o Estado detém os direitos de explorar o "Sistema de Bilhetagem Eletrônica para Transporte Coletivo". Por uma, porque a Constituição do Estado define a competência estadual para operação do

7. Processo assemelhado foi recentemente implantado pela ELETROBRAS. Apercebendo-se do potencial de exploração dos direitos de passagem pela rede de distribuição de energia de suas subsidiárias, a *holding* federal do setor elétrico criou uma empresa de papel (*LightPar*) para receber como ativos exclusivamente os direitos de exploração, com exclusividade, das torres de transmissão do Sistema para fim de suporte à rede de telecomunicações de terceiros. Ressalte-se que somente tais direitos (bens intangíveis) foram transferidos à *LightPar*, permanecendo com as subsidiárias de transmissão de energia a propriedade das redes e torres (bens tangíveis). Posteriormente foram as ações da *Lightpar* postas à venda no mercado, obtendo a União alguns milhões de Dólares com a operação.

transporte coletivo de caráter regional, do qual, ao menos por agora (art. 3º, parágrafo único, do Decreto 43.680/1998), advêm os ativos a serem explorados. Por outra, porque o Sistema foi criado pelo Estado e seu potencial econômico provém de um – digamos – "fundo de comércio" (*azienda*) indiretamente titularizado pelas estatais estaduais integrantes do Sistema: ou seja, o potencial gerado pela "clientela cativa" composta pelos usuários dos serviços públicos de transporte metropolitano explorados pelo "Metrô", CPTM e EMTU.

Se a exploração do potencial econômico gerado pelo Sistema, instituído pelo Decreto estadual 43.680/1998, é um direito do Poder Público, e se o potencial econômico desta exploração constitui, inegavelmente, um bem público estadual (intangível, mas nem por isso desprovido de valor econômico, como demonstram as modernas técnicas de avaliação de ativos e de projetos financeiros), certo parece-nos ser que o Poder Público Estadual poderá, mediante licitação, conceder a particular o direito de uso deste bem (que sequer encontra óbices no instituto da afetação, pois que, vimos, tratase de bem dominical).

Adotada esta modalidade de concessão, teríamos que: (i) seria objeto da licitação a outorga do direito de exploração do "Sistema de Bilhetagem Eletrônica para Transporte Coletivo" pelo prazo de *n* anos; (ii) o concessionário assumiria uma série de encargos, tais como adquirir, fornecer, instalar e operar os equipamentos necessários à implantação do Sistema; (iii) em contrapartida, seria ele remunerado (pelos investimentos e pela operação) por meio da apropriação de parcela da receita arrecadada pelo Sistema e pela possibilidade de comercializar o potencial agregado aos cartões (como acima visto); (iv) ao final do prazo de exploração o contrato estabeleceria que os bens empregados na operação do Sistema passariam para a titularidade do Estado, independentemente de qualquer indenização (espécie de reversão imprópria); (v) à semelhança do disposto no art. 28 da Lei federal 8.987/1995, poderá estar previsto o direito da concessionária de oferecer, em garantia de financiamento, os eventuais recebíveis advindos do contrato; (vi) concedido que seria o direito de exploração, a execução independeria do serviço público prestado, pois as atividades necessárias à operação do Sistema seriam tomadas como acessórias aos serviços públicos de transporte metropolitano prestados por diferentes empresas concessionárias ou delegatárias ("Metrô", CPTM, EMTU, eventualmente "SPTrans" e suas operadoras etc.).

Haveria, por certo, o inconveniente de se tratar de uma modalidade pouco usual, criando a resistência que o novo sempre gera na Administração Pública. O principal questionamento deve advir do fato de que inexiste lei específica reitora deste tipo de concessão. Tal argumento, contudo, não nos abala.

Primeiro, porque tal cometimento seria regido diretamente pela Lei 8.666/1993 naquilo que for aplicável à espécie (lembremos que se tratará de um contrato administrativo em gênero, como já expusemos).

Segundo, porque pode-se muito bem aplicar, por analogia, disposições constantes da Lei 8.897/1995, pois, embora tratando de concessão de serviços públicos, várias de suas disposições são próprias ao regime geral de concessão.

Terceiro, porque existem no direito positivo institutos muito assemelhados ao ora tratado. Exemplo disso é a concessão comercial prescrita na Lei federal 6.729/1979. Embora este diploma se refira exclusivamente à concessão comercial entre produtores e distribuidores de veículos automotores de via terrestre, nada parece impedir que suas disposições sejam trazidas, analogicamente, para regrar a concessão ora cogitada.

Quarto, porque a inexistência de lei específica detalhando o regime de concessão de bem público nunca foi impeditivo para a adequada utilização do instituto. Veja-se neste sentido a quase-vintenária obra de Maria Sylvia Zanella Di Pietro.[8] Exemplo disso é que o "Metrô", já há uma década, transferiu à iniciativa privada a exploração dos terminais rodoviários (à época, sob o impróprio nome de "arrendamento"), sem que houvesse, no âmbito do Estado, lei autorizando a utilização de tal instituto para prédios e utilidades públicos. E até hoje não houve censura administrativa ou judicial a este procedimento.

Por fim – mas não menos importante – há o fato de que a Lei estadual 9.361/1996, que criou o Programa Estadual de Desestatização, contém autorização legal para o cogitado. Com efeito, seu art. 3º, VIII, diz que o PED será implementado com utilização, dentre outros instrumentos, da cessão, licença ou conferência de direitos derivados de concessão de serviços públicos. Ora, já foi dito que o Sistema "Metropass" é diretamente ligado à prestação dos serviços públicos de transporte metropolitano. Sendo assim, a outorga cogitada nada mais é do que a conferência de direitos de exploração de utilidade afeta àqueles serviços públicos. Cessa tudo quanto a antiga musa canta, que a locução legal se alevanta!

6. Possibilidade e dificuldades de implantação do programa como simples contratação de serviços

À luz dos inconvenientes acima divisados, vê-se como extremamente vulnerável a possibilidade de se adotar a modelagem na forma de simples contratação de serviços e fornecimento de bens. Além dos aspectos jurídicos, haveria dificuldades operacionais, como, por exemplo, a inviabilidade prática de o particular obter financiamento para empreendimentos dependentes de pagamentos governamentais, sem a possibilidade de dar receitas em garantia. O principal óbice, contudo, seria a inviabilidade jurídica de se julgar o certame, aliada à impossibilidade de definição do valor do contrato (tendo em vista não ser possível saber, desde agora, o montante de receitas que seriam arrecadadas ao longo da operação do Sistema).

Inobstante, se por qualquer razão for esta a opção da Administração, poder-se-ia manter a modelagem do negócio baseando-se no regime de empreitada integral, para simples contratação do fornecimento e da prestação do serviço. Alguns problemas, porém, teriam que ser superados (não sem alguma margem, considerável, de risco jurídico). Ponderamos que, embora seja, das três alternativas, a mais vulnerável e desconforme juridicamente, pode-se tentar, com algum esforço, contornar os óbices levantados.

Porém, não se pode esconder a enorme dificuldade advinda do fato de que toda a estruturação da modelagem parte de um conceito de concessão que se quer fazer caber num regime bem mais singelo. Assim, noções como receitas acessórias, securitização de recebíveis, obtenção de financiamento, transferência de responsabilidades integrais sobre a execução do objeto – tudo isso pode ser objeto de questionamentos jurídicos quando colocado num simples contrato de fornecimento ou de prestação de serviços.

Inobstante, temos nos esforçado em engendrar um formato que torne juridicamente sustentável a introdução destes elementos na futura licitação. Necessário, contudo, é ter sempre presente a possibilidade de impugnações derivadas do seu afastamento do regime tradicional e obtuso da Lei 8.666/1993.

7. Conclusão

É hora de objetivar as conclusões que se podem extrair do longo arrazoado *supra*. Podemos resumi-las assim:

7.1 Há três possibilidades de regime de execução que podem ser adotadas na modelagem jurídica de implementação do Sistema: (i) concessão de (parcela de) serviço

8. *Uso Privativo de Bem Público por Particular*, São Paulo, Ed. RT, 1983.

público, (ii) concessão (conferência) de direitos de exploração do Sistema, modelada como uma concessão do direito de uso dos direitos (bens intangíveis) inerentes ao potencial econômico do Sistema, (iii) simples contratação do fornecimento dos bens e equipamentos empregáveis no Sistema e da prestação de serviços necessários à sua operação.

7.2 Das três hipóteses, cumpre reafirmar nossa inclinação para a segunda (outorga do direito de exploração do potencial econômico vinculado à operação do Sistema).

7.3 A concessão de serviço público teria a seu desfavor o fato de não serem as atividades integrantes do referido Sistema facilmente caracterizáveis como *serviço público*, em que pese a sustentarmos seu enquadramento como atividades inerentes ao serviço de transporte público metropolitano. A seu favor conta o fato de que a concessão de serviço público tem sido amplamente utilizada, havendo leis – estadual e federal – prescrevendo seu regime. Para a perfeita viabilização deste modelo de execução seria recomendável (ainda que não imprescindível) que fosse editada lei estadual criando o "Sistema de Bilhetagem Eletrônica para Transporte Coletivo" e explicitando algumas disposições próprias a este regime.

7.4 A concessão do direito de exploração do Sistema tomada como uma concessão de bem público intangível parece-nos que seria a fórmula mais amoldada ao que se pretende. Contra ela haveria seu caráter novidadeiro e a inexistência de um regime legal específico – óbices que, no nosso ponto de vista, não são impeditivos. A seu favor há o fato de que, ainda que não com o mesmo nome, há expressa previsão na lei do PED autorizando a outorga de direitos congêneres a particulares.

7.5 Tanto o regime de concessão de serviço público quanto o de concessão de bem público têm a vantagem de viabilizar plenamente pressupostos jurídicos, econômicos e operacionais considerados como imprescindíveis na modelagem do programa.

7.6 Caso, por razão qualquer, não se decida pela adoção do regime de concessão, em qualquer de suas modalidades, restaria, então, optar pela contratação, num mesmo certame licitatório, de dois cometimentos: (i) uma empreitada integral para fornecimento dos bens (equipamentos, *softwares*, licenças etc.), montagem, testes e operação inicial, remunerando-se o particular por preço certo e global; (ii) a prestação do serviço de operação pelo prazo máximo legal, remunerando-se o particular por um valor fixo (absoluto ou percentual) por operação realizada. Neste caso, é certo, haverá maior vulnerabilidade jurídica, como já se vem aventando no âmbito do órgão interessado.

7.7 Qualquer que seja a decisão a ser tomada pela Administração a respeito do regime de execução, os instrumentos regulatórios em preparação (mormente o edital e o contrato) deverão sofrer adaptações. Importante destacar que, apesar de serem bastante distintas as três hipóteses, não nos parece que haveria, em qualquer caso, mudanças substanciais nos textos, eis que a modelagem já está bastante madura, restando amoldá-la ao regime jurídico que trouxer maior conforto institucional.

O ESTADO BRASILEIRO, SUA ATUAÇÃO E SEU DEVER CONSTITUCIONAL

VALMIR PONTES FILHO

Professor de Direito Constitucional e de Hermenêutica Jurídica da Universidade de Fortaleza (UNIFOR) e da Faculdade de Direito da UFCE.
Ex-Presidente do Instituto Brasileiro de Direito Administrativo (IBDA).
Membro do Instituto de Defesa das Instituições Democráticas (IDID).
Advogado

Nos tempos atuais parece adequado – se não imperioso – afirmar-se que o Estado Brasileiro há sempre de atuar, por intermédio de seus órgãos e entidades e em todas as esferas de governo (federal, estadual, municipal e distrital), com vistas à perfeita consecução dos objetivos e finalidades delineados pela Constituição que o criou e estruturou. Vale, assim, relembrar, em passo inicial, a circunstância de que essa mesma Constituição nos assegura a existência de um *Estado Democrático de Direito*, dentre cujos fundamentos e objetivos se encontram a *dignidade da pessoa humana*, a construção de uma *sociedade livre, justa e solidária*, na qual se promova a *erradicação da pobreza, da marginalização e a redução das desigualdades sociais e regionais* (CF, arts. 1º, III, e 3º, I e III). É ela também, aliás, a nos garantir uma ordem econômica inspirada pelos princípios da *função social da propriedade* e da *busca do pleno emprego* (CF, art. 170, III e VIII).

Também na Lei Fundamental se encontram insculpidos os superiores mandamentos segundo os quais toda e qualquer ação governativa (de índole legiferante, administrativa,[1] política ou jurisdicional) se há de necessariamente conformar ao princípio da *independência nacional* (CF, art. 4º, I) e ao propósito de *promover o bem de todos, sem preconceitos de origem, raça, sexo, cor, idade e quaisquer outras formas de discriminação* (CF, art. 3º, IV).

Ignorar isto importa, a desdúvidas, fazer pouco da Constituição enquanto regra

1. Não sem motivos têm os constitucionalistas e administrativistas brasileiros levantado óbices à tradicional classificação da Pública Administração em "direta" e "indireta", simplesmente. Primeiro porque ainda antes da entrada em vigor da Constituição/1988 já não tinha sentido algum colocar as *fundações públicas* e as *autarquias*, cuja natureza jurídica é idêntica, sob o mesmo enquadramento das *empresas públicas* e das *sociedades de economia mista*. Enquanto estas últimas – quer as destinadas à prestação de serviços públicos ou as voltadas à exploração de atividade econômica – integram a chamada "Administração Pública indireta", aquelas (as autarquias e fundações) – que, evidentemente, não se confundem com os órgãos da *Administração direta centralizada*, como os Ministérios ou as Secretarias Estaduais ou Municipais –, a rigor, devem ser vistas como integrantes da *Administração Pública direta descentralizada*.

suprema e fundamentante de todas as demais manifestações normativas, estatais ou não.[2] Significa, enfim, desconsiderar que a Constituição originariamente posta é o começo lógico de toda a normatividade jurídico-positiva de um Estado soberano (Kelsen), é a "lei que diz como se fazem as demais leis" (Achával).

Qualquer que venha a ser a atuação estatal, portanto, está ela imprescindivelmente vinculada aos preceitos superiores genéricos – mas nem por tal motivo despidos de eficácia ou efetividade – já mencionados, quer se materialize ela em elaboração de políticas governamentais, quer quando simplesmente busque a prestação de serviços públicos ou a intervenção no domínio econômico.

2. Com efeito, uma vez posta a Constituição, inaugura-se uma nova ordem jurídico-normativa, que nela há de encontrar necessário fundamento de validade. Esse novo *ordenamento jurídico* não se constitui apenas de novas leis, decretos, regulamentos, atos administrativos concretos e decisões judiciais que venham a ser editados, a partir da promulgação da *Lex Fundamentalis*, pelos órgãos constitucionalmente a tanto autorizados. Também ele será formado (a) pelas regras jurídicas que, embora forjadas em momento anterior ao surgimento da nova Constituição, com esta não se mostrem incompatíveis; assim, mesmo que tenham perdido seu pretérito fundamento de validade (posto que a Constituição antiga, sob cuja égide vieram a lume, foi revogada), passam a ter novo *fundamento de validade*, na medida em que compatíveis com a Lei Suprema recém-produzida, e, conseqüentemente, por esta *recepcionadas*; (b) pelas que venham a ser (ou tenham sido) fabricadas pela própria sociedade, é dizer, pelos homens inseridos no contexto social, em seu dia-a-dia (contratos, declarações de vontade, regulamentos de sociedades civis e comerciais e até mesmo a ordem que um pai ou uma mãe, no exercício do pátrio poder, dão ao filho menor, por exemplo); também estas serão normas jurídicas – e, portanto, integrarão o novo ordenamento –, na exata conta de sua adequação à Constituição (e, quando necessário, às leis e regulamentos aplicáveis); estas, especialmente, como também as originárias dos órgãos estatais (constituídos), produzem-se diariamente, aos milhares.

Para a satisfação dos já mencionados desideratos constitucionais o Estado dispõe de um dado aparelhamento (constituído, como entredito, dos órgãos e entidades de sua Administração direta, direta descentralizada e indireta) submetido a dado regramento que o põe, de um lado, estritamente vinculado à satisfação dos interesses básicos da coletividade (os interesses públicos *primários*, a que alude Renato Alessi) e, de outro, sujeito a controles e gizamentos rígidos, de modo a que restem privilegiados os princípios da legalidade estrita, da impessoalidade, da moralidade, da eficiência, da razoabilidade e da boa-fé. É por meio dele, portanto, que se deve dar a atuação do Estado.

Importante indagar, diante deste quadro, que papel se pode destinar às chamadas "entidades do *terceiro setor*" – como as "organizações sociais" e as "entidades privadas de caráter público" –, hoje consideradas, por alguns, exemplos de boa e moderna administração e instrumentos mais ágeis de satisfação dos interesses públicos. Sob o argumento de que é saudável incrementar-se a direta participação da sociedade na direção dos negócios públicos,[3] será recomendável, ou, mesmo, possível, à vista da principiologia constitucional, ter esse dito *terceiro setor* como também integrante da Administração (e capaz, portanto, de desempenhar o mesmo papel dos já mencionados órgãos e entidades da Administração Pública)? A mim me parece que não.

Em primeiro lugar porque a elas – entidades do *terceiro setor* – não se impõem as mesmas restrições que, por exemplo, estão presentes até mesmo em relação às empresas públicas e às sociedades de economia mista.[4] Em segundo lugar porque, afinal de

3. Nenhum outro instrumento de participação direta da comunidade na definição e condução das políticas governamentais se mostraria mais importante do que os do *plebiscito* e do *referendum*; todavia, verifica-se séria e inexplicável resistência a tais formas de exercício da Democracia direta.

4. Não estivessem tais entidades – as empresas públicas e as sociedades de economia mista –

contas, criadas por particulares, findam por ser "credenciadas" (e em parte mantidas) pelo Poder Público sem licitação (e em desapreço, conseqüentemente, à isonomia). Demais disso, pelo singelo motivo de que, sem embargo de suas alardeadas finalidades públicas (*lato sensu*), voltar-se-ão provavelmente, mais cedo ou mais tarde, para seus próprios interesses, a partir de quando deixarem de contar com subvenções do Erário.

Tais "organizações", a rigor, ao contrário de se revelarem ferramentas úteis para a viabilização de uma suposta "nova forma de atuação do Estado", vêm a ser instrumentos cavilosos de burla, por exemplo, à exigência constitucional de concurso para o ingresso no serviço público e de facilitação da demissão de servidores, instigados a abandonarem o antigo vínculo funcional que possuíam com o Poder Público. Têm, é certo, merecido imenso prestígio por parte dos que, bem ou mal-intencionados, defendem com ardor o vigente processo de "enxugamento" da máquina estatal, a prevalência das "leis de mercado" e a submissão do trabalho aos interesses do capital.

Se se quer prestigiar associações privadas cuja saudável destinação estatutária seja a de prestar serviços à comunidade, que simplesmente se concedam, pela via legislativa recomendada, benefícios mais concretos (inclusive de ordem tributária) às tradicionais *entidades de utilidade pública*, que deveriam merecer tal distinção apenas em situações bem e rigorosamente definidas. Mas estas, frise-se bem, constituem forma legítima de atuação *da sociedade* em benefício de si mesma, ainda que com o auxílio, direto ou indireto, do Estado.

Convém não deslembrar, afinal, que não somos a Suíça ou a Noruega, mas um país repleto de abissais desigualdades (sociais e regionais), em que o papel fundamental de condução da economia e da prestação de serviços públicos ainda não prescinde da presença ou da intervenção direta do Estado. Impossível é imaginar que num país subdesenvolvido como o Brasil o aparelho orgânico estatal seja pulverizado, dele se retirando suas funções primordiais, mormente aquelas que digam respeito ao estabelecimento do equilíbrio social e ao controle, ainda que parcial, do mercado.

O que aqui até agora se disse foi dito em comovida – se não desesperada – homenagem ao Direito, inserto no mundo do *dever-ser*. Mas o dito está, desgraçadamente, em notório descompasso com o que se vê na realidade. Imaginamos que já se havia cuidado de fazer, neste país, tudo o que o sentimento de respeito à Democracia e à Constituição não recomenda. Tudo, enfim, que o próprio senso de nacionalidade rejeita. Afinal, por pressão exógena e descompromissada com os interesses pátrios, as maiores riquezas minerais brasileiras foram ofertadas à gerência absoluta de empresas internacionais (com a privatização da "Vale do Rio Doce"). Iguais motivos levaram à abdicação, pelo Governo Brasileiro, do controle sobre as comunicações, inclusive as estratégicas, entregue aquele, hoje, a corporações multinacionais (com a privatização do sistema TELEBRÁS).

A maioria acreditou que não reeleger o Presidente da República significaria romper a estabilidade da economia, quebrar a integridade da moeda, viabilizar o retorno da inflação e instalar o caos. Somente ele –

sujeitas a regramentos próprios do direito público-administrativo, e livres estariam elas, *v.g.*, do dever de licitar (CF, art. 37, XXI), de realizar concurso público para admissão de pessoal (CF, art. 37, II), de ter seus dirigentes figurando no pólo passivo em ações populares (CF, art. 5º, LXXIII) ou de prestar contas aos órgãos competentes (CF, arts. 49, X, e 71, II, III e IV). Ou, pior ainda, desobrigadas de prestar continência aos princípios da legalidade, da impessoalidade, da moralidade, da publicidade e da eficiência (CF, art. 37, *caput*), bem como de impedir que seus servidores acumulassem os respectivos empregos com empregos ou cargos em outros órgãos ou entidades da Administração (CF, art. 37, XVII). Mas se sabe que elas não estão disto livres ou desobrigadas, à luz mesmo das mencionadas prescrições constitucionais.

o Presidente a ser heroicamente reconduzido – teria compromissos com o Real, com a modernidade e o progresso. Deixando, porém – por misericórdia ou sadismo –, passar o Natal e o Ano Novo, eis que o reeleito fez o que se dizia seria feito pela besta-fera oposicionista: desvalorizou a moeda, permitindo sua "flutuação" livre como uma bóia do *Titanic* ao sabor das ondas gélidas do Atlântico Norte. Por qual razão a mudança de rumo? Por convencimento sincero de que outra não poderia ser a solução adequada aos interesses nacionais? Se é assim, também é razoável supor que ela, a desvalorização, deveria ter sido feita há mais tempo.

Não. A medida parece ter sido tomada em Washington e de lá enviada, provavelmente via *e-mail*, tão rápida e diligentemente quanto a *Internet* o permitiu. A imaginária "República Federativa do Brasil" – que nunca foi Federação ou muito menos republicana – sucumbiu de vez aos patrões do FMI e seus imediatos beneficiários, os estupradores internacionais de nações. E plenamente agasalhada pelo Presidente, cujo sesquipedal apego à autocriada imagem de estadista não lhe permitiu preservar a independência da Nação nem enxergar a desgraça do seu povo.

Chegamos a supor que a ânsia terceirizante dos arautos da política neo-nazi-liberal-entreguista em vigor houvesse sido saciada pela irresponsável extinção de órgãos e entidades públicas e por sua contínua substituição pelas mencionadas "organizações sociais", instrumentos óbvios do desejo de tornar mínimo – se não de magreza famélica – o Estado Brasileiro. Privatização e terceirização de órgãos, entidades e serviços públicos passou a ser uma "religião fundamentalista". Os seus "fiéis", todavia, ainda não se deram conta daquilo que, ainda em 1994, foi definido, com precisão cirúrgica, por Carlos Ayres Britto:[5] findaremos, de terceirização em terceirização, de privatização em privatização, caindo na mais completa *besteirização*!

Disse bem o notável José Saramago, Nobel de Literatura em 1998, quando soube que o Peru desejava privatizar a exploração dos sítios arqueológicos incaicos e pré-incaicos de *Machu Pichu* e *Chan Chan*: "Privatize-se Machu Pichu, privatize-se Chan Chan, privatize-se a Capela Sistina, privatize-se o Partenon (...) privatize-se a Catedral de Chartres ... privatize-se o Pórtico da Glória de Santiago de Compostela, privatize-se a Cordilheira dos Andes, privatize-se tudo, privatize-se o mar e o céu, privatize-se a água e o ar, privatize-se a Justiça e a lei, privatize-se a nuvem que passa, privatize-se o sonho, sobretudo se for o diurno e de olhos abertos. E finalmente, para florão e remate de tanto privatizar, privatizem-se os Estados, entregue-se por uma vez a exploração deles a empresas privadas, mediante concurso internacional. Aí se encontra a salvação do mundo ... E, já agora, privatize-se também a p* que os pariu a todos".

Depois de terem apresentado projeto de emenda constitucional que autoriza a terceirização das atividades fiscalizadoras dos Tribunais de Contas, não demora muito e estarão a privatizar, em licitações internacionais, o Banco do Brasil, a Caixa Econômica Federal, a PETROBRÁS, o Banco do Nordeste, o Pelourinho, a Marquês de Sapucaí, a Serra Gaúcha, as Cataratas do Iguaçu, a Pororoca, o Bumba-meu-Boi, a Gruta de Ubajara, o Cristo Redentor e a Garota de Ipanema ... Por fim, irão internacionalizar a Amazônia, realizando dela uma "dação em pagamento" aos vampiros da especulação. Para que não se tenha tal hipótese como absurda basta referir a assustadora (mas não inusitada) notícia de que os nossos irmãos do Norte estariam dispostos a intervir militarmente em território colombiano (vizinho ao nosso), sob o pálio de combater a guerrilha e o narcotráfico.

Também pensamos que a cruel perseguição contra os servidores públicos – es-

5. Em magnífica palestra proferida em Salvador por ocasião de Congresso Brasileiro de Direito Administrativo.

tes infelizes seres em extinção – tivesse tido um fim com a quebra da estabilidade, com a proibição de reajuste da remuneração dos funcionários, não importando qual venha a ser o índice de inflação, ou com os "planos de demissão voluntária". Ou mesmo que o esfacelamento de nossa Carta Magna estancara com a satisfação do ímpeto fujimoriano do atual Chefe de Governo por sua própria reeleição.

Mas cometemos todos um profundo equívoco. Foram além os protagonistas desta neotragédia, ao impor ônus previdenciários intoleráveis a servidores da ativa, a aposentados e pensionistas. Foram mesmo longe, ao cortar cestas-básicas de famílias carentes, ao ceifar a merenda escolar de estudantes pobres, ao extinguir o crédito agrícola dos pequenos e médios produtores rurais. Transpuseram os limites da prudência e da decência quando destinaram somas inimagináveis à salvação de bancos privados, quando buscaram dirigir o resultado de licitações na área da telefonia ou no instante em que, pelo comando discriminatório de um Ministro de Estado, deixaram de investir em pesquisas no Nordeste porque, ali, terra de gente inferior e menos preparada, seria mais lucrativo "dar capim aos bois".

E tudo com um único objetivo: o de "honrar" o pagamento de alguns meses dos juros de uma dívida externa impagável, injustificável e ilegítima.

Muitas de tais absurdas e impatrióticas decisões, como sabido, restaram formalizadas por medidas provisórias, instrumento legislativo abastardado e que já fora objeto de críticas candentes pelo Senador que virou Rei, pelo homem que, revelando seu autoritarismo maniqueísta, impinge a quem lhe contraria a vontade a pecha de "bobalhão".

Os brasileiros, devidamente globalizados, fomos levados à inebriante sensação de estar desfrutando das *benesses* do "Primeiro Mundo". Sentimo-nos, por conta disso, tão felizes quanto certamente se sentiram nossos dignos antepassados indígenas quando presenteados pelos então "civilizados" conquistadores portugueses com espelhos, colares e outras bugigangas coloridas.

Fomos e estamos seguida e implacavelmente "anestesiados" pela poderosíssima força da mídia, movimentada à custa de fartos Dólares, para que nossa consciência cívica não desperte para os verdadeiros problemas e reais necessidades do país e de seu maravilhoso e heróico povo: desemprego, fome, doenças endêmicas, falta de escolas e de eficaz política educacional, desigualdade econômica entre pessoas e regiões, violência urbana (inclusive policial), aumento da criminalidade etc.

Querem nos fazer crer que esse cenário de indescritível miséria, material e cívica, não é importante. Ou pelo menos não tão importante quanto ver o Presidente, com seu ar majestático, posando de estadista pela "Europa, França e Bahia"...

E foi justamente da Bahia – ou daquele que se considera seu Capitão Hereditário – que veio cruel estocada. O vil e estarrecedor ataque ao Poder Judiciário, última das trincheiras em que o cidadão comum ainda pode buscar socorro, derradeira fortificação na qual as liberdades encontram guarida. Mas o intuito é claro: sem Judiciário autônomo, sem jurisdição sobranceira, não se sustenta a Democracia. E é esta que se deseja acabar! Inclusive por meio da sorrateira implantação dos "juizados arbitrais", que outra coisa não significa senão a terceirização e privatização da atividade jurisdicional.

De regime democrático, afinal, só se pode falar quando a ordem normativa tem origem popular, quando a vontade da lei prevalece sobre a dos governantes e, principalmente, quando o próprio organismo estatal se sujeita, tanto quanto os cidadãos comuns, às decisões judiciais. Numa Democracia, dos órgãos de governo o que se espera é uma conduta exemplar, mesurosa à lei, à moralidade, à isonomia e, notadamente, aos interesses da coletividade, bem mais valiosos do que os do Erário. Se, para aperfeiçoá-la, for preciso modificar pontual ou topicamente a Constituição, que assim se faça. Mas para engrandecê-la, não para destruir-lhe a alma e o espírito. Para expurgar as falhas e mazelas do sistema de representação política e, também, do próprio Poder Judiciário, ainda carente, por exemplo, de um controle externo de suas funções não-jurisdicionais e de um sistema não-viciado de escolha dos membros dos Tribunais Superiores. Jamais, todavia, para promover o descrédito deste, enquanto instituição, perante a sociedade.

Nestas plagas tropicais cuida-se, sim, de fabricar seguidas emendas inconstitucionais, além de uma torrente de éditos executivos de causar inveja a Luís XIV. Uma das últimas autocráticas medidas presidenciais mostra bem a face aterrorizante do sistema: com o alongamento de prazos para contestar e recorrer, com as dificuldades impostas para o ajuizamento de ações coletivas, com a vedação de executar sentenças senão após seu trânsito em julgado, com o completo aniquilamento do instituto da ação cautelar, com a transformação da ação rescisória em mais uma instância recursal com efeito suspensivo, o Governo, atropelando a isonomia, conferiu a si próprio privilégios descabidos, escandalosamente insuportáveis. Subtraiu o próprio Estado da jurisdição. Transformou, enfim, os juízes singulares – em quem os jurisdicionados de hoje, muito mais do que nos órgãos colegiados, depositam sua esperança e fé – em meros atores de uma ópera bufa: suas sentenças têm a mesma valia que as promessas vãs do amante casado. Não são mais normas individuais, como nos ensinou Kelsen, mas simples ações na "bolsa de mercado futuro". Implantou o Absolutismo e está a caminho da barbárie.

Prova disto é o mais recente desejo do Executivo, já manifestado através da imprensa, de que a expedição de liminares contra o Estado fique a depender da prévia oitiva da Fazenda Pública. Não satisfeito em defender a abjeta tese das "decisões vinculantes", manietadoras estas do ato (ao mesmo tempo cognoscitivo e volitivo, como ensinou Kelsen) de interpretar/aplicar o Direito, aspira ele agora a que o juiz, antes de cautelarmente impedir a prática de ato ilegal ou imoral, pergunte à autoridade administrativa se ela assim o permite!

Contra isto não apenas se espera, mas se exige, a corajosa e decidida reação dos magistrados, mormente os de primeiro grau.

A juventude – que há 30 anos participava intensa e bravamente da resistência contra a Ditadura Militar, porque politicamente engajada –, hoje, em sua maioria, se queda estranhamente inerte, amolentada, incapaz de uma reação bastante à proteção de seu próprio futuro, convicta até de que o patriotismo é coisa *brega*. Mostra-se arrivista, bem mais preocupada, como afirmou Barbosa Lima Sobrinho, em "(...) correr atrás de pés-de-meia, sempre colocando suas economias no Exterior (...) do que em construir uma Nação digna para seus filhos".[6] Nada mais desalentador!

Aterrorizante, demais disso, é recente pesquisa – divulgada pela *Folha de S. Paulo* – segundo a qual mais de 50% dos jovens cariocas são indiferentes ou simplesmente favoráveis a uma forma autocrática de governo. Estamos quase todos – jovens, adultos e idosos – forçados a crer que o Brasil está-se tornando "moderno", na exata medida das já mencionadas terceirização de serviços públicos, privatização de empresas estatais, quebra da estabilidade do servidor público, alienação do patrimônio nacional (formado pela contribuição de gerações de compatriotas) e, finalmente, da pulverização dos princípios e regras de uma Constituição que veio exatamente para nos redimir dos sofridos e longos anos de autoritarismo político (embora autêntico, sem disfarce, ao contrário do experimentado nos dias que correm).

Mas que "modernidade" é essa, protagonizada por política econômica que condena um contingente de 15 milhões de almas (cerca de 10% da população brasileira, segundo as estatísticas oficiais) a viver absolu-

6. "Educação e cidadania", jornal *O Povo* (Ceará), ed. 4.7.1999, p. 15-A.

tamente fora do mercado, mesmo o informal, fora da escola, sem hospitais e em estado de miséria absoluta?

Por conta dela o *homem* deixou de ser o centro das preocupações, posto que no "mundo globalizado", se não existe lugar para os que não dominem a língua inglesa e a Informática, muito menos haveria para os iletrados, despossuídos de patrimônio e de esperança. Perguntar-se-ia, então: ao invés de patrocinar a estes uma lenta, dolorosa e humilhante morte por desnutrição e doenças, não seria mais misericordioso encaminhá-los a câmaras de gás, que, devidamente privatizadas ou terceirizadas, poderiam vir a ser construídas em Fernando de Noronha?

De que tranqüilidade se fala, se aquela que mais conta – a jurídico-constitucional – não existe? De que estabilidade se cogita, se a das relações jurídicas, razão mesma de ser do Direito, foi reduzida a pó, a sinal de "atraso", a simples retórica bacharelesca? De que segurança se fala, se os institutos do direito adquirido, da coisa julgada e do ato jurídico perfeito são tidos como manifestações "jurássicas" de formalistas empedernidos?

Seria demasiado lembrar aos defensores desses "novos tempos" que não pode haver progresso, notadamente social e econômico, sem permanência e estabilidade das relações jurídicas? Ou que nenhum país do mundo avançou tecnologicamente sem que a Liberdade e a Democracia estivessem garantidas por uma ordem jurídica infensa aos caprichos dos eventuais detentores do poder?

Vive-se, atualmente, neste infeliz arremedo de República, um regime ditatorial crudelíssimo, embora disfarçado, sofisticado, em que todo o poder de mando se concentra no Executivo, único a ditar quais os "interesses nacionais" prevalecentes, claramente não consentâneos com os estabelecidos na Lei Maior. Experimenta-se quadra da história em que Estados e Municípios estão em vias de perder de vez sua autonomia – a eles concedida por norma constitucional com a dignidade de cláusula pétrea – por força de mais uma "reforma" concentradora do poder tributante nas mãos da União.

E – o que é pior – com a conivência indesculpável do Legislativo, ao qual faltam a coragem e o dever patriótico de se insurgir, por exemplo, contra a desmedida proliferação e reedição de medidas provisórias ou contra os cortes das verbas sociais do Orçamento (sem que um único centavo se tire, todavia, da destinada à propaganda governamental). E sem a reação firme de uma Corte Suprema que efetivamente se dê conta de seu papel de guardiã da Lei Fundamental (mas que se dá à extravagância de ter um "líder do Governo", como denuncia, em monumental artigo, o professor Dalmo Dallari).

Aos defensores desse deplorável estado de coisas alegra, sim – e esta foi a mensagem de último enviada aos Governadores pelo Chefe do Brasil[7] –, que maiores verbas venham a ter os Estados que mais demitirem funcionários! Neste cenário kafkiano, não se duvide de que, em breve, recebam progressivas isenções do imposto sobre a renda aqueles "cidadãos-de-bem" que mais exterminem os resistentes à "integração global". Ou mesmo que se proponha a *desbrasilização* do Nordeste, esta região dita prejudicial ao progresso do país, e que, assim, viria a ser independente.[8] Em tal delirante hipótese, eu bem que postularia um cargo no imaginário Governo Nordestino: o de Ministro das Relações Exteriores, apenas para ter o prazer de negar o visto de entrada a certas figuras do mundo político atual!

Pretende-se agora a aberração definitiva, fruto da imaginação perversa – se não delirante – de alguns apedeutas (ou não?)

7. Expressão que não me pejo em plagiar, posto que cunhada por Celso Antônio Bandeira de Mello, exemplo de jurista e cidadão.

8. E que, curiosamente, nasceria sem dívida externa alguma, já que nem um único centavo dos monstruosos empréstimos concedidos a ela foi destinado.

em direito constitucional: a aprovação de emenda à Constituição convocadora de uma "Constituinte restrita" (para este ou para o próximo ano). De exercício, nestes termos, do Poder Constituinte, só se for pela forma *originária*, sem limites normativo-jurídicos. Já de emenda constitucional só é possível cogitar se respeitados os limites materiais, formais e implícito (atinente, este último, às próprias normas reguladoras do Poder Reformador). Ademais, se igualmente protegidos os direitos adquiridos, os atos jurídicos perfeitos e as coisas julgadas.

É hora, então, de deixar de conversa fiada: rasguem logo, esses novos senhores da razão, a Lei Suprema do país e se dediquem à feitura de outra, como bem lhes apetecer. Hitler, Mussolini, Stalin, Getúlio, Costa e Silva, Médici e Pinochet não enganaram a ninguém, pelo menos.

Jogada às favas a nossa soberania, desde quando os destinos do Brasil foram entregues aos estafetas do FMI e das potências econômicas estrangeiras, só nos resta uma triste mas lógica constatação: sem soberania não pode haver Poder Constituinte; sem este, não há falar em Constituição; e, à falta de uma Constituição, também não se é de cogitar de cidadania, enquanto vínculo jurídico entre o cidadão e o Estado.

Assim, quem lhes tentou transmitir tão amargurado quanto humilde recado foi alguém que um dia se orgulhou de ter a nacionalidade brasileira ... Mas hoje, ao que tudo indica, não passa de um apátrida!

Quem sabe, porém, ainda se possa resgatar o amor ao nosso país. Amanhã será outro dia ... E quem souber a hora, que faça acontecer!

GÊNESES DOS ATOS ADMINISTRATIVOS NEGOCIAIS VINCULADOS E DISCRICIONÁRIOS

TOSHIO MUKAI

Mestre e Doutor em Direito (Universidade de São Paulo).
Ex-Professor de Direito Administrativo da Faculdade Mackenzie

1. Atos vinculados e discricionários

Já tivemos ocasião de tecer comentários sobre esta grande e importante classificação dos atos administrativos, que os divide em atos vinculados e discricionários.

No geral, as definições encontradas, tanto na literatura pátria como no direito comparado, são quase que tautológicas, ou seja, são atos vinculados aqueles em que, na sua prática, o legislador prende o administrador à observância, passo a passo, às prescrições legais (daí a expressão "vinculados"), e são atos discricionários aqueles em que, para a sua produção o agente público recebe do legislador liberdade (maior ou menor) para atuar de acordo com os seus próprios critérios de oportunidade e conveniência (binômio esse que compõe o que se denomina de mérito do ato administrativo, só existente neste tipo de ato).

Essas definições se espraiam sobre quaisquer espécies de atos administrativos, sejam eles atos normativos, atos ordinatórios, atos negociais, atos enunciativos ou atos punitivos.

2. Atos administrativos negociais

Segundo o saudoso mestre Hely Lopes Meirelles (*Direito Administrativo Brasileiro*, 21ª ed., Malheiros Editores, p. 169), existem certos atos administrativos que são praticados contendo uma declaração de vontade do Poder Público coincidente com a pretensão do particular, visando à concretização de negócios jurídicos públicos ou à atribuição de certos direitos ou vantagens ao interessado.

Em relação a tais atos, Hely Lopes Meirelles aduz: "À falta de uma denominação específica em nossa Língua para essas manifestações unilaterais da Administração, e das quais se originam negócios jurídicos públicos, permitimo-nos denominá-los atos administrativos negociais, numa tradução livre do castelhano — *acto administrativo*, negócio jurídico (Manuel Maria Diez, *El Acto Administrativo*, 1956, pp. 99 e ss.) — mas literal do italiano — *atti amministrativi negoziali* (Umberto Fragola, *Gli, Atti Amnimistrativi*, 1952, p. 89, F. P. Mastropaqua, *Efficacia dell'Atto Amministrativo*, 1950, pp. 120 e 63; Zanobini, *Corso di Diritto Amministrativo*, 1948, 1950, I/204) e do alemão — *rechtsgeschae Verwaltungsakte* (Friedrich Giese, *Algemeines Verwaltungsrech*, 1952, pp. 84 e ss.)".

Tais atos, "embora unilaterais, encerram um conteúdo tipicamente negocial, de interesse recíproco da Administração e do administrado, mas não adentram a esfera contratual" (ob. cit., p. 169).

E adianta o autor: "Na abalizada opinião de Diez, os chamados por ele 'atos administrativos, negócios jurídicos', por nós, atos administrativos negociais, são declarações de vontade da autoridade administrativa destinadas a produzir efeitos específicos e individuais para o particular interessado" (ob. cit., p. 169).

Pois bem, tais atos (negociais) podem, como ocorre nas demais espécies, ser, também, vinculados e discricionários.

Nesse sentido, ainda, a lição de Hely Lopes Meirelles: "*Assim, o ato pode ser vinculado ou discricionário*, definitivo ou precário; será vinculado quando a lei estabelecer os requisitos para sua formação; será discricionário quando sua expedição ficar ao alvedrio da autoridade competente" (ob. cit., p. 170).

No caso dos atos negociais, os efeitos que produzem se cingem às partes envolvidas: a Administração e o particular requerente. Mas, o que sobreleva sublinhar em relação a eles é a diferença de efeitos no ato negocial vinculado e no discricionário.

É, ainda, de Hely Lopes Meirelles, a observação: "O que convém distinguir são os efeitos do ato negocial vinculado e definitivo dos do ato negocial discricionário e precário, principalmente quando se tratar de sua extinção por anulação, cassação ou revogação" (ob. cit., p. 170).

Acrescenta o autor que os atos negociais formam uma espécie do gênero ato administrativo, mas com características e efeitos próprios, o que justifica seu estudo separadamente, a começar pela sua conceituação, para, a seguir, nos fornecer o seguinte conceito de ato negocial: "Atos administrativos negociais são todos aqueles que contêm uma declaração de vontade da Administração apta a concretizar determinado negócio jurídico ou a deferir certa faculdade ao particular, nas condições impostas ou consentidas pelo Poder Público" (ob. cit., p. 170).

Enquadra o autor, nesse conceito, dentre outros, os atos administrativos de licença, autorização, permissão, admissão, visto, aprovação, homologação, dispensa, renúncia e até mesmo o protocolo administrativo.

Eis aí os contornos do ato administrativo negocial, que, como se viu, também eles podem ser vinculados ou discricionários.

Para nós, de tudo que se viu, resta uma indagação e uma resposta correspondente relativamente aos atos administrativos negociais vinculados e discricionários.

A indagação é: quando é que um ato administrativo deve ser, necessariamente, vinculado, e quando é que um ato dessa espécie poderá ser considerado, pelo legislador, um ato discricionário?

Essa indagação e a resposta conseqüente, não as vimos formuladas por nenhum autor, seja pátrio, seja no Direito Administrativo comparado.

E eles, como se verifica, são da maior importância.

3. *Quando um ato administrativo negocial deverá ser vinculado ou poderá ser discricionário*

Quando da implantação do Estado de Direito e do sepultamento do absolutismo, foram institucionalizados por toda parte o que se denominou de direitos e garantias individuais, ou seja, constitucionalizaram-se e se consagraram certos direitos do homem que eram tidos como direitos anteriores ao Estado: por exemplo, o direito ao tratamento igualitário pela lei, o direito à propriedade, a poder fazer tudo o que a lei não proíba, o direito à liberdade de ir e vir etc.

São direitos que o Estado não "concede" ao particular, mas sim os reconhece, não podendo negá-los, posto que hoje, tais direitos estão garantidos pela própria Lei maior.

Portanto, com relação a tais direitos, a Administração, embora possa restringi-los no interesse do bem comum (no caso do exercício do poder de polícia) ela somente poderá impor tais restrições, desde que estas estejam previstas em lei formal e nos exatos termos e condições fixados minudentemente nela (na lei); além disso, inexiste faculdade de a Administração negar o direito ao particular.

É que, nesses casos, há um direito subjetivo constitucional que protege o particular contra a negação do direito pela Administração. Eis, aí a gênese, a razão objetiva pela qual, nesses casos, a Administração estará perante um ato administrativo negocial vinculado. Ou seja, o referido ato será, obrigatoriamente, de natureza vinculada, pois a decisão que deverá vir consubstanciada nele será, necessariamente, de ordem positiva.

É o caso típico da licença de construção, apontado por todos os administrativistas como o ato administrativo padrão, exemplo de ato vinculado.

E sabe-se, se o particular cumprir todas as exigências legais de natureza urbanística, a licença não lhe poderá ser negada, pena de ilegalidade, inconstitucionalidade, por ofensa à garantia do direito de propriedade (art 5º, inciso XXII). É que, no caso, há aí um direito à construção, de ordem constitucional, que o legislador ordinário não poderá tornar letra morta, transformando um ato administrativo negocial vinculado em discricionário.

A propósito da licença de construção, Celso Antônio Bandeira de Mello (in "Figuras jurídicas do planejamento urbano no Brasil", *RPGE* 13(37):13-36, Porto Alegre, 1983, p. 25) leciona: "A possibilidade jurídica de especificar não se fundamenta na licença, mas nas leis que regulam o direito de construir. A licença não é o ato que define o direito vigente, mas, apenas, que remove obstáculo jurídico ao exercício de um poder suscetível de ser exercido se e enquanto conforme a lei: logo, em princípio descaberia supor que o direito a exigir se assegure a partir da expedição da licença".

E adiante: "Com efeito, à licença expedida pela Administração faltaria força jurídica para gerar situação sobre a qual não tem disponibilidade, já que sua função resume-se a reconhecer a coincidência da pretensão com a lei ou a descoincidência com os termos na lei estipulados. Esta ausência de titulação jurídica da Administração para compor os termos dentro nos quais seria cabível ou incabível a construção pretendida, descarta a possibilidade de que possa fazer gerar um direito, pois é estranha à configuração dele" (p. 26).

Diríamos nós que, para além da lei, há um direito a construir, preexistente mesmo àquela.

Há pois, no caso, um direito constitucional à licença. Daí não poder a lei transformar a licença em autorização, ato administrativo negocial discricionário típico, padrão, segundo a doutrina.

Por outro lado, já relativamente ao meio ambiente, como a Constituição o declara bem de uso comum do povo, e que o Poder Público e a coletividade têm o dever de defendê-lo e preservá-lo para as presentes e futuras gerações (art. 225), inexiste um direito constitucional de poluir ou degradar o referido meio ambiente; destarte, em matéria de meio ambiente, levando em conta a não poluição e a não degradação dele, é o Poder Público que concede uma autorização para o particular exercer ou não determinada atividade de seu interesse. Não há, anterior a tal autorização, nenhum direito que ampare o particular; portanto, essa autorização é ato discricionário, não vinculado.

É o mesmo o que ocorre com o porte de arma.

Como se sabe, é o porte de arma, o modelo-padrão sobre o qual há falar em autorização, como ato discricionário. Ninguém tem um direito subjetivo de portar arma, anterior à autorização. É o Estado que lhe concede ou não tal direito.

Outros casos típicos de licença (ato vinculado) são: os casos dos incisos XIII, XV, XVI, XVII, XVIII, dentre outros, do art. 5º da Constituição Federal.

Enfim, há casos em que o Estado, mediante o seu controle prévio, apenas reconhece ao particular o exercício de um direito que é anterior ao seu ato de reconhecimento (o que se faz, entretanto, muitas vezes, através do cumprimento, pelo particular de diversas restrições impostas por lei em benefício da coletividade); nesse caso, estamos perante um ato de controle prévio do Estado que, na sua gênese, só pode ser de natureza vinculada. E, por isso mesmo, nem a lei poderá transformá-lo num ato de natureza discricionária, pois aquele direito anterior do particular é preexistente ao ato de controle, em virtude de expressa estatuição constitucional.

De outro lado, há casos em que o Estado, mediante o seu controle prévio, não reconhece direitos, mas concede direitos ao particular, coloca-o em situação determinada, porque não há, anterior ao ato de controle, nenhum direito subjetivo constitucional que o proteja contra a ação do Estado; é este que lhe delineia e traça o perfil jurídico do direito e da situação jurídica em que será colocado. Por essa razão, o referido ato de controle prévio tem a sua gênese consubstanciada num ato discricionário. Pela mesma razão, o Estado estaria, então, tal como ocorre em relação ao ato vinculado, impossibilitado de transformar esse ato discricionário, por natureza, em ato vinculado?

Pensamos que, em princípio, a resposta a tal questão seria positiva. É que, não obstante, no ato discricionário, segundo a tese que vimos expondo, inexiste um direito subjetivo constitucional do particular, anterior ao ato de controle prévio e, como tal, poder-se-ia concluir que, indistintamente, esse ato poderia ser de natureza discricionária ou vinculada, tanto faz, tal não pode ocorrer assim simplesmente.

É que, como sabemos, existe um princípio fundamental de Direito Público, que impede que a Administração Pública (o Executivo) abra mão do interesse público: é o princípio da indisponibilidade do interesse público.

Ora, se o ato de controle prévio é discricionário, e, com essa discricionariedade o Estado tem condições de impor maiores restrições ao particular para poder alcançar a satisfação do interesse público, não é dado ao administrador público transformar tal ato em vinculado, onde as restrições são somente aquelas minudentemente estabelecidas na lei. Estaria ele, nessa hipótese, abrindo mão do interesse público.

Entretanto, se tal alteração se der através da Lei, como o interesse público pode ser disposto pelo Estado (Legislativo e Executivo), então, sim, a substituição do ato discricionário pelo vinculado seria válida.

RESPONSABILIDADE DO ADMINISTRADOR PÚBLICO[1]

SÉRGIO SÉRVULO DA CUNHA

Advogado em Santos/SP

1. Objeto deste estudo. 2. Alguns prolegômenos: 2.1 Responsabilidade – 2.2 Responsabilidade civil patrimonial – 2.3 Responsabilidade disciplinar – 2.4 Responsabilidade política. 3. Responsabilidade extradisciplinar. 4. Teoria da responsabilidade civil patrimonial. 5. Teoria da responsabilidade extradisciplinar.

1. Objeto deste estudo

O que se costuma designar como *responsabilidade administrativa*, nos manuais e compêndios, é a responsabilidade civil da Administração Pública.

É tempo de superar esse desvio, de conseqüências daninhas na doutrina, na jurisprudência e na prática administrativa. É preciso construir a teoria da responsabilidade administrativa, que não se confunde com a responsabilidade civil da Administração, nem com a responsabilidade, civil ou penal, do servidor público.

Embora a Administração, como tal, não pratique ilícito, responde civilmente pelo ilícito praticado por seus agentes, enquanto agentes.[2] Não obstante algumas características específicas, essa é responsabilidade civil, submetida aos conceitos, princípios e normas da responsabilidade aquiliana. Também o agente público responde civilmente, em face dos prejudicados, pelo ilícito praticado no exercício de função pública, e também essa é responsabilidade civil, aquiliana.

Já a *responsabilidade administrativa* é responsabilidade de natureza pública, de-

1. Texto apresentado ao III Congresso Sul-Americano de Direito Administrativo, realizado em Foz do Iguaçu em junho/1999.

2. Quando a Administração responde por ato ilícito, responde por ato de agente ou servidor seu. Sendo conatural ao exercício do poder público o respeito à lei, dada a incompatibilidade lógica entre administração pública e ilegalidade, só se concebe seu ilícito como desvio de finalidade ou desvio de poder, praticado por agente público. Assim, a Administração responde objetivamente por esses atos, sendo meros ilícitos civis ou mesmo delitos, mas pode impor-lhe sanção administrativa, como também pode voltar-se regressivamente contra o autor do ilícito, nos termos do art. 37, § 6º, da Constituição Brasileira: "As pessoas jurídicas de direito público e as de direito privado prestadoras de serviços públicos responderão pelos danos que seus agentes, nessa qualidade, causarem a terceiros, assegurado o direito de regresso contra o responsável nos casos de dolo ou culpa".

corrente de relação de direito administrativo, regida por princípios, normas e conceitos de direito público. Integram-na: a) a responsabilidade, chamada "política", que tem o agente político em face do público; b) a responsabilidade que tem o agente público, como tal, em face da Administração; c) a responsabilidade da Administração e seus equiparados em face do administrado, e vice-versa, decorrente de relação de direito administrativo (responsabilidade legal ou extranegocial); e, por último, d) a responsabilidade da Administração e seus equiparados em face do particular, e vice-versa, decorrente de relações negociais de direito administrativo. O item "b" inclui a responsabilidade chamada *disciplinar* e a *responsabilidade extradisciplinar*, que é o tema principal desta reflexão.

As responsabilidades correspondentes aos itens "a", "c" e "d", assim como a responsabilidade disciplinar, já vêm sendo tratadas autônoma e distintamente, embora se tenha descurado de sua inclusão no sistema geral da responsabilidade administrativa. Carece prestar idêntica atenção à responsabilidade extradisciplinar do agente público.

O propósito deste estudo é: a) estabelecer a responsabilidade extradisciplinar de modo distinto e autônomo, integrada na responsabilidade administrativa; b) esboçar algumas questões quanto à responsabilidade, civil e extradisciplinar, do administrador público.

Como agente público, nos termos da Lei 8.429/1992, entende-se "todo aquele que exerce, ainda que transitoriamente ou sem remuneração, por efeito de eleição, nomeação, designação, contratação ou qualquer outra forma de investidura ou vínculo, mandato, cargo, emprego ou função" na Administração Pública ou em entidades equiparadas (art. 2º). A respeito do agente político fala-se em responsabilidade política, mas aquilo que se considera como responsabilidade política – responsabilidade perante o público – não esgota a responsabilidade administrativa.

A responsabilidade administrativa típica do agente público é a responsabilidade, perante a Administração, dos chefes de Poder Executivo – presidente, governador, prefeito, interventor – e de seus suplentes; ou seja, dos que exercem "a direção superior da Administração" e que, não tendo superior hierárquico, não estão sujeitos à responsabilidade disciplinar.

Agentes políticos do Legislativo e do Judiciário, assim como o chefe do Ministério Público, também não têm superior hierárquico; acham-se, porém, submetidos às normas disciplinares dos respectivos colégios ou corpos – o que, dependendo da lei, pode não afastar sua responsabilidade política ou esgotar sua responsabilidade administrativa; membros do Supremo Tribunal Federal, por exemplo, só respondem politicamente, excetuado seu Presidente, que é responsabilizável administrativamente.

Igualmente não têm superior hierárquico os membros de tribunais administrativos, diretores de autarquias e fundações de direito público. Embora não sendo agentes políticos, ministros de Estado costumam ser considerados pela lei como responsabilizáveis politicamente, e não disciplinarmente. Eles integram o rol daqueles servidores de primeiro escalão, demissíveis *ad nutum*, que respondem direta e automaticamente perante os agentes políticos que são seus superiores imediatos. A todos esses agentes públicos – os agentes políticos e os servidores de primeiro escalão – a que não se aplicam as normas e práticas da responsabilidade disciplinar chamamos de *administradores públicos*.

Considero como *responsabilidade do administrador público*, para efeito deste estudo, a responsabilidade desses agentes perante a Administração e entidades equiparadas.

2. *Alguns prolegômenos*

Antes de examinarmos a responsabilidade do administrador público, tal como acima ficou definido, impõe-se considerar alguns prolegômenos.

2.1 *Responsabilidade*

Responsável é aquele de quem, nos termos da lei, se pode exigir o cumprimento de uma obrigação, ou a quem, nos termos da lei, se pode impor sanção pelo descumprimento de uma obrigação, legal ou negocial.

Ninguém é responsabilizado sem uma causa ou fundamento prévio. A obrigação decorre basicamente da lei; decorre também, mediatamente, de negócios jurídicos e de situações em que à determinação legal se associa elemento de vontade dos obrigados.

No direito civil patrimonial a responsabilização justifica-se pela necessidade de reparação do dano, que se faz pela entrega da prestação, ainda que tardia, pela restauração de uma situação ou pelo pagamento de uma indenização; no direito civil não-patrimonial a responsabilização traduz-se na interdição de um direito, condição ou estado. Mas em direito penal, assim como em direito administrativo, a finalidade principal da responsabilização está na proteção dos interesses da sociedade ou da Administração, com o afastamento de agentes nocivos. Ressalta, aí, a diferença entre o tipo de proteção ministrada pelo Direito conforme se trate de direitos ou interesses individuais e de direitos ou interesses dos grupos ou círculos sociais.

2.2 *Responsabilidade civil patrimonial*

A responsabilidade civil patrimonial compreende a responsabilidade decorrente da lei (designada como responsabilidade extranegocial ou aquiliana) e a responsabilidade decorrente do negócio jurídico (responsabilidade negocial, inadequadamente designada, também, como responsabilidade contratual).

A *responsabilidade extranegocial* tem sede no art. 159 do Código Civil: "Aquele que, por ação ou omissão voluntária, negligência ou imprudência, violar direito, ou causar prejuízo a outrem, fica obrigado a reparar o dano". Esse é preceito de destinação universal, que incide independentemente de manifestação de vontade ou escolha de categoria jurídica, como seria na responsabilidade negocial. São *quatro* os elementos que se conjugam, segundo essa norma, para que alguém seja responsável: a) que tenha praticado um ato (comissivo ou omissivo); b) que tenha agido com culpa; c) que tenha ocorrido um dano; e d) que haja nexo de causalidade entre aquele ato e o dano. Faltando qualquer desses elementos não existe a responsabilidade, também designada como aquiliana, do art. 159.

Repara-se o dano ou restaurando-se o *status quo ante*, quando possível, ou pagando-se uma indenização. O valor dessa indenização mede-se pela extensão do dano, sendo a responsabilidade ilimitada, isto é, independente da capacidade econômica do responsável.

A responsabilidade negocial também é em tese ilimitada, em razão do disposto no art. 1.059 do Código Civil, segundo o qual, salvo as exceções legais, "as perdas e danos devidos ao credor abrangem, além do que ele efetivamente perdeu, o que razoavelmente deixou de lucrar". Entretanto, nas obrigações de pagamento em dinheiro as perdas e danos consistem nos juros da mora (art. 1.061), sem contar-se que o valor dos danos pode ser prévia e expressamente determinado em cláusula penal (arts. 916 e ss.).

Tratando-se, porém, de obrigação de fazer – como as obrigações de natureza profissional – não se estabeleceram critérios precisos para se distinguir a culpa negocial, refletida objetivamente no descumprimento da obrigação, da culpa extranegocial, decorrente de dolo, negligência ou imprudência. Essa é debilidade do sistema, que, à falta de cobertura securitária, de pena convencional ou de observância pelo Judiciário da cláusula penal, faz com que o *quantum* da indenização independa do valor do negócio ou da capacidade econômica do profissional. Todos entendemos que o dano deve ser integralmente indenizado, mas a ilimitação da responsabilidade negocial quebraria os princípios da comutatividade e da razoabilidade: a responsabilidade pelo exercício da atividade profissional medir-se-ia em cada caso segundo a capacidade econômica do credor, ganhando vulto e representando risco muito superiores à correspondente vantagem econômica. Isso já deixou de existir na responsabilidade extranegocial decorrente do exercício de atividades potencialmente nocivas (como, por exemplo, a direção de um veículo), para as quais criaram-se seguros facultativos ou obrigatórios. Deixou de existir, também, na responsabilidade profissional do trabalhador, que é ilimitada apenas em caso de dolo, mas não em caso de simples culpa (negligência ou imprudência).[3]

2.3 Responsabilidade disciplinar

Se o ato do agente público constitui infração administrativa, ele responde perante a jurisdição administrativa. Esta opera nos estritos limites da relação Administração/agente público, e o poder punitivo decorre dessa relação, diferentemente do que acontece com os ilícitos penais, em que o poder punitivo decorre do *imperium* geral, ou soberania.[4]

A Lei 8.112, de 11.12.1990, que dispõe sobre o regime jurídico dos servidores públicos civis da União, das autarquias e das fundações públicas federais, estabelece o regime disciplinar desses servidores, fixando-lhes deveres e responsabilidades (arts. 116 e ss.).

São penalidades disciplinares, previstas no art. 127 dessa lei: advertência, suspensão, demissão, cassação de aposentadoria ou disponibilidade, destituição de cargo em comissão, destituição de função comissionada. A responsabilidade disciplinar, como se vê, não se resolve pecuniariamente,[5] não ultrapassa os limites do respectivo vínculo estatutário, e, em grau máximo, consiste no rompimento desse vínculo.

Além dela, porém, existe aquilo a que a Lei 8.112/1990 designou como "responsabilidade civil-administrativa", decorrente de ato omissivo ou comissivo, doloso ou culposo, praticado no desempenho do cargo ou função, e que resulte em prejuízo ao Erário.

2.4 Responsabilidade política

2.4.1 O que se designa como *responsabilidade política*, aqui, não é a que se afere pelos meios, recursos e critérios políticos, mas a responsabilidade jurídica do agente político perante o público. No ordenamento jurídico brasileiro ela corresponde, em grau máximo, ao que se convencionou designar como *crime de responsabilidade*, denominação acolhida pela própria Constituição em seu art. 85, ao tratar da responsabilidade política do Presidente da República.

3. V. o art. 462, § 1º, da Consolidação das Leis do Trabalho e seus comentadores, como, por exemplo, Valentin Carrion: "Dano causado pelo empregado é descontável. Seria iníquo, entretanto, que todo dano culposo causado, normalmente previsto na execução de certos trabalhos, e que integra o risco normal do empreendimento, fosse carreado à responsabilidade do empregado. Exige-se, por isso, dolo ou culpa grave" (*Comentários à Consolidação das Leis do Trabalho*, 18ª ed., São Paulo, Ed. RT, 1994, p. 313).

4. "(...) a repressão criminal funda-se na necessidade de proteger e defender certos interesses reputados essenciais à vida numa sociedade politicamente organizada e o indivíduo está sujeito ao poder punitivo pelo simples fato de se achar submetido à soberania do Estado de cujos órgãos dimanam as leis violadas" (Marcello Caetano, *Manual de Direito Administrativo*, Coimbra, Almedina, 1991, p. 802).

5. O art. 44, III, da Lei 8.112/1990, c/c o disposto no § 2º do art. 120, permitia a conversão em multa da pena de suspensão; mas essa norma foi revogada pela Lei 9.527, de 10.12.1997.

Na verdade, os chamados "crimes de responsabilidade" não são crimes (infrações de natureza penal, sancionáveis segundo o poder geral de império), mas infrações político-administrativas, análogas às infrações disciplinares; para o estabelecimento dessa distinção concorre diferença procedimental, pois, inexistindo autoridade hierarquicamente superior que apure a infração e aplique a respectiva sanção, é o povo quem o faz, através dos seus representantes.

A Lei 1.079, de 10.4.1950, que se entende recepcionada pela Constituição/1988, é lei federal que trata da responsabilidade política do Presidente da República, dos Ministros de Estado, dos Ministros do Supremo Tribunal Federal e do Procurador-Geral da República. Nenhuma dessas normas utiliza o termo "*impeachment*", de largo uso no vulgo, na doutrina e na jurisprudência, mas que deve ser evitado. Em Inglês, *to impeach* – que temos a tendência de interpretar como "impedir" – significa impugnar, contestar, denunciar, acusar. O processo de responsabilização no Direito Norte-Americano, no qual se espelhou o nosso, compreende o *impeachment* da autoridade (o juízo de admissibilidade da acusação) e sua remoção do respectivo cargo, se acolhida a acusação. Temos a tendência de confundir o *impeachment* com a remoção do cargo; mas na verdade, por exemplo, o Presidente Clinton sofreu *impeachment*, embora não tenha sido removido do cargo, diversamente do que aconteceu com o Presidente Collor, que sofreu *impeachment* e foi removido do cargo. Essa confusão estava à base da afirmação de que o "processo de *impeachment*" do Presidente Collor estaria automaticamente extinto com sua renúncia, sem se atentar a que a sanção principal para o crime de responsabilidade é a inabilitação para o exercício de função pública, de que é consectário a remoção do cargo.

A responsabilidade política do parlamentar – à parte a estritamente política, que se realiza perante o eleitorado – traduz-se na perda do mandato, que pode ocorrer mediante *recall* (como em outros países) ou mediante julgamento dos seus próprios pares, como acontece no ordenamento jurídico brasileiro, embora aqui não se costume falar em "crime de responsabilidade".

Inexistem na legislação federal outras normas dispondo sobre a apuração do crime de responsabilidade praticado por outros agentes políticos federais, tais como membros da Magistratura; a Lei Orgânica da Magistratura Nacional (Lei Complementar 35, de 14.3.1979) trata da responsabilidade disciplinar e civil do magistrado, mas não da sua responsabilidade política. Essa é lacuna que reclama preenchimento.

Inexiste também, na legislação federal norma quanto ao crime de responsabilidade praticado por interventor federal ou governador de Estado. Quanto a este, mesmo que se fale em "crime de responsabilidade", levando a se pensar em matéria de competência federal, na legislação estadual devem conter-se as normas respectivas, assim como na legislação municipal devem conter-se as normas de responsabilização política do prefeito. É inconstitucional por isso, nessa parte, o Decreto-lei 201, de 27.2.1967, baixado em plena Ditadura, que "dispõe sobre a responsabilidade dos prefeitos e vereadores".[6]

Esse Decreto-lei 201/1967 tipifica uma série de crimes – que denomina "crimes de responsabilidade" – por cuja prática o prefeito municipal é punível com pena de reclu-

6. O Superior Tribunal de Justiça tem entendido que "na nova ordem constitucional subsistem os dispositivos do Decreto-lei n. 201/1967, que definem os crimes de responsabilidade", sustentando ser inconsistente a alegação de que a disciplina da matéria foi remetida às leis orgânicas municipais e que, a teor do disposto no art 22, I, da Constituição, incumbe privativamente à União legislar sobre matéria penal (*RSTJ* 32/65 e 46/25). Entretanto, os chamados "crimes de responsabilidade" não são crimes, "porque em verdade não acarretariam sanção criminal mas apenas política" (v. voto do Min. Sepúlveda Pertence, citando José Frederico Marques, no julgamento do MS 20.941; v. *"Impeachment"*, STF, p. 26).

são ou de detenção, mediante julgamento do Poder Judiciário (art. 1º). Em seguida, relaciona uma série de "infrações político-administrativas" cuja prática sujeita o prefeito à cassação do mandato pela Câmara Municipal (art. 4º). Na verdade, o que se denomina, aí, como "crimes de responsabilidade" são crimes comuns, e o que se denomina como "infrações político-administrativas" corresponde ao que se costuma denominar como "crimes de responsabilidade". O art. 7º, por sua vez, enumera os casos em que pode ser cassado o mandato de vereador.

A responsabilidade política, entretanto, vai além do versado a propósito de crimes de responsabilidade. Dela também cogita o art. 15 da Constituição Brasileira, ao dispor sobre a perda ou suspensão dos direitos políticos, somente possível nos casos que enumera, entre os quais a "improbidade administrativa, nos termos do art. 37, § 4º". Portanto, a condenação por improbidade administrativa (inciso V do art. 15), assim como a "condenação criminal transitada em julgado, enquanto durarem seus efeitos" (inciso III do art. 15), é causa de interdição de direitos políticos.

Inclui-se também na responsabilidade política a regida pela Lei Complementar 64, de 18.5.1990 (Lei das Inelegibilidades). A sanção nela prevista, que é a de inelegibilidade, em muitos casos decorre da aplicação de anterior sanção administrativa; assim como no caso da interdição de direitos políticos como conseqüência de uma condenação anterior, não se pode falar, aí, em *bis in idem*, visto que as sanções civis, penais, políticas e administrativas são independentes entre si, como aponta, aliás, o art. 124 da Lei 8.112/1990.

2.4.2 Escapa ao âmbito deste estudo, embora deva ser conceituada também como *responsabilidade política*, a do responsável por ilícito político. Essa categoria inclui não apenas os ilícitos eleitorais, mas ainda os ilícitos praticados a dano de instituições políticas, da prática política e de exercentes de função ou de atuação política.

3. Responsabilidade extradisciplinar

Após listar os deveres do servidor (art. 116) e as proibições a que é sujeito (art. 117), a Lei 8.112, de 11.12.1990 (Estatuto dos Servidores Públicos Civis da União, das Autarquias e das Fundações Públicas Federais), diz que "o servidor responde civil, penal e administrativamente pelo exercício irregular de suas atribuições" (art. 121), assinalando que "a responsabilidade civil decorre de ato omissivo ou comissivo, doloso ou culposo, que resulte em prejuízo ao Erário ou a terceiros" (art. 122) e que "a responsabilidade civil-administrativa resulta de ato omissivo ou comissivo praticado no desempenho do cargo ou função" (art. 124).

Essas normas aplicam-se apenas ao servidor *stricto sensu* da Administração Pública Federal, não se estendendo aos agentes políticos e aos servidores dos Estados, Distrito Federal e Municípios.

Há, porém, insertas em outros diplomas, outras normas de responsabilização administrativa do agente público, tais as que se vêem na Lei da Ação Popular (Lei 4.717, de 29.6.1965), no Decreto-lei 200, de 25.2.1967, e na Lei 8.429, de 2.6.1992.

A ação popular tem como objetivo a anulação de atos lesivos ao patrimônio público (Lei 4.717/1965, art. 1º), e a sentença que a julgue procedente "condenará ao pagamento de perdas e danos os responsáveis pela sua prática e os beneficiários dele, ressalvada a ação regressiva contra os funcionários causadores de dano, quando incorrerem em culpa" (art. 11).

São imprecisas e imperfeitas as normas sobre responsabilização do agente público constantes do Decreto-lei 200/1967. O art. 89 afirma a responsabilidade do encarregado de serviço de contabilidade da União, sem dizer em que consiste. O art. 90 diz que "o ordenador de despesas e o responsável pela guarda de dinheiros, valores e bens" "responderão pelos prejuízos que causarem à Fazenda Pública". Mas o § 2º do art. 80

diz que "o ordenador de despesa, salvo conivência, não é responsável por prejuízos causados à Fazenda Nacional decorrentes de atos praticados por agente subordinado que exorbitar das ordens recebidas".[7]

A Lei 8.429/1992 é lei nacional, que objetiva implementar o disposto no art. 37, § 4º,[8] da Constituição da República; trata dos "atos de improbidade praticados por qualquer agente público, servidor ou não, contra a Administração direta, indireta ou fundacional de qualquer dos Poderes da União, dos Estados, do Distrito Federal, dos Municípios, de Território, de empresa incorporada ao patrimônio público ou de entidade para cuja criação ou custeio o Erário haja concorrido ou concorra com mais de 50% do patrimônio ou da receita anual" (art. 1º). Nos termos dessa lei, constitui ato de improbidade administrativa: a) "auferir qualquer tipo de vantagem patrimonial indevida em razão do exercício de cargo, mandato, função, emprego ou atividade" nas entidades que menciona (art. 9º); b) "qualquer ação ou omissão, dolosa ou culposa, que enseje perda patrimonial, desvio, apropriação, malbaratamento ou dilapidação dos bens ou haveres" das entidades que menciona (art. 10); e c) "qualquer ação ou omissão que viole os deveres de honestidade, imparcialidade, legalidade, e lealdade às instituições" (art. 11).

Como se vê, embora a ementa da lei e seu art. 1º refiram-se a responsabilidade por ato de improbidade, é amplíssimo, indo além do sentido comum, o conceito de *improbidade* que adota, de modo a abranger também "qualquer ação ou omissão, dolosa ou culposa", fazendo coincidir seu âmbito, sob esse aspecto, com o do art. 159 do Código Civil; de tal modo que a Lei 8.429/1992 exaure a responsabilidade extradisciplinar por atos do agente público a dano da Administração. As sanções, que seu art. 12 prevê, são o ressarcimento integral do dano, a perda da função pública, a suspensão dos direitos políticos, o pagamento de multa civil, a proibição de contratar com o Poder Público ou receber benefícios fiscais ou creditícios, e a perda dos bens ou valores acrescidos ilicitamente ao patrimônio (no caso do art. 9º e no caso do art. 10, se tiver ocorrido essa circunstância).

4. Teoria da responsabilidade civil patrimonial

A lei não responsabiliza sem que haja, para isso, um fundamento. O fundamento básico da responsabilidade pessoal é a existência de culpa, e não há outro fundamento admissível em direito penal. Fala-se, por isso, em *responsabilidade subjetiva*.

Assim também era originalmente em direito civil, de acordo com o disposto no art. 159 do Código Civil Brasileiro, como vimos acima. Entretanto, o próprio Código cria exceções àquela regra ao tratar da responsabilidade pelo assim chamado "fato da coisa" ou por "fato de outrem", como se vê nos arts, 1.528, 1.529, 1.527 e 1.521. Diz o primeiro: "O dono do edifício ou construção responde pelos danos que resultarem de sua ruína, se esta provier de falta de reparos, cuja necessidade fosse manifesta"; e o segundo: "Aquele que habitar uma casa, ou parte dela, responde pelo dano proveniente das coisas, que dela caírem ou forem lançadas em lugar indevido".

A exceção criada por esses dois dispositivos não é ao princípio da responsabilidade com culpa; na verdade, o que eles fazem é dispensar o primeiro dos quatro elementos da responsabilidade acima referidos (que se tenha praticado um ato, comissivo ou

7. O Supremo Tribunal Federal, entretanto, já decidiu: "Cabe ao ordenador de despesas provar que não é responsável pelas infrações, que lhe são imputadas, das leis e regulamentos na aplicação do dinheiro público" (*RTJ* 106/952).

8. O § 4º do art. 37 diz que: "Os atos de improbidade administrativa importarão a suspensão dos direitos políticos, a perda da função pública, a indisponibilidade dos bens e o ressarcimento ao Erário, na forma e gradação previstas em lei, sem prejuízo da ação penal cabível".

omissivo). Doutrina e jurisprudência passaram a falar, aí, que o beneficiado pelo uso da coisa devia responder pelos danos dela decorrentes: "qui habet commoda ferre debet onera". Se é estranho, por um lado, que alguém responda sem que tenha praticado qualquer ato, mais escandalosa seria a irresponsabilidade em casos como, por exemplo, de dano causado por animal doméstico: "O dono, ou detentor, do animal, ressarcirá o dano por este causado, se não provar: I – que o guardava e vigiava com o cuidado preciso; II – que o animal foi provocado por outro; III – que houve imprudência do ofendido; IV – que o fato resultou de caso fortuito ou força maior" (CC, art. 1.527).

Há, porém, uma clara gradação, nesses três artigos, quanto à existência ou não de culpa. O art. 1.529 diz que o morador de uma casa responde pelo dano proveniente das coisas que dela caírem (o que inclui as coisas que dela se desprenderem, como, por exemplo, uma telha ou vidraça) ou que forem lançadas em lugar indevido. Essa norma trata simultaneamente de responsabilidade por fato da coisa e de responsabilidade por fato de outrem, porque a coisa pode ter sido lançada por outrem (como um visitante) em lugar indevido. Ele não se refere a culpa ou a qualquer causa excludente da responsabilidade – nem mesmo a caso fortuito ou força maior –, podendo-se falar, aí, portanto, em *responsabilidade objetiva*. Já o art. 1.528 não trata do morador, mas do dono de um edifício ou construção, para dizer que ele responde pelo dano se a necessidade de reparos (consertos) fosse manifesta. É clara (e inexplicada) a diferença, porque aqui não se pode falar em responsabilidade objetiva. A culpa do responsável está em não haver providenciado o conserto (negligência, imprudência), embora sendo manifesta sua necessidade. Por fim, o art. 1.527 estabelece três causas excludentes da responsabilidade do dono em caso de dano causado pelo seu animal, além de exigir expressamente culpa *in vigilando* para que haja responsabilidade. A novidade principal dessa norma, porém, está na *inversão do ônus da prova*, expediente que muitos anos depois seria estendido a outras hipóteses, pelo Código de Defesa do Consumidor.

O art. 1.521 também dispensa a prática de um ato, ao cuidar da responsabilidade dos pais, dos tutores e curadores, do patrão, amo ou comitente, dos donos de hotéis ou assemelhados e dos que gratuitamente houverem participado nos produtos do crime, por atos, respectivamente, dos filhos menores, dos pupilos e curatelados, dos empregados, serviçais e prepostos, dos hóspedes, moradores e educandos e dos autores do crime. Mas sua responsabilidade só se caracteriza havendo prova de que tenham concorrido para o dano "por culpa, ou negligência de sua parte" (art. 1.523). A ressalva não se vê no art. 1.546, que faz o farmacêutico responsável "pelos *erros e enganos* do seu preposto" (grifos meus). Como se vê, a par da norma geral do art. 159 do Código Civil, os arts. 1.521, 1.527, 1.528, 1.529 e 1.546 estabelecem outros cinco critérios distintos para caracterização da responsabilidade aquiliana (ou seja, o Código Civil dispõe sobre essa responsabilidade de *seis* modos diferentes). Essa, a par da massificação e da tecnologia que invadiram a vida moderna, a primeira razão da grande incerteza em matéria de responsabilidade aquiliana – em que somente a jurisprudência, e não a lei, pode ser utilizada como roteiro prévio – e da grande liberdade com que os juízes passaram a decidir nessa matéria.

Para resumir: de acordo com o Código Civil Brasileiro – e ressalvado o disposto em seu art. 15, que trata da responsabilidade civil do Poder Público –, somente nas hipóteses dos arts. 1.528 e 1.546 se pode falar em responsabilidade aquiliana objetiva. Entretanto, a teoria da vantagem ("qui habet commoda ferre debet onera") estendeu-se a outros campos da atividade, e obteve maior expressão na *teoria do risco*, largamente aplicada com relação a atividades de toda natureza, como, por exemplo, no trânsito. A teoria do risco pode não apenas dispensar a prática de um ato pelo responsável (como acontece nas atividades empresariais ou industriais), mas pode também dispensar a culpa, seja *in vigilando*, seja *in eligendo*. Segundo ela, para ser tida como responsável basta que a pessoa tenha assumido o risco de uma determinada atividade. Essa a teoria que passou a dominar o Direito Pretoriano, e em face da qual só se pode admitir como excludente de responsabilidade a culpa concorrente da vítima e o caso fortuito ou de força maior.

Alterou-se, assim, o conceito de *culpa*, agora entendida não somente como a volição ativa, a intenção de causar dano (dolo), e não somente como a labilidade volitiva (a negligência, a imprudência), mas também como a culpa levíssima, correspondente à violação de um dever geral de cuidado. Esse conceito, aliás, se aproxima do que se encontra no art. 15 do Código Civil (proceder de modo contrário ao direito ou faltar a dever prescrito por lei). A responsabilidade civil extranegocial desloca-se do campo da ilicitude (ofensa a um direito subjetivo) para o campo da iliceidade (violação do direito objetivo).

Embora não se tenha disso muita consciência, essa evolução desloca o problema básico da responsabilidade aquiliana, da discussão sobre a culpa para a discussão sobre o nexo causal. Os arts. 159 e 1.527 do Código Civil utilizam explicitamente o termo "causar", e os arts. 1.528 e 1.529 implicitamente. Da dificuldade em se identificar o que é efetivamente a causa, dentro da cadeia causal, decorre grande parte dos problemas em matéria de responsabilidade civil extranegocial; eles continuarão a existir enquanto não se precisar o conceito jurídico de *causa* para o fim de se determinar essa responsabilidade.

Essa evolução conduziu também, praticamente, à construção de *dois estatutos distintos da responsabilidade*, conforme se trate da responsabilidade da pessoa natural ou da responsabilidade nas grandes organizações. Na primeira predomina o princípio da responsabilidade subjetiva, com as exceções ou reformulações acima referidas. Mas na segunda predomina a teoria do risco (responsabilidade objetiva), tanto nas relações (extranegociais ou negociais) da organização em face de seus prepostos como nas relações (extranegociais ou negociais) da organização em face da clientela ou do público em geral, como se vê no direito empresarial, no direito ambiental e no direito do consumidor. Responsável, em face de seus prepostos ou terceiros, é quem assume o risco da atividade.

Passemos, agora, ao campo da responsabilidade negocial, onde não se cogita de culpa; aqui também, portanto, fala-se em *responsabilidade objetiva*. *Responsável* é aquele que pura e simplesmente deixa de cumprir a obrigação negocial no seu termo (mora) ou definitivamente (inadimplemento). Mesmo a impossibilidade (por exemplo, a doença do devedor, sua falência) não se considera como excludente da responsabilidade; somente aqui fala o Código Civil em caso fortuito ou de força maior:

"Art. 1.058. O devedor não responde pelos prejuízos resultantes de caso fortuito, ou força maior, se expressamente não se houver por eles responsabilizado, exceto nos casos dos arts. 955, 956 e 957.

"Parágrafo único. O caso fortuito, ou de força maior, verifica-se no fato necessário, cujos efeitos não era possível evitar, ou impedir."

Resumindo: a responsabilidade civil patrimonial compreende as responsabilidades extranegocial (aquiliana) e negocial, pessoal e organizacional. A *responsabilidade extranegocial* pessoal é baseada na culpa, ainda que num conceito dilatado de culpa, e apenas por exceção se firma independentemente da prática de um ato pelo responsável; a *responsabilidade organizacional* é objetiva e baseada na assunção do risco correspondente à respectiva atividade. Ambas as responsabilidades são ilimitadas e se resolvem, em regra, pecuniariamente. Já a *responsabilidade negocial* independe de culpa, é limitada, e em regra resolve-se pecuniariamente.

5. *Teoria da responsabilidade extradisciplinar*

5.1 Os temas de responsabilidade administrativa são temas de responsabilidade organizacional. Segundo os princípios desta devem ser tratadas as relações Administração/administrado, Administração/contratado (em sentido amplo), Administração/administrador público. Entretanto, ao contrário do que acontece na responsabilidade organizacional, o principal propósito da responsabilidade administrativa, mais do que reparar dano eventualmente ocorrido, é afastar fontes ou agentes potenciais de dano administrativo. Nessa parte, o modelo da responsabilidade extradisciplinar encontra-se mais na responsabilidade política do que na responsabilidade civil patrimonial.

Suposto esse modelo da responsabilidade organizacional, as relações Administração/administrador público oferecem pontos de contato com a responsabilidade profissional. A relação Administração/administrador público baseia-se na lei, mas não se trata, aí, de normas com destinação universal – como acontece com o art. 159 do Código Civil –, mas de normas cuja incidência supõe a prévia aceitação ou adesão do destinatário, o ato-condição consistente na participação em uma eleição ou concurso, e a respectiva posse ou investidura.

É somente de 1965 a primeira lei brasileira versando responsabilidade do administrador público, que se assentou indevidamente no modelo da responsabilidade civil patrimonial. A sentença que julgar procedente a ação popular, decretando a invalidade do ato impugnado – diz o art. 11 da Lei 4.717, de 29.6.1965 –, "condenará ao pagamento de perdas e danos os responsáveis pela sua prática e os beneficiários dele, ressalvada a ação regressiva contra os funcionários causadores do dano, quando incorrerem em culpa".

Como se vê, no art. 11 da Lei 4.717/1965, e para os seus efeitos, os funcionários causadores do dano não respondem perante a Administração, mas apenas regressivamente, isto é, perante os que a sentença condene; estes, sim, são responsáveis perante a Administração. Quais são esses "responsáveis"? Como só a parte pode ser condenada, os responsáveis, no caso, acham-se entre os que o art. 6º aponta como legitimados passivos: as autoridades ou administradores "que houverem autorizado, aprovado, ratificado ou praticado o ato impugnado, ou que, por omissas, tiverem dado oportunidade à lesão (...)". A responsabilidade perante a Administração, nos termos dessa lei, não dispensa a prática de um ato, comissivo ou omissivo, por parte da autoridade, embora a ausência de menção à culpa faça concluir ou que a responsabilidade é objetiva ou que a culpa, se presente, jaz *in actu exercitu*. Nas suas relações com os particulares em geral é objetiva a responsabilidade da Administração, que assume o risco decorrente do exercício de sua atividade; mas nas relações com seus agentes, nos termos da Lei 4.717/1965, esse risco foi carregado ao administrador público.

O art. 159 do Código Civil fala em "dano", e o art. 1.059 (que trata da responsabilidade negocial) em "perdas e danos", tal como o faz o art. 11 da Lei 4.717/1965. Contudo, o art. 14 dessa lei fala em "lesão", e o conceito de "lesão" que adota é o de lesão material, patrimonial (arts. 1º, 3º e 14). "Quando a lesão resultar da falta ou isenção de qualquer pagamento – diz o art. 14, em seu § 1º – a condenação imporá o pagamento devido, com acréscimo de juros de mora e multa legal ou contratual, se houver"; e quando "resultar da execução fraudulenta, simulada ou irreal de contratos, a condenação versará sobre a reposição do débito, com juros de mora" (§ 2º).[9]

9. Há farta literatura discutindo o conceito de *lesão* na Lei da Ação Popular, e inclusive se inclui o que se designou como "lesão implícita".

Na mesma trilha seguiu a Lei 8.429/1992; ela deveria dispor sobre improbidade administrativa (CF, art. 37, § 6º) e, segundo a respectiva ementa, sobre "as sanções aplicáveis aos agentes públicos nos casos de enriquecimento ilícito (...)". Entretanto, essa lei considera como *ato de improbidade* não só aquele que importa enriquecimento ilícito (art. 9º), mas também aquele que causa prejuízo ao Erário (art. 10) e aquele que atenta contra os princípios da administração pública (art. 11) – o que representa no mínimo uma dilatação do sentido comum de "improbidade", quando não uma licença inconstitucional do legislador.

Essa filiação indevida da responsabilidade do administrador público à responsabilidade civil patrimonial (indevida em face dos princípios da responsabilidade extradisciplinar, em face da sua ilimitação e desproporção) explica-se não só pela irreflexão decorrente do hábito – que contaminou de direito civil o direito administrativo –, mas pelo vulto da corrupção na Administração Pública e pela negatividade cada vez maior que a imagem da classe política e do administrador público vem assumindo perante a opinião pública. O resultado é paradoxal quando o que se pretende, na verdade, é a valorização da função pública.

Por isso, a doutrina não pode ficar alheia a tais distorções; é seu dever configurar de maneira própria a responsabilidade do administrador público; se não houve culpa deste, não se pode responsabilizá-lo; impossível dimensionar-lhe a responsabilidade segundo a capacidade de uma mente onisciente, fazendo-se presumir sua culpa em qualquer ato da Administração; e se não houve enriquecimento ilícito ou o favorecimento de terceiros, não se pode falar em responsabilidade patrimonial.

5.2 São muitas as ações ajuizadas contra o Poder Público durante um determinado mandato ou gestão. O princípio da continuidade administrativa não impede o prosseguimento dessas ações após o término dessa gestão, mas de uma para outra gestão pode alterar-se o interesse do representante da Administração com relação a determinado processo. Como isso pode ocorrer a dano do administrador público a quem, anteriormente, competia essa representação, ele tem interesse pessoal e político em figurar nessas ações como assistente, ou manifestar esse interesse a partir do momento em que termina sua gestão, apanhando o processo, nesse caso, no estado em que se encontra. Nessas hipóteses deve distinguir-se a Administração e a pessoa do administrador público.

Em todos os casos em que ocorre esse interesse, nos casos em que há ações movidas contra o administrador público por atos praticados no exercício de sua função, e nos casos em que há ação movida pelo administrador público em razão de atos praticados no exercício de sua função, seu patrocínio em juízo deve ser custeado pela Administração, porque: a) a Administração tem o dever de defender-se em juízo; b) o ato do administrador público, enquanto não declarado como ilícito em juízo, é ato da Administração; c) não se presume o ilícito, civil ou criminal, de tais atos. E porque permitir que esse encargo repouse somente sobre o administrador, ou ex-administrador público, equivale, na maioria dos casos, a inviabilizar-lhe a defesa.[10]

Santos, maio de 1999

10. V. Sérgio Sérvulo da Cunha, "Indiciamento de secretário de governo municipal, por ato praticado no exercício de sua função, e no interesse da Administração – Direito e dever, por parte desta, de promover-lhe a defesa", *RTDP* 9/161.

PARECERES

UTILIZAÇÃO DA FAIXA DE DOMÍNIO DE RODOVIA MEDIANTE PASSAGEM SUBTERRÂNEA DE CABOS OU DUTOS – POSSIBILIDADE DE COBRANÇA

CELSO ANTÔNIO BANDEIRA DE MELLO

Titular da Faculdade de Direito da PUC/SP

Consulta

O Departamento Nacional de Estradas de Rodagem – DNER e Departamentos Estaduais de Estradas de Rodagem – DERs têm cobrado de concessionárias de serviços públicos de gás canalizado, de energia elétrica e de telecomunicações pela utilização subterrânea de cabos e dutos nas faixas de domínio de rodovias dadas em concessão, muitas vezes atribuindo dita receita às concessionárias das rodovias, mediante previsão nos respectivos contratos de concessão.

Tendo surgido questionamentos quanto à legitimidade e natureza de tais cobranças, indaga:

I – A entidade pública a que esteja afeta a rodovia ou mesmo o concessionário dela, se a tanto estiver habilitado por força da concessão, podem cobrar dos concessionários de serviço público de energia elétrica, de telecomunicações ou de distribuição de gás pelo uso que façam da faixa de domínio da rodovia mediante passagem subterrânea de cabos ou dutos?

II – Se cabível dita cobrança, qual sua natureza: tributária, não-tributária, meramente compensatória de transtornos ou despesas que tal utilização acarrete ao concessionário da obra ou remuneratória, isto é, representativa de uma contrapartida da utilidade que tal passagem de cabos ou dutos fornece aos concessionários que dela se beneficiam?

Às indagações respondo nos termos que seguem.

Parecer

1. Serviços e obras públicas tanto podem ser providos diretamente pelo Estado ou criatura sua, quanto por terceiros que para isto hajam sido habilitados mediante concessão ou permissão.

Na primeira hipótese a busca do interesse público se faz sem que se ponham de permeio interesses privados. Na segunda, pelo contrário, interfere um fator inerente ao jogo do mundo negocial; isto é: a consideração dos propósitos lucrativos que animaram os respectivos concessionários (ou permissionários) a se engajarem na relação com o Poder Público. É que, como de outra feita dissemos: "Para o concessionário, a prestação do serviço é um meio através do qual obtém o fim que almeja: o lucro. Reversamente, para o Estado, o lucro que propicia ao concessionário é meio por cuja via busca sua finalidade, que é a boa prestação do serviço".[1]

Tal anotação havíamos feito na esteira dos preciosos ensinamentos de Zanobini, segundo quem: "(...) nel soggetto privato, il fine, che questo si propone nell'esercizio della pubblica funzione, e distinto dal fine estatuale a cui questa funzione provvede, perchè è un fine privato, di solito un fine di lucro. Si può dire, anzi, che il servizio pubblico, o la pubblica funzione, serve di mezzo al privato per conseguimento di questo suo fine personale".[2]

Assim, quando para a prestação de serviços públicos adota-se o regime da concessão, entrando em causa, portanto, os interesses de ordem econômica que o instituto suscita, irrompem problemas jurídicos muito mais complexos do que os que surgiriam nas hipóteses de prestação direta ou efetuada por entidade estatal.

2. Com efeito, para solver dúvidas de interpretação que emerjam perante situações conflituosas não mais bastará levar em conta única e exclusivamente a alternativa mais vantajosa para o interesse público. Ter-se-á de tomar em consideração, além dela, a existência de legítimos interesses de ordem patrimonial *tanto dos concessionários quanto das entidades governamentais* envolvidas nas recíprocas relações cruzadas que se poderão instaurar.

Ou seja, se o Poder Público opta por um sistema de prestação de serviços públicos, assim como de construção e/ou conservação, manutenção e reparação de obras públicas, mediante concessão a particulares, *ipso facto* está a optar pelo acolhimento de certas implicações do jogo de interesses econômicos aí conaturalmente envolvidos, com todas as inerentes conseqüências.

O caso submetido à consulta é precisamente uma excelente demonstração disto.

Quer-se saber se a passagem subterrânea de cabos de transmissão e distribuição de energia elétrica, de telecomunicações e de gasodutos nas faixas de domínio das estradas de rodagem pode ser objeto de cobrança ou se deve se beneficiar de gratuidade, tanto por se tratar de utilização de bens de uso comum quanto por dizer respeito a equipamentos servientes da prestação de serviços públicos *a cargo de empresas concessionárias*. Caso se entenda cabível a cobrança, indaga-se que natureza terá: será tributária, não-tributária, indenizatória por reparos e transtornos ou remuneratória?

3. Se não estivessem em causa interesses patrimoniais dos concessionários e seus reflexos no custeio de obras e serviços, mas serviços e obras a cargo tão-só de pessoas de direito público ou suas criaturas auxiliares, poder-se-ia pura e simplesmente considerar que os Poderes Públicos não devem extrair proveitos econômicos em suas relações recíprocas quando cada qual esteja a cumprir suas finalidades próprias. Disto se depreenderia que não se justificariam cobranças entre si quando em causa os respectivos serviços públicos. Por razões óbvias, seria esta mesma a conclusão se os serviços públicos e as rodovias fossem afetos à mesma órbita de governo.

Entretanto, se, conforme ocorreu entre nós, o Poder Público entendeu de colocar tanto a prestação de serviços quanto as obras rodoviárias em regime de concessão, e se a lei estabelece a previsão de receitas alternativas complementares à exploração rodoviária, com o fito de favorecer a modicidade das tarifas, isto significa que foi, de direito, acolhida uma lógica negocial, em que se abrem portas para o ingresso de um

1. *Curso de Direito Administrativo*, 13ª ed., São Paulo, Malheiros Editores, 2001, p. 633.

2. *Corso di Diritto Amministrativo*, v. I, p. 181.

conjunto de interesses econômicos a serem compostos. Ou seja: não mais se pode tomar como obrigatória a conclusão, dantes apontada como natural, caso serviços e obras fossem prestados ou realizados tão-só por entidades governamentais.

Tem-se de levar em conta a teia de interesses econômicos envolvidos. Entre eles se encontram não só o dos concessionários de luz, gás, telecomunicações e os de concessionárias de exploração de rodovias, mas também o das próprias entidades governamentais às quais estas estejam elas afetas, visto ser de suas conveniências favorecerem a exploração econômica das faixas de domínio, pois a receita que proporcionem concorrerá ou poderá concorrer para minorar o custo do pedágio, beneficiando os usuários das rodovias.

Seja bom ou seja mau este esquema, no qual se pressupõe que a satisfação do interesse público há de se compor na intimidade de uma disputa assentada em componentes desta ordem, o fato é que ele estampa o quadro jurídico dentro do qual ter-se-á de solver o problema.

É com atenção a este conjunto de interesses abrigados pelo Direito que se deve examinar o tema.

4. Comece-se por anotar que as faixas de domínio em rodovias integram a categoria dos bens públicos de uso comum e que sua serventia natural é a de área de apoio à faixa de rodagem.

Os bens públicos de uso comum, tais as ruas, estradas, praças, rios, mares, são abertos à livre utilização de todos. Contudo, é necessário esclarecer que esta generalizada liberdade (que, de resto, nem sempre excluirá algum pagamento para desfrutá-la) diz respeito ao *uso comum* dos bens de *uso comum*.

Este uso comum é o que se efetua *de acordo com a destinação própria do bem* e é desfrutável por qualquer sujeito, desde que em concorrência igualitária e harmoniosa com os demais. Transitar a pé nas calçadas, trafegar em rua ou em estrada com veículos automotores, acostá-los, em caso de necessidade, na faixa de domínio das rodovias, sentar-se nos bancos de uma praça, tomar sol na praia, nadar no mar, são, *e.g.*, hipóteses deste uso comum, ordinário, normal, segundo a destinação do bem. Para dito uso prescinde-se de qualquer ato administrativo aquiescente.

5. Ocorre, todavia, como o dissemos em obra teórica precitada,[3] que, de par com este uso comum dos bens de uso comum, podem, eventualmente, existir *usos especiais* deles, ou seja, usos que se afastem das características mencionadas. É o que ocorrerá, *e.g.*, quando a utilização pretendida for estranha ao uso a que o bem esteja naturalmente preposto ou quando implique sobrecarga dele, impedimento a concorrente e igualitária utilização de terceiro ou demande exclusividade quanto ao uso sobre parte do bem.

Nestes casos, a toda evidência, já não mais se estará perante aquela generalizada liberdade de utilização, que prescinde de manifestação do titular do bem. Em situações deste jaez o interessado deverá, como regra geral, solicitar ao titular do bem autorização ou permissão de uso, dependendo da hipótese, para poder valer-se deste uso especial.

Para a consulta só é relevante o exame de uma dada e específica hipótese de uso especial: o da passagem subterrânea, nas faixas de domínio das estradas de rodagem, de cabos de transmissão e distribuição de energia elétrica, de telecomunicações e de gasodutos.

6. Relembre-se que até mesmo o uso comum de bens de uso comum, ainda que com certas limitações, pode ser condicionado ao pagamento para seu desfrute. O Código Civil, no art. 68, dispõe que: "O uso co-

3. *Curso ...*, 13ª ed., p. 764.

mum dos bens públicos pode ser gratuito, ou retribuído, conforme disponham as leis da União, dos Estados, ou dos Municípios, a cuja administração pertencerem".

Na doutrina alienígena e brasileira há fartíssima referência à possibilidade de haver uso comum remunerado. Cifremo-nos aos autores nacionais. Maria Sylvia Zanella Di Pietro refere o citado art. 68 e diz que o uso comum "é, em geral, gratuito, mas pode, excepcionalmente, ser remunerado".[4] Diógenes Gasparini, que também refere o preceptivo mencionado do Código Civil, averba que tal uso é "quase sempre gracioso"[5] – o que bem demonstra que nem sempre o é. Sérgio de Andréa Ferreira anota: "Já foi acentuado que pode o uso comum ser gratuito ou remunerado (CC, art. 68), surgindo as taxas de pedágio, de estacionamento etc.".[6] Diogo de Figueiredo Moreira Neto preleciona: "A utilização comum, como indica a expressão, é a que é franqueada a todos, indistintamente, como sucede, em geral, com as ruas, estradas, avenidas, praias, mares, rios navegáveis etc. Esta liberdade de utilização poderá estar, não obstante, sujeita a uma condição, como o pagamento de um pedágio, para estradas".[7]

7. Eis, pois, que, se até o uso comum de bem de uso comum pode ser remunerado, *a fortiori*, seu uso especial também pode sê-lo. E, como ocorre no caso *sub consulta*, se alguém pretende dele extrair um proveito estranho ao que é propiciado por sua destinação própria, *é mais do que natural que o senhor do bem ou quem haja sido qualificado para extrair-lhe os proveitos cobre dos interessados um valor pela serventia que lhes virá a proporcionar.*

Seria até surpreendente que uma empresa privada pretendesse valer-se de bem alheio em busca de vantagens estranhas ao destino deste bem supondo que seu titular ou quem estivesse juridicamente titulado para explorá-lo devesse outorgar graciosamente as vantagens a serem por ela captadas.

Sem dúvida é óbvio o interesse econômico de uma prestadora de serviços públicos em ficar liberada dos dispêndios pelo uso especial do bem entregue à exploração de uma concessionária de obra pública, que isto minoraria seus custos. Mas é igualmente óbvio o interesse econômico quer da entidade pública a que está afeto o bem, quer da concessionária da exploração dele, em serem remunerados por tal uso. Estas partes, sem dúvida, têm interesses econômicos a argüir.

O atual Governo optou por um sistema no qual os prestadores do serviço ou da obra os exploram economicamente; isto é: ganham dinheiro com os serviços e obras públicas. É com este ganho que as custeiam e que realizam o próprio lucro: aquilo que os mobilizou e que lhes justifica a relação travada com o Estado. Assim, independentemente das respectivas obrigações em relação à atividade pública, o fato é que são empresas privadas, entidades prepostas a ganhos econômicos, que estão confrontadas na hipótese de passagem de cabos nas faixas de domínio. É evidente, outrossim, que tal confronto tem índole e natureza distintas das que poderiam se propor entre entidades governamentais, as quais, por definição, têm como prioridade a realização do interesse público, e não a obtenção de lucro. Eis por que a solução do conflito não tem por que ser igual àquela que seria dada se os serviços e obras estivessem sob regime de exploração direta pelo Estado ou por criaturas suas.

8. Vista a questão estritamente do ângulo destes interesses econômicos das empre-

4. *Direito Administrativo*, 9ª ed., São Paulo, Atlas, 1998, p. 441.

5. *Direito Administrativo*, 4ª ed., São Paulo, Saraiva, 1995, p. 504.

6. *Direito Administrativo Didático*, 2ª ed., Rio de Janeiro, Forense, 1981, p. 166.

7. *Curso de Direito Administrativo*, 2ª ed., Rio de Janeiro, Forense, 1974, p. 260.

sas por força das respectivas qualidades de concessionárias e mesmo das entidades governamentais a que estejam afetas as rodovias, nota-se, entretanto, uma clara distinção entre eles.

Às prestadoras de serviço público não foi outorgado pelo concedente – ou, ao menos, não o foi explicitamente – direito algum à gratuidade do uso especial de bens de uso comum, e *nem há lei alguma que o estabeleça*, ao passo que às concessionárias de obra foi expressamente outorgado o direito de exploração do bem, assim como o que decorre do art. 11 da Lei 8.987/1995, isto é: fontes de receita alternativas, complementares ou acessórias em vista de favorecer a modicidade das tarifas. Quanto às entidades públicas a que estejam afetas as rodovias, também têm em seu prol, além do dispositivo citado, os poderes inerentes à qualidade de titulares ou de gestoras do bem.

Eis, pois, que os prestadores de serviço público empenhados em fazer passar cabos e dutos por faixas de domínio de rodovias podem argüir algo cuja compostura, ao menos a um primeiro súbito de vista, é apenas a de um interesse simples, ao passo que os concessionários destas rodovias e as pessoas públicas a que estejam afetas podem argüir em seu favor algo que se apresenta com a estrutura de um direito.

9. Restaria, então, verificar se a circunstância de os dutos e cabos serem instrumentais à prestação de um serviço público aportaria algum elemento de relevo bastante para contraditar aquela que seria até mesmo a intuitiva lógica da situação, isto é: a de que se deve pagar se se quer usufruir de vantagens propiciadas por bens titularizados e/ou explorados por outrem, pois este tem o direito de exigir uma contrapartida pelo proveito que outro intente captar.

Certamente nos serviços públicos se encarnam valores de grande significação para a coletividade, e, bem por isto, tais serviços merecem um tratamento peculiar, podendo-se agregar, ainda, que, quanto menor for o custo incidente sobre sua prestação, mais se contribuirá, ao menos indiretamente, para a modicidade das tarifas. Ocorre, todavia, que a construção de obras rodoviárias, sua manutenção, permanente conservação e oferta de serviços de apoio aos que nelas trafegam *são igualmente* atividades de assinalada valia social e também objeto de concessões, as quais, de resto, em nossa legislação (Lei 8.987, de 13.2.1995), são tratadas como concessões de *serviços públicos* (art. 2º da referida lei). Está-se, portanto, diante de situações parificadas no que concerne à proteção devida a interesses públicos.

Assim, equivalentemente, uns e outros têm a argüir, em favor das teses que os favoreceriam, a realização de atividades públicas e o interesse dos respectivos usuários ou beneficiários em pagar o mínimo possível pelo desfrute destes cometimentos públicos. Logo, não será o fato de estar em pauta a passagem de equipamentos instrumentais à realização de um interesse público o que justificaria o direito a alguma gratuidade, porquanto os pagamentos que fossem versados em contrapartida desta utilização também podem ser vistos como revertendo em favor do interesse público, isto é, da modicidade do pedágio.

10. Donde, para, neste plano, pretender solucionar o conflito de interesses seria necessário que se pudesse predicar de um deles precedência em relação ao outro. Contudo, não se tem como fazer isto, pois inexistem no direito positivo qualificações de primazia de algum deles.

Se estivessem em pauta os chamados "serviços públicos de utilização compulsória", isto é, aqueles suscetíveis de serem impostos aos administrados, poder-se-ia tentar alguma hierarquização, para estruturar, a partir dela, uma posição de vantagem, irrogável ao concessionário que os tivesse a seu cargo, no confronto com o prestador de atividade não-qualificável com tal atributo, tendo em vista onerações ou desonerações econômicas que pudessem repercutir em benefício do usuário de serviço de utilização compulsória. Como não é o que ocorre no caso *sub consulta*, impõe-se a conclusão de que nada se pode buscar na tipologia dos interesses confrontados para abonar solução em favor de um ou outro.

Destarte, como no caso concreto a presença do interesse público é neutra para fins de inclinar a exegese em favor de uma ou outra das soluções (gratuidade ou onerosidade do desfrute do bem), o desate do problema fica acantonado única e exclusivamente no plano da utilização especial de bens públicos de uso comum colocados sob exploração econômica de concessionário.

Ora, neste plano – já se viu – inexiste qualquer óbice à cobrança pelo uso do bem, existindo, pelo contrário, para embasá-la, o exercício normal dos poderes de dominialidade ou de exploração. Entretanto, não fora isto suficiente, o fato é que existe, como dito, a previsão legal de que bens dados em concessão possam ser utilizados para a produção de receitas alternativas, complementares ou acessórias, tendo em vista favorecer a modicidade das tarifas (art. 11, precitado, da Lei 8.987/1995).

11. Isto posto, à primeira indagação não há senão responder que a pessoa governamental a que esteja afeto o bem ou o concessionário da exploração rodoviária, conforme a previsão que haja sido feita, podem cobrar dos concessionários de serviço público de energia elétrica, de telecomunicações ou de distribuição de gás pela passagem subterrânea de cabos ou dutos.

Restaria, então, verificar qual a índole de tal cobrança.

12. Evidentemente, não está em pauta exação de natureza tributária. Não há imposto algum instituído e nada que se assemelhe às chamadas "contribuições". Também não haveria cogitar de taxa, pois não se trata de cobrar pelo oferecimento de serviço público ou pelo exercício do poder de polícia. A cobrança em apreço é por um uso especial de bem público de uso comum. Trata-se, portanto, de uma receita assemelhada a um "preço"; preço público, se se quiser, pois as nomenclaturas na matéria dizem muito pouco.

O que mais interessa discutir é se a cobrança em questão deverá ter simplesmente um caráter quase que indenizatório, isto é, de *mera compensação por eventuais transtornos, despesas e cuidados* implicados (inclusive por exigências de segurança da rodovia e de seus usuários) na implantação e/ou conservação de cabos ou dutos, ou se poderá se constituir, efetivamente, em uma cobrança demandada a título de *remuneração* pelo proveito que a faixa de domínio está a proporcionar aos concessionários que lhe querem utilizar espaço subterrâneo.

Ainda aqui a resposta é simples. Para compensar-se de transtornos ou prejuízos que alguém lhe venha a causar por fazer uso da faixa de domínio, o concessionário da obra ou a pessoa governamental a cuja esfera o bem está afeto não teria necessidade de desfrutar ou invocar quaisquer poderes de cobrança por uso do bem. Com efeito, se alguém, para usar de bem alheio, acarretará conseqüências gravosas para quem o titulariza ou explora, obviamente terá de compensar o agravado, sem que caiba em tal caso falar-se em cobrança, propriamente dita, pelo uso do bem.

Destarte, quando se reconhece ao concessionário de obra rodoviária ou à entidade pública a que esteja afeta a rodovia o direito de cobrar pela passagem subterrânea de cabos ou dutos na faixa de domínio, obviamente está-se reconhecendo seu direito de ser remunerado por tal uso; isto é: direito a receber dos concessionários de serviços públicos a quem pertençam ditos equipamentos uma contrapartida *pela utilidade que lhes está sendo proporcionada.*

13. Isto tudo posto e considerado, às indagações da consulta respondo:

I – A entidade governamental a que esteja afeta a rodovia ou mesmo o concessionário de obra pública, se a tanto estiver habilitado pela concessão – um ou outro, conforme o caso –, podem cobrar de concessionários de serviço público de energia elétrica, de telecomunicações ou de distribuição de gás pelo uso que façam da faixa de domínio da rodovia mediante passagem subterrânea de cabos ou dutos.

II – Dita cobrança não tem natureza tributária, qualificando-se, antes, como um preço. Sua índole não é ressarcitória de transtornos ou despesas, mas remuneratória, consistindo em uma contrapartida da utilidade que dita passagem subterrânea oferece aos concessionários que dela se beneficiam.

É o meu parecer.

São Paulo, 10 de maio de 2001

VALIDADE DE LEIS ESTADUAIS QUE ESTIPULAM ISENÇÃO DE PEDÁGIO, OU OUTRO BENEFÍCIO TARIFÁRIO, NAS RODOVIAS CONCEDIDAS

Antônio Carlos Cintra do Amaral

Mestre em Direito Administrativo pela PUC/SP. Consultor e Parecerista em Direito Administrativo. Advogado em São Paulo

Consulta

Leis estaduais têm estipulado isenção de pedágio, e outros benefícios tarifários, em rodovias concedidas, sem previsão de fontes alternativas de receita que preservem o equilíbrio econômico-financeiro da concessão. Em outros Estados, têm sido apresentados, nas respectivas Assembléias Legislativas, projetos de lei nesse mesmo sentido.

Em face dessa realidade, indaga a ... se essas leis — já existentes ou que venham a ser aprovadas — são válidas.

A Consulente anexa textos de leis estaduais publicadas, bem como de projetos de lei em andamento, e solicita-me emitir opinião sobre o assunto.

É o que farei a seguir.

Parecer

1. O conceito de lei nacional

É conhecida a concepção de Hans Kelsen (*Teoria Geral do Direito e do Estado*, trad. para o português, São Paulo, Martins Fontes, 1998, pp. 433 e ss.) a respeito da existência, em determinados direitos positivos, de ordens jurídicas parciais coexistindo com a ordem jurídica global, ou total.

A partir da noção de que o Estado é uma ordem jurídica, cuja validade compreende quatro esferas, quais sejam, a temporal, a espacial, a pessoal e a material, Kelsen desenvolve os conceitos de centralização e descentralização jurídica, tanto estática quanto dinâmica.

Escreve ele (ob. cit., p. 434):

"As normas locais válidas para uma mesma parte do território formam uma ordem jurídica parcial ou local. Elas constituem uma comunidade jurídica parcial ou local. O enunciado de que o Estado é descentralizado ou de que o território do Estado é dividido em subdivisões territoriais significa que a ordem jurídica nacional contém não apenas normas centrais, mas também normas locais. As diferentes esferas territoriais de validade das ordens locais são as subdivisões territoriais.

"As normas centrais da ordem jurídica total, ou nacional, também formam uma ordem parcial, ou seja, a ordem jurídica central. Elas também constituem uma comunidade jurídica parcial, ou seja, a comunidade jurídica central. A ordem jurídica central que constitui a comunidade jurídica central forma, juntamente com as ordens jurídicas locais que constituem as comunidades jurídicas locais, a ordem jurídica total ou nacional que constitui a comunidade jurídica total, o Estado. Tanto a comunidade central quanto as comunidades locais são membros da comunidade total."

Acentuando que o direito positivo conhece apenas a centralização e a descentralização parciais (ob. cit., p. 437), Kelsen refere-se ao Estado federal dizendo (pp. 451-452): "A ordem jurídica de um Estado federal compõe-se de normas centrais válidas para o seu território inteiro e de normas locais válidas apenas para porções desse território, para os territórios dos 'Estados componentes (ou membros)'. As normas gerais centrais, as 'leis federais', são criadas por um órgão legislativo central, a legislatura da 'federação', enquanto as normas gerais locais são criadas por órgãos legislativos locais, as legislaturas dos Estados componentes. Isso pressupõe que, no Estado federal, a esfera material de validade da ordem jurídica, ou, em outras palavras, a competência legislativa do Estado, está dividida entre uma autoridade central e várias autoridades locais".

O direito positivo brasileiro está construído de acordo com esse modelo. O Congresso Nacional produz leis que tanto podem ser *federais*, aplicáveis, no dizer de Kelsen, apenas à "comunidade jurídica central", quanto *nacionais*, aplicáveis à "comunidade jurídica total".

A lei é *federal* quando se aplica à organização, funcionamento e relações jurídicas da União, enquanto pessoa jurídica de direito público interno. A lei é *nacional* quando se aplica, indistintamente, à União, Estados-Membros, Municípios e Distrito Federal.

Essa dupla função do Congresso Nacional harmoniza-se com a maneira pela qual é ele estruturado. Ainda de acordo com o modelo kelseniano (ob. cit., p. 454), o Estado federal: "(...) tem duas casas: os membros de uma são eleitos diretamente por todo o povo do Estado federal; trata-se da chamada Casa dos Representantes, ou Câmara dos Deputados, e também Casa Popular. A segunda câmara é composta de indivíduos escolhidos pelo povo ou pelo órgão legislativo de cada Estado. Eles são considerados representantes desses Estados componentes. Esta segunda câmara tem o nome de Casa dos Estados ou Senado. Corresponde ao tipo ideal do Estado federal que os Estados componentes sejam igualmente representados na Casa dos Estados, ou Senado, que cada Estado componente, independentemente do seu tamanho, isto é, sem se levar em conta a extensão do seu território ou o número dos seus habitantes, envie o mesmo número de representantes à Casa dos Estados, ao Senado".

Vale dizer: a Câmara dos Deputados é constituída de representantes da ordem jurídica global, total, nacional, enquanto o Senado representa as ordens jurídicas parciais, regionais.

As leis estaduais, municipais e do Distrito Federal *não podem conflitar com as leis nacionais*, embora estas não sejam hierarquicamente superiores, já que o fundamento da validade de todas elas se contém na Constituição, quer diretamente na Constituição Federal, quer indiretamente, através das constituições ou leis orgânicas regionais ou locais. Nesse sentido, já há algum tempo escrevia Geraldo Ataliba ("Normas Gerais de Direito Financeiro e Tributário e Autonomia dos Estados e Municípios", in *Revista de Direito Público* 10/49-50):

"Leis federais são aquelas que podem ser editadas, no campo próprio, pela União. Da mesma forma nos respectivos campos, são leis estaduais e municipais as editadas por Estados e Municípios, cada qual na própria esfera de competência. Quer dizer: abaixo da lei nacional — se figurarmos um quadro de representação espacial do sistema engendrado pela nossa Constituição — estão, no mesmo nível, equiparadas, as leis próprias das diversas pessoas públicas políticas.

"Tal situação lógica, referida com o termo 'abaixo', não quer dizer, absolutamente 'subordinada' ou vinculada — que nenhuma hierarquia entre elas se estabelece em razão das posições que respectivamente ocupam nesse quadro.

"A diversidade de objetos ou de formas de expressão dos órgãos legislativos respectivos não autoriza supor qualquer hierarquia, mas sim organização que lhes atribui e reconhece, como privativos, campos diversos."

Vale dizer: se o *conteúdo* da lei é de caráter *nacional*, as leis estaduais, municipais e do Distrito Federal não podem com ela conflitar, não porque estejam em *escalão inferior*, mas porque estariam invadindo um campo próprio reservado pela Constituição Federal às leis nacionais. Teoricamente, nem mesmo uma lei *federal* pode conflitar com uma lei *nacional*, se bem que nessa hipótese, sendo um só o órgão legislativo competente, nada impediria que a lei nacional anterior fosse substituída por uma nova lei nacional, observadas as normas constitucionais que regem o processo legislativo.

2. *Validade e eficácia jurídica de normas legais*

Uma norma legal é *válida* quando tem seu texto publicado no órgão oficial. Com isso, a norma passa a *existir*. Norma válida é norma existente.

É conhecida a distinção kelseniana entre *validade* e *eficácia*. A norma jurídica é o *sentido objetivo* do ato de vontade que a põe. Seu conteúdo é um *dever-ser*. Ou melhor: a norma é um *dever-ser*.

A conduta humana contida na norma pode realizar-se ou não. Ela interessa à ciência jurídica enquanto abstratamente prevista na norma. Verificar se essa conduta se realiza ou não é tarefa da sociologia jurídica. A norma — bem como a conduta nela prevista — é um *dever-ser*. A realização ou não da conduta é um *ser*. O *fato* não se contém na *norma*.

Ensina Kelsen que a *eficácia*, ou seja, a realização fática da conduta humana contida na norma, distingue-se, portanto, de sua *validade*. A norma pode *existir*, isto é, ser *válida*, embora permaneça *ineficaz*, se bem que uma norma sem o mínimo de eficácia não seja válida, já que esse mínimo de eficácia é *condição* de validade.

Para Kelsen, *validade* é o mesmo que *vigência*. À validade ou vigência de uma norma, ele contrapõe a *eficácia*. Se alguém objetar que uma lei pode ser *válida*, isto é, *existir*, sem que ainda seja *vigente*, poder-se-á afirmar, a partir de uma estrita concepção kelseniana, que se a lei não vige não existe, e que ela somente passa a existir com sua *vigência*, quando, portanto, passa a ser *válida*.

Isso fica claro se exemplificarmos com uma lei que crie um tributo. Por força do princípio constitucional da anualidade, esse tributo somente pode ser cobrado a partir do início do exercício financeiro subseqüente ao da publicação da lei que o criou (art. 150, III, *b*, da Constituição Federal). A rigor, poder-se-ia dizer que essa lei somente passa a *existir* — ou seja, *ter validade* — quando o tributo passa a poder ser cobrado. Parece-me, porém, que a lei já existe, tanto é que se não for revogada ou anulada — vale dizer, *se não tiver desconstituída sua validade* —, passa a vigorar no primeiro dia do exercício subseqüente ao de sua publicação.

Nesse sentido, parece-me mais acertado distinguir — como o faz a generalidade da doutrina jurídica — *validade* e *vigência*. Válida é a norma legal que existe no mundo jurídico. Vigente é a norma legal juridicamente eficaz. Assim, introduz-se um terceiro conceito, além dos de *validade* e *eficácia fática*, qual seja, o de *eficácia jurídica*, que é a aptidão para produzir efeitos jurídicos. Em outras palavras: a aptidão para produzir relações jurídicas concretas.

A lei — pelo menos em regra — é geral e abstrata. Não produz relações jurídicas concretas. Tais relações são produzidas por atos administrativos, decisões judiciais e negócios jurídicos. Isto é, por normas jurídicas concretas, que *aplicam* os comandos abstratamente contidos nas normas legais. Daí dizer-se que a lei tem *aptidão para produzir efeitos jurídicos*, e não que *produz efeitos jurídicos*.

Essa aptidão para produzir efeitos jurídicos pode coincidir ou não com o momento em que a norma legal é posta. Se desde logo a lei tem essa aptidão, pode dizer-se que ela é *válida* e *juridicamente eficaz* (ou, tanto faz, *válida* e *vigente*). Pode ela, porém, estar com sua *eficácia jurídica* suspensa. Nesse caso, ela é *válida*, mas temporariamente *ineficaz*. Vale dizer: temporariamente, está suspensa sua aptidão para produzir efeitos jurídicos.

3. Síntese

Sintetizando o que foi dito até este ponto:

A) O Congresso Nacional é, ao mesmo tempo, Poder Legislativo nacional e federal. As leis *nacionais*, a par da Constituição Federal, constituem a ordem jurídica global, total, que abrange a ordem jurídica central (União) e as ordens jurídicas parciais, quer regionais, quer locais (Estados, Municípios e Distrito Federal), enquanto as leis *federais* constituem a ordem jurídica central (União).

B) Embora as leis nacionais não sejam hierarquicamente superiores às estaduais, municipais e do Distrito Federal, estas não podem conflitar com aquelas, na medida em que, se o fizerem, estarão invadindo campo próprio atribuído pela Constituição à lei nacional. Nada impede, porém, que as leis componentes das ordens jurídicas parciais *suplementem* a lei nacional.

C) As normas legais podem ser válidas e juridicamente eficazes, ou válidas mas temporariamente ineficazes. A eficácia jurídica é a aptidão para produzir efeitos jurídicos e pode estar, em certos casos, temporariamente suspensa.

Estabelecidas essas noções, poder-se-á passar a enfrentar diretamente à Consulta formulada.

4. A concessão de serviço público no direito positivo brasileiro

A concessão de serviço público é prevista no art. 175 da Constituição Federal, que dispõe:

"Art. 175. Incumbe ao Poder Público, na forma da lei, diretamente ou sob regime de concessão ou permissão, sempre através de licitação, a prestação de serviços públicos.

"Parágrafo único. A lei disporá sobre:

"I — o regime das empresas concessionárias e permissionárias de serviços públicos, o caráter especial de seu contrato e de sua prorrogação, bem como as condições de caducidade, fiscalização e rescisão da concessão ou permissão;

"II — os direitos dos usuários;

"III — política tarifária;

"IV — a obrigação de manter serviço adequado."

Tem sido pacificamente aceito, na doutrina jurídica brasileira, que essa lei, prevista no dispositivo constitucional transcrito, tem caráter *nacional*. Nesse sentido, vale citar Celso Antônio Bandeira de Mello (*Curso de Direito Administrativo*, 8ª ed., São Paulo, Malheiros Editores, 1996, p. 429), Arnoldo Wald, Luiza Rangel de Moraes e Alexandre de M. Wald (*O Direito de Parceria e a Nova Lei de Concessões*, São Paulo, Ed. RT, 1996, p. 100) e Maria Sylvia Zanella Di Pietro (*Parcerias na Administração Pública*, São Paulo, Atlas, 1996, p. 46).

Note-se que Maria Sylvia Zanella Di Pietro entende que a lei prevista no art. 175

da Constituição Federal é aplicável à União, Estados, Municípios e Distrito Federal, a partir da interpretação conjunta desse artigo e da norma contida no inciso XXVII do art. 22, que confere à União competência para produzir normas gerais de licitação e contratação administrativa, incluída, segundo ela, a contratação de concessão de serviço público. A meu ver, o caráter *nacional* da norma do referido art. 175 é verificável mediante interpretação do próprio dispositivo constitucional, isoladamente considerado. A divergência é, porém, irrelevante, já que a conclusão de ambos os raciocínios jurídicos é a mesma.

Com fundamento no art. 175 da Constituição Federal, foram editadas duas Leis: a 8.987, de 13.2.1995, e a 9.074, de 7.7.1995. A Lei 8.987 contém normas de inequívoco caráter *nacional*. A Lei 9.074 contém normas *federais*, a par de normas *nacionais*.

À vista do exposto, cabe afirmar que as normas *nacionais*, contidas nas duas leis, não podem ser contrariadas por leis estaduais, municipais ou do Distrito Federal. A ordem jurídica global, total, nacional, não pode ser contrariada pelas ordens jurídicas parciais, quer regionais, quer locais. As leis estaduais, municipais ou do Distrito Federal podem *suplementar* as normas legais nacionais; não podem com elas conflitar.

Destaco algumas normas, de caráter *nacional*, que dizem respeito diretamente à Consulta formulada.

Os §§ 2º, 3º e 4º do art. 9º da Lei 8.987 consagram a manutenção, durante toda a execução do contrato, do equilíbrio econômico-financeiro inicial da concessão:

"Art. 9º. (...)

"(...)

"§ 2º. Os contratos poderão prever mecanismos de revisão das tarifas, a fim de manter-se o equilíbrio econômico-financeiro.

"§ 3º. Ressalvados os impostos sobre a renda, a criação, alteração ou extinção de quaisquer tributos ou encargos legais, após a apresentação da proposta, quando comprovado seu impacto, implicará a revisão da tarifa, para mais ou para menos, conforme o caso.

"§ 4º. Em havendo alteração unilateral do contrato que afete o seu inicial equilíbrio econômico-financeiro, o poder concedente deverá restabelecê-lo, concomitantemente à alteração."

Saliente-se que a tese da manutenção do equilíbrio econômico-financeiro inicial do contrato administrativo, promovendo-se seu restabelecimento toda vez que se verifique desbalanceamento por motivo de força maior, fato da Administração ou fato do príncipe, foi admitida pela primeira vez, na França, em um caso concreto de contrato de concessão de serviço público. Foi com o *arrêt gaz de Bordeaux* que o Conselho de Estado francês criou a *teoria da imprevisão*.

Em harmonia com esses dispositivos legais, estabeleceu a Lei 9.074 em seu art. 35:

"Art. 35. A estipulação de novos benefícios tarifários pelo poder concedente, fica condicionada à previsão, em lei, da origem dos recursos ou da simultânea revisão da estrutura tarifária do concessionário ou permissionário, de forma a preservar o equilíbrio econômico-financeiro do contrato.

"Parágrafo único. A concessão de qualquer benefício tarifário somente poderá ser atribuída a uma classe ou coletividade de usuários dos serviços, vedado, sob qualquer pretexto, o benefício singular."

As normas da Lei 9.074 dizem respeito, em sua maioria, à concessão de energia elétrica. Nesse sentido, são normas *federais*, na medida em que o poder concedente do serviço público de energia elétrica é a União. Esse art. 35, porém, contém, inequivocamente, uma norma de caráter *nacional*. Sua finalidade é declaradamente preservar o equilíbrio econômico-financeiro das concessões de serviço público em geral, resguardando-o do impacto de novos benefícios tarifários estipulados pelo poder concedente. Trata-se de norma pertinente à *política tarifária*, conteúdo da lei prevista no art. 175 da Constituição Federal (inc. III do § 1º).

É levando em conta especialmente o art. 35 da Lei 9.074 que procurarei responder à questão formulada pela Consulente.

5. *O equilíbrio econômico-financeiro do contrato de concessão de rodovias*

As licitações para concessão de rodovias, no país, têm sido julgadas ou pelo menor valor do pedágio, ou pela maior oferta de pagamento ao poder concedente pela outorga da concessão (art. 15, I e II, da Lei 8.987).

No primeiro caso, o pedágio proposto pelos licitantes é calculado levando-se em conta os seguintes elementos:

A) receita operacional prevista;

B) eventuais receitas alternativas, complementares, acessórias ou de projetos associados (art. 11 da Lei 8.987);

C) custos operacionais diretos e indiretos;

D) investimentos a serem efetuados e prazo para sua amortização, que é o prazo de duração da concessão;

E) lucro.

No segundo caso, o esquema é basicamente o mesmo, substituindo-se o cálculo do pedágio (já estabelecido no edital) pelo do pagamento, ao poder concedente, pela outorga da concessão.

Se, durante a concessão, o poder concedente estipula benefícios tarifários — logicamente imprevisíveis no momento da celebração do contrato —, isso constitui um *fato do príncipe*, que tem como resultado a redução da receita operacional. Para preservar a manutenção do equilíbrio econômico-financeiro da concessão, o art. 35 da Lei 9.074 *condiciona* essa estipulação:

A) à previsão, em lei, da origem dos recursos; ou

B) à simultânea revisão da estrutura tarifária (no caso, do pedágio).

Vale dizer: a perda de receita operacional pelo concessionário *deve ser* compensada por um dos dois esquemas previstos: substituição por uma dotação orçamentária, ou revisão da estrutura da tarifa (pedágio).

A dotação orçamentária deve não apenas ser prevista, mas tornada disponível. Isso porque entre o momento da *previsão* e o da *disponibilidade* dos recursos orçamentários poderá ocorrer o desequilíbrio da equação econômico-financeira da concessão, o que será juridicamente inadmissível.

Quanto à revisão da estrutura tarifária, pode ela ser efetuada mediante:

A) aumento do valor do pedágio;

B) atribuição ao concessionário de receitas alternativas, complementares, acessórias ou de projetos associados;

C) eliminação ou redução de encargos do concessionário.

Esses mecanismos podem ser utilizados isoladamente ou em conjunto.

Parece-me claro que essa compensação de receita, sob uma das modalidades previstas na lei, é indispensável à estipulação do benefício tarifário. Se este surge no mundo jurídico mediante produção de uma lei, o poder concedente *deve* compensar a perda de receita, substituindo-a por outra de caráter não operacional, ou revendo a estrutura da tarifa (pedágio).

Admita-se o caso, mencionado na Consulta, de o poder concedente estadual estipular o benefício tarifário sem prever a devida compensação pela perda de receita por parte do concessionário. Há duas maneiras possíveis de enfocar juridicamente tal questão.

Primeira: admitindo-se a tese de que uma lei estadual não pode conflitar com a lei *nacional*, poder-se-á considerar *inválida* a lei concessiva do benefício tarifário, por invadir campo próprio atribuído pela Constituição à ordem jurídica global, total.

Segunda: partindo-se do entendimento de que a compensação de receita é estabelecida, *na lei nacional*, como *condição suspensiva da eficácia jurídica da lei concessiva do benefício*, poder-se-á considerar esta *válida*, mas *juridicamente ineficaz, enquanto o poder concedente não providenciar a compensação de receita*, sob uma das duas modalidades previstas.

Inclino-me a sustentar a segunda tese, embora não me pareça totalmente descabida a primeira. O benefício tarifário *vale*, mas não pode ser praticado enquanto não houver a compensação de perda de receita prevista no art. 35 da Lei 9.074, que — repito — é norma *nacional*. Vale dizer: a lei concessiva do benefício tarifário é *válida*, mas *juridicamente ineficaz*; não tem aptidão para produzir efeitos jurídicos.

Volto a frisar que os recursos orçamentários substitutivos devem estar *disponíveis*, para que a lei concessiva do benefício *entre em vigor*, ou seja, *passe a ter eficácia jurídica*. Por outro lado, caso a opção do poder concedente seja a de rever a estrutura tarifária, essa revisão deve ser *simultânea à aplicação concreta da lei*. Vale dizer: a lei somente entra em vigor, ou seja, adquire eficácia jurídica, a partir do momento em que a estrutura da tarifa (no caso, o pedágio) seja revista, devendo tal revisão observar a legislação nacional aplicável, as demais leis estaduais que disciplinem o assunto, os termos dos contratos específicos celebrados pelas partes, e, sobretudo, o *princípio do equivalente econômico do contrato administrativo*, assegurado mediante respeito integral ao equilíbrio econômico-financeiro inicial da concessão.

Ressalve-se, afinal, que há duas hipóteses em que a lei estadual pode ser considerada *inválida*.

Leis, ou projetos de lei, cujas cópias me foram apresentadas pela Consulente, parecem *destruir* — e não *desequilibrar* — a equação econômico-financeira da concessão. Nessa hipótese, a alternativa, prevista no art. 35 da Lei 9.074, de rever a estrutura da tarifa (pedágio), passaria a inexistir. Diante disso, se o poder concedente destinasse recursos orçamentários como forma de compensar a perda de receita do concessionário — que nesses casos seria total — estaria descaracterizando a concessão, transformando-a em *terceirização* de serviços. Isso porque uma das características principais da concessão é o *regime tarifário*. Se não é o usuário que paga,ao concessionário, pedágio pela utilização da rodovia, não há típica *concessão de serviço público*. Se o concessionário recebe do poder concedente remuneração (preço privado) pela exploração da rodovia, caracteriza-se um contrato não de *concessão*, mas de *prestação de serviços* à Administração Pública (sobre o assunto, v. meu *Concessão de Serviço Público*, São Paulo, Malheiros Editores, 1996, pp. 19-20). Admitida essa hipótese, parece-me que a lei concessiva do benefício tarifário conflitaria não apenas com o art. 35 da Lei 9.074, mas com todo o sistema legal *nacional* que regula a concessão de serviço público no país. Contrariaria a finalidade manifesta, da ordem jurídica global, total, nacional, de estimular e priorizar a prestação de serviços públicos pela iniciativa privada mediante *concessão*, e não *terceirização*. Assim, a lei seria, nessa hipótese, *inválida*.

Por outro lado, alguns dos textos que me foram apresentados parecem conter normas — ou projetos de norma — de praticabilidade impossível. Se isso for verdadeiro, também nessa hipótese estaremos diante de leis *inválidas*.

Kelsen (*Teoria Pura do Direito*, 2ª ed., trad. portuguesa, Arménio Amado Editor, Sucessor, Coimbra, 1962, v. I, p. 20) escreve que uma norma que não é eficaz (faticamente) em certa medida, não será considerada como norma válida. "Um mínimo de eficácia (como sói dizer-se) é a condição da sua vigência (validade)". Assim, uma norma sem possibilidade de eficácia (fática) é inválida.

Repetiu ele, em obra postumamente publicada (*Teoria Geral das Normas*, trad. para o português, Porto Alegre, Sergio Antonio Fabris Editor, 1986, p. 178): "Eficácia é uma condição da validade, desde que uma norma isolada e toda uma ordem normativa perdem sua validade, deixam de valer, quando elas perdem sua eficácia, ou a possibilidade de uma eficácia (...)."

Certamente nesse mesmo sentido foi que Alfredo Augusto Becker (*Teoria Geral do Direito Tributário*, São Paulo, Saraiva, 1963, pp. 62 e ss.) falou em "praticabilidade do direito". Escreveu ele (p. 63): "(...) *a regra jurídica somente existe (com natureza jurídica) na medida de sua praticabilidade*" (grifos originais).

Se uma norma não tem possibilidade de eficácia (fática), ou, em outros termos, não é praticável, não é norma, ou seja, não tem *validade*.

Conclusão

À vista do exposto, concluo:

A) As normas componentes de uma ordem jurídica parcial não podem conflitar com a ordem jurídica global, total, na medida em que, se o fizerem, estarão invadindo campo próprio atribuído à ordem global pela Constituição Federal. Assim, uma norma legal *estadual* não pode conflitar com uma norma legal *nacional*.

B) A norma contida no art. 35 da Lei 9.074, no sentido de que a estipulação de benefícios tarifários pelo poder concedente está condicionada à previsão, em lei, da origem dos recursos, ou à simultânea revisão da estrutura tarifária do concessionário, é lei *nacional*. A estipulação, em lei estadual, de isenção de pedágio, ou outro benefício tarifário, nas rodovias concedidas, está, portanto, condicionada à compensação, ao concessionário, pela perda de receita resultante da isenção, sob uma das modalidades previstas no referido dispositivo legal nacional. Isso com o objetivo de preservar o equilíbrio econômico-financeiro da concessão.

C) Se a lei estadual que estipula a isenção de pedágio, ou outro benefício tarifário, não prevê a origem de recursos compensatórios, ela é *válida*, mas *juridicamente ineficaz*, entendida a eficácia jurídica como aptidão para produzir efeitos jurídicos. Essa aptidão fica condicionada à compensação pela perda de receita decorrente do benefício concedido, nos termos do art. 35 da Lei 9.074, passando a lei estadual a ter *eficácia jurídica* apenas *se* e *quando* a condição prevista na lei nacional for implementada.

D) Se a Administração do poder concedente tentar aplicar a lei antes que ela adquira eficácia jurídica, estará produzindo ato administrativo ilegal. Isso porque não se podem constituir relações jurídicas concretas com fundamento em uma lei que, embora válida, não possui ainda aptidão para produzir efeitos jurídicos. Essa aptidão ocorre:

a) quando haja *disponibilidade* efetiva de recursos orçamentários substitutivos (e não mera previsão); ou

b) quando seja revista a estrutura do pedágio.

E) Se a lei estadual *destrói* — e não *desequilibra* — a equação econômica da concessão, ela afronta a ordem jurídica nacional, descaracteriza a concessão, transformando-a em *terceirização*, e é, assim, *inválida*.

F) Se a lei *estadual* que estipula a isenção de pedágio, ou outro benefício tarifário, for *impraticável*, ou seja, se for impossível sua *eficácia fática*, ela é igualmente *inválida*, já que, de acordo com a lição de Kelsen, embora a validade e a eficácia (fática) se dissociem, não se podendo deduzir um *dever-ser* de um *ser*, um mínimo de eficácia (fática) é condição de validade da norma jurídica.

Respondo, assim, à Consulta formulada dizendo que uma lei estadual que estipula a isenção de pedágio — ou outro benefício tarifário — em rodovias concedidas, sem atendimento a uma das condições previstas no art. 35 da Lei 9.074, é *válida*, mas *juridicamente ineficaz*. Sua *existência* não conflita com a lei nacional. Sua aplicação a casos concretos, porém — ou seja, sua *eficácia jurídica* —, está sujeita à implementação de condição prevista na lei nacional. Vale dizer: somente pode ser aplicada *se* e *quando* tal condição se verificar, ou seja, a partir da efetiva disponibilidade dos recursos orçamentários previstos, ou do momento em que se verificar a revisão da estrutura do pedágio, tal como acima exposto.

Em certos casos, porém, a lei estadual pode ser *inválida*. Isso quando *destrua* — e não *desequilibre* — a equação econômico-financeira da concessão, ou quando o benefício concedido seja *impraticável*.

São Paulo, 5 de janeiro de 1999

REMOÇÃO DE SERVIDORES PÚBLICOS – CRITÉRIOS OBJETIVOS – RAZOABILIDADE

Clóvis Beznos

Mestre em Direito Administrativo.
Professor da Faculdade de Direito da PUC/SP

A Associação dos Agentes Fiscais de Rendas do Estado de São Paulo – AFRESP, por seu Presidente, Sr. Teruo Massita, solicita-nos a elaboração de parecer sobre questões atinentes à remoção de agentes fiscais de rendas, disciplinada pela Portaria CAT-40, de 23.5.2001, expondo os seguintes fatos.

Em 28.3.2000 o Sr. Secretário da Fazenda do Estado de São Paulo baixou a Resolução SF-10, publicada no *DOE* de 29.3.2000, fixando a lotação dos agentes fiscais de rendas na Secretaria da Fazenda em 4.400 cargos, distribuída, segundo os anexos dessa resolução, para as Delegacias Regionais Tributárias do Estado, sediadas na Capital e em diversas Cidades do Interior e Litoral.

Tal lotação, segundo o parágrafo único de seu art. 1º, era o resultado de reserva, objetivando a futura extinção de 350 cargos de Agentes Fiscais de Rendas, por lei ordinária, até a presente data não editada.

De outra parte, fixou citada resolução aos delegados regionais tributários o prazo até 31.3.2001 para proceder à adequação da quantidade de agentes fiscais de rendas, incumbidos da fiscalização direta de tributos, à lotação indicada em referidos anexos.

Essa adequação, segundo o § 1º do art. 2º da resolução, implicava limitar a quantidade de agentes fiscais em efetivo exercício nas Delegacias Regionais Tributárias, em conformidade com a proporção estabelecida entre o número total de agentes fiscais de rendas ativos, incumbidos da fiscalização direta de tributos, e a soma dos totais da lotação, contidas em seus anexos, excepcionando-se alguns postos fiscais dessa limitação.

Em 23.5.2001 o Sr. Coordenador da Administração Tributária, objetivando disciplinar a forma da adequação referida, baixou a Portaria CAT-40, cujo art. 2º estabeleceu que a mesma seria efetuada mediante *remoção*, em duas etapas, nos termos da Resolução SF-20, de 21.5.2001, respeitado o limite quantitativo de seu Anexo I: a primeira etapa abrangendo 50% dos agentes fiscais de rendas a serem removidos, que deveria ser concluída até 2.7.2001, e a segunda em data a ser futuramente definida.

O art. 2º da portaria classificou, para o atendimento de sua finalidade, as Delegacias Regionais Tributárias em dois grupos: o Grupo *A*, compreendendo as Delegacias com excesso de contingente, e o Grupo *B*, agregando as Delegacias com contingente inferior ao limite fixado pela Resolução SF-10, de 28.3.2000.

De seu turno, o art. 4º dessa portaria estabeleceu a sujeição à remoção: a) a todos os agentes fiscais que se encontrem em exercício da função de Fiscalização Direta de Tributos e que tenham ingressado na carreira pelo concurso realizado em 1997; b) aos agentes fiscais originários de concursos anteriores que contem mais de cinco anos nessa função, em Delegacias Regionais Tributárias da Capital ou não, de forma contínua ou intercalada, desconsiderando-se, para esse efeito, as remoções de uma para outra Delegacia Regional Tributária da Capital, ocorridas a partir de 1.6.1996.

O mecanismo adotado para adequar-se o número de agentes fiscais ao limite fixado pela Resolução SF-10/2000 desenvolve-se em duas etapas diversas: uma primeira pela qual estabeleceu-se a possibilidade de remoção a pedido, pelos agentes fiscais de rendas classificados nas DRTCs e DRTs do Grupo *A* para uma das DRTs do Grupo *B*, com possibilidade da escolha de uma segunda opção, até o alcance do limite fixado no Anexo I da Portaria.

Estabeleceu-se, outrossim, em hipótese de o número dos postulantes de remoção suplantar o das vagas existentes, critério de preferência lastreado no tempo de exercício e, subseqüentemente, na idade dos candidatos, prestigiando-se, pois, em primeiro lugar os agentes fiscais com maior tempo de exercício no cargo e, em seqüência, a maior idade do candidato em relação aos outros.

Finda a data para a formulação do pedido de remoção, e apuradas as vagas remanescentes no Grupo *B* em número superior ao limite admissível, preconizou-se a remoção compulsória de tantos agentes fiscais quantos forem necessários para alcançar o limite previsto no § 1º do art. 2º da Resolução SF-10, de 28.3.2000.

As regras para essa remoção compulsória foram fixadas nos seguintes moldes.

O primeiro critério a ser considerado tem por base o ano em que foi realizado cada concurso de ingresso na carreira de Agente Fiscal de Rendas, apartando-se, pois, os servidores pelo concurso de ingresso, da seguinte forma.

Considerando cada Delegacia com número excedente de agentes fiscais, apura-se a proporção existente entre os agentes fiscais, tendo em conta a quantidade de agentes componentes de grupos formados pelo ano de realização dos respectivos concursos de ingresso na carreira e o número total de agentes fiscais componentes do efetivo de cada Delegacia Regional do Grupo *A*. Encontrada tal proporção, haverá a mesma de ser considerada na apuração do excedente de efetivos a ser removido dessas Delegacias do Grupo *A*.

Assim, quantificados os números de servidores correspondentes à proporção cabível a cada concurso, efetua-se a indicação dos mesmos para a remoção, segundo a ordem inversa de classificação em seus respectivos concursos de ingresso, até completar-se o número de agentes fiscais correspondente aos respectivos concursos de ingresso.

Após essa seleção proceder-se-á à remoção, em conformidade com a antigüidade de cada concurso de ingresso, iniciando-se pelo concurso do ano de 1961, para após, esgotados os agentes desse concurso, passar-se para o subseqüente, e assim por diante, adotando-se como critério de remoção a ordem direta de classificação do agente no seu concurso de ingresso na carreira.

Além disso, informa a Consulente que, não obstante, para os efeitos da remoção, somente se esteja considerando os agentes fiscais de rendas incumbidos da fiscalização direta de tributos, nenhuma diferença de classificação existe entre eles e aqueles agentes fiscais que exercem atividade interna nas Delegacias Tributárias.

De fato, segundo a Consulente, os agentes fiscais por mera designação do delegado regional, passível de ocorrer a qualquer momento e segundo seu exclusivo critério de necessidade, passam a exercer, em prazo determinado ou não, atividades internas ou de fiscalização direta de tributos.

Assim expostos os fatos, indaga a Consulente:

a) Pode a Administração, a seu critério, proceder à remoção compulsória de agentes fiscais de rendas?

b) São válidos os critérios adotados para a remoção que se pretende realizar?

Em atendimento ao que nos foi solicitado, passamos a emitir o seguinte parecer.

Parecer

Primeiramente, afigura-se útil precisar o conceito do instituto que constitui o objeto de nossa investigação, fixando desde logo o seu alcance.

Movimenta-se o funcionário de diferentes maneiras no serviço público, ora mudando de um cargo para outro, como ocorre na transferência, no acesso ou promoção; ora deslocando-se de uma repartição para outra, ou de um órgão para outro da mesma Secretaria de Estado ou do mesmo Ministério, sem qualquer alteração de cargo.[1]

De fato, em conformidade com o art. 26 do Estatuto dos Funcionários Públicos Civis do Estado de São Paulo (Lei 10.261, de 28.10.1968), a *transferência* é prevista como a possibilidade de o funcionário mover-se de um cargo para outro de provimento efetivo; o *acesso*, segundo o art. 33 do mesmo diploma, é a elevação do funcionário, dentro do respectivo quadro, para cargo da mesma natureza de trabalho e de maior responsabilidade e complexidade.

A *remoção*, em conformidade com o art. 43, I e II, do mesmo diploma, é a movimentação, a pedido do funcionário ou efetuada *ex officio*, de uma para outra repartição da mesma Secretaria ou de um para outro órgão da mesma repartição – e, portanto, sem alteração de cargo.

Conforme se vê, a previsão estatutária da remoção classifica-a em duas diferentes espécies: a remoção a pedido do funcionário e a remoção de ofício.

Destarte, embora se entreveja na previsão da mudança de repartição ou órgão a possibilidade de atender à conveniência do funcionário, é evidente que, existindo a previsão de essa mudança se efetuar de ofício, impositiva é a conclusão de que em primeiro lugar cabe atender-se à conveniência do serviço; e, se a mesma se compatibilizar com o interesse do funcionário, será então admissível a remoção a pedido.

De fato, o exercício da função administrativa é integralmente voltado à concretização do interesse público, nada mais cabendo ao administrador que executar a lei.

Portanto, todos os atos da Administração devem ser voltados à realização do interesse público, no intuito de agir sempre em conformidade com o mandamento legal.

É de todos conhecida a clássica lição de Hely Lopes Meirelles, cuja transcrição sempre vale a pena: "Na Administração Pública não há liberdade nem vontade pessoal. Enquanto na administração particular é lícito fazer tudo que a lei não proíbe, na Administração Pública só é permitido fazer o que a lei autoriza. A lei para o particular significa 'pode fazer assim'; para o administrador público significa 'deve fazer assim'".[2]

1. Nesse sentido preleciona Celso Antônio Bandeira de Mello, *Apontamentos sobre Agentes e Órgãos Públicos*, 1ª ed., 5ª tir., São Paulo, Ed. RT, 1987, p. 34: "Não se deve confundir a transferência com remoção. Na primeira o funcionário muda de um para outro cargo. É forma de provimento de cargo. *Remoção* é simples deslocação do funcionário de uma repartição para outra, ou de um órgão para outro – dentro do mesmo Ministério (na órbita federal) ou Secretaria (na órbita estadual) –, sem que haja mudança de cargo".

2. *Direito Administrativo Brasileiro*, 15ª ed., São Paulo, Ed. RT, 1990, p. 78 (**Nota da Redação**: v. 27ª ed., atualizada por Eurico de Andrade Azevedo, Délcio Balestero Aleixo e José Emmanuel Burle Filho, São Paulo, Malheiros Editores, 2002).

De outra parte, prevendo a lei – no caso, a norma estatutária – a possibilidade da remoção *ex officio*, é patente que assiste à Administração o direito de remover seus funcionários, por um lado, enquanto, de outro, tem a Administração a faculdade de deferir a remoção a pedido.

Em ambas as situações, todavia, como em qualquer ato da Administração, a mola propulsora sempre haverá de ser o atendimento ao interesse público, devendo, pois, o interesse da Administração com ele coincidir, pena de invalidade.

É claro, portanto, caber à Administração a prerrogativa de organizar seus serviços do modo mais adequado ao alcance de suas finalidades, e, para tanto, decidir segundo seus critérios de conveniência e oportunidade, cabendo-lhe, pois, determinar a movimentação de seus servidores para o atendimento das necessidades do serviço.

Aliás, até mesmo os ocupantes de cargos que gozam da garantia da inamovibilidade, como os magistrados, são passíveis de remoção por motivo de interesse público, mesmo considerando-se a forma especial para tanto preconizada pelo art. 95, II, da Constituição Federal, com remissão ao art. 93, VIII, da mesma Carta Constitucional, que preconiza dever o ato de remoção por interesse público ser decidido pelo voto de dois-terços do tribunal competente, assegurada ampla defesa.

A jurisprudência, aliás, é pacífica em reconhecer à Administração a faculdade de remover seus funcionários, com base no interesse público:

"Funcionário público municipal – Remoção para outro local de trabalho e mudança de horário de plantão, por meio de portaria – ADM – Ato discricionário da Administração – Observância do art. 51 da Lei n. 8.989/1989 – Situação que não altera o regime de trabalho do servidor – Segurança denegada – RNP. Têm os Municípios autonomia assegurada por norma constitucional para organizar os quadros de seus funcionários da forma que entender mais conveniente ao interesse público" (TJSP, 3ª C. Cível, Ap. 196.922-1, São Paulo, rel. Des. José Malerbi, j. 5.10.1993).

"Servidor público municipal – Remoção – Opção por novo local para prestação de serviços – Lei n. 8.989/1989 – PAS – Ato discricionário da Administração – Inexistência de direito adquirido – Admissibilidade – Segurança denegada – Sentença mantida – Recurso não provido" (TJSP, 3ª C. de Direito Público, Ap. cível 35.113-5, São Paulo, rel. Des. Márcio Bonilha, j. 29. 9.1998, v.u.).

"Mandado de segurança Servidor público estadual – Admissibilidade da remoção compulsória – Não-violação ao direito à estabilidade, que assegura a permanência nos quadros do funcionalismo e não no cargo – Ausência de arbitrariedade na remoção compulsória, realizada com escopo acautelatório e em decorrência do interesse público – Recursos providos" (TJSP, 1ª Câmara "Julho/1999" de Direito Público, Ap. cível 89.066-5, São José do Rio Preto, rel. Des. José Raul Gavião de Almeida, j. 31.8.1999, v.u.).

"Mandado de segurança – Servidor municipal – Busca anulação do Convênio da Municipalidade de São Paulo e o Coperpas-8 – Matéria que deve ser discutida em ação própria – Remoção – Servidor não goza de inamovibilidade – Administração que tem o poder de organizar seus quadros de acordo com a conveniência e oportunidade – Segurança denegada – Embargos de declaração que não têm finalidade procrastinatória – Recurso parcialmente provido para excluir a multa aplicada" (TJSP, 5ª C. de Direito Público, Ap. cível 21.134-5, São Paulo, rel. Des. Cuba dos Santos, j. 21.5.1998, v.u.).

Entretanto, se isso é verdade, também assim o é o reconhecimento robusto da jurisprudência no sentido de que a remoção compulsória do servidor público subordina-se ao interesse público, com a devida motivação do ato de remoção, bem como o respeito aos princípios informadores da Administração Pública:

"Mandado de segurança – Remoção compulsória de servidor público pela Administração – Possibilidade – Adstrição, porém, ao interesse público – Ocorrência de falta de motivação do ato atacado – Não garantia ao servidor de exercício das mesmas funções em seu novo local de trabalho – Inadmissibilidade – Caracterização de desvio de função – Reconhecimento de violação a princípios fundamentais dos atos administrativos – Nulidades que viciam o ato impugnado – Recursos parcialmente providos para outro fim. Não se nega à Administração o poder de movimentar seus servidores, ainda que estáveis; nega-se, sim, o abuso desse poder quando exercido arbitrariamente, sem justificativa e sem interesse público, sabido que todo ato administrativo está sujeito aos princípios da legalidade (conformidade com a lei) e da finalidade (objetivo público)" (TJSP, 8ª C. de Direito Público, Ap. cível 80.738-5, Sorocaba, rel. Des. Celso Bonilha, j. 11.8.1999, v.u.).

"Servidor público – Remoção de ofício pela Administração – O servidor poderá adquirir direito à permanência no serviço público, mas não adquirirá direito ao exercício da mesma função, no mesmo lugar e nas mesmas condições, salvo os vitalícios, que constituem uma exceção constitucional à regra estatutária – O poder de organizar e reorganizar os serviços públicos, de lotar e relotar servidores, de criar e extinguir cargos, é indispensável da Administração, por inerente à falta de fundamentação do ato administrativo – Afronta a direito líquido e certo – Segurança concedida – Recurso oficial, único interposto, improvido" (TJSP, 8ª C. de Direito Público, Ap. cível 73.870-5, Pitangueiras, rel. Des. Toledo Silva, j. 14.4.1999, v.u.).

"*Decisão*: Acordam os Ss. Desembargadores da 3ª Câmara Cível do Tribunal de Justiça do Estado do Paraná em negar provimento ao apelo, por unanimidade de votos.

"*Ementa*: Mandado de segurança – Policial removido para outro Município – Inexistência de pedido conforme o art. 39 da Lei Complementar n. 14/1982 – Garantia constitucional – Constituição Estadual, art. 38 – Cônjuge servidor público na Capital – Ofensa aos princípios da legalidade, motivação, impessoalidade e razoabilidade – Apelo improvido. O ato administrativo que determinou a remoção do policial feriu os mais básicos princípios da Administração Pública, que deve se pautar dentro deles, em caráter obrigatório. Só a ausência de motivação, quando da remoção, tanto quanto do pedido de reconsideração, torna o ato, viciado na raiz, digno de anulação.

"Apelação improvida. Decisão unânime" (TJPR, 3ª C. Cível, Acórdão 11.204, apelação cível e reexame necessário, CTBA-3ª Vara Faz. Púb. Fal. e Concordatas, rel. Des. Prado Filho, publ. 8.4.1996).

"*Decisão*: Acordam os Desembargadores integrantes da 3ª Câmara Cível do Tribunal de Justiça do Estado do Paraná, à unanimidade de votos, em negar provimento ao recurso e ao reexame necessário.

"*Ementa*: Ação de mandado de segurança – Ato de remoção compulsória de servidor – Ausência de interesse público – Arbitrariedade e falta de formalidade legal – Ordem concedida – Decisão acertada – Recursos desprovidos. A remoção compulsória de servidor público classificado em 1º lugar através de concurso público e lotado na sede do Município, sem demonstração do interesse coletivo e inobservadas as formalidades legais, constitui-se ato arbitrário e irregular do administrador, com afronta a direito líquido e certo, corrigível pela via mandamental.

"Apelação conhecida e desprovida. Reexame necessário conhecido e desprovido" (TJPR, 3ª C. Cível, Acórdão 13.922, Congoinhas-Vara Única, apelação cível e reexame necessário , rel. Des. Jorge Wagih Massad, publ. 1.6.1998).

"*Decisão*: Acordam os Desembargadores da 3ª Câmara Cível do Tribunal de Justiça do Estado do Paraná, por unanimidade de votos, em julgar prejudicado os recursos por perda de objeto.

"*Ementa*: Mandado de segurança – Remoção de professor – Ausência de motivação – Segurança concedida – Revogação administrativa do ato impugnado, após a interposição do recurso voluntário – Perda do objeto.

"1. Exigindo a lei municipal que a remoção do servidor se dê com a concordância deste, ou por imperiosa necessidade do serviço público, de rigor é a motivação do ato que remove professora de uma escola para outra. A ausência de motivação importa em nulidade do ato.

"2. Se o ato atacado, em razão do qual o juiz concedeu a segurança, foi revogado pela autoridade coatora, posteriormente à interposição do recurso, este perde sua finalidade" (TJPR, 3ª C. Cível, Acórdão 14.529, apelação cível e reexame necessário, Guaraniaçu-Vara Única, rel. Des. Jesus Sarrão, publ. 19.10.1998).

"*Decisão*: Acordam os magistrados integrantes da Terceira Câmara Cível do Tribunal de Justiça do Estado do Paraná, à unanimidade de votos, em negar provimento ao recurso voluntário e manter a sentença reexaminada.

"*Ementa*: Funcionária pública – Transferência para função diversa do cargo para o qual foi nomeada em decorrência de concurso – Ausência de justificativa – Arbitrariedade – Apreciação pelo Poder Judiciário – Possibilidade diante da lesão a direito individual – Recurso desprovido – Sentença confirmada.

"Servidor público – Remoção – Abuso de poder por parte de autoridade – Falta de justificativa das razões de ordem pública para a providência – Mera afirmação da discricionariedade do ato – Insuficiência para imunizá-lo de reapreciação judicial – Nulidade reconhecida – Mandado de segurança concedido. Constitui abuso de poder por parte de autoridade a remoção de servidor público sem justificativa das razões de ordem pública para a providência. Mera afirmação da discricionariedade do ato administrativo não basta para imunizá-lo de reapreciação" (TJPR, 3ª C. Cível, Acórdão 15.331, apelação cível e reexame necessário, Palotina-Vara Cível, rel. Des. Ivan Bortoleto, publ. 26.4.1999).

"Decisão: Acordam os Magistrados integrantes da 3ª Câmara Cível do Tribunal de Justiça do Estado do Paraná, à unanimidade de votos, em negar provimento ao recurso de apelação e manter a sentença em reexame necessário.

"*Ementa*: Administrativo – Funcionário público – Transferência para outra localidade – Ausência de justificativa – Arbitrariedade – Apreciação pelo Poder Judiciário – Possibilidade diante da lesão a direito individual – Apelo desprovido – Sentença confirmada em reexame necessário.

"Abuso de poder por parte de autoridade – Falta de justificativa das razões de ordem pública para a providência – Mera afirmação da discricionariedade do ato – Insuficiência para imunizá-lo de reapreciação judicial – Nulidade reconhecida – Mandado de segurança concedido. Constitui abuso de poder por parte da autoridade a remoção de servidor público sem justificativa das razões de ordem pública para a providência. Mera afirmação da discricionariedade do ato administrativo não basta para imunizá-lo de reapreciação" (TJPR, 3ª C. Cível, Acórdão 15.340, apelação cível e reexame necessário, Guaraniaçu-Vara Única, rel. Des. Ivan Bortoleto, publ. 26.4.1999).

"*Decisão*: Acordam os Desembargadores integrantes da 6ª Câmara Cível do Tribunal de Justiça do Estado do Paraná, por unanimidade de votos, em negar provimento à apelação e confirmar a sentença.

"*Ementa*: Apelação cível – Mandado de segurança – Funcionário público municipal – Professora – Transferência para outra escola – Impossibilidade – Ausência de concordância do servidor e de imperiosa necessidade do serviço público – Abuso de poder por parte da autoridade municipal – Ato administrativo anulado – Sentença confirmada – Recurso desprovido – Decisão unânime. Constitui abuso de poder por parte da autoridade municipal a remoção de professora sem a justificativa das razões do interesse público a ensejar a providência" (TJPR, 6ª C. Cível, Acórdão 4.282, apelação cível e reexame necessário, Guaraniaçu-Vara Única, rel. Des. Antônio Lopes de Noronha, publ. 13.12.1999).

"*Decisão*: Acorda a 6ª Câmara Cível, à unanimidade, confirmar a r. sentença seu objeto, salvo na parte em que uma expressão dela exclui.

"*Ementa*: Administrativo – Médico-legista contratado após concurso público – Remoção compulsória imotivada – Ausência de processo administrativo – Remoção punitiva – Impossibilidade – Segurança concedida – Sentença confirmada. Investido no cargo de médico-legista por concurso público, o servidor não pode ser removido, imotivadamente, senão por processo administrativo. A lei não prevê a remoção como sanção disciplinar, de resto" (TJPR, 6ª C. Cível, Acórdão 4.138, reexame necessário, CTBA-3ª Vara Faz. Púb. Fal. e Concordatas, rel. Des. Newton Luz, publ. 22.11.1999).

"*Ementa*: Administrativo – Declaração de nulidade de ato administrativo – Transferência do servidor para outra região – Discricionariedade – Controle pelo Judiciário – Princípio da motivação – Improcedência do recurso voluntário e da remessa oficial. A punição imposta ao apelado com sua remoção, sem a sua anuência e muito menos por necessidade de serviço ou conveniência, é abusiva e caracteriza o excesso de poder do administrador. Por seus atos resultantes do poder de polícia, na condição de fiscal de posturas, sofreu, o apelado, perseguição pessoal, funcional e política. Sendo assim, fugindo o ato à finalidade à qual se destina, sua nulidade se impõe.

"*Decisão*: Conhecer da remessa oficial e do recurso voluntário. Unânime. Negar provimento à remessa oficial e ao recurso voluntário. Unânime.

"Indexação: Procedência, Declaração, Nulidade, Ato Administrativo, Transferência, Servidor público, Violação, Princípio da impessoalidade, Caracterização, Perseguição" (TJDF, 4ª T. Cível, Ap. cível 4.994.998, DF, Acórdão 125.906, rel. Des. Lecir Manoel da Luz, j. 20.3.1920, *DJDF* 31.5.1920, p. 33 – Observação: TJDF, Ap. cível 45.207/1997).

Importante, pois, a determinar a legalidade da conduta da Administração é a submissão de seus atos ao interesse público, do qual jamais pode se desviar, pena de invalidade.

Já definimos alhures o interesse público nos seguintes termos: "Caracteriza-se o interesse público pela interação Estado/coletividade/indivíduo, na persecução dos valores elencados como prevalentes pelo ordenamento jurídico, aferíveis em dado segmento da realidade. Assim, o interesse público é a síntese dos interesses, compreendidos estes como valores juridicizados da coletividade, organizada e submetida a um regramento jurídico, com afetação direta ao Estado-poder, que genericamente os titulariza".[3]

3. *Ação Popular e Ação Civil Pública*, São Paulo, Ed. RT, 1989.

Com isso, pretendemos então significar que o interesse público não é algo estático, mas possui uma dinâmica, só podendo ser aferível num corte da realidade onde se determinem os valores prevalentes, a merecer prestígio frente a outros valores.

Tal identificação do interesse público, com efeito, somente pode ser efetuada ao exame do ordenamento jurídico, e, portanto, dentro do campo normativo, aferindo-se a síntese e não a soma dos interesses dos membros da coletividade, devidamente refletida nas normas emanadas da Constituição e das leis, com afetação direta, pois, ao Estado, pessoa jurídica, que é o titular desses interesses públicos.

Ao exame dos princípios basilares que informam a existência de um regime jurídico administrativo, salientam-se dois dentre eles: o primeiro, e impostergável, que consiste na *supremacia do interesse público sobre o particular* quando em confronto, e o segundo, também da mais absoluta relevância, consistente na *indisponibilidade do interesse público no nível da Administração*.

Significa isso que não dispõe a Administração de vontade própria a determinar o interesse público, pois sua função nada mais compreende que atender ao comando das leis, realizando, assim, a "vontade legal".

Nesse sentido averba Hely Lopes Meirelles:

"Os fins da Administração Pública se resumem num único objetivo: *o bem comum da coletividade administrada*. Toda atividade do administrador público deve ser orientada para esse objetivo. Se dele o administrador se afasta ou desvia, trai o mandato de que está investido, porque a comunidade não instituiu a Administração senão como o meio de atingir o bem-estar social. Ilícito e imoral será todo ato administrativo que não for praticado no interesse da coletividade.

"O fim e não a vontade do administrador – ensina o professor Cirne Lima – domina todas as formas de administração. Supõe, destarte, a atividade administrativa a preexistência de uma regra jurídica, reconhecendo-lhe uma finalidade própria. Jaz, conseqüentemente, a Administração Pública debaixo da legislação, que deve enunciar e determinar a regra de Direito."[4]

O ilustre Celso Antônio Bandeira de Mello preleciona, com mãos de mestre:

"A indisponibilidade dos interesses públicos significa que, sendo interesses qualificados como próprios da coletividade – internos ao setor público –, não se encontram à livre disposição de quem quer que seja, por inapropriáveis. O próprio órgão administrativo que os representa não tem disponibilidade sobre eles, no sentido que lhe incumbe apenas curá-los – o que também é um dever – na estrita conformidade do que predispuser a *intentio legis*.

"(...).

"Em suma, o necessário – parece-nos – é encarecer que na administração os bens e os interesses *não se acham entregues à livre disposição da vontade do administrador*. Antes, para este, coloca-se a obrigação, o dever, de curá-los nos termos da finalidade a que estão adstritos. É a ordem legal que dispõe sobre ela".[5]

Assim, toda atividade administrativa deve ser subserviente à lei, não competindo ao agente administrativo definir por sua con-

4. *Direito ...*, 15ª ed., p. 77.

5. *Curso de Direito Administrativo*, 13ª ed., São Paulo, Malheiros Editores, 2001, p. 34. O douto professor realça nessa passagem, com todas as tintas, o papel de submissão à ordem legal que deve nortear o administrador, a quem não se oferece outra alternativa que a de obediência às leis existentes e incidentes no caso concreto. Chamando à colação a lição do mui douto Cirne Lima, averba: "'Na administração o dever e a finalidade são predominantes, no domínio a vontade'. Administração é 'a 'atividade do que não é senhor absoluto'. O mestre gaúcho pondera acertadamente que 'a relação de administração somente se nos depara, no plano das relações jurídicas, quando a finalidade a que a atividade de administração se propõe nos aparece defendida e protegida pela ordem jurídica contra o próprio agente e contra terceiros'".

ta, e ao arrepio da norma legal, qual o interesse a ser prestigiado, nada mais lhe cabendo que cumprir a lei existente.

A douta Lúcia Valle Figueiredo, ao exame do tema, leciona:

"Deveras, tem a Administração o dever de implementar os fins públicos, de aplicar a lei de ofício (Seabra Fagundes). A 'relação de Administração' (Cirne Lima) determina à Administração a mais absoluta cogência no que tange à implementação do interesse público postulado pela norma.

"Interesse público, singelamente, pode ser definido como o bem jurídico de interesse coletivo que, por lei, deve ser perseguido pela Administração."[6]

Pois bem, conforme se vê da Resolução 10, de 28.3.2000, o Sr. Secretário da Fazenda fixou a lotação de agentes fiscais de rendas da Secretaria da Fazenda em 4.400 cargos, distribuindo-os para as várias Delegacias Regionais.

Ao fazê-lo, todavia, desconsiderou 350 cargos existentes, afirmando a resolução que os mesmos constituíam reserva para futura extinção por lei ordinária.

Com efeito, é o Sr. Secretário competente para a fixação do padrão de lotação das repartições pertinentes à respectiva Secretaria de Estado, nos termos do art. 20, IV, "a", do Decreto 42.815, de 19.1.1998.

O art. 58 da Lei 10.261, de 28.10.1968, já referida, assim define o instituto da *lotação*: "Entende-se por lotação o número de funcionários de carreira e de cargos isolados que devam ter exercício em cada repartição ou serviço".

Ora, segundo o mesmo Estatuto, o conceito de funcionário público "é a pessoa legalmente investida em cargo público". Assim, é evidente que ao se definir o número de funcionários que devam ter exercício nas repartições ou serviços do Estado define-se, também, o número de cargos que compõem a lotação.

Assim, para a efetivação da lotação há que se considerar o número de cargos existentes da mesma espécie, para distribuí-los entre as repartições e serviços das Secretarias de Estado.

Entretanto, o que se vê do § 1º do art. 1º da Resolução 10, de 28.3.2000, é que o Sr. Secretário da Fazenda desconsiderou, dos cargos existentes, 350 deles, afirmando que os mesmos se constituíam numa "reserva para extinção".

Ora, segundo o art. 19, III, da Constituição do Estado de São Paulo, a criação e extinção de cargos públicos depende de lei.

De outra parte, embora não prevista na Constituição do Estado a possibilidade da declaração de desnecessidade de cargo público, mas admitida por simetria com o disposto no art. 41, § 3º, da Constituição Federal, é inquestionável que tal declaração somente se viabiliza ante a existência de lei que a preveja.

Nesse sentido, entendendo que a declaração de desnecessidade do cargo exige anterior regulamentação a ser estabelecida por lei, preleciona Adílson Abreu Dallari:

"Entendemos que tal regulamentação genérica deva ser feita por lei (art. 84, VI e XXV, da CF). É preciso notar uma diferença substancial entre os textos constitucionais de 1969 e 1988. A Carta de 1969 (art. 100, parágrafo único) já autorizava qualquer Poder Executivo a declarar a desnecessidade; a Constituição de 1988 (art. 41, § 3º) apenas estabelece garantias ao servidor no caso de que tal ato venha a ser praticado, mas não autoriza, não confere competência a quem quer que seja, para a sua prática.

"Assim sendo, tanto o Presidente da República quanto qualquer Governador ou Prefeito somente poderá declarar a desnecessidade de cargos da Administração direta Federal, Estadual ou Municipal se lhes for atribuída tal competência, respectivamente, por legislação federal, estadual ou

6. *Curso de Direito Administrativo*, 5ª ed., São Paulo, Malheiros Editores, 2001, p. 173.

municipal, e na forma e com as cautelas estabelecidas nessa legislação."[7]

Celso Antônio Bandeira de Mello também aborda a matéria, afirmando categoricamente o seguinte:

"O § 3º do art. 41, tal como já o fazia a Carta de 1969 (art. 100, parágrafo único), menciona tanto a extinção de cargo quanto a declaração de sua desnecessidade. Provavelmente, sem maior meditação foi reproduzida esta teratológica excrescência, que apareceu no Direito Brasileiro como fruto do período obscurantista iniciado com o Golpe Militar de 1º de abril de 1964 e aguçado na Carta de 1969. A que pode servir esta declaração de desnecessidade de um cargo? Se não é o caso de conservá-lo, o normal é que lei o extinga ou, atualmente, em face do art. 84, XXV – em má hora concebido –, que o Chefe do Poder Executivo o faça, 'nos termos da lei'. Trata-se, pois, de uma superfetação.

"Quem poderá declarar a desnecessidade de um cargo, e ainda mais com a conseqüência de desalojar o servidor que o ocupava, remetendo-o para a disponibilidade? O Chefe do Poder Executivo? Em parte alguma da Constituição se lê que teria tais atribuições. A ele poder-se-ia reconhecer esta prerrogativa apenas na ambiência própria da Carta de 1969, vale dizer, durante o autoritário período castrense.

"Com efeito, o que se lê na Constituição é que ao Congresso Nacional cabe criar, transformar e extinguir cargos públicos (art. 48, X), assistindo também ao Presidente extingui-los 'na forma da lei', ressalva, aliás, que inexistia ao tempo da Carta precedente.

"Donde, assim como o Chefe do Executivo só pode extinguir cargos 'na forma da lei', analogamente, só poderá declarar-lhes a desnecessidade nos termos por ela previstos, isto é, nos casos e condições que previamente assinale. A ser de outro modo abrir-se-iam portas para perseguições ou, inversamente, favoritismos, inconviventes com o atual Texto Magno e com o espírito de redemocratização nele consubstanciado e que terminará por se difundir. Amém."[8]

Nesse entendimento, considerando que a iniciativa de lei preordenada à extinção de cargo, tal como a criação, é do governador do Estado, nos termos do art. 24, § 2º, I, o adequado seria, na hipótese de o Executivo entender conveniente a redução de cargos de uma dada carreira, o oferecimento de projeto de lei nesse sentido.

Todavia, enquanto existir o cargo, e enquanto sua desnecessidade não for declarada nos termos da lei, parece evidente que não pode ser o mesmo desconsiderado quando se trate de repartir as lotações das repartições onde o mesmo deva ser exercido.

Com efeito, como se vê *in casu*, o Sr. Secretário da Fazenda, desconsiderando 350 cargos existentes, criou artificialmente um excesso antes inexistente, eis que evidente que suprimindo parcelas do número que se constitui no dividendo as parcelas resultantes só podem ser menores do que se não fosse efetuada a supressão.

Considerando, portanto, a inexistência legal da figura "reserva para extinção de cargos", afigura-se que o cargo, enquanto existente, porque criado por lei, é de se presumir sua necessidade, que se afina com o interesse público consubstanciado na sua origem legal.

Assim sendo, evidencia-se que a criação artificial de excesso de cargos nas Delegacias Regionais Tributárias componentes do chamado Grupo *A*, a justificar a remoção dos agentes fiscais de rendas para outras Delegacias carentes de agentes fiscais, constitui-se em flagrante desvio de poder, vez que somente se justificaria a remoção,

7. *Regime Constitucional dos Servidores Públicos*, 2ª ed., São Paulo, Ed. RT, 1990, pp. 97-98.

8. *Regime Constitucional dos Servidores da Administração Direta e Indireta*, São Paulo, Ed. RT, 1990, p. 103.

para suprir-se necessidade de servidores, se houvesse excesso deles no local de origem da remoção.

Com efeito, inexistindo excesso na repartição de origem, a remoção do servidor, ainda que atendesse à necessidade da repartição de destino, provocaria a necessidade na repartição de origem.

Assim, não se prestando a remoção para resolver o problema de carência de agentes fiscais, a solução ao alcance da Administração, considerando a existência de cargos vagos, é a de realizar concursos para provimento dos cargos que necessita para suprir suas necessidades.

O argumento de que tal diretriz criaria embaraços à Administração, ante a necessidade de ajuste da despesa de pessoal às diretrizes da chamada Lei de Responsabilidade Fiscal, a Lei Complementar 101, de 4.5.2000, tratando-se de agentes fiscais de rendas, parece insubsistente, pois tal ajuste de gasto orçamentário se situa na relação de despesa corrente frente a receita corrente.

Ora, patente é a possibilidade de o aumento ou diminuição da receita tributária pública relacionar-se diretamente com o aumento ou diminuição da fiscalização.

É bem por isso que a criação por lei de cargos de Agentes Fiscais de Rendas certamente passa pela análise do legislador quanto ao interesse da existência de maior ou menor fiscalização, considerando fatores vários, e, entre eles, a sonegação.

Assim sendo, afigura-se absolutamente nula a Resolução SF-10, de 28.3.2000, no que tange à lotação das Delegacias Regionais Tributárias, pelo desvio de finalidade em que se constituiu a supressão de 350 cargos no cômputo total dos agentes fiscais de rendas da Secretaria da Fazenda, via da qual criou-se artificialmente um excesso de servidores em determinadas Delegacias, em realidade não existente.

Destarte, a resposta ao primeiro quesito, em conformidade com a jurisprudência supra-arrolada, somente pode ser no sentido de que na espécie em trato não se afigura jurídica a remoção pretendida, constituindo a mesma ilícito, a vulnerar o direito dos agentes fiscais de rendas atingidos pela remoção, porque ausente o interesse público a determiná-la.

A resposta ao segundo quesito envolve a análise dos critérios estabelecidos pela Administração para disciplinar a remoção pretendida.

Os critérios utilizados para a seleção na primeira fase, relativos às remoções a pedido, consistentes na classificação pelo tempo de exercício do cargo e, subseqüentemente, pela maior idade dos candidatos, parecem-nos perfeitamente adequados à seleção pretendida, pela sua pertinência lógica com ela.

De fato, é razoável considerar-se o tempo de exercício do cargo como critério de solução de disputa de vaga, como também o é o desempate em favor do candidato mais idoso.

São critérios que não ofendem a igualdade, e que se revelam razoáveis, vez que a antigüidade no cargo envolve maior tempo de dedicação ao serviço público, enquanto não ofende à lógica o desempate em favor do candidato de maior idade.

Assim sendo, e não merecendo maior análise essa primeira fase da remoção, passa-se à análise dos critérios fixados na Portaria CAT-40, de 23.5.2001, para a remoção compulsória.

Em primeiro lugar, cabe ter em consideração que a remoção tem um duplo aspecto. Quando efetuada a pedido, constitui-se em situação gratificante ao removido, que, não obstante, ao mais das vezes, à mudança de domicílio, sendo desejada, advém como um benefício.

Todavia, quando efetuada compulsoriamente, freqüentemente configura uma situação desastrosa e angustiante para o servidor atingido, que se vê repentinamente compelido a deixar seu lar, seu círculo de relações sociais, a proceder à mudança de escola dos filhos em meio do ano letivo, como agora se pretende – enfim, a mudar de cidade, com todos os inconvenientes daí decorrentes.

Pois bem, considerando tal situação, parece evidente que qualquer discriminação que se faça, para se escolher os atingidos compulsoriamente pela remoção, tem que ter um conteúdo de adequação lógica à racionalidade que justifique o discrímen adotado.

Nesse sentido, escreve o nunca suficientemente citado Celso Antônio Bandeira de Mello:

"Parece-nos que o reconhecimento das diferenciações que não podem ser feitas sem quebra da isonomia se divide em três questões: a) a primeira diz com o elemento tomado como fator de desigualação; b) a segunda reporta-se à correlação lógica abstrata existente entre o fator erigido em critério de discrímen e a disparidade estabelecida no tratamento jurídico diversificado; c) a terceira atina à consonância desta correlação lógica com os interesses absorvidos no sistema constitucional e destarte juridicizados.

"Esclarecendo melhor: tem-se que investigar, de um lado, aquilo que é adotado como critério discriminatório; de outro lado, cumpre verificar se há justificativa racional, isto é, fundamento lógico, para, à vista do traço desigualador acolhido, atribuir o específico tratamento jurídico construído em função da desigualdade proclamada. Finalmente, impende analisar se a correlação ou fundamento racional abstratamente existente é, *in concreto*, afinado com os valores prestigiados no sistema normativo constitucional. A dizer: se guarda ou não harmonia com eles."[9]

A competência atribuída aos agentes fiscais de rendas pela Lei Complementar 567, de 20.7.1988, envolve uma série de atividades, seja no que tange à fiscalização direta de tributos, seja as de assistência, planejamento da ação fiscal, consultoria e orientação tributária etc., todas elas, segundo o art. 1º desse diploma, atribuíveis a qualquer agente fiscal de rendas.

Considerando que as atividades decorrentes dessa competência são comuns a todos os integrantes da carreira de Agente Fiscal de Rendas e que a atribuição de uma ou outra função decorre de mera designação da chefia, evidencia-se não ser cabível distingui-los para efeitos de remoção compulsória.

De fato, a diferença de tratamento estabelecida entre os agentes fiscais encarregados da fiscalização direta de tributos e aqueles que prestam atividade interna implica a eleição de elemento de discrímen, ou seja, de um fator inexistente diante da competência legal atribuída a tais servidores, vez que todos podem realizar todas as funções.

Além disso, não incide racionalidade no discrímen a justificar tratamento desigual entre os agentes fiscais de rendas designados para o exercício de uma ou outra função – o que afeta a todos os sujeitos à remoção compulsória, que, como se viu, consti-

9. *O Conteúdo Jurídico do Princípio da Igualdade*, 3ª ed., São Paulo, Malheiros Editores, 1993, pp. 21-22. Aclarando a lição em tela, agrega o ilustre autor:

"Em suma: importa que exista mais que uma correlação lógica abstrata entre o fator diferencial e a diferenciação conseqüente. Exige-se, ainda, haja uma correlação lógica concreta, ou seja, aferida em função dos interesses abrigados no direito positivo constitucional. E isto se traduz na consonância ou dissonância dela com as finalidades reconhecidas como valiosas na Constituição.

"Só a conjunção dos três aspectos é que permite análise correta do problema. Isto é: a hostilidade ao preceito isonômico pode residir em quaisquer deles. Não basta, pois, reconhecer-se que uma regra de Direito é ajustada ao princípio da igualdade no pertinente ao primeiro aspecto. Cumpre que o seja, também, com relação ao segundo e ao terceiro. É claro que a ofensa a requisitos do primeiro é suficiente para desqualificá-la. O mesmo, eventualmente, sucederá por desatenção a exigências dos demais, porém quer-se deixar bem explícita a necessidade de que a norma jurídica observe cumulativamente os reclamos provenientes de todos os aspectos mencionados para ser inobjetável em face do princípio isonômico."

tui um infeliz acontecimento na vida funcional do servidor.

Finalmente, o fator tomado como diferenciação de tratamento vulnera o art. 1º da Lei Complementar 567/1988, que fixa legalmente igual competência a todos os integrantes da carreira de Agente Fiscal de Rendas, por um lado; e, por outro, viola o art. 5º da Constituição Federal, que, estabelecendo a igualdade de todos perante a lei, *ipso facto* a estabelece perante a Administração.

De outra parte, razão não há de ordem lógica para a aplicação do critério de se diferenciar os agentes fiscais de rendas pelo concurso realizado, para apartá-los em grupos, com conseqüências jurídicas.

De fato, como se viu, a ordem de remoção obedece à ordem de antigüidade do concurso, a começar pelo do ano de 1961.

Assim, considerada a remoção compulsória como algo negativo do ponto de vista do removido, estabelecer-se discrímen pelo ano da realização do concurso, a par de não ser racional, revela-se vulnerador dos mesmos preceitos supra-elencados, padecendo o critério de suporte legal ou constitucional, porque se estabelece desigualdade onde a lei não a estabelece.

De outra parte, igualmente despido de racionalidade o critério adotado para compor-se os grupos formados segundo o ano do concurso de ingresso, tomando-se como fator de ordem de preferência a colocação nos concursos em questão.

Com efeito, tal fator de discrímen não apresenta qualquer juridicidade, posto que arbitrário.

De fato, nenhuma conseqüência jurídica pode a Administração emprestar a fato já ocorrido, sem lei anterior a prever a mesma.

Considere-se, por exemplo, o concurso realizado em 1961, há 40 anos atrás, para se ter presente o absurdo de se estabelecer uma diferenciação de tratamento em razão da classificação obtida.

A Administração não pode fixar critérios que a lei não prevê para desigualar o tratamento de servidores públicos e que, além disso, revelam-se totalmente despidos de razoabilidade.

A razoabilidade alçada à categoria de princípio informador do critério de aplicação não apenas das regras jurídicas, mas dos demais princípios acolhidos pelo ordenamento, merece ser plenamente considerada.

Nesse sentido, a lição de Weida Zancaner, em alentado estudo, preleciona: "O princípio da razoabilidade propicia, portanto, a fiscalização da obediência a todos os demais princípios e regras albergados pelo sistema. Assim, quando o aplicador da norma elege prioridades sem atentar para os vetores indicativos do sistema, está incorrendo em comportamento ilícito, por desobediência ao princípio da razoabilidade".[10]

10. "Razoabilidade e moralidade: princípios concretizadores do perfil constitucional do Estado Social e Democrático de Direito", estudo contido em *Estudos em Homenagem a Geraldo Ataliba II*, São Paulo, Malheiros Editores, p. 625. Não nos furtamos de trazer a lanço o seguinte tópico, complemento do trecho citado, e que, com apoio na lição de Miguel Reale, realça a oportunidade da citação:

"O princípio da razoabilidade transcende sua utilização e compreensão como 'critério de aplicação' das normas jurídicas necessário à concreção do direito posto. Ele é mais do que mero critério para a verificação da correta aplicação das normas encartadas em um direito positivado. Ele deve ser alçado a 'critério de intelecção' de todo e qualquer sistema jurídico que pretenda se perenizar. Não a perenização estática, mas aquela que implica movimento, atualização e aperfeiçoamento das instituições democráticas, acompanhando o incessante ritmo da vida, 'pois o Direito é feito para vida e não a vida para o Direito'. Como critério de intelecção o princípio da razoabilidade dá substância à lógica do sistema, coerência ao mesmo, isto é, torna uma massa imensa de normas jurídicas um todo coerente, com prioridades e finalidades definidas e passíveis de serem compreendidas e ordenadas.

"Assim, o princípio da razoabilidade deve ser usado em dois momentos distintos: na estática do Direito, para a compreensão do sistema jurídico a ser objeto de análise, hipótese na qual se constitui em um critério de intelecção do Direito; e na dinâmica do Direito, isto é, quando de sua aplicação para

Outra não é a lição de Celso Antônio Bandeira de Mello, tantas vezes citado neste estudo, afastando a juridicidade da aplicação de critérios inaceitáveis no plano racional: "Enuncia-se com este princípio que a Administração, ao atuar no exercício de discrição, terá de obedecer a critérios aceitáveis do ponto de vista racional, em sintonia com o senso normal de pessoas equilibradas e respeitosa das finalidades que presidiram a outorga da competência exercida. Vale dizer: pretende-se colocar em claro que não serão apenas inconvenientes, mas também ilegítimas – e, portanto, jurisdicionalmente invalidáveis –, as condutas desarrazoadas, bizarras, incoerentes ou praticadas com desconsideração às situações e circunstâncias que seriam atendidas por quem tivesse atributos normais de prudência, sensatez e disposição de acatamento às finalidades da lei atributiva da discrição manejada".[11]

De outra parte, o critério fixado para a remoção, após a composição dos grupos pertinentes a cada um dos concursos determinante da sua efetivação, seguindo a ordem de classificação, a par da invalidade consistente em se utilizar o critério de classificação em concursos passados, arbitrário e sem suporte legal, elege mais um critério verdadeiramente absurdo: o que determina a remoção compulsória, segundo a ordem direta de classificação nesses concursos.

Assim, removem-se, primeiramente, os mais antigos na carreira e os melhores classificados em seus concursos de ingresso. Assim, se essas remoções completarem a lotação do chamado Grupo *B*, deixariam de ser removidos os menos antigos na carreira e os piores classificados nos concursos de ingresso.

Como se vê, a par da arbitrariedade desses critérios, desafiam a lógica, sendo, pois, inválidos, por ferirem o princípio da razoabilidade.

Isso posto, passamos a responder aos quesitos formulados, nos seguintes termos:

a) Embora possa a Administração proceder à remoção dos funcionários públicos de ofício, para a sua efetivação o ato administrativo deve amoldar-se à persecução do interesse público, que no caso não se evidencia. Parecendo-nos absolutamente nula a Resolução SF-10, de 28.3.2000, no que tange à lotação das Delegacias Regionais Tributárias, pelo desvio de finalidade em que se constituiu a supressão de 350 cargos no cômputo total dos agentes fiscais de rendas da Secretaria da Fazenda, via da qual criou-se artificialmente um excesso de servidores em determinadas Delegacias, em realidade não existente.

b) Os critérios previstos para a remoção compulsória evidenciam-se arbitrários, despidos de razoabilidade e vulneradores da lei e da Constituição Federal.

É o nosso parecer.

São Paulo, 3 de julho de 2001

assegurar que o perfil constitucional do Estado Social e Democrático de Direito esteja devidamente concretizado.

"Para mediante contraste aclarar o que dissemos através do exame de situações concretas, visualizemos algumas hipóteses em face do sistema constitucional brasileiro."

11. *Curso* ..., 13ª ed., p. 79, onde arremata o professor: "Com efeito, o fato de a lei conferir ao administrador certa liberdade (margem de discrição) significa que lhe deferiu o encargo de adotar, ante a diversidade de situações a serem enfrentadas, a providência mais adequada a cada qual delas. Não significa, como é evidente, que lhe haja outorgado o poder de agir ao sabor exclusivo de seu líbito, de seus humores, paixões pessoais, excentricidades ou critérios personalíssimos, e muito menos significa que liberou a Administração para manipular a regra de Direito de maneira a sacar dela efeitos não pretendidos nem assumidos pela lei aplicanda. Em outras palavras: ninguém poderia aceitar como *critério exegético de uma lei* que esta sufrague as providências *insensatas* que o administrador queira tomar; é dizer, que avalize previamente condutas desarrazoadas, pois isto corresponderia a irrogar dislates à própria regra de Direito".

COOPERATIVAS — PARTICIPAÇÃO EM LICITAÇÕES — VIABILIDADE — CONDIÇÕES

MARIA PAULA DALLARI BUCCI

Doutora em Direito do Estado pela USP. Procuradora da Universidade de São Paulo.
Professora do Curso de Mestrado em Direito da Universidade Católica de Santos (Unisantos)

MÁRCIA WALQUIRIA BATISTA DOS SANTOS

Doutora em Direito do Estado pela USP. Procuradora da Universidade de São Paulo.
Professora da Universidade Cidade de São Paulo (Unicid)

Consulta

O consulente solicita desta Consultoria Jurídica estudo sobre a viabilidade da participação de cooperativas em procedimentos licitatórios instaurados pela Autarquia, especialmente para a contratação de serviços de vigilância e limpeza.

Entende o consulente que, em princípio, dado o tratamento tributário diferenciado, tais entidades teriam condições de apresentar propostas de valor reduzido, em relação às demais empresas, o que seria especialmente conveniente, em vista dos recentes cortes orçamentários na área administrativa. Do ponto de vista da Autarquia como Administração contratante, portanto, para os fins da Lei n. 8.666/93, teria razão o consulente ao afirmar que "o impedimento de sua participação poderá ser entendido como restrição ao caráter competitivo".

Por outro lado, pondera o consulente se a admissão de licitantes em condição *a priori* mais favorável que os demais não consistiria em violação ao princípio da isonomia entre os licitantes.

Com essas preocupações, sugere o consulente que se examine a viabilidade da "equalização" das propostas, com o acréscimo nominal a elas dos encargos imputáveis às demais concorrentes, de tal forma que se possa determinar o contratado unicamente com base no preço do serviço, desconsideradas vantagens tributárias, trabalhistas ou previdenciárias "acidentais", que pudessem favorecer as cooperativas. Tal procedimento guardaria semelhança com o descrito no art. 42, § 4º da Lei n. 8666/93, que impõe o acréscimo nominal da carga tributária às propostas apresentadas por concorrentes estrangeiros, a fim de compensar a desigualdade de encargos entre os postulantes.

O estagiário Luis Gustavo Haddad preparou a bem lançada informação de fls. 7 e seguintes, sob nossa supervisão, tendo aprimorado o seu texto, especialmente para delinear os quesitos da questão, os quais podem ser resumidos ao seguinte:

a) Pode uma cooperativa participar de licitação aberta pela Autarquia?

b) Quais as vantagens comparativas, em termos de encargos, das cooperativas em relação às licitantes não-cooperativas?

c) Podem (ou devem) ser introduzidas medidas compensatórias nos editais de licitação, que neutralizem as vantagens "acidentais" das cooperativas? É válida a aplicação dessas medidas por analogia ao art. 42, § 4º da Lei 8.666?

d) Quais os riscos que a admissão de cooperativas pode trazer à Autarquia, no que diz respeito à execução dos contratos?

e) Que medidas jurídicas podem ser adotadas, no momento da abertura da licitação, para minimizar tais riscos, dentro da legalidade?

Feito o relatório, passamos a opinar, tomando por base os quesitos formulados.

a) Pode uma cooperativa participar de licitação aberta pela Autarquia?

A resposta, em princípio, é positiva, uma vez que as proibições devem ser expressas e nunca presumidas. Desde que a cooperativa seja regularmente constituída e venha cumprindo de forma correta as obrigações sociais, preenchidos os requisitos de habilitação, não há fundamento legal para vedar-se a participação da cooperativa na licitação, só por esse motivo.

Note-se que o art. 27 da Lei n. 8.666 não faz distinção entre os tipos de sociedades comerciais admissíveis, de tal forma que à sociedade cooperativa se estendem, em regra, as mesmas exigências legais aplicáveis a qualquer licitante.

Evidentemente isso não quer dizer que não possam ser feitas exigências relacionadas com o mérito dos contratos, voltadas à garantia das necessidades que a Autarquia pretende suprir ao abrir cada licitação. Tais exigências, devidamente justificadas, no mesmo espírito que preside a seleção dos contratados pela USP — o qual motivou a modificação do sistema de cadastramento prévio de licitantes — é que tornarão viável a contratação de cooperativas idôneas, conforme adiante se demonstrará.

b) Quais as vantagens comparativas, em termos de encargos, das cooperativas em relação às licitantes não-cooperativas? Tais vantagens podem caracterizar o rompimento da regra da isonomia?

A sociedade cooperativa é beneficiária de tratamento tributário diferenciado em relação aos atos cooperativos, os quais são definidos, pelo art. 79 da Lei n. 5.764/71, como aqueles praticados entre a cooperativa e seus associados. Tal tratamento, consentâneo com o art. 146, III, *c*, da Constituição Federal, ao invés de se caracterizar como benefício, nada mais é que, ele sim, uma compensação. Essa compensação visa evitar que haja dupla tributação nos negócios com os cooperados, para que esses possam agir *através* da cooperativa, *por meio* dela e não apenas *com* a sociedade.

Isso porque a sociedade cooperativa é considerada como *longa manus* dos sócios, em posição semelhante à de mandatária. Assim, a operação entre a sociedade e o associado é, de certa forma, uma operação "interna" e por isso insuscetível de nova incidência tributária, uma vez que, nos termos do parágrafo único do mesmo art. 79, os atos cooperativos não implicam "operação de mercado nem contrato de compra e venda de produto ou mercadoria".

"(...) a cooperativa é um 'prolongamento' (*prolongement*), uma 'extensão' (Dec. 60.597/67, art. 105), o 'braço alongado' (*verlaengerte Arm*) das economias dos sócios. Daí também a lição da doutrina dominante no sentido de que os negócios internos entre cooperado e a cooperativa (negócios-fim) não participam da natureza lucrativista das operações de mercado, já que são eles regidos pelo princípio de identidade ou da unidade do fim e porque não existe mercado entre a cooperativa e o associado no que respeita àqueles negócios" (Walmor Franke, *Direito das Sociedades Cooperativas*, Saraiva-EDUSP, 1972, p. 26.)

Se considerarmos uma cooperativa de trabalho de limpeza, por exemplo, e a compararmos com sua correspondente no terreno não cooperativo, veremos que na segunda não há tributação das relações entre a empresa e os empregados (há incidência de contribuições sociais, mas isso é outro problema, que analisaremos mais à frente). O que fez a lei ao determinar a não-incidência de imposto de renda sobre o ato cooperativo (art. 182 do Regulamento do Imposto de Renda, aprovado pelo Decreto n. 3.000/99, "As sociedades cooperativas que obedecerem ao disposto na legislação específica não terão incidência do imposto sobre suas atividades econômicas, de proveito comum, sem objetivo de lucro") foi, portanto, desigualar as cooperativas, com o fim de conceder tratamento jurídico equânime ao das demais sociedades e empresas.

Sobre os serviços prestados pela empresa de limpeza, incidem contribuição previdenciária patronal e dos empregados, cuja soma, de acordo com o art. 201, I, do Decreto n. 3.048, de 6.5.1999, Regulamento da Previdência Social, é de 20% do total dos pagamentos realizados. Na cooperativa, os associados, individualmente inscritos como autônomos, recolhem também 20% do salário de contribuição, de acordo com o art. 199, *caput*, do mesmo Decreto.

A Lei Complementar n. 84/96 instituiu, no art. 1º, II, contribuição social sobre as cooperativas de trabalho, regulamentada pelo Decreto n. 1.826/96, cuja constitucionalidade vem sendo contestada pelas cooperativas isoladamente, como também pela Organização das Cooperativas do Estado de São Paulo (Ofício CG n. 326/99, cópia inclusa). Destaco, apenas que à Autarquia, na condição de contratante, não é facultado eximir a contratada do cumprimento de exigências contidas em lei. Havendo obrigação previdenciária da cooperativa, pode haver solidariedade da Autarquia, no sentido jurídico-tributário do termo, em relação ao seu adimplemento. Eventual isenção ou declaração da não-incidência do tributo ou contribuição previdenciária hão de ser buscados pela própria cooperativas nas instâncias competentes, tal como recomenda, aliás, a própria OCESP, no ofício mencionado.

Finalmente, a diferença mais representativa em termos dos encargos que incidem sobre cooperativas e sociedades não-cooperativas, além da não-incidência do imposto de renda para as primeiras, residiria na ausência de encargos trabalhistas sobre os sócios das cooperativas, uma vez que a relação entre a sociedade e seus associados é distinta da relação de emprego. Por essa razão, não há recolhimento para o Fundo de Garantia por Tempo de Serviço em favor de cada cooperado. Os demais benefícios, tais como férias, geralmente são objeto de provisionamento pelos próprios associados na cooperativa, de forma que não se pode apontar diferença significativa entre ambas, no que diz respeito a essa rubrica.

Demonstradas as diferenças jurídicas entre os encargos que oneram as sociedades cooperativas e as demais sociedades, cada uma delas devidamente atrelada à conformação legal da sociedade, concluímos que não se pode falar em rompimento da isonomia na admissão das cooperativas nas licitações da Autarquia. Nem toda diferença caracteriza rompimento ao princípio da igualdade. Como fixou Celso Antônio Bandeira de Mello, em seu já clássico *O Conteúdo Jurídico do Princípio da Igualdade* (Ed. RT, 1984), se há correlação lógica entre o fator de *discrímen* e a desequiparação procedida, a desigualdade é plenamente aceitável: "Com efeito, há espontâneo e até inconsciente reconhecimento da juridicidade de uma norma diferençadora quando é perceptível a congruência entre a distinção de regimes estabelecida e a desigualdade de situações correspondentes" (ob. cit., p. 47).

c) Podem (ou devem) ser introduzidas medidas compensatórias nos editais de licitação, que neutralizem as vantagens "acidentais" das cooperativas? É válida a aplicação dessas medidas por analogia ao art. 42, § 4º, da Lei 8.666?

Essa é a questão nuclear a ser analisada no parecer. Verificada a existência de diferença de encargos trabalhistas, sociais e previdenciários entre sociedades cooperativas e não-cooperativas, identificada a posição favorável das cooperativas, pode ou deve ser imposta alguma forma de compensação, a fim de manter o caráter competitivo da licitação?

Tal compensação seria estipulada nos mesmos moldes daquelas que se impõem aos licitantes estrangeiros, com base no art. 42, § 4º, da Lei n. 8.666/93: "Para fins de julgamento da licitação, as propostas apresentadas por licitantes estrangeiros serão acrescidas dos gravames conseqüentes dos mesmos tributos que oneram exclusivamente os licitantes brasileiros quanto à operação final de venda".

Ora, tal como se disse acima, segundo princípio consagrado de hermenêutica jurídica, os direitos se interpretam ampliativamente e as exceções, de forma estrita. Nesse caso, a participação no certame é direito de todos os interessados e deve, segundo esse princípio, ser entendida de maneira ampliativa. A vedação à participação ou a imposição de qualquer gravame, como fator de possível limitação a essa participação, devem ser interpretados de maneira estrita, não se admitindo restrição a direitos por analogia.

Dessa forma, onde a lei disse: "acrescer gravames a licitantes estrangeiros", só a esses pode ser acrescido dito gravame. Estender a regra a outras situações, não expressamente previstas, isso sim seria desequiparação contrária à regra da isonomia, uma vez que não amparada em disposição legal.

Além disso, a situação da pergunta guarda semelhança com outras situações em que há desequiparação tributária entre vários licitantes, sem que isso dê ensejo a qualquer tipo de compensação entre as propostas. É o que ocorre, por exemplo, com a tributação municipal do Imposto sobre Serviços (ISS), em que as alíquotas variam muito entre os Municípios (de 5% em São Paulo, a 1,5% em Barueri, por exemplo). A vantagem da empresa sediada no Município de menor tributação, como se sabe, não é objeto de compensação na licitação.

Diante dessa fundamentação, concluímos que as propostas apresentadas pelas sociedades cooperativas não devem ser objeto de equalização ou compensação no julgamento das licitações.

d) Quais os riscos que a admissão de cooperativas pode trazer à Autarquia, no que diz respeito à execução dos contratos?

Tal indagação, que não se coloca ordinariamente em matéria de licitação, tem como razão de ser a difusão das mais variadas formas de fraude trabalhista por detrás da capa das cooperativas. É correlato da propagação do cooperativismo como forma de organização social, o alastramento simultâneo das falsas cooperativas, em todos os ramos da atividade econômica, de tal modo que a Autarquia, ao viabilizar a admissão de cooperativas em seus procedimentos licitatórios, deve se precaver contra as formas fraudulentas escondidas sob esse rótulo, perigo tanto maior na medida da competitividade das sociedades assim organizadas.

Se as cooperativas em sentido próprio tem grandes possibilidades de prestar bons serviços à Autarquia, graças ao interesse direto dos associados na realização da atividade contratada e no reconhecimento social dela decorrente — isso sem falar no significado social da admissão de cooperativas verdadeiras, de que resultará a inserção de centenas de pessoas no mercado formal de trabalho — por outro lado, o risco de abrir as portas às cooperativas fraudulentas justifica todas as cautelas por parte da Autarquia.

e) Que medidas jurídicas podem ser adotadas, no momento da abertura da licitação, para minimizar tais riscos, dentro da legalidade?

Na linha da resposta anterior, o grande risco da admissão das cooperativas é contratação involuntária de falsas cooperativas, apelidadas de "coopergatos", em que determinada empresa atua como intermediária na contratação de mão-de-obra. Essa, por sua vez, aparentemente constituída por associados "autônomos", fica privada de direitos trabalhistas sem se beneficiar de nenhuma das vantagens da organização cooperativa, como a solidariedade, a educação para a cooperação, o auxílio mútuo e especialmente a gestão autônoma dos próprios negócios, a auto-gestão.

Para prevenir tais riscos, o mais adequado seria exigir na fase de habilitação requisitos suficientes para afastar as formas mais comuns de deturpação da estrutura da sociedade cooperativa. Entre elas, destaquem-se as cooperativas de trabalho que subcontratam não-associados, o que as transforma, via de regra, em "cooperativa de fachada", por detrás das quais se presta serviço em regime de subordinação, sem garantias trabalhistas.

A fim de evitar esse risco, entendemos que a Autarquia poderia preveni-lo, exigindo como requisito de habilitação que o exercício da atividade objeto da licitação seja realizado pelos próprios cooperados e não por trabalhadores empregados. Essa exigência foi incluída na minuta de edital de licitação que integra a informação de fls. 7 e seguintes.

Note-se que essa precaução tem lastro na jurisprudência trabalhista, como se vê:

"Relação de emprego. Cooperativas de trabalho. Configuração. (...)

"Cooperativas de trabalho. Vínculo de emprego. A recente inclusão do parágrafo único no art. 442 da CLT não autoriza inobservância à regra de sobredireito emanada do art. 9º da mesma Carta Celetista, sempre que se verificar fraude às garantias trabalhistas e sociais asseguradas nos ordenamentos legal e constitucional vigentes. Conquanto induvidosamente as cooperativas de trabalho constituam mais uma opção para o enfrentamento da grave crise que assola o mercado de trabalho, não há permitir que essa novel modalidade de trabalho seja explorada como mecanismo de exploração de mão-de-obra. (...)" (TRT 4ª R., 1ª T., j. 26.8.1997, *Repertório IOB de Jurisprudência*, 1998, v. 2, n. 13.222).

No corpo do acórdão, lê-se:

"Repentina *proliferação de cooperativas de trabalhadores*, após a inserção do parágrafo único no art. 442, me faz supor que, sob inocente rótulo de trabalho cooperativo, *multipliquem-se fraudes destinadas a ocultar relações de trabalho permanente, em regime de subordinação, mediante pagamento de importâncias com características de salários.*

"Aparece-me nítido que, se determinado grupo de médicos organiza-se em cooperativa, e a entidade celebra convênio com empresa ou grupo de empresas, inexiste, à toda evidência, vínculo de emprego entre os médicos cooperados e as tomadoras de seus serviços.

"A mesma situação não se configurará *quando determinado grupo de pessoas funda cooperativas para prestação de serviços, por exemplo, de limpeza* e conservação ou de colheita de produtos agrícolas, e, *para alcançar seus objetivos admite, dirige, paga e demite trabalhadores, cuja mão-de-obra é utilizada por terceiros. Nesse caso, estaremos diante de trabalho assalariado dissimulado e de falsa cooperativa, na realidade empresa terceirizadora idêntica, no essencial, a tantas outras que operam no mercado.* (...)" (relator Juiz Milton Varella Dutra, grifo nosso).

Note-se, finalmente, em relação a esse ponto, que a restrição, longe de ser discriminatória, assegura a fiel execução da Lei do Cooperativismo, a Lei n. 5.764/71, ao assegurar que as cooperativas contratadas sejam apenas aquelas que tenham se constituído e funcionem de acordo com os princípios do cooperativismo e com procedimentos prescritos na lei.

Outro sinal das falsas cooperativas é a concentração de poderes deliberatórios nas mãos da Diretoria ou órgão executivo equivalente, competindo à massa de associados, através da Assembléia Geral, apenas sacramentar as decisões tomadas. Essa situação é mais comum em cooperativas com grande número de associados, como as de habitação, por exemplo, em que a cooperativa acaba funcionando como consórcio de compradores, e delega todo o poder decisório ao ente ou órgão incumbido da administração.

Esse fenômeno é descrito na literatura especializada, como situação em que "muito embora a autoridade legal, racional e burocrática tenha nas cooperativas o papel de suporte (funções e subfunções contratadas), poderá superpor a autoridade máxima da assembléia geral de sócios e dos conselhos fiscal e de administração. (...) Como conseqüência, o associado é colocado à parte dos processos de elaboração das decisões e do controle das respectivas ações administrativas e, ao mesmo tempo, responsabilizado pelos erros da administração" ("Organização e administração de cooperativas", Helnon de Oliveira Crúzio, in *Revista de Administração Pública*, v. 33, n. 2, mar.-abr. 1999, p. 54).

Visando prevenir esse tipo de situação é que se sugeriu, entre os requisitos de habilitação, a exigência de que a Assembléia Geral seja efetivamente, nos termos do estatuto, o órgão máximo da sociedade e detenha poderes de deliberação sobre todos os assuntos de interesse da cooperativa, bem como de poderes de revisão sobre os atos da diretoria (minuta de edital, item c.1.6, cf. informação, fl.). Além disso, exigiu-se a apresentação das últimas quatro atas das sessões da Assembléia Geral, expediente de que lança mão a Justiça do Trabalho para identificar as falsas cooperativas.

Tal exigência, note-se, na mesma linha da anterior, visa prestigiar os dispositivos da legislação das cooperativas, evitando que a Autarquia seja levada a contratar sociedades que indevidamente utilizam essa denominação, sem compromisso com os elevados fins do cooperativismo.

É o parecer.

PARTICIPAÇÃO POPULAR NA ADMINISTRAÇÃO PÚBLICA

Marcos Augusto Perez

Advogado em São Paulo

1. O princípio da participação no direito positivo brasileiro. 2. A concretização da participação. 3. Participação e regulamento. 4. A "Associação Amigos do Teatro Municipal". 5. Incremento à participação. 6. Respostas objetivas aos quesitos

Parecer

O Diretor do Teatro Municipal de São Paulo consulta-nos acerca da legitimidade de atuação junto à referida casa de espetáculos da chamada "Associação Amigos do Teatro Municipal de São Paulo".

Esclarece-nos que a referida Associação foi criada em meados de 1991, constituindo-se, segundo reza o seu estatuto, em pessoa jurídica de direito privado sem finalidades lucrativas.

O objetivo central da sociedade civil em questão é a colaboração com a Administração do Teatro Municipal.

A consulta pode ser resumida nos seguintes quesitos objetivos:

1. Há a possibilidade jurídica de criação de associações de direito privado com o objetivo de colaboração com a Administração Pública e, especificamente, com o objetivo de contribuir com a Administração do Teatro Municipal de São Paulo?

2. Se afirmativa a resposta ao primeiro quesito, qual a amplitude dessa atuação colaborativa da "Associação Amigos do Teatro Municipal de São Paulo" com base na legislação vigente?

3. Poderia o Teatro Municipal de São Paulo ceder o espaço do Teatro para suas reuniões como forma de incremento à sua organização?

Esclarece-nos o consulente que a referida Associação tem-se empenhado em financiar alguns eventos da programação anual do Teatro Municipal de São Paulo, tendo no último ano contribuído com cerca de um milhão e meio de Dólares para essa finalidade.

Informa-nos, por fim, o consulente que em quase todas as Capitais européias, em várias cidades norte-americanas e em importantes centros artísticos espalhados por todo o mundo existem associações semelhantes ligadas a grandes teatros e casas de óperas.

Ao que nos parece, a resposta aos quesitos formulados deve ser cogitada junto ao tema da participação dos cidadãos, ou, caso se prefira, dos administrados, nas atividades desenvolvidas pela Administração Pública, tendo em vista a vinculação da casa de espetáculos em discussão à Administração direta do Município de São Paulo. Pois vejamos.

1. O princípio da participação no direito positivo brasileiro

Muito pouco discutido pela doutrina brasileira, o tema da participação dos administrados nas funções administrativas tem ganhado bastante espaço na normatização das atividades administrativas que se seguiu à aprovação da Constituição Federal/1988.

No que interessa à nossa investigação, a Constituição Federal estabeleceu, ao tratar da cultura, o seguinte:

"Art. 216. Constituem patrimônio cultural brasileiro os bens de natureza material e imaterial, tomados individualmente ou em conjunto, portadores de referência à identidade, à ação, à memória dos diferentes grupos formadores da sociedade brasileira, nos quais se incluem:

"I – as formas de expressão;

"II – os modos de criar, fazer e viver;

"III – as criações científicas, artísticas e tecnológicas;

"IV – as obras, objetos, documentos, edificações e demais espaços destinados a manifestações artístico-culturais;

"V – os conjuntos urbanos e sítios de valor histórico, paisagístico, artístico, arqueológico, paleontológico, ecológico e científico.

"§ 1º. O Poder Público, com a colaboração da comunidade, promoverá e protegerá o patrimônio cultural brasileiro, por meio de inventários, registros, vigilância, tombamento e desapropriação, e de outras formas de acautelamento e preservação."

Estabelecendo o que chama de "patrimônio cultural brasileiro", o texto constitucional estatui a obrigação da Administração Pública de incentivar a produção e divulgação cultural, seja através do sistema educacional público, seja através do incentivo a todas as formas de manifestações artísticas: individuais ou coletivas, populares ou eruditas etc.. Estamos diante, portanto, do que José Afonso da Silva chama de "ordenamento constitucional da cultura".

Mas observe-se que, ao estatuir o dever da Administração Pública de promover a cultura, a Constituição Federal não o fez sem estabelecer a possibilidade de que os administrados contribuíssem para o cumprimento desse dever. Vale frisar a expressão usada pelo constituinte: "O Poder Público, com a colaboração da comunidade, (...)".

Mais do que uma mera possibilidade, enxergamos no mandamento constitucional uma verdadeira obrigação solidária, tanto da Administração como também dos administrados, de divulgar e incentivar a produção cultural.

Caminhando, ainda, pela seara de nosso direito positivo, vamos encontrar na Lei Orgânica do Município de São Paulo uma série de dispositivos que tratam da participação dos administrados nas atividades da Administração. O art. 81 desse diploma municipal, definidor dos princípios norteadores da Administração, elenca, entre outros, o princípio da "participação popular".

Adiante, a Carta de São Paulo, ao tratar do ordenamento cultural do Município, estabelece que o Poder Público promoverá, através dos órgãos competentes, a participação e gestão da comunidade no processo cultural do Município (art. 193, VI). Estabelece, ainda, a lei paulistana que o Município estimulará os empreendimentos privados que se voltarem à criação artística (art. 195). Importante, parece-nos, a citação literal dessas normas:

"Art. 193. O Poder Público Municipal promoverá, através dos órgãos competentes: (...); VI – a participação e gestão da comunidade nas pesquisas, identificação, proteção do patrimônio histórico e no processo cultural do Município";

"Art. 195. O Município estimulará, na forma da lei, os empreendimentos privados que se voltem à criação artística, à preservação e restauração do patrimônio cultural e histórico".

Essa teia normativa que envolve a participação dos administrados na atuação administrativa do Poder Público Municipal de São Paulo, especialmente no tocante ao que ora nos interessa – o que poderíamos denominar como Administração da Cultura ou Administração Cultural –, está ligada com a necessidade histórica de democratização dos processos de decisão do Estado e de maximização dos esforços sócio-comunitários para o atendimento das demandas coletivas.

Nesse sentido, ao que nos parece, devem ser assemelhados os significados emprestados pelos regramentos citados aos termos "colaboração da comunidade", "participação popular", "participação e gestão da comunidade" etc.

Embora literalmente variadas, a consignação dessas expressões nos regramentos citados tem, evidentemente, a finalidade de estabelecer uma obrigatoriedade de diálogo entre a sociedade e o Estado, para que juntos consigam equacionar o atendimento das necessidades da coletividade e dos cidadãos voltadas, no caso, à cultura.

O relacionamento entre a sociedade civil e o Estado, almejado pelas normas aqui tratadas, não é uma novidade do Direito Brasileiro. Em todo o mundo tem-se objetivado a necessidade de diálogo entre sociedade e Estado, com a finalidade de superar a velha dicotomia existente entre esses dois ou, pelo menos, para que se aperfeiçoem os mecanismos administrativos de atendimento das vontades coletivas.

Norberto Bobbio, tratando da evolução desse relacionamento entre o Estado e a sociedade civil, em recente publicação, parece concordar com nossa colocação. Vale transcrever a lição: "Nestes últimos anos pôs-se a questão de saber se a distinção entre sociedade civil e Estado, que por dois séculos teve curso, teria ainda a sua razão de ser. Afirmou-se que ao processo de emancipação da sociedade por parte do Estado seguiu-se um processo inverso de reapropriação da sociedade por parte do Estado, que o Estado, transformando-se de Estado de Direito em Estado Social (segundo a expressão divulgada sobretudo por juristas e politicólogos alemães) e precisamente por ser 'social', mal se distingue da sociedade subjacente que ele invade por inteiro através da regulação das relações econômicas. Observou-se, de outra parte, que a este processo de estatização da sociedade correspondeu um processo inverso mas não menos significativo de socialização do Estado através do desenvolvimento das várias formas de participação nas opções políticas, do crescimento das organizações de massa que exercem direta ou indiretamente algum poder político, donde a expressão 'Estado Social' poder ser entendida não só no sentido de Estado que permeou a sociedade mas também no sentido de Estado permeado pela sociedade. Estas observações são justas, mas no entanto a contraposição entre sociedade civil e Estado continua a ser de uso corrente, sinal de que reflete uma situação real.(...). Estes dois processos representam bem as duas figuras do cidadão participante e do cidadão protegido que estão em conflito entre si às vezes na mesma pessoa: do cidadão que através da participação ativa exige sempre maior proteção do Estado e através da exigência de proteção reforça aquele mesmo Estado do qual gostaria de assenhorear-se e que, ao contrário, acaba por se tornar seu patrão. Sob este aspecto, sociedade e Estado atuam como dois momentos necessários, separados mas contíguos, distintos mas interdependentes do sistema social em sua complexidade e em sua articulação interna".[1]

Sendo assim, na atividade administrativa do Estado os métodos de participação dos administrados possuem uma dupla finalidade: a *democratização da Administração*,

1. Cf. Norberto Bobbio, *Estado, Governo, Sociedade*, trad. de Marco Aurélio Nogueira, São Paulo, Paz e Terra, 1990, p. 51.

pois descentralizam os processos de decisão; e o *aperfeiçoamento da máquina estatal*, pois ao fazerem ecoar dentro da máquina estatal as exigências dos administrados, passa o Estado a poder atender com maior competência às demandas coletivas da sociedade.

Essa é, também, a conclusão de Fábio Konder Comparato, que sintetizou a finalidade do paradigma constitucional da participação da seguinte forma:

"Até aqui vimos funções públicas classicamente localizadas no aparelho estatal. Convém, agora, examinar funções de interesse público que o velho Estado Liberal desconhecia.

"Dentre essas novas funções, sobreleva, evidentemente, a de realizar políticas, ou programas de ação, em todos os campos: financeiro, energético, educacional, sanitário, cultural etc. (...).

"A planificação do desenvolvimento é função de eminente interesse público. Ela não pode ser confiada exclusivamente a agentes estatais, sem ligação com os grupos ou categorias que formam a sociedade. (...).

"A idéia de participação do povo no exercício das funções tradicionalmente deferidas ao Estado, ou seja, a transformação da soberania popular de assentimento passivo a verdadeiro poder criador e transformador, funda-se, como frisado, no princípio de que o *público*, no sentido romano do *comum*, não pode ser objeto de apropriação (pois que se opõe ao próprio, à propriedade) nem mesmo pelos titulares do poder político."[2]

Necessário dizer, portanto, que a participação dos administrados na atividade administrativa estatal foi absorvida pelo ordenamento jurídico brasileiro, basicamente no tocante à Administração Cultural, como um verdadeiro princípio jurídico, inumanamente ligado com o princípio democrático (art. 1º da CF) e com a necessidade de constante aperfeiçoamento da própria Administração Pública.

Ora, a conjugação desse princípio com aquele inserto no art. 5º, XVII, da Constituição Federal, a garantia da liberdade de associação, por outro lado, faz-nos extrair uma primeira conclusão neste trabalho: é totalmente constitucional e legítima a organização dos cidadãos em torno de entidades associativas com a finalidade de exercitar algum tipo de atividade participativa relacionada com a Administração da Cultura.

Cabe-nos, entretanto, ir além dessas colocações genéricas, a fim de responder a todos os quesitos colocados pelo consulente. Necessário é indagar quais são, fundamentalmente, as formas concretas de efetivação desse princípio da participação dos administrados nas atividades da Administração, dentro do contexto normativo supra-elencado. É o que faremos em seguida.

2. A concretização da participação

Perseguindo, desse modo, o objetivo de apontar quais seriam as formas, individuais ou associativas, de participação dos cidadãos na atividade da Administração Pública, cabe-nos, antes de mais nada, desvendá-las junto aos ensinamentos da doutrina de Direito Comparado.

O grande constitucionalista J. J. Gomes Canotilho discorre com maestria sobre esse princípio constitucional da participação, enumerando, em seguida, três possíveis graus de influência dos cidadão nas decisões do Estado. Teríamos, dessa forma, três modalidades de participação: *não-vinculante*, *vinculante* e *vinculante e autônoma*. É importante transcrever a lição do mestre português:

"Já atrás houve oportunidade de discutir o problema da participação política como um problema estreitamente conexionado com a *democratização da sociedade*: *democratizar a Democracia através da participação* significa, em termos gerais, intensificar a optimização das participações dos homens no processo de decisão (Villmar). (...).

2. *Para Viver a Democracia*, São Paulo, Brasiliense, 1989, pp. 131 e ss.

"Quando se fala em participação não há, em geral, grande cuidado na delimitação quer dos domínios em que ela é particularmente indicada, quer da intensidade conferida à dimensão participativa. Em princípio, e para nos concentrarmos sobre este último problema, assinalam-se três graus de participação: (1) *participação não-vinculante*, ou seja, participação nos processos de decisão, mas apenas através de informações, propostas, exposições, protestos etc.; (2) *participação vinculante* significa participação na própria tomada de decisão e, conseqüentemente, limitação do poder de direcção tradicional (participação, por exemplo, em conselhos de gestão); (3) *participação vinculante e autônoma (autogestão)* quando se trata de uma substituição pura e simples do poder de direcção tradicional para outros poderes dentro do respectivo sistema (administração autônoma)."[3]

Enterría e Fernández, por seu turno, enumeram, diversamente, três formas de participação dos cidadãos nas atividades da Administração, a saber: "Assim delimitada a hipótese, vemos claramente três círculos de atuação cidadã sobre as funções administrativas: uma *atuação orgânica*, ordenada sobre o modelo corporativo, em que o cidadão se incorpora a órgãos estritamente tais da Administração; uma *atuação funcional*, em que o cidadão desempenha funções administrativas de sua própria posição privada, sem incorporar-se a um órgão administrativo formal; e, em terceiro termo, uma *atuação cooperativa*, em que o administrado, sem deixar de atuar como tal e sem cumprir funções materialmente públicas, secunda com sua atuação privada o interesse geral num sentido específico que a Administração propugna".[4]

3. Cf. J. J. Gomes Canotilho, *Direito Constitucional*, Coimbra, Livraria Almedina, 1991, pp. 430 e ss.

4. Cf. Eduardo García de Enterría e Tomás-Ramón Fernández, *Curso de Direito Administrativo*, trad. de Arnaldo Setti, São Paulo, Ed. RT, 1991, pp. 799 e ss.

As classificações acima completam-se. Se a primeira consegue delimitar os graus de poder que a participação pode assumir dentro do funcionamento da Administração Pública, a segunda define os modos de vinculação ou relacionamento do sujeito titular do direito à participação (o cidadão, administrado etc.) com o Poder Público.

Neste ponto, acrescentaríamos a essas categorias mais três, definidas em virtude da finalidade a que se prestam os cidadãos quando de sua participação: (1) *participação diretiva*, quando ao administrado é facultado o direito de deliberar, sugerir ou aconselhar sobre aspectos de determinada política pública ou ato administrativo; (2) *participação controladora*, quando ao administrado cumpre fiscalizar, controlar e avaliar, *a posteriori*, as atividades da Administração; e (3) *participação colaborativa*, quando a atuação do administrado está simplesmente colocada no plano da execução voluntária de determinadas tarefas e decisões administrativas, financiamentos de obras, planos ou eventos públicos etc.

Agustín Gordillo[5] é, entre os autores latino-americanos, um verdadeiro desbravador da matéria. Em dois textos publicados no Brasil, em 1981 e 1985, tratou o jurista de defender a necessidade de participação dos cidadãos nas atividades tradicionalmente delegadas unicamente à Administração Pública. Aponta o autor argentino, nos referidos estudos, a importância de participação dos usuários nas empresas públicas e órgãos ou entidades prestadoras de serviços públicos; os mecanismos de participação através de audiências públicas, conselhos assessores, comissões sociais, órgãos colegiados etc.

Os autores brasileiros muito pouco se detiveram, até hoje, sobre o tema da participação. Mário Masagão, de modo bastante genérico, embora não tratasse diretamente

5. "Participación administrativa", *RDP* 74/15, São Paulo, 1985, e "Ideas sobre participación en América Latina", *RDP* 57/29, São Paulo, 1981.

deste tema, já aventava a hipótese de o administrado influenciar nas decisões administrativas dentro do âmbito de atuação da Administração que denominava como função *ativa* e *provocada*. Dizia o publicista, em seus estudos:

"Quando o administrado solicita algo à Administração Pública, ou o faz alegando ter a isso direito, ou baseia o seu pedido em interesse.

"Neste último caso, poderá o solicitante ser atendido, se o seu interesse se harmonizar com o da Administração. Mas, qualquer que seja o despacho, terá de ser aceito pelo interessado, porque, não dispondo ele de direito, não poderá propor ação. Por isso se diz que a função da Administração, ao dar aquele despacho, é *graciosa*."[6]

Oswaldo Aranha Bandeira de Mello[7] também não tratou diretamente do tema relacionado à participação na Administração, mas em seus magníficos estudos sugeriu a possibilidade de criação de entidades privadas de colaboração para com o Poder Público, constituídas mediante livre organização para realizar atividades de índole nitidamente pública. Denominou estas pessoas jurídicas, seguindo a posição de Hely Lopes Meirelles,[8] como *entes paraestatais*.

Adílson Abreu Dallari[9] e Eros Roberto Grau[10] também trataram indiretamente do tema ao abordar, em pareceres recentemente publicados, a impossibilidade de controle do Tribunal de Contas sobre fundações de direito privado que possuem a *colaboração com a Administração Pública* como um de seus objetivos. Disserta o primeiro mestre, embora de maneira sucinta, com extrema precisão sobre a forma de relacionamento mantida entre esse tipo de entidade e a Administração Pública, dizendo que: "Em função de seus objetivos (colaborar com o Poder Público e desenvolver trabalhos em áreas vitais para a administração pública), não há dúvida de que a fundação contrata com o Poder Público, mas com entidades federais, estaduais e municipais e também, de maneira substancial, com entidades privadas".

Fornece-nos, nesse ponto, o eminente administrativista uma observação preciosa segundo a qual essas entidades podem, no cumprimento de suas finalidades, firmar contratos com entidades do Poder Público.

Contribuição fundamental no Direito pátrio – e, até certo ponto, visionária – é, por seu turno, a de Sérgio Ferraz,[11] que, em conferência proferida antes do advento da atual Constituição Federal, conseguiu antever algumas formas necessárias de participação dos cidadãos nas atividades da Administração Pública. É obrigatória sua citação: "A burocracia é um aparato que segrega, que separa necessariamente o cidadão das decisões governamentais. (...). Desburocratizar o aparato estatal é na verdade um desafio, e um desafio que assegura um canal de participação ao cidadão. Tudo isso ao meu ver tem que levar o cidadão a algo um pouco diverso do que tem sido a ele reservado, mesmo em países europeus mais avançados, onde a participação já se encontra de uma certa maneira instrumentalizada. Ou seja, não creio que baste assegurar ao cidadão participação no acompanhamento da gestão pública, ou até mesmo uma participação residual no controle dessa administração pública. Mais importante do que tudo isso, o que eu quero crer é que se impõe a estruturação de instru-

6. Mário Masagão, *Curso de Direito Administrativo*, São Paulo, Ed. RT, 1977, p. 53.

7. *Princípios Gerais de Direito Administrativo*, v. II, Rio de Janeiro, Forense, 1974, pp. 271 e ss.

8. *Direito Administrativo Brasileiro*, São Paulo, Ed. RT, 1988, pp. 312 e ss. (**Nota da Redação**: v. 27ª ed., atualizada por Eurico de Andrade Azevedo, Délcio Balestero Aleixo e José Emmanuel Burle Filho, São Paulo, Malheiros Editores, 2002).

9. "Fundação privada – Controle pelo Tribunal de Constas", *RDP* 98/81, São Paulo, 1991.

10. "Fundações privadas – Controle pelo Tribunal de Contas", *RDP* 98/75, São Paulo, 1991.

11. "O papel da participação do cidadão no sistema constitucional", *RDP* 84/157, São Paulo, 1987.

mentos de participação na formulação da decisão da administração pública. Ou seja, saber se determinada rua deve ser construída aqui ou ali, se uma ponte ou um viaduto deve ser eleito para certa circunstância, se um sistema viário, de superfície ou marítimo, deva ser adotado. (...). É imprescindível que se assegurem canais através dos quais o administrado diga o que quer, diga o que lhe serve como condicionamento prévio à atuação da administração pública".

Da leitura e comparação de todas essas contribuições doutrinárias conseguimos extrair algumas imagens de como se efetivaria, *in concreto*, a participação dos administrados nas atividades tradicionalmente delegadas exclusivamente à Administração Pública.

Desse modo, o princípio absorvido pelo ordenamento constitucional brasileiro abriria, por exemplo, a possibilidade de que os administrados participassem de órgãos internos da Administração Pública (conselhos, colegiados, comissões etc.) a fim de definirem ou simplesmente sugerirem as políticas administrativas a serem levadas pelo Poder Público em determinado setor ou de que os administrados se auto-organizassem, associativamente, ou em torno de um patrimônio, para deliberarem ou sugerirem políticas públicas (associações de utilidade pública, fundações privadas de finalidade pública etc.).

Há, ainda, a possibilidade de que se implementem audiências públicas, formação de conselhos de acompanhamento ou de fiscalização e controle, e muitas outras formas de participação, a serem amadurecidas dentro do processo político de democratização da sociedade.

Mas o que nos parece mais importante nisso tudo é extrair uma conclusão que sistematize, de maneira global, essas formas concretas da participação. Uma primeira distinção, que nos parece necessária, é a de que a participação pode se dar individual ou coletivamente – isto é, o administrado pode se dirigir aos órgãos do Poder Público tanto na condição singela de cidadão como representado por entidade associativa ou fundacional.

Em segundo lugar, parece-nos imprescindível estabelecer outra distinção, relacionada esta com os momentos em que se consubstancia a participação, tendo como referência processo de decisão administrativa. De tudo o que se expôs, tem-se como afirmado que o núcleo central da participação é a tomada de decisão da Administração Pública. Sendo assim, cumpre-nos esclarecer que a participação pode anteceder a formação da decisão da entidade pública; bem como pode se dar simultaneamente à própria tomada de decisão; e, por fim, pode se dar após esta tomada de decisão.

Explica-se: antes da efetiva tomada de decisão acerca de determinada política pública podem os administrados influenciar no seu conteúdo através de propostas, informações, sugestões etc. Participação que, em essência, não vincula a tomada de decisão do Poder Público e que pode se dar tanto através de órgãos (conselhos, colegiados, comissões, audiências públicas) criados para isso pela própria Administração como por particulares individual ou coletivamente representados.

No seio da tomada de decisão, isto é, na deliberação da política administrativa ou do ato administrativo, também pode se dar a participação. Nesse caso a participação é necessariamente vinculante da decisão administrativa, podendo se dar através de órgãos criados para essa finalidade pela própria Administração como, também, através da substituição da direção tradicional a partir da criação de entes autônomos.

Por último, a participação pode se firmar após o processo de decisão administrativa, assumindo os contornos de acompanhamento, fiscalização ou colaboração. Aqui, acompanha-se ou fiscaliza-se a atuação do Poder Público em cumprimento a decisão administrativa previamente tomada, ou ainda desenvolve-se uma atividade de colaboração na implementação dessa mesma decisão. A atuação do administrado pode, mais uma vez, se dar através de órgãos criados pela própria Administração Pública, para isso apresentando-se individualmente ou através de representação coletiva.

Neste contexto, bastante amplo, portanto, é que, em nosso entendimento, deve se concretizar a participação dos cidadãos na Administração da Cultura. Esse é, necessariamente, o conteúdo jurídico-funcional dos textos normativos acima citados.

Logo, vale extrair mais uma conclusão: no amplo quadro das formas de participação dos administrados nas atividades da Administração Pública da Cultura encontra-se a forma colaborativa de participação. Essa forma consiste, basicamente, na disposição dos particulares, administrados ou cidadãos em contribuir individualmente ou através de entidades representativas e fundacionais para a implementação de determinada política pública. Essa contribuição pode assumir diversas modalidades, que vão desde o desempenho de tarefas, tradicionalmente colocadas sob o poder exclusivo da Administração Pública, até o financiamento de projetos.

Precisamos, no entanto, ir mais além em nossa investigação a fim de dar completa resposta aos quesitos apresentados. Cabe-nos questionar sobre a possibilidade jurídica dessa participação colaborativa independentemente de maior regulamentação legal da matéria.

3. Participação e regulamento

Assim, antes de concluirmos, outro problema merece abordagem. É o problema da necessidade de regulamentação legal do princípio constitucional da participação. Isto é, em que medida as supra-referidas formas concretas de participação dos cidadãos nas atividades da Administração Pública precisam, para serem exercitadas, de regulamentação normativa? Em que medida se dá a eficácia do arcabouço de regras constitucionais e legais definidoras do princípio da participação na Administração Pública?

Sabe-se que a Administração Pública é presidida pelo princípio da legalidade (art. 37, *caput*, da CF) e que cabe aos Legislativos, dentro do sistema de repartição de Poderes dos entes federativos, dispor sobre as matérias que versem sobre organização administrativa do Poder Público (art. 48, IX, da CF).

Por outro lado, há que se sopesar o fato de que o princípio da participação na Administração Pública está inserido no ordenamento enquanto norma constitucional e infraconstitucional, sendo em boa medida auto-aplicável.

Cumpre-nos, portanto, indicar as hipóteses em que a realização prática deste princípio prescinde ou não de normatização regulamentadora. Acreditamos que a partir da classificação proposta por J. J. Canotilho[12] conseguiremos resolver boa parte deste problema. Segundo o referido mestre constitucionalista a participação poderia dar-se de forma a vincular o conteúdo ao ato administrativo que a seguirá, como também sem que essa vinculação se opere.

Cremos que, havendo vinculação, haverá necessariamente uma quebra da estrutura tradicional de formação da vontade do administrador, quebra do sistema tradicional de construção do ato administrativo, e, portanto, alteração da organização administrativa, dentro de nosso quadro normativo. Vem de Ruy Cirne Lima[13] o clássico ensinamento segundo o qual a organização administrativa é informada, *quoad actionem*, pelo ato administrativo. Desse modo, para que haja alteração organizativa, na esteira do texto constitucional, da Administração Pública é necessário que esta se dê através de lei, pois a matéria é de competência do Poder Legislativo.

Sendo assim, para que a Administração Pública possa implementar formas de

12. Cf. *Direito Constitucional*, cit.

13. "Organização administrativa e serviço público no direito administrativo brasileiro", *RDP* 59/129, São Paulo, 1981.

participação vinculativas é necessário que o faça mediante a prévia aprovação de lei regulamentar.

Seguindo o mesmo raciocínio, *mutatis mutandis*, não há a necessidade de lei regulamentadora da participação nos casos em que esta não assuma o caráter vinculativo da decisão administrativa. Afinal, não haveria qualquer abalo na estrutura formal de tomada de decisão do administrador público, dentro do ordenamento jurídico tradicional. O ato administrativo seria, simplesmente, instruído pela participação, a fim de que o administrador possa balizar seu comportamento. A atitude da Administração assemelhar-se-ia ao que Mário Masagão[14] chamou de *função graciosa*, na lição que acima transcrevemos. Não haveria alteração da estrutura organizativa da Administração Pública, *quoad actionem*, podendo a participação se dar sem qualquer tipo de disciplina normativa, ou, nos casos onde houver necessidade de formação pelo Poder Público de comissões, conselhos, audiências públicas etc., com disciplina dessa atividade mediante regulamento administrativo interno (decretos ou resoluções).

A participação colaborativa, como a classificamos, que se dá após a decisão administrativa, no sentido de prestigiar ou contribuir para a consecução dos objetivos preordenados pela Administração Pública, em nosso entender, assemelha-se a esta última modalidade. Não há, da mesma forma, qualquer quebra da organização administrativa do Poder Público em sua forma tradicional; pelo contrário, assume-se a decisão de acordo com seu conteúdo e se contribui, voluntariamente, para auxiliar a Administração Pública em sua execução.

A conclusão que vale ser tirada, nesse ponto, portanto, é a de que, das muitas formas de participação dos administrados nas atividades desenvolvidas pela Administração Pública, várias podem, desde já, se efetivar, independentemente de regulamentação legal. Dentre essas formas de participação estão aquelas que denominamos *colaborativas*, categoria em que, conforme melhor analisaremos em seguida, se enquadra a atividade desenvolvida pela Associação Amigos do Teatro Municipal de São Paulo.

14. Cf. *Curso de Direito Administrativo*, cit.

4. A "Associação Amigos do Teatro Municipal"

Cabe-nos, agora, analisar, a partir do cotejo dos objetivos estatutários da Associação Amigos do Teatro Municipal de São Paulo com as observações acima tecidas, qual a amplitude de atuação dessa entidade com relação à referida Casa de Cultura.

O art. 4º dos estatutos sociais da Associação em tela define seus objetivos enquanto pessoa jurídica de direito privado, o que faz da seguinte forma: "O objetivo precípuo da Associação é colaborar com a Administração do Teatro Municipal visando: a) promover o aprimoramento e desenvolvimento de atividades artísticas; b) auxiliar a manutenção de seu acervo patrimonial; c) incentivar ou subvencionar conjuntos artísticos; d) colaborar com os Poderes Públicos, sempre que sua ação for reclamada em benefício da educação e da cultura artística do povo; e) angariar recursos financeiros junto a pessoas naturais ou jurídicas, associadas ou não, destinados a constituir fundo a ser aplicado pela Associação dentro do objeto social".

Percebe-se que a característica fundamental da Associação Amigos do Teatro Municipal de São Paulo é a de entidade de participação colaborativa. É assim que figuram entre os seus objetivos desde a assunção, no interesse exclusivo da Administração Pública, de tarefas tradicionalmente confinadas ao círculo de atuação do Poder Público até – o que nos parece ser seu objetivo principal – o financiamento das atividades artísticas do Teatro.

Destacam-se, portanto, entre os objetivos da Associação a manutenção do acervo do Teatro (tarefa), subvencionamento de artistas ou eventos artísticos (financiamento), formação de um fundo de financiamento. Por tudo o que foi dito, é evidente que todas essas atividades encontram-se em perfeita consonância com os princípios constitucionais e legais atinentes à participação colaborativa.

A alínea "d" do art. 4º dos estatutos sociais da Associação deve ser observada com particular atenção. Isso porque constitui-se em objetivo ampliativo da atuação da Associação. Possibilita a referida alínea ao Poder Público reclamar a atuação da Associação, dentro do campo colaborativo, em muitas outras hipóteses, na medida de suas necessidades.

A alínea "a" do art. 4º dos referidos estatutos, por seu turno, possibilita à Associação uma atuação participativa que não se confine aos limites da participação colaborativa, posterior à definição da política administrativa, conforme sistematização que sugerimos. Ao que nos parece, na expressão "promover o aprimoramento e desenvolvimento de atividades artísticas" está contida a vocação da Associação no sentido de participar das atividades relacionadas à administração do Teatro Municipal de São Paulo em sua acepção mais ampla, conforme se consignou em todo o corpo do presente parecer.

Há, portanto, a vocação da Associação no sentido de participar da formação da vontade administrativa, seja de forma não-vinculativa, antecedendo a definição da política pública para o Teatro, seja de maneira vinculativa, deliberando essa política.

Logo, ao que compreendemos da matéria, a amplitude de atuação legítima da Associação Amigos do Teatro Municipal de São Paulo envolve a colaboração com a administração da referida casa de espetáculos em sua maior acepção. Pode ser solicitada, desse modo, a atuação da Associação pela Diretoria do Teatro, quando e como quiser, no sentido de colaborar com a consecução de objetivos, predefinidos, da política administrativa pública relacionada ao Teatro Municipal de São Paulo. É possível, também, pelos mesmos motivos, que a Associação se ofereça, em determinados casos, a contribuir com a administração do Teatro. Aceitar ou não a colaboração ficará, nesse caso, a juízo da Administração Pública.

Entendemos, ainda, que seja mais ampla a possibilidade de atuação da Associação Amigos do Teatro Municipal de São Paulo, superando-se os limites da participação colaborativa. Nesse sentido caberia à Associação apresentar sugestões relacionadas à política administrativa do Teatro bem como, na medida em que a lei vier a determinar, deliberar sobre essa política.

5. Incremento à participação

Em remate, cabe tecer algumas observações sobre as formas de incremento à participação dos administrados nas atividades administrativas.

Dentro da ótica que adotamos, a partir da análise do direito positivo que envolve a matéria, seria não somente legítimo ao Estado buscar desenvolver as formas de participação como, também, obrigatório, na medida em que a participação dos cidadãos nas atividades da Administração Pública foi assumida pelo ordenamento jurídico como um verdadeiro princípio.

Sendo assim, parece-nos bastante coerente concluir que a Administração Pública deve buscar desenvolver uma série de estímulos, incentivos e incitamentos para que se efetive essa participação.

Uma parte desses incentivos depende de autorização legislativa (art. 195 da Lei Orgânica do Município de São Paulo), pois referem-se à destinação direta da verba pública para esse tipo de atividade (subvenções públicas, incentivos fiscais etc.).

Outras formas de incitamentos independem de autorização legislativa. O estímulo através da propaganda oficial, por exemplo, encontra-se dentre estas modalidades.

Já partindo no sentido de responder ao quesito formulado, a cessão do espaço do Teatro, eventualmente, para reuniões da Associação ora discutida encaixa-se nesta última forma de incitamento.

Ao ceder o espaço para algumas reuniões, sem que haja comprometimento das atividades regulares do Teatro (o que se daria, por exemplo, com o comprometimento de funcionários do Teatro com as atividades da Associação ou com o cancelamento de algum evento da programação do Teatro para que a reunião se realizasse), não está a Administração ferindo qualquer regra legal ou princípio norteador da conduta do Poder Público. Não está comprometendo o Erário, a moralidade ou a isonomia. Está simplesmente servindo-se da ociosidade do espaço de determinada repartição a fim de incentivar a organização da Associação, cujos objetivos são perfeitamente coincidentes com aqueles que a lei traçou para a atividade da Administração Pública.

Deve-se ressaltar que, *in casu*, a participação da Associação não é somente desejável pela Administração Pública, como, também, fundamental para que ela suporte o custo da promoção de alguns eventos culturais no Teatro Municipal de São Paulo. Deve, portanto, a Administração Pública oferecer os meios indispensáveis à viabilização do oferecimento da Associação. Não havendo contrapartida pela colaboração (isenção fiscal, subvenções etc.), há que se criar as condições mínimas necessárias à concretização da colaboração.

Exemplificando: se determinada pessoa contribuirá para com o Poder Público, cuidando do ajardinamento e da manutenção dos aparelhos públicos existentes em determinada praça, é necessário que a Administração Pública autorize a utilização temporária de áreas daquela praça. Se determinada pessoa quer contribuir para com a Municipalidade pintando ou restaurando alguma edificação municipal, deverá a Administração Pública autorizá-la a utilizar as dependências da referida edificação pública para guardar materiais, controlar os serviços etc.

Trata-se, portanto, de hipótese de autorização de uso, completamente legítima e regulada por lei. Não há óbice a que este uso se dê por uma Associação, que não realizará espetáculos ou qualquer atividade estritamente artística, mas tão-somente reuniões, tendo em conta que suas reuniões são indispensáveis para a concretização de sua participação colaborativa. Vale, ilustrativamente, trazer o ensinamento de Maria Sylvia Zanella Di Pietro sobre o tema: "Havendo simultaneidade do uso comum e do privativo, cada qual se sujeitará a regime jurídico próprio, respeitada, em qualquer hipótese, a destinação principal do bem; por outras palavras, o uso, seja ele comum ou privativo, deve sempre ser exercido sem prejudicar ou impedir a consecução do fim principal a que o bem está afetado".[15]

Desse modo há a possibilidade de utilização das dependências do Teatro Municipal para eventuais reuniões da Associação, como forma de incentivo à sua organização, desde que esse uso seja autorizado, siga os procedimentos regulares da Administração Municipal e não prejudique as atividades normais do Teatro.

Dizer o contrário seria restringir a utilização do bem público, fator indispensável para a concretização da participação, e, indiretamente, restringir o alcance do princípio da participação dentro do ordenamento jurídico da Administração Pública da Cultura.

6. Respostas objetivas aos quesitos

Tendo em vista o que se expôs, merecem os quesitos formulados as seguintes respostas objetivas:

Quesito 1: Sim. Está em perfeita consonância com o ordenamento jurídico constitu-

15. *Uso Privativo de Bem Público por Particular*, São Paulo, Ed. RT, 1985, p. 9.

cional e infraconstitucional a possibilidade jurídica de criação de associações de direito privado com o objetivo de contribuir para a realização dos objetivos da política pública administrativa, dentro do contexto da participação dos cidadãos nas atividades da Administração da Cultura.

Quesito 2: A atuação da Associação Amigos do Teatro Municipal de São Paulo envolve a possibilidade de colaboração em sua maior acepção, financiando eventos; exercendo atividades que forem determinadas pela administração do Teatro Municipal etc., existindo, inclusive, a possibilidade de apresentar sugestões acerca das políticas a serem adotadas pela Administração Cultural do Município relacionadas ao Teatro Municipal.

Quesito 3: Sim. É permitido à administração do Teatro Municipal de São Paulo ceder seu espaço para eventuais reuniões da Associação Amigos do Teatro Municipal de São Paulo como forma de incentivo ao desenvolvimento de suas atividades participativas, o que deve ser feito mediante autorização de uso, de acordo com os procedimentos regulares estabelecidos pelas regras municipais.

É o que nos parece, s.m.j.

ESTUDOS E COMENTÁRIOS

SERVIÇO PÚBLICO DE TELEVISÃO À LUZ DO SISTEMA ESPANHOL

FÁBIO MEDINA OSÓRIO

Promotor de Justiça no Rio Grande do Sul. Mestre em Direito Público pela Faculdade de Direito da UFRGS. Professor nas Escolas Superiores da Magistratura/RS, Ministério Público/RS e Faculdade de Direito da PUC/RS. Doutorando em Direito Administrativo na Universidade Complutense de Madrid, Espanha. Bolsista da CAPES

Introdução

No mundo atual, na chamada sociedade pós-capitalista ou na sociedade da informação,[1] a importância dos meios de comunicação social[2] resulta inquestionável e crescentemente mais intensa. Particularmente a televisão, que será objeto de exame neste trabalho, assume relevância transcendental nas sociedades atuais.

De um lado, o poder tende a manter-se onde está a imagem, dela se apropriando. A opinião publica[3] é formada, informada, fa-

1. Veja-se a análise de Peter F. Druker, *La Sociedad Poscapitalista*, trad. Maria Isabel Merino Sánchez, Barcelona, Apóstrofe Ed., 1998, p. 224. O autor trata das transformações sofridas desde inícios dos anos noventa pelas sociedades ocidentais. Conclui que já vivemos em uma nova Era, com novos paradigmas, novos valores, inéditas estruturas políticas, sociais e culturais. Afirma que ainda é arriscado prever como será o mundo pós-capitalista, mas pondera, por outro lado, que já é possível estabelecer uma série de questionamentos, quais as perguntas, e quais são alguns dos possíveis problemas. Em algumas áreas, o autor descreve o que não funcionará nestes novos tempos. Uma das idéias centrais da nova Era é a de que nem o dinheiro, nem a informação possuem pátrias. Aponta, então, perspectivas de controles transnacionais. O novo capitalismo da informação domina e dominará crescentemente as economias globais do mundo inteiro.

2. Sobre a origem histórica e o desenvolvimento tecnológico da televisão, desde as invenções de fins do século XIX e inícios do século XX, veja-se o trabalho de Michel Hervé, *La Télévision en France et dans le Monde*, 1ª ed., Paris, Presses Universitaires de France, 1989, pp. 13 e ss. Resulta interessante observar como na Inglaterra de 1936 começava a funcionar a hoje famosa BBC, transmitindo doze horas de programação por semana. Sem embargo, é depois da 2ª Guerra Mundial que a televisão adentra seu período de expansão na Europa e nos Estados Unidos da América.

3. Considerarei opinião pública, neste trabalho, como a atitude generalizada, na coletividade, sobre a conveniência de determinada política, ação dos Poderes do Estado, de Instituições Públicas e particulares que se relacionam com assuntos públi-

bricada, deformada, manipulada e veiculada pelos meios televisivos, tal o seu alcance e seu poderio.

De outro lado, a importância da opinião pública na legitimação dos poderes políticos resulta crescentemente fortalecida. Em épocas de guerra, a televisão é objeto de preocupação por parte das autoridades, sendo considerada, eventualmente, até mesmo como objetivo militar. Sua influência no ânimo da população é inegável. Seu alcance impressiona. Não bastasse isso, é certo que a opinião pública decide eleições, derruba governos, legitima revoluções, pauta a agenda política dos governantes, influi nos rumos das políticas públicas e inclusive repercute, como meio de pressão social, na atuação de qualquer dos Poderes do Estado e Instituições Públicas, como o Judiciário ou o Ministério Público.

Nem sempre resulta possível ou factível distinguir "opinião pública" de "opinião publicada", o que reforça ainda mais a necessidade de controle social dos meios televisivos, mais até do que ocorre em outros meios de comunicação, *v.g.*, jornais, revistas, rádio.

O objeto deste trabalho é o exame do regime jurídico da televisão emissora de sinais por ondas terrestres enquanto serviço público no direito espanhol.

Em primeiro lugar, examinarei as razões pelas quais essa espécie de atividade televisiva pode ser considerada um serviço público, diferentemente de outras categorias, como a televisão por cabo ou por satélite, fugindo, nesse passo, ao campo de incidência geral do regime jurídico das telecomunicações. Na seqüência, analisarei o conceito e os efeitos do regime publicista no terreno televisivo, aprofundando a visão em torno de problemas concretos relacionados a essa normativa, notadamente o alcance dos direitos fundamentais de livre comunicação e criação dos meios de comunicação social, em face do denominado monopólio *de iure* do Estado nessa área. Nesse passo, será objeto de análise o conteúdo básico do direito de livremente comunicar e criar meios televisivos, cotejando-o com o conteúdo do regime jurídico regulador do serviço público.

cos, que digam respeito à esfera do público e do político. Esse juízo de valor pode recair sobre fatos, atos, eventos que estejam relacionados à esfera pública *lato sensu*. Não se trata de juízos formados por expertos ou técnicos, fundado em raciocínios necessariamente rastreáveis desde um ponto de vista racional, mas sim de manifestações do público destituídas de uma necessária argumentação. A opinião pública não se identifica, necessariamente, com a Ciência. Tampouco é a mera soma das opiniões privadas e particulares dos indivíduos, pois exige, de um lado, uma transcendência social específica e, de outro, um objeto ou conteúdo relacionado ao grupo por ela representado. Há diversos tipos de opinião pública: esportiva, sindical, política, nacional, internacional. A idéia de opinião pública remete à idéia de grupo detentor dessa mesma opinião, a qual, portanto, não se esgota nas opiniões particulares, ainda que somadas, dos membros do grupo. A opinião pública traduz uma orientação genérica da coletividade — delimitada por grupos — ante determinados assuntos públicos ou de relevância pública. Nesse sentido, a opinião pública é imprescindível a todo e qualquer sistema político, na medida em que interfere no âmbito da legitimidade do exercício de determinados poderes e, mais ainda, atua na formação e surgimento desses mesmos poderes, visto que ostenta possibilidade de definir o rumo concreto de escolhas populares. O domínio sobre a opinião pública constitui, historicamente, um formidável *instrumentum regni*. No que se refere ao seu componente relativamente estável ou consolidado, abstraídos, portanto, os elementos esporádicos ou fugazes, a opinião pública é um marco de referência para a atuação dos Poderes e Instituições Públicas. Trata-se, de qualquer modo, de fenômeno de inquestionável complexidade. Consultem-se, sobre o assunto, para uma visão panorâmica, os trabalhos constantes da obra coletiva de G. Berger *et alii*, *L'Opinion Publique*, Paris, Presses Universitaires de France, 1957, 444 pp. Um bom resumo a respeito do conceito, das condições de formação e expressão da opinião pública, nas sociedades democráticas, se encontra no trabalho de Juan José Solozábal Echavarría, "Opinión pública", in *Filosofía Política II, Teoría del Estado*, Madrid, Ed. Trotta, 1996, pp. 147 e ss.

Parte Primeira

A televisão por ondas terrestres e seu regime jurídico no sistema espanhol

1. Televisão nacional por ondas terrestres: normativa aplicável ao serviço público prestado pela televisão de cobertura nacional e emissão de sinais por ondas terrestres

A televisão por ondas terrestres pode ser nacional, autonômica ou local dentro da idéia de divisão de competências entre as diversas Administrações territoriais.

A evolução do direito espanhol foi no sentido de reconhecer, primeiro, a televisão nacional por ondas terrestres, embora proliferem televisões locais desde finais do século XIX na Espanha.

A chamada televisão autonômica, ou seja, de titularidade das Comunidades Autônomas,[4] está, por ora, regulada pela Lei 46/1983, já em vias de extinção em face do projeto de lei reguladora do serviço público de televisão autonômica. De outro lado, somente através da Lei 41, de 22.12.1995, foi regulada a chamada televisão local por ondas terrestres.[5]

Não serão objeto de exame, neste trabalho, tais modalidades televisivas, mas desde logo se pode e deve salientar, no âmbito deste espaço analítico, que também me-

4. As Comunidades Autônomas integram a chamada Administração territorial. Parecem-se aos Estados — guardadas todas as necessárias cautelas e proporções — do sistema federativo. Também há os Municípios, cujas competências são muitíssimo mais restritas, no sistema administrativo territorial espanhol.

5. Diz a Lei 41/1995, em seu Preâmbulo, o seguinte: "La televisión, según la Ley 31/1987, de 18 de diciembre, de Ordenación de las Telecomunicaciones, tiene siempre la consideración de servicio de difusión, cualquiera que sea el medio técnico a través del cual se efectúa el transporte de la señal. A pesar de que esta consideración legal podría haber permitido una regulación unitaria de todos los servicios de televisión, lo cierto es que el resultado alcanzado ha sido diferente, al dedicarse a cada sistema técnico de transporte de la señal y a cada ámbito de cobertura del servicio una Ley particular. Así, las Leyes 4/1980, de 10 de enero, del Estatuto de la Radio y la Televisión; 46/1983, de 26 de diciembre, reguladora del Tercer Canal de Televisión, y 10/1988, de 3 de mayo, de Televisión Privada, regulan respectivamente la gestión directa de este servicio en el ámbito nacional y en el autonómico, y su gestión indirecta en el ámbito nacional, cuando el transporte de la señal se hace por ondas terrestres. Por su parte, si el transporte de las señales se hace utilizando un satélite de comunicaciones, la Ley 35/1992, de 22 de diciembre, de la Televisión por Satélite, regula la gestión directa e indirecta de este servicio con una cobertura nacional y comunitaria. Este conjunto de normas legales ha dejado fuera de la prestación del servicio de televisión por ondas hertzianas a los ámbitos territoriales de carácter estrictamente local, debido esencialmente a la organización de la televisión en España que ha partido de televisiones de ámbito nacional, para una vez consolidadas, organizar el servicio en el ámbito local. En consecuencia, esta Ley que tiene por objeto la determinación del régimen jurídico de la televisión local por ondas terrestres, se configura sobre los siguientes principios: el ámbito territorial de cobertura es, como regla general, el delimitado por el núcleo urbano principal de población del Municipio correspondiente. Este ámbito, sin embargo, puede extenderse a otros núcleos del mismo Municipio cuando así lo aconseje el número de habitantes y exista disponibilidad de espectro radioeléctrico. La gestión del servicio podrá realizarse por el propio Municipio o por particulares mediante concesión administrativa, reconociéndose a los propios Municipios, dentro del plazo señalado por las Comunidades Autónomas, la opción preferente de gestionar el servicio; en este caso, será también posible, siempre que concurran determinadas condiciones, su prestación en régimen de gestión directa mediante concesión, previo otorgamiento en uno y otro caso de los correspondientes títulos habilitantes para ello, cuya validez será por un plazo de cinco años prorrogables por otros cinco. El funcionamiento de las televisiones locales por ondas terrestres no podrá realizarse en cadena, si bien las Comunidades Autónomas podrán, previa petición de los plenos de los Municipios afectados, autorizar emisiones en cadena en atención a la proximidad

recem a consideração de serviço público à luz do direito espanhol.[6]

Neste trabalho, será objeto de exame a televisão nacional, que conta com a maior intensidade de alcance em suas emissões, dado que suas ondas terrestres percorrem todo o território nacional. Em tese, trata-se do mecanismo mais poderoso de influência e impacto na formação de uma livre opinião pública, justificando, portanto, um tratamento peculiar.

A) Gestão estatal direta e indireta da televisão nacional por ondas terrestres: justificativa e distinções

A televisão privada de cobertura nacional e emissão de sinais por ondas terrestres foi regulada, no sistema espanhol, pela Lei 10, de 3.5.1988.

A nova Lei Geral de Telecomunicações (Lei 11/1998, de 24 de abril), nesse passo, deixou incólume a normativa anterior.

territorial y a las características territoriales, sociales y culturales de los distintos ámbitos territoriales de cobertura siempre que se cuente con la conformidad de los gestores del servicio. El número de títulos habilitantes para la prestación del servicio se fija en uno por cada ámbito territorial de cobertura, aunque podrán otorgarse hasta un máximo de dos cuando ello no resulte incompatible con las disponibilidades del espectro radioeléctrico y siempre que uno de ellos sea gestionado por el Municipio. La competencia para otorgar las concesiones para la prestación del servicio corresponde a las Comunidades Autónomas. Cualquiera que sea el sistema de gestión para la prestación del servicio, será necesaria la previa asignación de frecuencia, que deberá realizarse por el Ministerio de Obras Públicas, Transportes y Medio Ambiente, que también determinará la potencia y demás características de las estaciones emisoras, aprobará los proyectos técnicos y verificará la inspección previa a su entrada en funcionamiento. La ausencia de frecuencias disponibles en una determinada población supondría la imposibilidad de organizar este servicio en dicha localidad. La planificación de las frecuencias debe dar prioridad a las necesarias para garantizar una cobertura adecuada de la población por parte de las televisiones estatal y autonómica y las televisiones privadas. Si la gestión del servicio se hiciera por el Municipio, la propia Ley asigna al pleno de la Corporación Municipal el control de las actuaciones de la entidad gestora del servicio. El tiempo de emisión, el contenido de la programación de este servicio de televisión local por ondas terrestres y otras cuestiones de la competencia de las Comunidades Autónomas podrá ser fijado por éstas, dictando al efecto las oportunas normas reguladoras".

6. Em realidade, a televisão autonômica será definida, em novo regime jurídico, como "serviço público de titularidade autonômica", ficando seu âmbito de cobertura delimitado pelo território de cada Comunidade Autônoma, admitindo-se a gestão direta e indireta do serviço. A televisão local tem seu âmbito ainda mais restrito, estando regulada na Lei 41/1995, de 22 de dezembro. A atuação dos particulares depende de concessões administrativas e o serviço é de titularidade pública, administrativa, por parte dos Municípios. Nesse sentido é a lição de José Maria Souvirón Morenilla, *Derecho Público de los Medios Audiovisuales: Radiodifusión y Televisión*, Granada, Ed. Comares, 1999, pp. 218-237 e 239-272. Interessante observar, ademais, que antes do advento da Lei reguladora da televisão local, esta foi considerada no âmbito geral do serviço público, disso derivando a conseqüência de que a ausência de Lei inibia seu funcionamento. Decidiu, nesse sentido, o Tribunal Constitucional espanhol, na Sentença (STC) 88/1995, pela ilicitude das televisões locais por ondas terrestres que funcionavam sem permissão legal, ante a ausência, na época, de Lei reguladora. Saliente-se que muito diversa havia sido a orientação da Corte Constitucional em matéria de televisão por cabo, conforme se percebe na famosa STC 31/1984, em que a ausência de Lei reguladora operou no sentido de autorizar, implicitamente, o funcionamento das empresas, tendo em vista liberdade emanada diretamente da Constituição. Alguma distinção, de fato, se justifica em face da diversidade substancial de situações, pois a televisão por cabo tem um alcance radicalmente distinto do alcance que possui a televisão por ondas terrestres, sendo que neste último caso entra em jogo, ademais, o problema da ocupação do espaço radioelétrico, que é, fora de dúvida, um espaço ainda limitado e, sobretudo, público.

Há um sistema misto de televisão na Espanha. Vigora uma gestão estatal direta e indireta de serviço público de televisão, conjuntamente com uma gestão privada de televisão pelos particulares, os quais possuem acesso direto a prestação desse serviço no âmbito das televisões por satélites,[7] sendo também diferenciada, ainda que com maior polêmica, a situação da televisão por cabo.[8]

Parece evidente que a gestão direta, via de regra, do serviço público, é a que melhor atende à idéia central que justifica, teoricamente, esse tipo de serviço. Em tese, a gestão direta busca garantir um forte pluralismo interno, uma eficaz satisfação dos interesses gerais da coletividade e o fortalecimento da formação de uma livre opinião pública. Paradoxalmente, se houvesse apenas a gestão direta, isso significaria, com certeza, a negação dos pressupostos teóricos que justificam a natureza pública do serviço televisivo, visto que se estaria negando completamente o pluralismo externo, que é o pilar fundamental de formação de uma livre opinião pública.

No direito alemão, é a gestão direta do serviço público de televisão que garante, em maior medida, a formação da livre opinião pública, embora também a televisão privada, fundada em sistema concessional, possua compromissos relacionados à garantia de uma livre opinião pública. Ambos sistemas se complementam e possuem, evidentemente, regulações distintas. O certo é que, nesse sistema, tanto a gestão direta quanto a indireta possuem imunidades contra os próprios Poderes Públicos, na medida em que se reconhece a importância da imparcialidade dos órgãos que emitem sinais e controlam as concessões.[9]

No sistema espanhol, a gestão direta do serviço público televisivo tem sido alvo de muitas críticas, dadas as distorções detectadas, notadamente no campo das programações. É certo que, na prática, são comuns as distorções, mormente quando o sistema de financiação da televisão pública é privado, revelando-se necessária à competição no mercado, notadamente em face de outras emissoras privadas. O jogo das programações e das propagandas, em tais hipóteses, costuma afastar-se sensivelmente da idéia básica que constituiria o serviço público.

A gestão direta desse serviço público, de qualquer sorte, não pode ser realizada em consonância com os projetos e anseios dos governantes. Pelo contrário, a livre opi-

7. Leia-se Luis Escobar de la Serna, *Derecho de la Información*, Madrid, Ed. Dickinson, 1998, p. 465. Cabe observar, desde logo, que somente a televisão por ondas terrestres ficou imune ao processo liberalizante levado a efeito pela nova Lei Geral de Telecomunicações do sistema espanhol (Lei 11, de 1998), conforme aponta José Maria Souvirón Morenilla, *Derecho Público de los Medios Audiovisuales: Radiodifusión y Televisión*, Granada, Ed. Comares, 1999, pp. 318 e ss., embora este autor ressalve a ambígua posição da televisão por cabo. Veja-se, de qualquer sorte, a Lei 37/95, de 12 de dezembro, regulando e liberalizando a televisão por satélite.

8. Ver José Maria Souvirón Morenilla, *Derecho Público de los Medios Audiovisuales: Radiodifusión y Televisión*, Granada, Ed. Comares, 1999, pp. 330 e ss., sustentando a vigência da Lei 42/1995 ante o advento da Lei 11/1998, visto que teria sido excepcionado por regra da Lei Geral de Telecomunicações. De qualquer modo, não é objeto de exame neste espaço a televisão por cabo. Mais ainda, mesmo que se consolide a idéia de serviço público nesse terreno, o regime jurídico da televisão por ondas terrestres, de cobertura nacional, é distinto, dado seu maior poderio e alcance.

9. Pode-se consultar, dentre tantas outras obras, o trabalho de Wolgang Hoffman-Riem, "Libertad de comunicación y de médios", in *Manual de Derecho Constitucional*, Madrid, Marcial Pons, 1996, pp. 145 e ss. Para uma visão panorâmica de diversos sistemas europeus, em que preside a idéia de serviço público, inclusive o alemão, além dos sistemas francês, italiano, inglês, comparados com o sistema norte-americano, igualmente examinado, consulte-se José Carlos Laguna de Paz, *Régimen Jurídico de la Televisión Privada*, Madrid, Marcial Pons, 1994, pp. 35 e ss.

nião pública requer uma independência dos meios televisivos, ainda que públicos, em relação ao próprio governo, de modo que possam exercer a fundamental tarefa fiscalizatória, criticando, participando, controlando os Poderes Públicos. Passa tal independência por vários caminhos e fatores, dentre os quais se destacam um forte sistema de financiação, uma restrição publicitária maior, um controle mais intenso das programações em conformidade com princípios pluralistas e de formação de livre opinião pública e, sem dúvida, a existência de mecanismos que assegurem independência funcional de parte dos agentes que atuam na televisão e são responsáveis pela formação da opinião pública livre.

A gestão indireta do serviço público, ou do serviço essencial, é, por seu turno, uma modalidade pela qual uma Instituição Pública (não necessariamente um órgão de Governo) concede licenças ou concessões aos particulares, permitindo-lhes a prestação de uma atividade revestida de altíssimo interesse geral, qual seja, a emissão de programas televisivos, com grande e intensa influência sobre a opinião pública.

Sabe-se que a gestão indireta sofre notórias limitações do setor público, significando uma tentativa de assegurar o efetivo e fundamental pluralismo externo, com o acesso da sociedade à prestação dos serviços televisivos. O pluralismo interno pode e deve existir, mas sem dúvida que seu alcance e sua intensidade serão muito menores do que aqueles que marcam a gestão direta desses serviços. A dependência em relação ao mercado publicitário é o grande motivo pelo qual se permite uma maior liberdade na configuração de programas e pautas televisivos, até porque vigora um princípio da livre competição entre as diversas empresas concessionárias ou licenciadas.

A gestão indireta do serviço público significa, sem dúvida, a garantia do pluralismo externo, que é fundamental na formação da livre opinião pública.

B) A idéia de serviço público

O Tribunal Constitucional espanhol (TC), em diversas sentenças,[10] assentou que a chamada televisão privada não estava impedida pela Constituição, mas tampouco sua implantação era uma exigência constitucional.

Ademais, insistiu a Corte Constitucional espanhola na idéia de que a opção legislativa pela regulação da televisão como serviço público não colidiria com o art. 20.1 da Constituição espanhola, porque, dentre outras razões, nada impediria a existência de diversas leis regulando distintas modalidades televisivas técnica e constitucionalmente possíveis,[11] tais como a televisão a cabo e por satélite, as quais foram, efetivamente, tratadas de forma completamente diferente.

C) Conceito e significado de serviço público

Serviço público é uma noção ambígua e multiforme, que tem se prestado a diversas interpretações e correntes de pensamento, dos mais variados matizes ideológicos, políticos, jurídicos e sociais.[12]

10. Ver Sentença do Tribunal Constitucional espanhol (STC) 12, de 31 de março de 1992 e STC 74, de 7 de dezembro de 1982. Parece-me relevante sublinhar o desacerto da orientação conforme a qual a televisão privada não seria uma exigência constitucional, visto que tal raciocínio abre espaço ao monopólio público de fato nesse setor, o que colidiria, a meu ver, com o direito fundamental de informar e ser informado. Nesse sentido foi o voto vencido do Magistrado Rubio Llorente, o qual admitiu a compatibilidade da idéia de serviço público com a garantia constitucional de liberdade de comunicação e criação de meios de comunicação social, sublinhando, sem embargo, que também o direito de criar e utilizar uma televisão privada emergiria do comando constitucional, visto que estaria vedado o monopólio.

11. Veja-se a STC 127, de 5 de maio de 1994.

12. Leia-se, em Gaspar Ariño *et alii*, *El Nuevo Servicio Público*, Madrid, Marcial Pons, 1997,

Os franceses elaboraram de forma bastante profunda a idéia mesma de serviço público, construindo-a como verdadeiro pilar de todo o Direito Administrativo. Assim ocorreu com a chamada Escola de Bordeaux, em França, sob a liderança de notáveis juristas, no início do século XX.

O fato é que muito se discutiu, na Europa em geral, a respeito dos requisitos do serviço público e, além disso, de seu papel no Direito Administrativo.

Prevalece, hoje, a idéia de que serviço público é aquele serviço que exige a presença, direta ou indireta, do Estado, em sua prestação, além do necessário interesse geral e do uso de poderes públicos imperativos,[13] tudo compondo um quadro normativo caracterizador dessa categoria.

Considerarei serviço púbico como uma técnica jurídica dirigida a garantir aos indivíduos prestações de caráter econômico e social que são consideradas essenciais pelo Poder Público à coletividade, em um dado momento histórico,[14] com o reconhecimento legislativo expresso.

De qualquer sorte, parece necessário sublinhar que a configuração de um serviço como público, notadamente no âmbito das telecomunicações, passa pelo exercício de poder discricionário do Legislador, o qual pode pautar suas escolhas por critérios políticos de conveniência e oportunidade. Não se mostra adequado extrair a idéia de serviço público diretamente da "natureza das coisas" ou a impossibilidade do serviço público dessa mesma "natureza das coisas", notadamente em matéria de telecomunicações. Além disso, também resulta importante destacar que a configuração legal de um serviço como "público" não pode ser fruto de um ato arbitrário ou desarrazoado, cabendo um controle mínimo (acerca dos excessos) por parte dos Tribunais.[15]

Desde logo, quanto ao papel do serviço público no Direito Administrativo, não se pode dizer, de forma geral, que esse ramo jurídico exista apenas em função dos servi-

um trabalho de Juan Miguel de la Cuétara Martínez, intitulado *Perspectivas de los Servicios Públicos Españoles para la Década de los Noventa (Un Ensayo de Prospectiva Jurídica)*, pp. 62 e ss., quando diz, com razão, que "no sabemos muy bien lo que son los servicios públicos", apontando, assim, alguns controvertidos serviços: educação (um serviço que, em alguns Estados, é predominantemente privado, prestado pela iniciativa privada sem um regime de concessões), farmácias (indicando, nesse passo, uma contraditória jurisprudência do Tribunal Supremo espanhol a respeito da qualificação das farmácias como prestadoras de serviços públicos), táxis (qualificados de serviços públicos impróprios), televisões privadas (que certamente não se ajustam aos requisitos tradicionais do serviço público) etc. O mais normal, hoje, seria tratar de "cargas de serviço público", não de um serviço público genérica e abstratamente considerado. A *publicatio* genérica seria inadmissível. Necessária, isto sim, a concreção da prestação. Sem embargo, o controle público somente se justifica pela transcendência social da atividade objeto de sua incidência, p. 88, o que revela a importância desse requisito. De fato, a noção de serviço público é problemática, ambígua, difícil, complexa. Exige, pelo menos, o interesse geral ou público, a presença direta ou indireta do Estado, o exercício, direto ou indireto, de poderes públicos, além da previsão legal do serviço como público. Tudo compõe o contexto normativo necessário ao serviço público.

13. Consulte-se René Chapus, *Droit Administratif Général*, t. I, 12ª ed., Paris, Montchrestien, 1998, pp. 529-577.

14. Essa é a definição de Luis Miguez Macho, *Les Servicios Públicos y el Régimen Jurídico de los Usuários*, Barcelona, CEDECS Editorial, 1999, p. 106. À concepção subjetiva de serviço público, tradicionalmente aceita em Espanha, o autor agrega a possibilidade de alguns matizes, notadamente nos casos de serviços sociais e assistenciais, nos quais é possível a convivência de organizações públicas excluídas do mercado e submetidas ao regime jurídico próprio dos serviços públicos, sendo exercitadas por particulares sem necessidade de prévia concessão, p. 109.

15. Ver, nesse sentido, Tomás de la Quadra-Salcedo, "Liberalización de las telecomunicaciones, servicio público y constitución económica europea", *Cuadernos y Debates* 56, Centro de Estudios Constitucionales, 1995, Madrid, pp. 135 e ss.

ços públicos. Há outras manifestações da Administração Pública que são tuteladas por normas administrativas, havendo concreta possibilidade, pois, de que esse ramo jurídico tutele e regule relações, atos e fatos não enquadráveis na categoria do serviço público.

O poder de polícia, desde logo, não se confunde com o serviço público. Tampouco a atividade regulatória ou a atividade de fomento, que são manifestações estatais diretamente reguladas pelo Direito Administrativo, confundem-se com o serviço público.

D) A crise do serviço público e o aparecimento dos serviços universais

Entrou em crise a noção mesma de serviço público, fundamentalmente em razão de novos influxos políticos e ideológicos do neoliberalismo norte-americano e europeu.[16]

Um amplo projeto de liberalização dos serviços públicos entrou na pauta da Comunidade Européia, ao ponto de que se discute a respeito da existência de espaço para alguma outra política estatal soberanamente contrária aos processos de privatizações e retirada do Estado do domínio econômico.

Diga-se, *en passant*, que é possível constatar que um dos graves problemas da atualidade é o agigantamento de empresas privadas diante de Estados que resultam cada vez mais fracos, menores, privatizados, politicamente dependentes dessas mesmas empresas. Estas montam seus negócios e seus poderes a partir de fusões e concentrações, resultando cada vez mais fortes e poderosas. Os Estados, ao contrário, vão ficando cada vez mais fracos, com orçamentos menores, verdadeiros "anões" perto das "gigantes" empresas da iniciativa privada.[17]

É certo que o Estado retira-se, cada vez mais, do âmbito de determinadas atividades que antes eram por ele próprio prestadas não raro com a normativa e a denominação de serviços públicos. O crescente processo de privatizações não deixa lugar a dúvidas.[18] Sem embargo, não menos certo que a presença do Estado regulador também é outro fenômeno crescente. Aumentam as regulações e o intervencionismo estatal nos mercados, na proteção aos consumidores, na tutela de determinados valores sociais e no controle dos serviços essenciais e universais.

Já se disse que a idéia de serviço público seria contrária ao princípio da liberdade de empresa, ofendendo, assim, liberdades públicas. Quanto maior a quantidade de serviços públicos, menor o espaço das liberda-

16. Veja-se Tomás Ramón-Fernández, "Empresa pública y servicio público: el final de una época", in *REDA* 89, jan.-mar. 1996; Juan José Montero Pascual, "Titularidad privada de los servicios públicos de interés general", in *REDA* 92, out.-dez. 1996; Gaspar Ariño Ortiz, "El servido público como alternativa", in *REDA* 23, out.-dez. 1979; Antonio Jiménez-Blanco, "Servicio público, interés general, monopolio: recientes aportes del Tribunal de Justicia de la Comunidad Europea (1993-1994)", in *REDA* 84, out.-dez. 1994; Juan de la Cruz Ferrer (com a colaboração de Eva Pérez Fernández), *La Liberalización de los Servicios Públicos y el Sector Eléctrico — Modelos y Análisis de la Ley 54/1997*, 1ª ed., Madrid, Marcial Pons, 1999, pp. 50 e ss.

17. Leia-se artigo intitulado "Firmes Géant, États Nains", de Ignacio Ramonet, publicado no *Le Monde Diplomatique*, junho de 1998, em que se analisa o fenômeno das privatizações por um ângulo bastante crítico, inclusive enfocando aspectos relacionados a esse desequilíbrio crescente entre Estados e empresas, no qual estas últimas aumentam seus poderes em detrimento do primeiro.

18. As privatizações, por seu turno, estão distantes da unanimidade no que diz respeito aos seus contornos teóricos e pragmáticos. Leia-se, para uma visão atual, Vincent Wright, *Les Privatisations en Europe: Programmes et Problémes*, Actes Sud, Hubert Nissen Editeur, 1993, 269 pp. Veja-se, mais ainda, com uma visão acentuadamente crítica, o trabalho de Aline Pailler e Claude Michel, "Les mutations techniques au service d'un projet ideologique: croisade contre le secteur public des télécommunications", in *Le Monde Diplomatique*, março de 1998.

des públicas, eis o quadro traçado por parte da doutrina européia.[19]

Não se pode radicalizar o alcance da crise.

De fato, há uma crescente redução do Estado na prestação de antigos e tradicionais serviços públicos, *v.g.*, telefonia, transportes aéreos, serviços postais, energia, e vários outros. As privatizações, nesse campo, vão se desenvolvendo e se espalhando pelo mundo globalizado, sob o influxo da nova ordem mundial. Argumenta-se que a iniciativa privada desempenha melhor tais atividades, tendo em conta princípios de competitividade, tecnologia, eficiência, com maiores rendimentos e menores custos, trazendo vantagens diretas e indiretas aos consumidores e ao meio social.

19. A tese de Pierre Devolvé, jurista francês de prestígio, defendida, em Espanha, por Gaspar Ariño Ortiz, é a seguinte: "allí donde aparece en las Leyes el concepto de servicio público desaparecen, ante o después, las libertades públicas. Servicio público y libertades públicas son (en gran medida) incompatibles". Diz, então, o jurista espanhol: "la razón es sencilla: el servicio público, por definición, supone la asunción por el Estado — la *publificación* — de un conjunto de actividades de la vida social, que, a partir del momento de su declaración legal, pasan a incorporarse al ámbito de actuación del Estado, esto es, se convierten en tarea estatal, quedando vetadas en lo sucesivo a la libre iniciativa empresarial. Ésta sólo podrá acceder a ella previa obtención de que los juristas llamamos una *concesión*, es decir, un título administrativo habilitante de la actividad. Tal es exactamente el supuesto consagrado en el art. 28 de la Constitución Española cuando dice: mediante Ley se podrá reservar al sector público recursos o servicios esenciales, especialmente en caso de monopolio (...)". Mais adiante, diz que "el servicio público fue un instrumento de progreso y también de socialización, especialmente en los Estados pobres, a los que permitió mejorar la situación de todos. Naturalmente, se pagó un precio: el precio de la reducción de las libertades públicas y también el precio de la ineficiencia económica que ha acompañado, casi sin excepción, la gestión pública de los servicios; también, con mucha frecuencia, la gestión privada de los mismos, cuando éstos eran otorgados en concesión. Tanto en un caso como en otro, la vieja concepción del servicio público llevaba tras de si, en la práctica, una realidad nefasta: el monopolio de prestación, unido al monopolio de jure sobre la actividad que sustentaba el Estado (...)". Arremata o autor: "Y es que el ciclo histórico del viejo servicio público ha terminado. Cumplió su misión y hay que hacerle un digno entierro (...). El nuevo Derecho de los servicios esenciales — ya no les llama servicios públicos — no implica la titularidad del Estado sobre la actividad, ni la prestación en exclusiva por una empresa (pública o privada, pero siempre en concesión), sino la libre actuación — aunque regulada — de una pluralidad de operadores en competencia. La intervención del Estado a través de la regulación ya no apunta a la gestión sino a la garantía de prestación a todos los ciudadanos, en condiciones asequibles para ellos. Este es el nuevo sentido del Estado Social del Derecho", in Gaspar Ariño Ortiz, "Servicio público y libertades públicas", in *Expansión*, España, 19 de janeiro de 1999. Não estou de acordo com a idéia de que serviço público e liberdades públicas sejam noções antagônicas, incompatíveis, porque não se pode partir do pressuposto de que serviço público seja sinônimo necessário de monopólio estatal na realização daquela atividade. É certo que a doutrina costuma falar de um monopólio *de iure*, dizendo que, em tais casos, quando uma atividade é publicizada (qualificada como serviço público), no mínimo emerge ao Estado um monopólio jurídico a respeito da abertura ou não de espaços de concessões, e, além disso, resulta ampliado o poder estatal sobre a atividade, restringindo-se a liberdade individual. Não partilho desse entendimento, visto que não há formas unitárias (tão-somente) de concessões, sendo que essas figuras tampouco traduzem possibilidades autoritárias ao Estado. Sem embargo, forçoso reconhecer que o Estado, ao qualificar uma atividade de serviço público, lhe põe limites mais estreitos e intensos, restringindo liberdades ligadas à iniciativa privada, fundamentalmente a chamada liberdade de empresa. Não obstante, o mecanismo de outorgamento de licenças, ainda que não se identifique com o sistema de concessões, pode, ao consagrar normas dotadas de conceitos indeterminados de valor, outorgar verdadeiros poderes discricionários ao Estado, assemelhando-se, então, esse regime às concessões, com uma diferença de *nomen iuris*, o que revelaria, eventualmente, a natureza inafastavelmente pública do serviço e seu regime jurídico.

Permanece intacta, sem embargo, a existência de serviços de altíssimo interesse geral que, se não são prestados pelo Estado, nem direta, nem indiretamente, são por ele rigidamente controlados e regulados. A nota essencial do Direito Administrativo, sempre é bom lembrar, é o interesse público. E este há de ser protegido devidamente.

De outro lado, cumpre distinguir serviços públicos econômicos, que, não raro, podem ser adequadamente prestados pela iniciativa privada, dos serviços públicos assistenciais ou sociais, que freqüentemente reclamam a presença estatal em sua prestação direta.

Finalmente, cabe dizer que a existência de uma dada atividade considerada como "serviço público" não inibe, por si só, a presença da iniciativa privada no terreno, tampouco impede que esta preste, em nome do Estado, essa mesma atividade.

Serviço público não é sinônimo de monopólio, embora represente a titularidade estatal em determinado domínio. Sem embargo, insisto, pode haver um serviço público que se revele perfeitamente compatível com a presença dos particulares no âmbito de sua prestação. É o que ocorre, por exemplo, com a educação, a saúde, a própria segurança (parcialmente tolerada em terreno privado).

Necessário destacar que o sistema de concessões, que permite aos particulares o acesso à prestação de determinados serviços públicos, fornece campo ao exercício de liberdades, dada sua natureza consensual ou "contratual". Havendo previsão legal, não há propriamente um poder imperial do Estado no sentido de vedar aos particulares esse acesso e esse exercício de liberdades. Trata-se de garantia legal, que pode escapar ao poder discricionário do Poder Público. Além disso, o controle da atividade da sociedade ou empresa concessionária tampouco é um controle contrário às liberdades públicas, visto que as garantias das partes estão delimitadas em leis. As leis podem outorgar maior ou menor espaço ao Poder Público, não há uma regra geral de falta de liberdade dos particulares.

Outro dado importante: quando a atividade revestida de "interesse geral" é fortemente regulada pelo Estado, controlada nos mais variados aspectos, o grau de liberdade individual também se reduz consideravelmente, tornando-se quase nominalista o debate em torno do "serviço público" ou "serviço essencial", embora existam diferenças importantes. Serviços essenciais podem ser submetidos a licenças estatais regradas por normas dotadas de conteúdos discricionários,[20] com vagas limitadas ao exercício das atividades, tornando-se mais rígidas do que as próprias concessões.

De um modo ou de outro, a presença do direito público na regulação ou neo-re-

20. Veja-se, por exemplo, a Lei 11/1998, de 24 de abril, que regula, em Espanha, o regime geral das Telecomunicações, quando em seus arts. 18 e ss., trata das chamadas licenças, possibilitando ao Poder Público a ampliação ou redução da quantidade de licenças, a abertura completa ou não ao mercado. De qualquer modo, quando houver limitação, o procedimento de outorga de licenças é a licitação, regida por normas de direito público. E o conteúdo do regime jurídico aplicável é, em praticamente tudo, similar ao regime das concessões, cuja normatividade se aplica, aliás, nesse campo. De forma que, na prática, um controle rígido do Poder Executivo pode limitar severamente as denominadas "liberdades públicas" dos particulares que manejem essas licenças ou que ambicionem sua outorga. Consulte-se, ademais, Tomás de la Quadra-Salcedo, "Liberalización de las telecomunicaciones, servicio público y Constitución Económica Europea", *Cuadernos y Debates* 56, Madrid, Centro de Estudios Constitucionales, 1995, pp. 162 e ss., quando sustenta que a "mão invisível" do mercado se revela claramente insuficiente para salvaguardar todos os interesses envolvidos na prestação de serviços universais ou essenciais, de tal sorte que resulta imprescindível o fenômeno da neo-regulação. Ademais, salienta o autor que essas novas técnicas de neoregulação ou "re-regulação", por estarem em seu início, podem apresentar inúmeros problemas e inconvenientes, notadamente no campo do controle efetivo do atendimento às obrigações de serviço público impostas aos particulares.

gulação da comunicação audiovisual é uma realidade inquestionável que decorre, de um lado, da constatação do que se passa no plano do direito positivo europeu em geral, e, de outro, da própria necessidade de proteção de interesses coletivos envolvidos no fenômeno audiovisual.[21]

Parece-me, enfim, um debate de natureza ideológica a questão da conveniência ou não de privatizações, que deve estar nas pautas políticas e jurídicas dos Governantes e Parlamentares, com o salutar julgamento da opinião pública. É possível que a redução da presença do Estado na prestação direta de serviços econômicos traga benefícios sociais, assim como é possível que haja distorções quando da presença dos particulares nesse mesmo cenário. Além disso, a gestão indireta de serviços públicos pelo Estado, como ocorre no campo da televisão privada por ondas terrestres, pode ser mais ou menos útil ao meio comunitário, dependendo dos critérios, plataformas e realizações políticas, tal como ocorre com a gestão exclusiva, ainda que regulada, dessa mesma atividade pela iniciativa privada. Não se quer, portanto, neste trabalho, adentrar o exame dessas complexas questões.

O que importa ressaltar, desde um ponto de vista jurídico, é que a noção mesma de serviço público não enseja, necessariamente, a configuração de monopólio. Tudo depende do Legislador e dos direitos em jogo. Daí porque o serviço público não é, conceitualmente, contrário às liberdades públicas. Além disso, o conteúdo do regime jurídico dos "serviços públicos" pode variar enormemente, conforme se trate de um ou outro tipo de serviço.

A noção mais em voga, hoje, é a de "serviço essencial" ou "serviço universal", dotado de algumas características muito similares ao serviço público, com a diferença de ser prestado pela iniciativa privada fora da gestão indireta estatal. Desde logo, é a terminologia utilizada no âmbito da União Européia, com raízes no direito norte-americano. Pressupõe universalidade de alcance, qualidade mínima, continuidade, cargas de serviço público, preços acessíveis.[22]

21. José Maria Souvirón Morenilla, *Derecho Público de los Medios Audiovisuales: Radiodifusión y Televisión*, Granada, Ed. Comares, 1999, pp. 10 e ss. O autor denomina de privatização em sentido amplo a outorga aos particulares de concessões para prestação de serviço público, diferenciando-a da privatização em sentido estrito, p. 8.

22. Uma vez mais, relembre-se, no sistema espanhol, da Lei 11/1998, de 24 de abril, que estabelece as chamadas obrigações de serviço público aos titulares das licenças de telecomunicações, contemplando a possibilidade de que o Governo, em determinadas hipóteses discricionárias, possa, sem suporte legal explícito ou detalhado (além daquele consagrado nessa Lei), ditar outras obrigações de serviço público. Ora, a idéia de interesse geral, que caracteriza o objeto de proteção da Lei, viabiliza um rigoroso controle estatal sobre esses serviços, de tal sorte que ficaria praticamente obscurecida a diferença entre os controles aí possíveis e os controles inerentes ao regime das concessões administrativas. O que se fortalece, inegavelmente, é a possibilidade de o Governo, dentro de determinadas pautas políticas e discricionárias, abrir aos particulares um mais amplo acesso à prestação desses serviços essenciais, estimulando a competição, a livre iniciativa, o pluralismo externo, em detrimento de políticas mais centradas nas restrições, no fechamento do mercado ou na publicização do setor. Veja-se o trabalho de Angel Carrasco e Encarna Cordeiro, "El derecho a prestar servicios de telecomunicaciones", in *Comentarios a la Ley General de Telecomunicaciones*, Madrid, Aranzadi Ed., 1998, pp. 272 e ss., quando afirmam que, dado o forte conteúdo regulatório da nova lei, se poderia questionar se efetivamente houve uma mudança substancial em relação ao regime anterior. Reconhecem os autores, ao fim e ao cabo, a existência de mudanças, mas advertem que a presença do Estado é ainda fortíssima nesse setor. Consulte-se, sobre a nova definição de serviços universais, Arpón de Almudena Mendívil, "Las obligaciones de servicio público", in *Comentarios a la Ley General de Telecomunicaciones*, Madrid, Aranzadi Ed., 1998, pp. 433 e ss., quando afirma que a Lei Geral de Telecomunicações espanhola reproduziu o conceito de serviço universal já agasalhado pela União Européia. Salienta, sem embargo, com acerto, que o conteúdo do serviço universal há de estar aberto às modificações, ao processo de redefinição, sen-

De qualquer sorte, a Comunidade Européia não proíbe, formalmente, a opção dos Estados-membros pela idéia e doutrina do serviço público, desde que não se ingresse em terrenos monopolísticos intoleráveis ou incompatíveis com outros direitos ou liberdades fundamentais, como o é o direito a prestar e receber informações livremente.

O serviço de televisão por ondas terrestres, em âmbito nacional, está configurado como "serviço público", com uma série de requisitos e exigências, no direito espanhol. Persiste, desde um ângulo pragmático, a importante discussão acerca da eficácia real do regime jurídico da televisão como "serviço público", visto que é possível um total desvirtuamento das finalidades inerentes a essa categoria. Porém, deve-se dizer que nem sempre as distorções têm suas origens na configuração legal de determinado instituto, na medida em que aos aplicadores das leis compete uma parcela fundamental de responsabilidade pela correta operacionalização dos comandos normativos. Parece-me relevante identificar responsabilidades. Será, de fato, a qualificação da televisão como "serviço público" o fator que obstaculiza um real e efetivo pluralismo, interno e externo, nesse terreno? Será tal fator a causa das efetivas deformações nos programas televisivos?

Necessário o exame do regime jurídico do serviço público prestado pelas televisões privadas que emitem sinais por ondas terrestres, percebendo-se suas potencialidades e seu alcance.

E) O sistema de concessões

Atualmente, as concessões constituem o instrumental técnico adequado para a outorga da gestão de serviço público de televisão aos particulares. O acesso, portanto, é restrito, mas não arbitrariamente fixado pelo Poder Público.[23]

do, pois, um conceito dinâmico e evolutivo, tal como preconiza a Diretiva 97/33, da Comunidade Européia, de 30 de junho de 1997.

23. Há, ao menos teoricamente, uma interdição à arbitrariedade. Em sua exposição de motivos, a Lei 10/1988, de 3 de maio, reza o seguinte: "A fin de asegurar la mas estricta igualdad de oportunidades, el otorgamiento de las concesiones se hará mediante el oportuno concurso público, que se convocará por acuerdo del Consejo de Ministros. La naturaleza de servicio público de la televisión, su importancia y el número limitado de las concesiones conlleva que la Ley introduzca un conjunto de normas relativo a las sociedades privadas que han de gestionar dicho servicio, con el objeto de asegurar la solvencia y la transparencia financiera de tales sociedades así como un ensanchamiento o ampliación del pluralismo informativo a través de su estructura interna. Uno de los objetivos de la Ley es que, en efecto, la televisión privada sirva para ensanchar las posibilidades del pluralismo informativo en España. De ahí que la Ley se haya inspirado para cumplir tal objetivo en las normas que los ordenamientos jurídicos de otros sistemas democráticos suelen prever para evitar las situaciones contrarias a la libre competencia o que puedan implicar la existencia de oligopolios o el abuso de una posición dominante. La adjudicación de las concesiones se hará, en todo caso, mediante criterios objetivos, que se especifican pormenorizadamente en el articulado de la ley. Por lo que afecta al contenido de la programación, la Ley, siguiendo criterios vigentes entre los países de las comunidades europeas, fija unos porcentajes mínimos de producción, destinados a fomentar la producción y el intercambio de programas en el ámbito de comunicación europeo. Se determinan, asimismo, los tiempos máximos de emisión que pueden ser destinados a publicidad y, en tanto no haya sido regulada la materia con carácter general, se limita de modo transitorio la publicidad que se refiera al consumo de alcohol, tabaco y cualquier otra sustancia nociva para la salud con los mismos criterios que rigen para la televisión estatal". O legislador pode fixar discricionariamente a quantidade de vagas para os concessionários, mas isso não significa que essas limitações possam ser arbitrárias. Nesse sentido, uma correta leitura da STC 127/1994, fundamento jurídico número 7, indica que não há possibilidade de "restrições abusivas" nesse terreno. O problema será, sempre, definir os limites da arbitrariedade a partir de pautas tão elásticas como o são aquelas decorrentes do princípio da razoabilidade. Corre-

Em face da natureza de direitos fundamentais de comunicação e informação, a Administração Pública não possui os poderes de controle do serviço público típicos dos regimes de concessões tradicionais,[24] havendo um menor espaço aos poderes administrativos.

O legislador espanhol, levando em linha de conta critérios e cálculos de viabilidade econômica para as empresas concessionárias, exigências ou limitações técnicas existentes, as perspectivas das sociedades privadas de satisfazer, no conjunto de suas programações, as diversas demandas, bem como os interesses plurais do público, fixou as concessões em número de três.[25]

Para ampliar o número ou a quantidade de concessões, necessária nova Lei, consoante previsão da própria Lei 10/1988.[26]

A renovação da concessão (que é outorgada por prazo predeterminado, inicialmente fixado em dez anos) parece ser uma faculdade ou um poder discricionário do Governo, especialmente tendo em conta o alto grau de intedeterminação conceitual de "interesse público" inerente a esse processo. Sem embargo, a não renovação da concessão, como toda decisão administrativa, há de ser fundamentada, atendo-se, efetivamente, ao interesse público. Por isso, se o concessionário segue prestando normalmente o serviço, precisamente a continuidade desse mesmo serviço recomenda a renovação. Está, de qualquer modo, vedada eventual atuação arbitrária do Estado.[27]

Ocorre que os princípios da motivação, da interdição à arbitrariedade, da proporcionalidade devem atuar fortemente quando se trata de limitar e cercear o exercício de direitos fundamentais da pessoa humana ou mesmo de pessoas jurídicas, como é o caso da liberdade de livremente comunicar e criar meios de comunicação social. Ademais, o controle do desvio de poder é um mecanismo que pode e deve ser utilizado nos processos de renovação das concessões.

F) Cargas de serviço público

Em face de sua configuração legal como serviço público, a atividade televisiva prestada por particulares está sujeita a uma rígida normativa, que, teoricamente, impõe uma série de obrigações de serviço público a essas empresas.

Em certo sentido, as obrigações de serviço público também estão presentes na atividade televisiva por cabo ou satélite, e, com

se o risco da ineficácia de controles judiciais, mormente quando os juízes e os tribunais não se encontrem devidamente preparados, por todos os ângulos possíveis, para o enfrentamento das complexas questões implicadas nesse assunto.

24. José Maria Souvirón Morenilla, *Derecho Público de los Medios Audiovisuales: Radiodifusión y Televisión*, Granada, Ed. Comares, 1999, pp. 173, 199 e 200. Diz o autor, nesse ponto, que não cabe reconhecer a aplicação subsidiária e automática dos típicos poderes da administração sobre o serviço público, tal como ocorre nas concessões em geral. Recomenda o autor que se leve em conta as considerações feitas pelo Tribunal Constitucional espanhol na STC 124, de 1997, no sentido de que o serviço público não é uma etiqueta da qual se poderia extrair qualquer tipo de poder administrativo. A empresa concessionária possui uma liberdade de informação e comunicação protegidos contra o próprio Estado.

25. As vencedoras do certame licitatório foram: Antena-3 Televisión S/A; Gestevisión Tele 5, S/A; Sociedad de Televisión Canal Plus, S/A. O período da concessão se encerra no ano 2000 e, aí, haverá o processo de renovação.

26. Essa é a opinião de José Maria Souvirón Morenilla, *Derecho Público de los Medios Audiovisuales: Radiodifusión y Televisión*, Granada, Ed. Comares, 1999, p. 174. Seria uma diferença fundamental em relação ao novo regime instaurado pela Lei Geral de Telecomunicações de 1998, a qual outorga ao Poder Executivo a capacidade de aumentar a quantidade de licenças em relação aos serviços abrangidos pela lei.

27. José Maria Souvirón Morenilla, *Derecho Público de los Medios Audiovisuales: Radiodifusión y Televisión*, Granada, Ed. Comares, 1999, p. 204.

maior intensidade, no serviço público diretamente prestado pelo Estado através da televisão pública. Variam os graus e a intensidade dessas obrigações, naturalmente, em face dos distintos regimes jurídicos vigentes para cada setor.

O que importa relembrar é que as chamadas "obrigações de serviço público" atingem em cheio as atividades essenciais, ainda que estas não sejam consideradas como "serviços públicos".[28] Logo, pode ocorrer uma mudança pequena de regime jurídico, porque o principal efeito da *publicatio* é, a meu ver, justamente a imposição de obrigações ou cargas de serviço público, embora não se desconheça o problema de eventual pretensão estatal monopolística. Abstraído o problema do monopólio, parece-me que o regime publicista a que submetidos esses novos "serviços essenciais" pode restar extremamente próximo do regime próprio e específico do serviço público.

Destacarei, desde logo, alguns aspectos que dizem respeito a *publicatio* da atividade televisiva, sendo normalmente decorrentes do regime próprio ao serviço público. Não busco um exame exaustivo, antes pelo contrário; o propósito é trazer à tona dois importantes aspectos relacionados ao controle público da televisão. Trata-se, a meu ver, de aspectos fundamentais.

a) Controle da publicidade

Destaca-se que o *controle da publicidade*, no âmbito da televisão privada que emite sinais por ondas terrestres, é mais rigoroso do que aquele vigente no campo da televisão por cabo ou por satélite.

Em tese, a publicidade emitida pelos titulares das concessões não pode ser superior a 10% do total de horas da programação anual. Em nenhum caso, o tempo de emissão destinado à publicidade poderá ser superior a dez minutos dentro de cada hora de programação (art. 15 da Lei 10, de 1988).

A publicidade, ademais, é a principal fonte de financiação da atividade televisiva, o que, de um lado, dificulta a prestação de um serviço realmente público, dado que a emissora fica presa a interesses comerciais e de audiência e, de outro, exige uma perfeita adaptação da empresa ao ritmo do mercado de consumo.

b) Controle da programação

O controle da programação televisiva é um dos problemas mais delicados que deve enfrentar o direito administrativo. Desde logo, cabe dizer que um controle equilibrado é, invariavelmente, necessário, seja prévio, seja posterior à emissão dos programas. Há muitos direitos e valores que podem entrar em rota de colisão, devendo haver controles públicos eficazes, pois do contrário se instalaria a desordem e o caos completos.

Cabe salientar, ademais, que o controle será, naturalmente, maior ou menor dependendo de inúmeras circunstâncias. Uma atividade qualificada de "serviço público" sofre, desde logo, um controle teoricamente mais rigoroso do setor público, embora isso não signifique passaporte para ingerências arbitrárias, desarrazoadas ou ilegais no âmbito do direito fundamental de comunicar informações.[29] Variam os tipos de controle.

28. Veja-se Almudena Arpón de Mendívil, "Las obligaciones de Servicio Público", in *Comentarios a la Ley General de Telecomunicaciones*, Madrid, Aranzadi Ed., 1998, pp. 450 e ss.

29. Nesse sentido parece ter sido a orientação do Tribunal Constitucional espanhol, o qual não declarou, em momento algum, a inconstitucionalidade da *publicatio*, mas tampouco admitiu que o Poder Público pudesse quebrar o princípio da liberdade de informação dos particulares, conforme se percebe na STC 206/1990 ou na STC 189/1991. Pode parecer contraditória ou confusa, a uma primeira vista, a afirmação de que é possível a *publicatio*, mas não a exclusão da liberdade do particular. Sem embargo, creio que essa doutrina há de

Atividades qualificadas de "serviços essenciais" também sofrem controles públicos.

De modo que a televisão privada, quando presta um serviço público televisivo, sofre controles inevitáveis em sua programação.

A programação de qualquer meio televisivo está sujeita, evidentemente, ao mesmo universo jurídico que garante a liberdade de informação e que protege a honra, a vida privada, a intimidade das pessoas, além dos interesses das crianças e adolescentes (menores de idade) e outros interesses jurídica e constitucionalmente protegidos.

Paralelamente, há uma garantia contra a censura prévia, que decorre da própria Constituição, de modo que, por regra geral, os ilícitos cometidos através de um meio televisivo apenas deixam espaço a que se apliquem as sanções cabíveis, sejam penais, civis ou administrativas.

Em todo caso, há algumas importantes restrições previamente estabelecidas para as sociedades concessionárias do serviço público de televisão.

Em primeiro lugar, estão obrigadas as empresas concessionárias à emissão de um mínimo de quatro horas diárias de programas e trinta e duas horas semanais. Ademais, a programação deve atender os seguintes requisitos: 15% de produção própria do titular da concessão; 40% de produção originária de países integrantes da União Européia; mais, ainda, 55% da programação emitida deverá ser em expressão originária espanhola (art. 14 da Lei 10/1988).

Veja-se que o controle da programação da televisão prestadora de serviço público é mais rigorosa do que aquela incidente nos serviços apenas "essenciais". A televisão por cabo é a mais liberal, porque pode ser pactuada diretamente com o cliente, admitindo-se, nesse passo, inclusive programas atentatórios às normas de proteção da juventude e da infância ou outros bens e direitos protegidos.[30]

Parece interessante sublinhar que há deveres de objetividade, veracidade, imparcialidade das informações, separação de informação e opinião, com a identificação dos autores das opiniões, respeito ao pluralismo político, religioso, cultural, lingüístico, respeito aos valores de igualdade protegidos constitucionalmente.[31]

ser interpretada no contexto do real significado do conteúdo essencial do direito fundamental de liberdade de informação e de criação dos meios audiovisuais. Fixado esse conteúdo essencial e nuclear, se poderá verificar que o posicionamento do TC não é arbitrário, nem contraditório, nesse especial aspecto, porque apenas deixa assentada a necessidade de proporcionalidade na regulação do setor televisivo. O princípio da proporcionalidade assume posição nuclear. A idéia de "serviço público" não joga, portanto, um papel radical de exclusão da iniciativa privada do setor televisivo, nem poderia operar semelhante efeito, pois a existência de um sistema de concessões permite o acesso igualitário, livre, racional, regulado, ao setor. De modo que me parece importante visualizar a *publicatio* em conformidade com o conjunto dos princípios constitucionais incidentes nesse terreno. O que me parece profundamente contraditório e incoerente, isto sim, é o fato de haver o TC defendido a idéia, em outra oportunidade, de que a televisão privada não deriva, diretamente, da Constituição, ou seja, que não há aos particulares um direito constitucional a exercer a chamada "liberdade de antena", sendo que, nessa mesma linha de entendimento, o TC agasalhou a presença do monopólio público no setor televisivo antes do advento do sistema de concessões, como se percebe na STC 12/1982. Penso que tais posições se revelam incompatíveis com a liberdade de informação, ativa e passiva, substancial e instrumentalmente considerada, porque, nesse caso sim, se estaria negando ao particular o acesso ao exercício desse direito, com a criação de um efetivo e real monopólio público, afetando-se, fora de dúvida, por maior que fosse o pluralismo interno, a formação de uma livre opinião pública, agredindo-se o pluralismo externo.

30. Luis Escobar de la Serna, *Derecho de la Información*, Madrid, Ed. Dickinson, 1998, p. 502.

31. Veja-se, nesse sentido, o art. 3º da Lei 10/1988. Em todo caso, há quem afirme, com razoabilidade, que tais deveres são genéricos e inerentes ao exercício da liberdade de informação,

Parte Segunda

O problema do conflito de direitos: o interesse geral inerente ao sistema da "publicatio" e os direitos fundamentais de informar, criar meios de comunicação social, receber informações e de liberdade de empresa

II — Dos direitos fundamentais de livremente comunicar, receber informação veraz, criar meios de comunicação social e de liberdade de empresa

Problema central e difícil parece ser delimitar o alcance possível do regime publicista inerente ao sistema de "serviço público" da televisão privada por ondas terrestres, notadamente em face dos direitos fundamentais[32] previstos no art. 20.1 da Constituição espanhola.

Sustenta parcela da doutrina que a qualificação da televisão como serviço público essencial de titularidade do Estado acarreta, desde logo, o poderoso efeito de excluir a participação da iniciativa privada no setor, estabelecendo-se um monopólio *de iure* em favor do Estado,[33] o que ofenderia, diretamente, o direito fundamental à liberdade de informação e à liberdade de criar meios de comunicação social.[34]

Sem embargo, tem sido predominante o entendimento jurisprudencial no sentido de reputar a *publicatio* compatível com os direitos fundamentais previstos no art. 20.1.d da CE.

A) O problema do conteúdo essencial do direito fundamental

A Constituição espanhola de 1978 assegura, como direito fundamental da pessoa humana, a possibilidade de comunicar

não decorrem diretamente da natureza de "serviço público" da atividade, mas, sim, se inserem de forma mais geral no âmbito da atividade televisiva ou de radiodifusão, conforme a opinião de José Maria Souvirón Morenilla, *Derecho Público de los Medios Audiovisuales: Radiodifusión y Televisión*, Granada, Ed. Comares, 1999, p. 191

32. Não há espaço, neste trabalho, para aprofundar o exame teórico dos direitos fundamentais. Basta dizer que a CE consagra formalmente tais direitos como fundamentais, dando-lhes, pois, uma superioridade formal e material ante outros direitos em jogo, devendo tais normas atuar como mandatos de optimização no sistema constitucional. Reporto-me a clássica obra de Robert Alexy, *Teoría de los Derechos Fundamentales*, Madrid, Centro de Estudios Constitucionales, trad. Ernesto Garzón Valdés, 1997, pp. 21-39, 47-54, 70-72, 80-87, 90-101, 105-112, 505-525. Leiam, ainda, Alan Bronfman Vargas *et alii*, *Manual de Derecho Constitucional (II)*, Madrid, Colex Ed., 1998, pp. 15-37 e Oscar Alzaga Villaamil *et alii*, *Derecho Político Español según la Constitución de 1978*, II, Madrid, Centro de Estudios Ramón Areces, 1998, pp. 36-45, além da conhecida obra de Gregorio Peces-Barba Martínez (com a colaboração de Rafael de Asís Roig, Carlos R. Fernández Liesa e Ángel Llamas Cascón) *Curso de Derechos Fundamentales, Teoría General*, Madrid, Universidad Carlos III de Madrid y Boletín Oficial del Estado, 1995, 720 pp. Questionando a utilidade do conceito de direito fundamental, veja-se a peculiar posição de Juan Antonio Martínez Muñoz, "Derechos y libertades fundamentales: garantías y participación", in *El Estado de Derecho en la España de hoy*, Madrid, Actas Editorial, 1998, pp. 359 e ss..

33. Ver, por todos, Germán Fernández Farreres, *El Paisaje Televisivo en España — Características e Insuficiencias del Ordenamiento de la Televisión*, Madrid, Aranzadi Ed., 1997, p. 24.

34. Não examinarei, desde logo, o problema da liberdade de empresa, já amplamente superado. Ocorre que se trata, aqui, de um direito fundamental intensamente exposto às intervenções legislativas e, por isso mesmo, cerceado em vários de seus elementos. Note-se que a CE reconhece a possibilidade de iniciativa pública na economia. A propósito desse direito fundamental, leia-se o trabalho de Fernando Garrido Falla, "El modelo económico en la Constitución y la revisión del concepto de servicio público", in *Revista Espanhola de Direito Administrativo* 29 (*REDA*), abr.-jun. 1981. Veja-se, ademais, José Luis Piñar Mañas, "Reflexiones sobre la privatización de la empresa pública en España", in *REDA* 84, out.-dez. 1994.

ou receber informação veraz por qualquer meio de difusão.

Reza a Constituição em seu art. 20:

"1. Se reconocen y protegen los derechos:

"a) A expresar y difundir libremente los pensamientos, ideas y opiniones mediante la palabra, el escrito o cualquier otro medio de reproducción (...)

"d) A comunicar o recibir libremente información veraz por cualquier medio de difusión."

Já na Declaração Universal dos Direitos Humanos se consagra, também, o direito fundamental de comunicar e receber informação, conforme se percebe no art. 19 desse diploma normativo: "Todo individuo tiene derecho a la libertad de opinión y de expresión; este derecho incluye el de no ser molestado a causa de sus opiniones, el de investigar y recibir informaciones y opiniones, y el de difundirlas, sin limitación de fronteras, por cualquier medio de expresión".

Trata-se de direitos intimamente relacionados, embora distintos: de um lado, a liberdade de expressão e difusão dos pensamentos, idéias e opiniões, mediante palavras, manifestações escritas ou qualquer outro meio de reprodução; de outro, o direito de comunicar ou receber livremente informação veraz por qualquer meio de difusão.

A liberdade de comunicação, passiva e ativa, resulta ligada a uma função pública, é uma liberdade conectada a uma função de formação e desenvolvimento da livre opinião pública. Ao contrário, a liberdade de expressão de pensamentos, idéias e opiniões têm um caráter mais estritamente individual, desvinculado de uma vinculação mais direta com a opinião pública.

A chamada liberdade de comunicação pressupõe, por evidente, o direito instrumental de criação dos meios pertinentes para a difusão da informação,[35] mas isso não significa que tal liberdade não possa ser controlada, limitada, regrada pelo Legislador, mormente porque entram em jogo outros direitos fundamentais relacionados a formação de uma livre opinião pública e a própria sustentação do regime democrático, além da tomada em consideração de critérios técnicos, discricionários, comerciais, mercadológicos, critérios relacionados ao interesse coletivo.

A definição de um conteúdo essencial do direito fundamental ostenta inquestionável importância. A fixação desse conteúdo impõe limites instransponíveis ao Legislador, dado o princípio da supremacia constitucional. Isto porque um direito fundamental pode ser regulado por Leis infraconstitucionais, mas não pode ser agredido ou limitado em sua essência, em seu conteúdo básico e intocável, sob pena de inconstitucionalidade.

Daí porque necessário o exame, ainda que breve, do conteúdo essencial do direito fundamental de comunicar informações e criar meios de comunicação social.

Deve-se partir do pressuposto de que limitações ao direito previsto no art. 20.1.d da Constituição espanhola são imprescindíveis, havendo um amplo espaço ao trabalho do Legislador, notadamente em face da amplitude do direito fundamental em exame

35. Veja-se, a propósito, a STC 12/1982, de 31 de março, como sendo a primeira da série de decisões do Tribunal Constitucional a respeito do assunto, reconhecendo o direito instrumental de criar os meios necessários ao exercício da liberdade de informação. Porém, esse é um direito de configuração legal, conforme assentou a STC 206/1990, de 17 de dezembro. Mais ainda, mantendo uma posição aparentemente ambígua, o TC entendeu que não haveria inconveniente no reconhecimento desse direito fundamental instrumental pelo legislador. Cabe aduzir que a posição do TC, nesse aspecto, deixou a desejar. Insisto nesse ponto: não poderia o legislador, por qualquer forma, obstruir integralmente o acesso dos particulares aos meios necessários a difusão de informações, o que significa que esse direito está diretamente contemplado na CE e a intervenção legislativa ficaria, desde logo, negativamente limitada no sentido de não poder obstaculizar, de forma integral, o direito dos particulares. Pode o legislador limitar esse direito, mas não pode eliminá-lo.

e de seu íntimo contato com outros direitos fundamentais e com a própria estruturação de um sólido regime democrático fundado na livre opinião pública.

Assim sendo, ao Legislador compete uma liberdade de configuração dos limites desse direito fundamental.

Forçoso examinar o alcance potencial da titularidade estatal ou pública sobre um serviço que envolve direito fundamental, como o é o exercício da atividade de criar meios televisivos e veicular informações.

Para reconhecer o alcance dos limites legislativos em debate, parece-me inevitável analisar a potencialidade lesiva decorrente desses limites ao direito fundamental de criar meios televisivos, veicular e receber informações verazes.

B) A titularidade estatal de um serviço público: o problema do "monopólio *de iure*"

Costuma-se dizer que a configuração do serviço público televisivo retira a titularidade originária da iniciativa privada, outorgando-a ao Estado. Com isso, não haveria monopólio de fato, mas talvez um monopólio de direito. De qualquer modo, haveria um monopólio essencialmente contrário ao direito fundamental de livremente comunicar.[36]

Parece-me discutível essa tese do monopólio *de iure* como verdadeiro e intransponível obstáculo ao exercício do direito fundamental de livre comunicação e criação dos meios de comunicação.

Cabe dizer, desde logo, que o monopólio *de iure* não é uma terminologia adequa-

36. Essa é, sem dúvida, a respeitada opinião do Prof. Germán Fernández Farreres, *El Paisaje Televisivo en España — Características e Insuficiencias del Ordenamiento de la Televisión*, Madrid, Aranzadi Ed., 1997, pp. 25 e ss., que qualifica de contraditória e confusa a jurisprudência do Tribunal Constitucional nessa matéria. No fundo, uma das críticas dirige-se ao fato de existir uma exigência intolerável de intermediação legislativa na outorga de concessões. Observa-se, destarte, que uma das possíveis conseqüências de uma liberalização completa no setor seria a possibilidade de o Poder Executivo abrir, discricionariamente, um maior espaço à iniciativa privada, criando um maior número de licenças para exercício de atividades audiovisuais. Isso não está dito expressamente pelo autor, mas resulta perceptível em seu pensamento. Ademais, a crítica está centrada, exatamente, na decisão do TC pela qual foi negado o acesso dos particulares à prestação de atividade televisiva em âmbito local, sem suporte em lei, diante da omissão legislativa na regulação do setor. Tratava-se da famosa STC 88/1995, que vedou a criação de televisões locais por ondas terrestres sob o argumento da inexistência de previsão legal e de que o domínio radioelétrico de cobertura seria indisponível e carente de uma expressa regulação pública. Outra linha de crítica, também interessante, se encontra na obra de Francisco J. Bastida, *La Libertad de Antena: El Derecho a Crear Televisión*, 1ª ed., Barcelona, Ariel Derecho Ed., 1990, pp. 175 e ss. Distinta opinião doutrinária, na defesa da configuração legal de serviço público de rádio e televisão, se encontra na obra de Carmen Chinchilla Marín, *La Radiotelevisión como Servicio Público Esencial*, 1ª ed., Madrid, Tecnos Ed., 1988, pp. 93 e ss., especialmente pp. 146 e ss. Creio, em geral, que a intermediação legislativa na outorga de concessões ou licenças pode, de fato, criar maiores obstáculos um uma dinâmica de abertura de espaços aos canais televisivos. Porém, tal fato há de ser julgado politicamente, não pelo ângulo jurídico. Não se pode olvidar que o império da legalidade é o básico fundamento do Estado de Direito e que a intermediação legislativa, direta ou indiretamente, sempre é necessária. É possível que o próprio legislador "deslegalize" determinados campos de atuação, dentro de suas legítimas competências decisórias. Daí não decorre, sem embargo, a existência de uma necessária deslegalização em determinados setores, como é o caso da abertura de espaços e vagas aos canais televisivos. Enfim, não quero, por ora, adentrar o debate travado na STC 88/1995, mas parece certo, desde logo, que os particulares dificilmente poderiam ostentar um "direito", ao arrepio de uma regulação pública, a emitir sinais de televisão por ondas terrestres. O problema da omissão legislativa é sempre complexo, sendo que pode traduzir, fora de dúvida, uma inconstitucionalidade por omissão. Há que se buscar os remédios jurídicos adequados. Outorgar, pura e simplesmente, o direito de emitir sinais televisivos por ondas terrestres aos particulares me parece inviável.

da, pois pode abrir espaço à idéia de que o Estado possui a função privativa de editar regras jurídicas e abrir, ou não, aos particulares a possibilidade de prestação dos serviços públicos. Seria um monopólio normativo, porque ficaria na exclusiva escolha discricionária do Estado editar ou não determinadas normas, abrir ou não espaço aos particulares para o exercício de atividades públicas.

Por esse ângulo, creio que cabe ao Legislador o monopólio normativo, como é próprio de um Estado Constitucional de Direito. A Lei possui a primazia na definição dos limites dos particulares no acesso e desempenho de atividades públicas. Vige o princípio da legalidade. De outro lado, ao Poder Público também incumbe respeitar a legalidade, de tal sorte que ao Legislador compete traçar os limites da atuação estatal, com maior ou menor campo aos poderes discricionários. Assim sendo, resulta complicado falar em monopólio normativo ou *de iure*, pois este, em regra, possui o Estado. Também no terreno dos chamados serviços "essenciais" ou "universais" há um regramento estatal mais ou menos rígido, havendo um monopólio normativo do Estado. Não obstante essas considerações, resultam evidente que, em um Estado Constitucional, o Legislador não é livre, nem possui irrestrita ou ilimitada discricionariedade na regulação de determinados setores, dada a supremacia da Constituição. Daí porque o monopólio *de iure* resulta, de qualquer modo, vinculado pelos ditames constitucionais.

Não se pode equiparar um monopólio de fato ao monopólio *de iure*. O primeiro é efetivamente contrário a determinadas liberdades públicas e direitos fundamentais. Veda ao particular o exercício de sua liberdade, proíbe o acesso a determinado setor de atividades. Esse monopólio de fato, aliás, pode partir tanto do Poder Público, como dos próprios particulares, quando ocorrem os chamados oligopólios ou monopólios privados. O monopólio normativo, que é inerente a uma gestão indireta de serviços públicos por parte do Estado e a qualquer outra forma de controle estatal sobre os serviços de relevância pública, não veda o acesso dos particulares ao exercício de uma dada atividade, pelo contrário, permite esse mesmo acesso dentro de determinadas condições fixadas abstratamente e com generalidade.

Ademais, a maior ou menor discricionariedade estatal na abertura de espaço aos particulares pode ser mais ou menos intensa, repito, conforme as exigências impostas pelo Legislador ao Poder Executivo. Também as chamadas "licenças" podem conter elementos discricionários extremamente abertos, permitindo um amplo campo de movimentação do Poder Público em detrimento de uma maior liberdade da iniciativa privada. De modo que a titularidade estatal de um dado serviço público, quando se materializa através da gestão indireta, não pode significar um verdadeiro monopólio, pois não compete ao Poder Público, arbitrariamente, abrir ou não espaço aos particulares.

O problema da disponibilidade de espaços ou "vagas" para emissão de sinais televisivos por ondas terrestres não está indissoluvelmente ligado ao problema da gestão indireta de serviços públicos. A questão está longe de ser resolvida tão facilmente, com um toque de mágica do Legislador. Também as chamadas "licenças" para realização de atividades nesse setor, em campos onde proliferaram privatizações, podem estar condicionadas a limites físicos de disponibilidade de espaços, seja por razões técnicas, seja por razões de outra natureza, *v.g.*, econômica, cultural, mercadológica, ligadas a um fortalecimento dos mecanismos de proteção da opinião pública. A desqualificação de uma dada atividade do setor público para o privado não a retira, automaticamente, do âmbito de controle estatal. Se o Legislador fixa uma prévia quantidade de vagas para as licenças, já não há um irrestrito acesso ao serviço de prestar informação veraz, comunicar ou receber informação livremente, tampouco de criar meios de comunicação social. Será inconstitucional uma restrição fundada em critérios razoáveis, justificados, comprovados? Não creio que alguém se atreveria a responder afirmativamente essa indagação, de tal sorte que me parece prudente reconhecer a liberdade de configuração legislativa dentro do sistema constitucional, possibilitando-se ao Legislador, de modo racional, a escolha por uma maior ou menor abertura do regime televisivo à iniciativa privada, desde que, evidentemente, sempre haja alguma mínima e razoável abertura.

C) Da opinião pública e do interesse geral inerente ao sistema da *publicatio*

O principal e fundamental limite aos direitos previstos no art. 20.1 da CE resulta da necessária proteção de uma opinião pública livre.

No direito alemão, a preocupação fundamental das Instituições controladoras da televisão é a garantia e o fortalecimento de mecanismos formadores de uma "livre opinião publica", tanto que se visualiza a liberdade de televisão como uma "liberdade-função", uma liberdade conectada a uma função, a uma finalidade revestida de interesse geral e público.

No sistema espanhol, a opinião pública foi concebida, pela jurisprudência do Tribunal Constitucional, como uma Instituição digna de proteção, à luz da teoria da chamada "garantia institucional", tão debatida e polêmica no sistema alemão, onde tal técnica possui suas raízes. Parte da doutrina espanhola acusa o Tribunal Constitucional de uma indevida importação de uma técnica do direito estrangeiro, sem necessária conexão com o sistema espanhol. Ademais, pondera-se que a idéia de opinião pública é uma abstração, não uma instituição, muito menos uma instituição constitucionalmente concebida. Com o pretexto de garantia de "livre opinião pública, o Legislador e o Tribunal Constitucional espanhóis estariam, com suas posturas, servindo a propósitos ocultos e menores, inviabilizando-se o legítimo e constitucional direito fundamental de livremente comunicar e criar meios de comunicação social, no marco da legalidade do Estado de Direito".[37]

Concordo com o fato de que a opinião pública dificilmente reúne os requisitos de uma "instituição", mas parece-me certo que se trata de uma realidade social carecedora de proteção jurídica. Não há, aparentemente, desde um ângulo estritamente formal, um direito fundamental a uma "livre opinião pública", mas resulta evidente que a opinião pública influi no jogo democrático de forma intensa e decisiva, sendo que está profundamente ligada ao Estado Democrático de Direito, às eleições livres, à formação da vontade popular democraticamente constituída. Daí que irrestritas e absolutas liberdades de informação, de expressão do pensamento, de comunicar e de receber informação veraz, não possuem conotação radical, uma proteção ilimitada, uma natureza superior a outros direitos fundamentais que estão relacionados ao regime democrático.

D) Do núcleo do direito fundamental do art. 20.1.d da CE: igualdade, liberdade e pluralismo

As principais limitações ao Legislador, quando este busca regular ou restringir o direito fundamental de exercício da liberdade de comunicação, são a igualdade, liberdade e pluralismo.

Talvez aí — na igualdade, liberdade e pluralismo — se percebam traços característicos do direito fundamental previsto no art. 20.1 da Constituição espanhola.

37. Consulte-se, nesse sentido, a obra de Alfredo Gallego Anabitarte, *Derechos Fundamentales y Garantías Institucionales: Análisis Doctrinal y Jurisprudencial, Derecho a la Educación; Autonomia Local; Opinión Pública*, Madrid, Civitas, 1994, pp. 171 e ss.

a) Igualdade

A igualdade é um princípio constitucional genérico que limita o Legislador e pode ser controlado pelo Tribunal Constitucional. De qualquer modo, a Corte Constitucional espanhola deixou bem claro esse limite, após reconhecer a possibilidade de o Legislador regular a televisão privada como serviço público.

Trata-se de garantir a igualdade de acesso ao serviço público, e, além disso, uma igualdade de acesso a limitados bens da vida, que são os meios televisivos. Por isso, o sistema de concessões deve revestir-se de umas peculiares garantias que assegurem, efetivamente, a igualdade. E qualquer sistema de licenças deveria observar o mesmo princípio, ou seja, a igualdade de acesso.

Não há liberdade de livremente comunicar ou receber informação veraz sem um sistema que assegure a efetiva igualdade, que se projeta em múltiplas direções.

Igualdade no exercício dos direitos é pressuposto de razoabilidade e proporcionalidade, é expressão da interdição à arbitrariedade dos Poderes Públicos na limitação da liberdade de comunicação e causa dessa mesma limitação.

De um lado, portanto, a igualdade recomenda e exige limitações, porque sem estas não haverá liberdade, mas sim uma autêntica tirania. A liberdade somente é possível no marco igualitário de possibilidades de exercício dos direitos. De outro lado, simultaneamente, a igualdade, enquanto princípio constitucional, vincula, delimita, impede abusos no manejo dessas mesmas limitações a uma liberdade, porque os abusos fazem com que a conduta abusiva seja desigualmente considerada no marco dos direitos em jogo. Quem abusa de uma prerrogativa não exercita uma liberdade, mas sim uma arbitrariedade.

Se os desejos humanos podem ser ilimitados, não o são os bens da vida disponíveis, mormente em se tratando de meios televisivos, em que os limites técnicos não são os únicos que contam. A igualdade, além de ser uma das principais características da justiça, e um outro direito fundamental autônomo que produz importantes efeitos no campo da liberdade de comunicação, pois funcionará como um dos principais parâmetros de definição dos princípios e valores preponderantes nas hipóteses de conflitos aparentes de direitos fundamentais. Se for necessária a igualdade, por que razão alguém deveria ceder sua honra, sua vida privada, em favor da liberdade de livremente comunicar? Esse conflito deve ser resolvido à luz do princípio da proporcionalidade, que está intimamente ligado ao princípio da igualdade.

Tanto o sistema de licenças, como o sistema de concessões, podem ser compatíveis ou incompatíveis com o princípio da igualdade. A igualdade é incompatível, isto sim, com os monopólios de fato, com as arbitrariedades, com o tratamento desigual injustificado dos direitos em aparente conflito no âmbito dos meios audiovisuais.

No sistema concessional, não se pode olvidar da igualdade de tratamento aos concessionários no curso de seus contratos, evitando-se, nesse passo, perseguições ideológicas, políticas ou de qualquer natureza.

A exigência de imparcialidade do Poder Público e a interdição à arbitrariedade, embora princípios constitucionais autônomos no direito espanhol, estão ligados intimamente à idéia de igualdade.

A quantidade de concessões outorgadas aos particulares, porque restringe o acesso de outros por um critério quantitativo e numérico, deve estar razoavelmente justificada. É certo que a justificação pode ser feita dentro de critérios elásticos e discricionários, mas há de existir uma motivação concreta. Não se trata de um ato arbitrário ou imotivado, que possa ser lançado no mundo jurídico sem um lastro de razoabilidade, porque está em jogo o princípio da igualdade e porque a CE veda expressamente a arbitrariedade dos Poderes Públicos.

b) Liberdade

A liberdade é princípio genérico que o direito constitucional assegura e protege. Projeta-se em múltiplas direções, passando pelos mais diversos ramos jurídicos. Há, nesse passo, a chamada liberdade de empresa, que trata da autonomia privada no campo negocial. A liberdade de informação, em sentido ativo e passivo, é diretamente tratada pelo art. 20.1 da CE e está relacionada ao núcleo primário dessa norma constitucional, sendo insuscetível de supressão pelo Legislador.

De modo mais específico, vale verificar que a liberdade de livremente comunicar emerge diretamente da Constituição e engloba, por certo, o direito a criação dos meios de comunicação social. Tal liberdade, que possui *status* de direito fundamental da pessoa humana, suscita problemas e discussões, que serão examinados. Desde logo, sem embargo, é possível dizer que o Legislador não poderia eliminar essa liberdade, através de uma regulação da televisão privada[38] ou mesmo de uma omissão regulatória.

Liberdade de comunicar livremente informações verazes pressupõe uma liberdade de criar os meios necessários, porque do contrário se poderia eliminar radicalmente essa liberdade. Há, portanto, uma necessária, básica, mínima liberdade que integra o núcleo do direito fundamental. Esse seria o conteúdo essencial "negativo" do direito fundamental.[39]

c) Pluralismo

O pluralismo é outro dos elementos que integra o conteúdo essencial do direito fundamental previsto no art. 20.1 da CE, conforme reiteradamente proclamado pela jurisprudência do TC. O que é o pluralismo? Ora, inicialmente, tal conceito afasta a idéia de ausência de pluralismo, que é, a meu ver, nesse terreno, o monopólio de fato, seja público, seja privado. Mais ainda, o pluralismo pode significar uma possibilidade de coexistência de opiniões contraditórias, antagônicas, opostas, dentro de um mesmo âmbito televisivo ou informativo. Pluralismo significa, nessa medida, pluralidade de opiniões ou informações distintas, diversos pontos de vista ou ângulos sobre uma mesma matéria. Tal idéia seria contrária ao postulado do "pensamento único".

c1) Pluralismo externo

Pluralismo externo, no campo da televisão e dos direitos aí implicados, significa pluralidade de empresas informativas ou televisivas prestando um mesmo serviço em regime de competição. Não há como assegurar o respeito ao conteúdo essencial do direito consagrado no art. 20.1 da CE sem um mínimo e razoável pluralismo de empresas prestadoras do serviço essencial de televisão, de modo que o telespectador possa eleger, com razoável elasticidade, dentre várias opções. O direito fundamental em exame — liberdade de comunicar ou receber informação veraz, liberdade de criação dos meios

38. Relembro que não deixa de ser contraditória a posição do TC espanhol quando diz que a televisão privada não emerge da Constituição, que tampouco a proíbe. Creio que uma televisão exclusivamente pública feriria a liberdade de livremente comunicar. Os particulares, que constituem a sociedade civil, devem ter o acesso garantido aos meios de comunicação social, ainda que possam sofrer importantes limitações no exercício desse direito. E o próprio Tribunal reconhece que um mínimo de "liberdade" há de ser respeitado pelo Legislador. No sentido de reconhecer, aqui, um núcleo básico negativo (insuscetível de supressão pública) do direito fundamental previsto no art. 20.1 da CE, leia-se Francisco J. Bastida, *La Libertad de Antena: El Derecho a Crear Televisión*, 1ª ed., Barcelona, Ariel Derecho Ed., 1990, p. 128.

39. Francisco J. Bastida, *La Libertad de Antena: El Derecho a Crear Televisión*, 1ª ed., Barcelona, Ariel Derecho Ed., 1990, p. 128.

de comunicação social — resulta caracterizado a partir de um primário pluralismo de acesso a essas liberdades, a esses direitos, traduzindo-se em uma necessária participação plural da sociedade e dos indivíduos nesse terreno. A eliminação de um mínimo pluralismo — daí, quem sabe, a quantidade ímpar de concessões atualmente outorgadas, como uma tentativa de assegurar suposto pluralismo — acarretaria, sem dúvida, profunda e intolerável agressão ao direito fundamental.[39]

c2) Pluralismo interno

Complexo é, sem dúvida, o chamado pluralismo interno.

A importância do pluralismo interno é maior na televisão pública do que na privada. Natural que assim seja, porque os contribuintes não podem ser chamados a sustentar os pontos de vista, as opiniões, as informações parciais de determinado grupo político ou de correntes ideológicas. Todos os grupos políticos e sociais representativos da comunidade devem possuir acesso a um mínimo pluralismo interno no âmbito da televisão pública. Não é fácil delimitar mecanismos razoáveis que assegurem e fortaleçam o pluralismo interno, mas a imparcialidade da televisão pública, sua abertura social e cultural, sua independência frente aos Poderes Públicos e forças econômicas, suas autonomias funcional, administrativa, financeira, devem ser protegidas dentro do marco da legalidade.

O pluralismo interno tem sido uma crescente tendência dos grandes meios de comunicação social escritos. Jornais poderosos e influentes assumem, cada vez mais, o papel de órgãos imparciais, investigadores. Há criação de funcionários independentes, dotados de um mandato, com inamovibilidade e certas garantias, pagos por um periódico para formular críticas à empresa, ao próprio jornal, críticas públicas. Essa é uma tendência que está ganhando adesão de importantes empresas, porque legitima o órgão informativo perante a opinião pública e, simultaneamente, permite a busca de informação veraz, construída a partir da confrontação de versões antagônicas. Trata-se, de qualquer modo, de uma auto-regulação, um código de ética interno da empresa informativa.

Resulta complicado, sem embargo, estabelecer mecanismos jurídicos de heterorregulação em termos de pluralismo interno nos meios televisivos, porque poderia ferir o princípio da liberdade de empresa e até mesmo ensejar abusos incontroláveis oriundos de fontes externas ou mesmo públicas.

Considerações finais

A configuração legal da televisão nacional por ondas terrestres como "serviço público", no direito espanhol, pode comportar variadas e distintas conseqüências.

Sempre é importante examinar o concreto regime jurídico a que submetido o sistema televisivo e, mais ainda, a concreta e real operatividade, eficácia, aplicação desse regime jurídico.

A idéia de "serviço público" pode ser uma "etiqueta", de fato, hipócrita, para justificar monopólios, arbitrariedades, desvios de poder, deformações da opinião pública. Sem embargo, qualquer outra categoria similar pode, igualmente, servir de etiqueta para os mesmos propósitos nefastos. Um "serviço universal" pode conduzir a distorções intoleráveis, seja nos mesmos termos de um serviço público, seja em termos radicalmente opostos — e nem por isso menos perigosos — no sentido de uma indevida e temerária abertura do setor à livre iniciativa, submetendo-o à perversa e crua lógica do mercado.

De outro lado, em termos ideais, a noção de "serviço publico", no âmbito televisivo, encerra uma pretensão de formação da opinião pública livre. Cabe distinguir "serviço ao público" de "serviço público". A televisão, de fato, pode servir a dois propósitos ideológicos substancialmente distintos e problemáticos, que não raro caminham juntos: pode ser um instrumento que, fundado no pluralismo externo e na competição inerente ao livre mercado, há de servir à satisfação dos apetites do público, fornecendo-lhe os programas mais consumidos, mais desejados, com maiores índices de audiências, ou, de outro lado, pode a televisão assumir um papel mais crítico, mais formador, educativo, em relação ao público, fomentando o desenvolvimento de valores democráticos. Eis aí um debate moral a respeito do papel da televisão na sociedade.[40]

Essa divisão não é absoluta, nem radical. Pode a televisão servir, a um só tempo, múltiplos interesses e, nesse passo, pode ser um "serviço público ao público". Sem embargo, a balança acabará se inclinando mais em um ou outro sentido, isso me parece inevitável.

Não me parece possível nem desejável que a televisão por ondas terrestres, de âmbito nacional, cujo alcance é potencialmente muito maior do que qualquer outro sistema televisivo, fique exposta tão-somente à lógica do mercado. Os controles são necessários. Não obstante, é certo que, debaixo da idéia de descaracterizar a televisão como "serviço público", corre uma ideologia neoliberal, privatizante, que pressupõe uma perspectiva de maior abertura ao mercado e à iniciativa privada. Há que se examinar quais os possíveis desdobramentos, riscos e vantagens de um projeto nessa direção. Inegavelmente, um projeto de redução de controles e facilitação de acesso dos particulares à prestação do serviço universal de televisão por ondas terrestres está na pauta política dos Governos que descaracterizam a televisão como serviço público.

Também não me parece viável, possível e muito menos desejável que se criem intoleráveis e injustificadas barreiras ao chamado "pluralismo externo" no setor televisivo. Não há espaço para monopólios, sejam públicos, sejam privados. O Estado não é "dono" do setor televisivo, antes, pelo contrário, há de ser fiscalizado por esse mesmo setor ante a opinião pública. Uma clássica noção de "serviço público" não pode servir de capa para os abusos, protecionismos, desvios de finalidade, obstruções a direitos fundamentais relacionados à liberdade de comunicar e receber informação veraz. Uma corrente ideológica mais tradicional vem atrelando a etiqueta do serviço público ao fechamento do setor televisivo. Em Espanha, há somente três canais de televisão concedidos para emissão de sinais por ondas terrestres. Questiona-se, crescentemente, se essa limitação ainda se justifica desde um ponto de vista técnico, mercadológico ou mesmo ante a necessidade de proteção da livre opinião pública. Em que medida uma quantidade um pouco maior de canais televisivos afetaria e comprometeria a opinião pública? Em tese, nada indica que ocorreria semelhante problema em razão de um aumento da quantidade de concessões. Pode haver, em tal caso, um protecionismo camuflado, um desvio de poder, uma arbitrariedade legislativa ou executiva, que há de ser controlada pelo Poder Judiciário. Nesse passo, a idéia de serviço público se desvirtua, distorce, deforma, assumindo uma função simbólica perversa, uma funcionalidade real oposta aos seus fins ideais.

40. E. Bonete Perales, "Conflictos morales de los medios audiovisuales", in *Ética de la Comunicación Audiovisual*, Madrid, Tecnos Ed., 1999, pp. 35 e ss. Nesse trabalho, denuncia-se que "los medios de comunicación están siendo colonizados totalmente por los parámetros de la gestión empresarial. Sus estrategias de expansión y concentración, la elaboración del material y los contenidos de las programaciones están al servicio de las exigencias empresariales". O conflito moral existiria no dilema: a televisão há de ser um "serviço público" ou um "serviço ao público"? O sistema espanhol optou formalmente pela configuração do serviço público televisivo. Adverte o trabalho, sem embargo, que, em Espanha, nem a televisão pública, nem a privada prestadora de serviço público se ajustam à idéia de serviço público, embora formalmente assim contempladas nas leis. De modo que as distorções são profundas.

A mudança do regime jurídico da televisão nacional por ondas terrestres me parece inevitável. O atual sistema, com apenas três concessões, é claramente insuficiente. Resulta quase evidente o abuso de poder legislativo na fixação de uma quantidade tão pequena e injustificadamente reduzida de concessões. Somente um propósito protecionista, ilícito, desviado da finalidade pública, pode tornar compreensível semelhante atitude legislativa. Nesse passo, a restrição ao direito fundamental resulta injustificada, desarrazoada, arbitrária e, por isso mesmo, inconstitucional. Atinge-se o núcleo do direito previsto no art. 20.1 da CE, na medida em que o pluralismo externo é limitado de forma absurda e arbitrária, sem uma motivação plausível, visto que as razões originais do Legislador já não podem persistir ante o atual desenvolvimento tecnológico e diante do próprio aumento do mercado de consumo e da educação na sociedade. Não há nenhuma razão que justifique uma quantidade tão reduzida de concessões. Agredido o pluralismo externo, também resultam violentados os princípios da igualdade de acesso ao serviço público e de liberdade de criar meios de comunicação social, informar e receber informação veraz livremente. O conjunto de requisitos que integra o núcleo do direito fundamental previsto na CE, art. 20.1, é agredido e desrespeitado, com o que se atinge o próprio direito fundamental em exame.

A alternativa a essa caótica situação não consiste, evidentemente, na pura e simples eliminação da *publicatio*, com uma irresponsável abertura do setor à iniciativa privada, visto que, em tal caso, outros problemas — não menos graves — emergiriam. Não se trata, tampouco, de qualificar de inconstitucional a *publicatio* em si mesma, mas sim seu concreto alcance, sua lesividade real e concreta, historicamente verificável no atual contexto social, cultural, econômico que vive a Espanha, ao direito fundamental previsto no art. 20.1 da CE. É possível a manutenção da idéia de serviço público de televisão nacional por ondas terrestres, à luz do sistema constitucional espanhol, mas não nos termos vigentes, ou seja, com apenas três concessões outorgadas à iniciativa privada.

GENOCÍDIO TRIBUTÁRIO DO SERVIDOR INATIVO

ANTÔNIO SOUZA PRUDENTE

Juiz Federal. Professor Universitário. Mestrando em Direito Público

A Lei n. 9.783, de 28 de janeiro de 1999 (*DOU* de 29.1.1099, Seção I) ao instituir a contribuição social do servidor público civil inativo e dos pensionistas dos Três Poderes da União, com alíquotas que variam de 11% (onze por cento) a 25% (vinte e cinco por cento) da totalidade do provento ou da pensão (arts. 1º e 2º), para atender à ganância capitalista globalizada e insaciável da agiotagem internacional, comandada pela ditadura do Fundo Monetário Internacional-FMI, a quem o Governo Federal reverencia, qual servil refém, não visa, desenganadamente, "à manutenção do regime de previdência social dos seus servidores" (como proclama, em termos oficiais), posto que já inativos esses servidores, mas, concorre, de forma brutal, para o aniquilamento de suas vidas e a negação de seus direitos humanos fundamentais.

Tal lei se apresenta, assim, no cenário jurídico nacional, com flagrante inconstitucionalidade, contrariando os fundamentos do Estado Democrático de Direito e de Justiça, por atentar contra os valores sociais do trabalho, a dignidade da pessoa humana, a cidadania e a soberania nacional, obstruindo a construção de uma sociedade livre, justa e solidária, como quer o povo brasileiro, através de nossa Lei Fundamental (CF, arts. 1º, I a IV e 3º, I).

O *povo brasileiro — fonte material de todo poder, no Estado Democrático* — não negocia nem mercadeja sua soberania, por nenhum preço.

De resto, não há dúvida de que essa exação tributária abusiva e letal tem caráter confiscatório, ferindo a garantia constitucional do art. 150, IV, da Carta Magna, bem assim, contrariando as limitações constitucionais da irretroatividade e da anterioridade tributária (CF, art. 150, III, *a* e *b*), aniquilando o direito adquirido e o ato jurídico perfeito dos inativos e dos pensionistas (CF, arts. 5º, XXXVI e 150, *caput*), protegidos por cláusula constitucional de eternidade (CF, art. 60, § 4º, IV).

O ato de aposentadoria é um *ato jurídico perfeito*, protegido, constitucionalmente, contra as violações do legislador ordinário.

De ver-se, assim, que a garantia fundamental do direito adquirido (CF, art. 5º, XXXIV), guiada, na aposentadoria, pelo princípio *tempus regit actum*, não autoriza a tributação em foco sobre os proventos do aposentado, com base na isonomia remuneratória do § 8º do art. 40 da Lei Suprema, tendo em vista que a norma, ali referida, não admite aplicação aos inativos, com efeitos negativos da *reformatio in pejus*, mas, tão-somente, a interpretação que lhes for favorável, *in bonam partem*, exatamente, para que a aposentadoria seja usufruída como um direito, conquistado pelo trabalhador, e não como uma *pena a ser cumprida*, até a morte, pelo infeliz que, durante quase toda a sua vida, serviu ao povo, na oficialidade do Estado.

Como imposto disfarçado e confiscatório, a contribuição dos inativos, ora instituída pela natimorta Lei n. 9.783/99, estrangula, ainda, a limitação constitucional dos arts. 195, § 4º e 154, I, da Lei Maior, desprezando, no ponto, a exigência formal de lei complementar, no que se afigura, também, sob esse aspecto, flagrantemente inconstitucional.

Verifique-se, ainda, a literal e expressa afronta ao princípio da isonomia, na redação do art. 4º da malsinada Lei n. 9.783/99, com a determinação de que "o servidor público ativo que permanecer em atividade após completar as exigências para a aposentadoria voluntária e integral, nas condições previstas no art. 40 da Constituição Federal, na redação dada pela Emenda Constitucional n. 20, de 15 de dezembro de 1998, ou nas condições previstas no art. 8º da referida Emenda, fará jus à isenção da contribuição previdenciária até a data da publicação da concessão de sua aposentadoria, voluntária ou compulsória".

Ora, nos termos da lei supratranscrita, o servidor ativo, que completar as exigências legais para sua aposentadoria ficará isento da contribuição nela prevista; ao aposentar-se, perderá essa isenção e haverá de submeter-se à contribuição assassina. Configura-se, aí, na incoerência do texto legal, uma flagrante quebra da igualdade dos sujeitos destinatários da isenção contributiva.

Parecem-nos oportunas, aqui, as observações de Rui Barbosa, sempre atual em todos os temas do Direito Público, como o que se destaca no texto seguinte: "O cidadão, que a lei aposentou, jubilou ou reformou, assim como a quem ela conferiu uma pensão, não recebe esse benefício, à paga de serviços que esteja prestando, mas a retribuição de serviços que já prestou, cujas contas se liquidaram e encerraram com um saldo a seu favor, saldo reconhecido pelo Estado com estipulação legal de lhe amortizar mediante uma renda vitalícia, na Pensão, na Reforma, na Jubilação ou na Aposentadoria.

"O Aposentado, o Jubilado, o Reformado, o Pensionista do Tesouro, são credores da Nação, por títulos definitivos, perenes e irretratáveis. Sob um regime, que afiança os direitos adquiridos, santifica os contratos, submete ao cânon da sua inviolabilidade o Poder Público, e, em garantia deles, adstringe as Leis à Norma Tutelar da irretroatividade, não há consideração de natureza alguma, juridicamente aceitável, moralmente honesta, socialmente digna, logicamente sensata, pela qual se possa autorizar o Estado a não honrar a dívida, que com esses credores contraiu, obrigações que para com eles firmou (...).

"A Aposentadoria, a Jubilação, a Reforma, são Bens Patrimoniais, que entraram no ativo dos beneficiados como renda constituída e indestrutível para toda a sua vida, numa situação jurídica semelhante à de outros elementos da propriedade individual, adquiridos, à maneira de usufruto, com a limitação de pessoas, perpétuas e intransferíveis.

"Na espécie das Reformas, Jubilações ou Aposentadorias, a renda assume a modalidade especial de crédito contra a Fazenda, e, por isto mesmo, a esta não seria dado jamais exonerar-se desse compromisso essencialmente contratual, mediante um ato unilateral da sua autoridade" (*Obras Completas*, Casa Rui Barbosa, republicada in *Voz Ativa da ASA-CD*, fev. 1999).

Por último, há de ver-se que o colendo Tribunal Federal da 1ª Região, através de sua douta 3ª Turma, já decidiu, por unanimidade, a questão, em face da imposição inconstitucional da Medida Provisória n. 1.415/96, na inteligência de que "a contribuição instituída pela MP 1.415/96 infringe o direito adquirido dos inativos, porquanto seus proventos não podem sofrer qualquer alteração, levando-se em consideração que já foram incorporados ao patrimônio de seus titulares. O suporte fático capaz de ensejar o direito à aposentadoria já foi preenchido, qual seja, o exercício de cargo efetivo durante o tempo prefixado constitucionalmente (III). De igual modo, o desconto da contribuição questionada infringe o princípio da irredutibilidade de benefícios (art. 194, parágrafo único, inciso IV, da CF/88), porquanto não pode o aposentado sofrer um desconto não previsto constitucionalmente nos seus proventos (IV)" (AMS 97.01.00.016047-0/DF, j. 6.8.1997).

Se o Governo do Brasil, através de sua indecifrável equipe econômica, atentasse, com respeito, para os fundamentos do Estado Democrático de Direito, que a nossa Constituição consagrou, em nome da vontade soberana do povo brasileiro (CF, arts. 1º, 2º, 3º e 4º), não permitiria que bilhões de reais da receita pública fossem canalizados para o tapume financeiro de bancos falidos pela ação estelionatária de "colarinhos brancos", que financiam a agiotagem globalizada em nosso planeta, gerando o "confisco difuso" dos meios de sobrevivência popular e o *genocídio tributário do servidor inativo*, ante a falência das instituições oficiais de previdência.

Brasília-DF, em 1º de maio de 1999

TOMBAMENTO: UMA ANÁLISE CRÍTICA

HERALDO GARCIA VITTA

Professor de Direito Administrativo nas Faculdades Curitiba
e Juiz Federal. Mestrando na PUC/SP

1. Introdução. 2. Função social da propriedade. 3. Conceito e regime jurídico. 4. Competência do Poder Público: legislativa e administrativa — Responsabilidades dos entes estatais. 5. Dever de indenizar. 6. Limites da análise jurisdicional. 7. Conclusões. 8. Bibliografia.

1. Introdução

A Constituição Federal deixou de ser a Lei Máxima do país. Sua interpretação reflete a inoperância dos órgãos que tem esta incumbência (Poderes Executivo, Legislativo e Judiciário), fazendo com que as normas programáticas deixem de ter subsistência; seriam normas "não-normas", sem sentido algum, normas inexistentes, sem qualquer efeito concreto, exceto o de aguardar a manifestação do Poder Legislativo, para, quando quiser e desejar, editar as regras complementares à norma programática constitucional. E, sabemos nós, neste ponto, o órgão encarregado de elaborar as leis não vem atuando a contento.

Daí a escolha do tema: tombamento. Forma de o Poder Público proteger o patrimônio histórico-cultural — o qual, ademais, depende de lei ordinária a completar a vontade constituinte, por cuidar-se de norma constitucional programática —, doutrinadores discutem sua natureza jurídica, a questão da indenizabilidade, a análise do Judiciário, competência etc., pois controvérsias existem, e muitas, a evidenciar a importância do instituto entre nós, apesar de não termos, infelizmente, uma política de proteção de valores, colocados de maneira relevante pelo Poder Constituinte Originário, a impor aos órgãos públicos comportamentos dirigidos ao fim constitucional. Sem esta fixação de ditames constitucionais, os administradores agem sem que houvesse obrigatoriedade de segui-las, gerando irresponsabilidade estatal. Reflete-se a total descrença do povo e mesmo de juristas à Constituição da República, hoje retalhada por meio de Emendas Constitucionais de toda ordem.

A proteção do patrimônio cultural tem muito a ver com o que acima dissemos, pois do contexto normativo podemos atribuir ao Estado responsabilidades, ainda que as normas infraconstitucionais sejam insuficientes, não atinjam às finalidades da norma constitucional, ou sejam elaboradas deficientemente. Logo, a total irresponsabilidade do Estado na proteção cultural é substituída pela regra da responsabilidade estatal, alargando-se a interpretação dada a determinados dispositivos da Constituição Federal, em harmonia com os princípios inspiradores do Texto (art. 1º).

Nosso trabalho, a par de desenvolver breve estudo acerca da responsabilidade estatal pela ineficiência na proteção ao patrimônio cultural e histórico da Nação, antes ou após o tombamento, cerca-se de base doutrinária, partindo da função social da propriedade, passando pelo regime jurídico e competência, indenização, e chegando à análise do Judiciário. Tivemos em mente a atualização do tema, arbitrando às normas constitucionais o valor que lhes compete na sociedade.

2. *Função social da propriedade*

As funções das cidades, consistentes em habitação, trabalho, circulação e diversão, têm em mira o bem-estar dos que nelas residem; portanto, buscam a plena satisfação da sociedade. Devem estar em sintonia à realidade do povo e estão ligadas entre si; ausente uma delas, restaria comprometida a própria existência, a razão de ser das cidades.

Para bem cumprir suas funções, as cidades dependem de mecanismos jurídicos, por meio dos quais limitam o direito dos seus habitantes, através de normas legais, inspiradas no Texto Constitucional. Logo, visando à utilização econômica do bem do particular, de acordo, porém, com o bem-estar social, as normas estatais são editadas e cumpridas por todos os habitantes das cidades em prol da satisfação maior, o da comunidade, e não em vista de interesses puramente individuais ou egoísticos. Daí o conceito de propriedade ser relativo; isto é, a propriedade passa a ser considerada diante do contexto normativo que lhe dá sustentação e embasamento jurídico. Fala-se, dessa maneira, em função social da propriedade.

Assim, as diversas Constituições trouxeram normas jurídicas no sentido de inculcar a função social da propriedade e possibilitar ações do Poder Público, com aquela finalidade. Não foi diferente no Brasil.

A Constituição de 1824 assegurou o direito de propriedade em toda sua plenitude, segundo os cânones tradicionais, individualista; a de 1891, repete a idéia da Constituição anterior; por seu turno, a de 1934 transcende a idéia individualista, pois não poderia o proprietário utilizá-la contra o interesse social ou coletivo (limites negativos), podendo o Poder Público efetuar desapropriação, por necessidade ou utilidade pública; a Constituição de 1937, ditatorial, evidentemente, voltou-se à concepção meramente individual; na Constituição de 1946, democrática, tivemos, além da desapropriação por necessidade ou utilidade pública, a desapropriação por interesse social, baseada no conceito de propriedade como função social, na medida em que o art. 147 do Texto Constitucional determinava o uso da propriedade condicionado ao bem-estar social; apenas com a Constituição de 1967 a "função social da propriedade" teve o lugar que lhe é próprio, pois inserido como princípio da ordem econômica; mas foi a Constituição de 1988 a que melhor inseriu preceitos normativos segundo os quais a utilização da propriedade deve cumprir função social, inserindo-os quer no capítulo dedicado aos "Direitos e Garantias Individuais", como no capítulo concernente aos "Princípios Gerais da Atividade Econômica".

Com efeito, dispõe o art. 5º, incs. XXII e XXIII: "é garantido o direito de propriedade"; "a propriedade atenderá a sua função social"; e o art. 170, III, estabelece: "A ordem econômica, fundada na valorização do trabalho humano e na livre iniciativa, tem por fim assegurar a todos existência digna, conforme os ditames da justiça social, observados os seguintes princípios: (...) — função social da propriedade (...)".

Portanto, temos modificações na essência do conceito da propriedade; o Poder Público pode, em tese, determinar "obrigações de fazer" ao proprietário, condutas positivas ao titular do bem, pode aplicar as sanções ante a sua não utilização, estabelecidas previamente pelo legislador.

Trata-se de normas constitucionais programáticas, nas quais há necessidade de o legislador ordinário colmatar a vontade constituinte, através de leis editadas com o fim de, justamente, acolher e concretizar a intenção do órgão elaborador do preceito constitucional. As normas constitucionais programáticas têm conteúdo social, não são bastante em si, e visam possibilitar ao Estado a intervenção na ordem econômico-social. Trazem princípios e programas, verdadeiros deveres do Poder Público, configuradores de "direito subjetivo público dos cidadãos", no sentido de impedir que a Administração aja de forma a contrariá-las, ou mesmo edite normas que as contrariem,[1] além de impor aos legisladores a edição de leis que vêm ao encontro delas, e de autorizar o juiz a interpretação do sistema jurídico em face delas.

De regra, a função social da propriedade, além de autorizar a exigência de condutas positivas do particular, tais como edificar no terreno inutilizado, sob pena de o Poder Público fazê-lo às expensas do proprietário, também é referido no sentido negativo, as denominadas limitações administrativas, tais como os índices urbanísticos (taxa de ocupação, taxa de aproveitamento, recuos etc.), pelos quais o proprietário não poderá edificar sem obediência aos comandos editados pela Municipalidade, por meio de lei. A bom tempo verificaremos a distinção entre as limitações administrativas e as servidões administrativas.

O tombamento, a nosso ver, não está fora do conceito da função social da propriedade; ao contrário, a utilização da propriedade, pelo titular do direito, adstringida segundo as normas jurídicas infraconstitucionais, tem perfeita sintonia com a função social da propriedade. Embora no tombamento a exclusividade, um dos atributos da propriedade, seja comprometida ante a utilização do bem pela coletividade, justamente neste ponto reside a nobre função social da propriedade: continua sendo proprietário o particular (ou o próprio Poder Público); apenas sua utilização passa a ter certos temperamentos, voltados para o bem-estar da coletividade.

Esta afirmativa não refuta, porém, a possibilidade de indenização ao proprietário atingido, no caso de haver prejuízo pelo tombamento realizado; o princípio da função social da propriedade não impede o Poder Público indenizar o proprietário, no caso de sacrifício de direito e de prejuízo efetivo.[2]

Portanto, caracterizado o tombamento como uma das formas de o Poder Público atender à função social da propriedade, passemos a analisá-lo, perscrutando seu conceito, sua natureza jurídica, seus contornos normativos.

3. Conceito e regime jurídico

Como vimos, o tombamento enquadra-se no conceito da "função social da propriedade", insculpida, entre nós, a nível constitucional (art. 5º, XXII e XXIII e art. 170, III) e tem a função de promover e proteger o patrimônio cultural brasileiro, conceituado este no art. 216, *caput*, segundo o qual "constituem patrimônio cultural brasileiro os bens de natureza material e imaterial, tomados individualmente ou em conjunto,

1. A respeito, José Afonso da Silva, *Aplicabilidade das Normas Constitucionais*, p. 138. V., ainda, a classificação das normas constitucionais, feita por Celso Antônio Bandeira de Mello, no excelente artigo "Eficácia das normas constitucionais sobre justiça social", *RDP* 57-58.

2. Maria Coeli Simões Pires acentua: "A função social justifica a servidão do tombamento ou até a desapropriação; não pode fazer desaparecer, porém, o direito à indenização, no primeiro caso, se se reconhecer prejuízo real, e, no segundo, de qualquer modo, porque se negou a própria essência da propriedade. Em ambas as situações, a indenização corresponde à distribuição equânime do ônus da preservação cultural, dentro do princípio da solidariedade social" (*Da Proteção ao Patrimônio Cultural*, p. 261).

portadores de referência à identidade, à ação, à memória dos diferentes grupos formadores da sociedade brasileira (...)".

O mencionado art. 216, no seu § 1º, estabelece as formas pelas quais o Poder Público promoverá e protegerá o patrimônio cultural brasileiro: por meio de inventários, registros, vigilância, tombamento e desapropriação, além de outras. Interessa-nos o tombamento, isto é, vale a pena repetir, uma das maneiras pelas quais o Poder Público promoverá e protegerá o patrimônio cultural brasileiro.

A caracterização do tombamento ocorre por intermédio de procedimento previamente estabelecido na lei (Decreto-lei 25, de 30.11.1937); tal procedimento tem fundamental importância, em face do princípio maior do "devido processo legal" (art. 5º, LIV, CF/88). Pressupõe momentos distintos e inconfundíveis, apesar de ligados intrinsecamente: (1) a qualificação da coisa tombada (objeto móvel ou imóvel, de valor histórico, estético, etnográfico, paisagístico etc.), e (2) a edição de ato administrativo, que é concretizado, executado com a inscrição no Livro Tombo (fato administrativo). Como bem esclarece Cretella Júnior:

"Não se confunda, pois, a qualificação do bem com o tombamento em si. *Qualificar* é tipificar, é atribuir ao bem valor histórico, artístico, paisagístico, enquadrando-o de modo preciso em uma das hipóteses legais. *Tombar* é o momento jurídico concretizado pela edição do ato. Qualificação é operação de natureza técnica; o tombamento, em si, é ato administrativo discricionário que pode ser editado ou não, porque envolve oportunidade, conveniência, razoabilidade."[3]

Por caracterizar-se num procedimento próprio, específico, estabelecido na lei, finalizando como ato final da administração, quanto à qualificação da coisa e posterior inscrição no livro competente, Adilson Abreu Dallari acentua:

"Seguindo os ensinamentos contidos na formidável análise da 'Função Administrativa', feita por Américo Lacombe (*RDP* 29/36) entendemos que é matéria de lei a definição, em caráter geral e abstrato, do regime jurídico do tombamento, cabendo ao Executivo a aplicação da lei em cada caso concreto. Ou seja: a Administração Federal, Estadual ou Municipal procederá aos concretos e específicos atos de tombamento, atendendo ao que houver sido prescrito pela respectiva legislação sobre essa matéria."[4]

A regra é a fixada por Adilson Abreu Dallari, ou seja, "o tombamento de um determinado bem é uma atividade jurídica que se caracteriza por ser infralegal, concreta, imediata, ativa e parcial (no sentido de parte em uma relação jurídica), enquadrando-se, pois, perfeitamente na função administrativa e, portanto, na área de competência própria do Executivo".[5]

Evidentemente, aliás igualmente ressalvado pelo insigne jurista, a conduta do administrador deverá ser precedida de lei. É o princípio da legalidade (art. 5º, II e art. 37, *caput*, da CF/88).

Portanto, o tombamento é efetivado pelo Poder Público para promover e proteger o patrimônio cultural do país; o bem, uma vez tombado (e pode haver tombamento de bem particular ou público), sofrerá sujeições especiais, consignadas pelo legislador.

A grande discussão doutrinária encontra-se no regime jurídico do tombamento.[6] A dissensão é grande entre os doutrinadores, ha-

3. "Regime jurídico do tombamento", *RDA* 112/54 (grifos no original).

4. "Tombamento", *Temas de Direito Urbanístico*, v. 2, p. 14.

5. Art. cit., p. 15. No mesmo sentido, Hely Lopes Meirelles: "(...) o tombamento em si é ato administrativo da autoridade competente, e não função abstrata da lei, que estabelece apenas as regras para sua efetivação" (*Direito Administrativo Brasileiro*, p. 466).

6. "Delinear o regime jurídico de um instituto é fixar-lhe uma a uma as notas características para integrá-lo, de maneira precisa, no sistema de direito a que pertence, estabelecendo-lhe um a um os pontos máximos e mínimos, de maneira objeti-

vendo quem a veja como simples limitação administrativa, como Cretella Júnior,[7] Diógenes Gasparini, Marcelo Caetano, Themístocles Brandão Cavalcanti,[8] ou na qualidade de verdadeira servidão, na esteira de Celso Antônio Bandeira de Mello,[9] Adilson Abreu Dallari,[10] e Lucia Valle Figueiredo.[11-12] Então, para entendermos o regime jurídico do tombamento, devemos fazer a distinção entre limitações administrativas e servidões públicas, não sem antes nos referirmos ao fato de o tombamento ser peculiar ao Direito Administrativo, ramo do Direito Público.[13]

Para Hely Lopes Meirelles, limitação administrativa é "toda imposição geral, gratuita, unilateral e de ordem pública condicionadora do exercício de direitos ou de atividades particulares às exigências do bem-estar social".[14]

Trata-se de condicionamento geral da propriedade, imposto pelo Poder Público, utilizando-se do poder de polícia, definido este por Celso Antônio Bandeira de Mello, do seguinte modo:

"Atividade da Administração Pública, expressa em atos normativos ou concretos, de condicionar, com fundamento em sua supremacia geral e na forma da lei, a liberdade e a propriedade dos indivíduos, mediante ação ora fiscalizadora, ora preventiva, ora repressiva, impondo coercivamente aos particulares um dever de abstenção (*non facere*) a fim de conformar-lhes os comportamentos aos interesses sociais consagrados no sistema normativo".[15]

Ambos os institutos cuidam da intervenção do Estado na propriedade e, logicamente, dependem de lei precedente, sem a qual a intervenção será nula, ante o princípio da legalidade (arts. 5º, II e 37, *caput*, CF/88).

Adilson Abreu Dallari, com sua particular proficiência, mostra-nos as diferenças básicas não só entre a servidão administrativa e a mera limitação administrativa, incluindo, também, a desapropriação, da mesma forma modalidade de intervenção do Estado na propriedade:

"Nos diversos sistemas jurídicos são encontráveis meios de atuação estatal que variam em quantidade e intensidade, mas, de maneira geral, podem-se identificar três espécies básicas: as limitações administrativas, as desapropriações e as servidões administrativas. "(...).

"As limitações administrativas são inerentes ao exercício do poder de polícia, em sentido amplo, e se aplicam tanto à definição do direito de liberdade quanto ao direito de propriedade. São limitações administrativas, enquadráveis no campo da polícia das edificações, por exemplo, o estabelecimento de recuos obrigatórios, taxas de ocupação e gabaritos máximos. (...).

"No extremo oposto, temos o instituto da desapropriação, definido no Código Civil brasileiro como forma de extinção da propriedade privada. Com efeito, por meio da desapropriação o Estado faz desapare-

va, até configurar-lhe o exato lugar geométrico, ponto de partida para as respectivas implicações ulteriores" (Carlos Medeiros Silva, parecer in *RDA* 67/258, *apud* J. Cretella Júnior, art. cit., p. 61).

7. Art. cit., p. 62.

8. Cf. Maria Coeli Simões Pires, ob. cit., p. 126.

9. *Curso de Direito Administrativo*, p. 527.

10. "Tombamento", *Temas de Direito Urbanístico*, v. 2, p. 13.

11. "Disciplina urbanística da propriedade", pp. 17 e ss., *apud* Marcelo Figueiredo, "Tombamento — Uma análise constitucional. Aspectos da discricionariedade aplicáveis ao instituto", in *Temas de Direito Urbanístico*, v. 1, p. 61.

12. Existem outras teorias, mas as que nos interessam, no momento, e que as reputamos mais importantes, sobretudo para o fim de indenização ou não ao particular afetado, são as acima referidas.

13. "É instituto do direito administrativo porque se concretiza mediante a convergência de normas concernentes à relação de administração" (J. Cretella Jr., art. cit., p. 61).

14. *Direito Administrativo Brasileiro*, p. 515.

15. Ob. cit., p. 525.

cer uma determinada propriedade privada, que é substituída por seu equivalente em dinheiro, e faz surgir, ao mesmo tempo, mas originariamente (sem que haja transferência), a propriedade pública. (...).

"Entre esses dois extremos estão as servidões administrativas, por meio das quais o Estado obtém o uso da propriedade privada sem retirá-la de seu proprietário, e se apresentam como medidas ora genéricas, ora específicas; ora gratuitas, ora onerosas.

"(...).

"De maneira geral, pode-se dizer que das limitações decorre uma obrigação de não fazer, de abster-se, um *non facere*; enquanto das servidões deriva um dever de suportar que se faça, deixar fazer, um *pati*."[16]

Celso Antônio Bandeira de Mello, após fazer breve relato sobre o posicionamento geral da doutrina acerca da distinção da limitação e servidão administrativas, conclui taxativamente:

"1. Se a propriedade não é afetada diretamente pela disposição abstrata da lei, mas em conseqüência de uma injunção específica da Administração, que individualize o bem ou os bens a serem gravados, está-se diante de uma servidão. Não haveria em tais hipóteses que falar em simples limitação administrativa. Em face disto, caberá indenização sempre que da injunção cogitada resultar um prejuízo para o proprietário do bem alcançado.

"2. Quando a propriedade é afetada diretamente pela lei, pode ou não configurar-se servidão. Haverá esta, e não mera limitação administrativa, se o gravame implicar uma sujeição especial daquele bem ao interesse coletivo. Entende-se como sujeição especial aquela em que a utilidade social a ser obtida for singularmente *fruível* pelos membros da coletividade ou pela própria Administração através de seus órgãos, agentes, prepostos, etc., consistindo o gravame em um dever de suportar (*pati*), e não simplesmente imposição de *non facere*."[17]

Também importa não confundir o instituto da servidão pública com o da requisição (utilização transitória e coativa de bens ou serviços, diante de perigo público iminente, indenizável *a posteriori*).[18]

São exemplos de servidão administrativa, diante da lição expendida: a passagem de fios elétricos sobre imóveis particulares, a passagem de aquedutos, a instalação de placas sinalizadoras de ruas nos imóveis particulares, o trânsito sobre bens privados, *o tombamento* de bens em favor do Patrimônio Histórico etc.[19]

Na limitação administrativa, o Poder Público edita normas gerais, leis, com as quais condiciona o uso da propriedade para o bem-estar social, sem especial sujeição, sem nenhuma fruição pela coletividade ou pela Administração, por intermédio de seus agentes ou prepostos. Na limitação administrativa, há o exercício do Poder de Polícia, e não gera indenização alguma ao particular, conforme teremos oportunidade de estudar. Não há sacrifício de direito, não se invade a esfera jurídica de outrem.

Isto porque compreende-se o direito de propriedade em face do contexto normativo em que se insere (como todo direito, o direito de propriedade é uma limitação); é possível normas legais (e gerais) estabelecerem condicionamentos da propriedade, pois tais condicionamentos (os quais, de resto, como afirmamos, não atingem a esfera jurídica de outrem, não interferem especificamente sobre determinado bem) são estabelecidos e fundamentados na "função social da propriedade".

Por isso mesmo, acentua Celso Antônio Bandeira de Mello:

16. "Servidões administrativas", *RDP* 59-60/90-1.

17. *Curso...*, cit., p. 527.

18. Cf. Juarez Freitas, "Reconceituando o ônus real de uso público", *RTJE* 133/26.

19. Celso Antônio Bandeira de Mello, ob. cit., p. 527.

"Daí que são distintas as noções de propriedade, abstratamente considerada — ou seja, para além do seu delineamento normativo, em tal ou qual país — e *direito* de propriedade, pois este é a configuração que ela tem perante certo direito positivo; é a resultante do plexo normativo reportado, pelas leis do País, aos poderes de quem a utilize e das contenções que lhe sejam aplicáveis."[20]

Exemplos de limitações administrativas: as leis que estabelecem zonas urbanas, taxa de recuos, taxa de ocupação, taxa de aproveitamento etc. São condicionamentos à propriedade imóvel, apenas configuram o direito de propriedade, trazem normas gerais, abstratas, sem considerar este ou aquele imóvel, especificamente, mas apenas uma dada região, um dado local, de maneira genérica, abstrata.

Ao contrário, na servidão administrativa, embora atenda-se, igualmente, à função social da propriedade, há especial sujeição do bem à coletividade, à Administração Pública; invade-se a esfera jurídica do particular, por intermédio de leis ou de atos administrativos, com os quais especificam-se os bens a serem atingidos pela medida. Tratase de "ônus especial imposto a determinada propriedade, mediante indenização do Poder Público, para propiciar a execução de algum serviço público".[21]

Pois bem. Feita a distinção entre servidão e limitação administrativa, a pergunta impõe-se: o tombamento enquadra-se em qual regime jurídico?

Esta indagação é de suma importância para o Direito, porquanto, se entendermos cuidar-se de mera limitação administrativa, por constituir-se no contorno do direito de propriedade, não há falar-se em indenização ao particular; de outro lado, se se cuidar de servidão administrativa, a indenização *poderá* ocorrer, dependendo do efetivo prejuízo sofrido pelo particular.

A nosso ver, o tombamento constitui servidão administrativa. O Poder Público destaca determinado bem, individualizado, especificado, com a finalidade de impor ao proprietário determinadas sujeições, entre as quais destacamos a impossibilidade de destruição, demolição, mutilação, reparação, pintura ou restauração da coisa tombada, exceto com autorização do órgão competente (art. 17 do Decreto-lei 25, de 30.11.1937), sem falarmos das sujeições quanto à alienabilidade do bem pertencente ao particular (arts. 12, 13 e 22), e da negativa de sair a coisa fora do país (art. 14).

O fato de existir o tombamento de determinada região ou cidade em nada afeta seu regime jurídico, pois ainda se cuida de ato especificador da região ou cidade, é inegável a especificidade da restrição. Além do mais, no tombamento temos sacrifício de direito, como vimos, consistindo este num "constrangimento extraordinário, excedente dos padrões de normalidade habitualmente aceitos".[22] Apenas no que se refere à indenização, o tombamento realizado em região ou cidade trará reflexos importantes, conforme adiante explicaremos.

Não discrepa desse entendimento Juarez Freitas, para quem, "preliminarmente, é de assinalar que a servidão administrativa é ônus real de uso, imposto pelo Poder Público sobre propriedade particular e, excepcionalmente, *no caso de tombamento*, podendo incidir também sobre coisa pública (...)".[23]

E arremata: "Com base no exposto, enquadra-se o tombamento, em todas as hipóteses, como uma servidão administrativa, seja porque, não raro, é manifestamente devida a indenização, seja, enfim, pelo preenchimento de todos os requisitos técnicos configurados. Destarte, com a devida vênia, não merece acolhida a posição doutrinária e ju-

20. "Tombamento e dever de indenizar", *RDP* 81/65.

21. Hely Lopes Meirelles, ob. cit., p. 521. Quanto à indenização, citada pelo autor, veremos adiante que nem sempre a servidão a originará.

22. Carlos Ari Sundfeld, *Direito Administrativo Ordenador*, p. 94.

23. Art. cit., p. 24, grifo nosso.

risprudencial de que o tombamento seria uma mera limitação administrativa, até mesmo em razão de ser esta última, como vimos, invariavelmente gratuita, inclusive por força de definição. Em outras palavras, não é de se reputar que o tombamento seja uma limitação geral, dado que, por mais genérica que aparente, é inegável a especificidade da restrição (...)".[24]

Corrobora com esse entendimento Maria Coeli Simões Pires: "O tombamento configura intervenção estatal na propriedade, que transforma a natureza do bem atingido, condicionando o uso e o gozo da coisa. Não há que falar mera adequação do exercício do direito de propriedade ao interesse público, já que, para a conservação do bem, permite-se a co-gestão do Estado".[25]

Podemos concluir em face do exposto: o tombamento, verdadeira servidão administrativa (ou servidão pública) é regido pelo Direito Administrativo, ramo do Direito Público; corresponde à função social da propriedade, mas, apesar disto, sempre há o sacrifício do direito, que é a característica marcante da servidão administrativa, porque o uso, o gozo e a exclusividade da propriedade são atingidos por ela, ante sujeição extraordinária a que fica exposta; como decorre de ato estatal específico e concreto, a indenização poderá ocorrer ou não, dependendo de haver ou não prejuízo econômico ao particular.

4. Competência do Poder Público: legislativa e administrativa — Responsabilidades dos entes estatais

Competência são plexos de poderes atribuídos aos agentes públicos, para agir nos termos do ordenamento jurídico. No caso, a competência para decretar o tombamento é do "Poder Público", isto é, dos agentes públicos pertencentes às diversas esferas de poder, União, Estados, Distrito Federal e Municípios: "O Poder Público, com a colaboração da comunidade, promoverá e protegerá o patrimônio cultural brasileiro, por meio de inventários, registros, vigilância, tombamento e desapropriação, e de outras formas de acautelamento e preservação" (art. 216, § 1º, CF/88).

No entanto, esta competência pressupõe a edição de lei (geral, abstrata), meio pelo qual o agente público poderá determinar o tombamento, ao editar o ato administrativo subseqüente.[26] Então devemos mergulhar nas normas constitucionais que cuidam da competência administrativa e da competência legislativa.

Iniciaremos com a competência legislativa: dispõe o art. 24, VII da Constituição Federal ser da competência concorrente da União, dos Estados e do Distrito Federal legislar sobre proteção ao patrimônio histórico, cultural, artístico, turístico e paisagístico. Logo, à União compete a edição de normas gerais,[27] cabendo aos Estados a elaboração de normas que lhes são específicas (art. 24, § 2º). Quanto aos Municípios, cabe-lhes a promoção da proteção do patrimônio histórico-cultural local, observada a legislação e ação fiscalizadora federal e estadual (art. 30, IX). Evidentemente, a observância da legislação federal e estadual (bem como a fiscalização correspondente) não impede de os

24. Idem, p. 27, rodapé 11.

25. Ob. cit., p. 132.

26. Com efeito, estamos com Adilson Abreu Dallari, segundo quem: "Parece evidente que o tombamento só pode emergir de um procedimento administrativo no qual fiquem perfeitamente delineados seus motivos determinantes e no qual o proprietário do bem atingido possa se manifestar, seja para anuir seja para contestar a qualidade atribuída à sua propriedade. Isso seria impossível se o tombamento fosse feito por lei" ("Tombamento", cit., p. 14). O tombamento, se efetivado por lei (de efeitos concretos), fere o princípio do "devido processo legal", estabelecido no art. 5º, LIV, da CF, e do contraditório e da ampla defesa (art. 5º, LV).

27. Deixaremos de nos ocupar com o conceito de normas gerais por fugir dos propósitos deste trabalho.

Municípios *legislarem* acerca de patrimônio histórico-cultural local, pois sendo de interesse local, justamente, poderá legislar acerca do tema (art. 30, I), mas observando as normas gerais da União e as suplementares do Estado respectivo.

O patrimônio histórico-cultural do Município, embora seja assunto de interesse local e, portanto, possa a municipalidade legislar na sua proteção (art. 30, I), deve obediência às normas advindas do Estado respectivo (normas suplementares, art. 24, § 2º) e da União (normas gerais — art. 24, § 1º), sem prejuízo da fiscalização federal e estadual (art. 30, IX, parte final).

Assim, a nosso ver, o Decreto-lei 25, de 30.11.1937, contém normas gerais editadas pela União de observância obrigatória a todos os entes políticos; aos Estados e Municípios compete a edição de leis próprias: o Estado editará normas suplementares às da União, mas deverá respeitar o "interesse local" dos Municípios de seu território (interesse predominantemente municipal), os quais elaborarão as normas que lhes forem peculiares.

Se, a princípio, a competência legislativa das pessoas políticas para a proteção do patrimônio histórico-cultural encontra-se delineada, bastando interpretação lógico-sistemática, o mesmo não ocorre com a competência administrativa, ou de execução. Esta dita competência material, pois refere-se às atividades concretas da Administração Pública, tem sido objeto de discussões doutrinárias, e muitas vezes faz-se valor nenhum à norma constitucional, à míngua uma melhor interpretação.

No tocante à competência referida, além do art. 216, § 1º, citado, o qual, a nosso ver, abarca a competência administrativa, temos o disposto no art. 23, da Constituição da República:

"É da competência comum da União, dos Estados, do Distrito Federal e dos Municípios: (...)

"III — proteger os documentos, as obras e outros bens de valor histórico, artístico e cultural, os monumentos, as paisagens naturais notáveis e os sítios arqueológicos;

"IV — impedir a evasão, a destruição e a descaracterização de obras de arte e de outros bens de valor histórico, artístico ou cultural."

E o art. 30, IX, relativamente aos Municípios, aos quais compete promover a proteção do patrimônio histórico cultural local, observada a legislação e a ação fiscalizadora federal a estadual.

Trata-se de competência comum, cumulativa ou paralela das pessoas políticas; isto é, todas têm as mesmas atribuições, sem qualquer primazia de uma em relação à outra: devem proteger o patrimônio cultural e, evidentemente, o tombamento, um dos meios para essa proteção, pode ser utilizado com essa finalidade.

No entanto, o parágrafo único do art. 23 dispõe: "Lei complementar fixará normas para a cooperação entre a União e os Estados, o Distrito Federal e os Municípios, tendo em vista o equilíbrio do desenvolvimento e do bem-estar em âmbito nacional".

A nosso ver, a exigência da lei complementar visando à cooperação entre as entidades políticas não retira a aplicabilidade plena da norma constitucional (art. 23);[28] aquela exigência normativa apenas poderia indicar caminhos a serem seguidos para esta cooperação, bem como resolver questões de competências (prevalência da atividade concreta da União em relação às outras entidades políticas, quando se cuidar de proteção nacional; prevalência dos Estados, se for regional; prevalência dos Municípios, se for local; julgamentos de atos e procedimentos administrativos determinados por agente de uma entidade política, ante a omissão do servidor, de outro ente político, que deveria agir), forma de distribuição de tarefas aos

28. Norma constitucional de eficácia plena é aquela que não necessita de lei infraconstitucional para ter eficácia; é a norma constitucional bastante em si.

diversos servidores (federais, estaduais e municipais).

Em estudo que realizamos sobre a proteção ambiental, tivemos a oportunidade de interpretar o disposto no art. 23, perfeitamente aplicável à hipótese de tombamento: competência concorrente para legislar e competência cumulativa para realizar atos de execução:

"2. Seria possível, numa omissão de um ente estatal, o outro atuar em prol do meio ambiente? Como isso ocorreria? Digamos que haja danos ecológicos num bem pertencente ao Município; por razões diversas, contudo, as autoridades municipais ficam silentes; não penalizam os infratores nem mesmo restauram a lesão ambiental. Nesse exemplo, parece-nos coerente ponto de vista segundo o qual o Estado e até mesmo a União atuem, na defesa do meio ambiente lesado. Tanto o servidor estadual como o federal poderiam aplicar as sanções cabíveis, inclusive multas aos infratores, desde que devidamente plasmadas em leis. E vamos um pouco mais. Pouco importaria ser esta lei municipal, estadual ou federal, na medida em que a competência para aplicá-las seria de todas as entidades políticas."[29]

Assim, a partir da Constituição Federal de 1988, tornou-se possível o Município tombar bem cuja proteção cultural interesse a toda Nação, e não apenas dos munícipes, desde que, evidentemente, a coisa esteja em seu território; a União tombar bem cuja proteção cultural interesse ao Município; e assim por diante.[30] A única exigência é a omissão do ente que deveria agir e não o fez. Por cuidar-se de competência comum, cumulativa, quaisquer dos entes políticos têm atribuições idênticas, respeitando-se as normas legais advindas da competência legislativa. A omissão de uma pessoa jurídica de direito público interno faz com que outras possam agir, atuar em prol dos valores protegidos pela norma constitucional.

Se acaso houver insuficiência da legislação, qualquer dos entes políticos poderá editar normas legais, a fim de proceder à proteção constitucional, conforme assinala Francisco Van Acker, embora por conta do meio ambiente: "Portanto, se a Constituição deferiu determinadas competências às três esferas de poder, conferiu-lhes, implicitamente, competência para legislar sobre a mesma matéria sempre que for necessário, ou seja, quando o ordenamento jurídico for insuficiente".[31]

Segue-se que, se a competência é cumulativa, a responsabilidade civil por danos causados à coletividade, diante da omissão dos entes políticos, torna-se solidária. Realmente, não faria sentido atribuir-se determinadas competências, atribuições, sobretudo de ação e execução, sem que houvesse a responsabilização por omissão dos entes estatais. É próprio do sistema jurídico brasileiro a responsabilidade civil do Estado, consoante a norma descrita no art. 37, § 6º, da Constituição Federal. Havendo omissão de qualquer ente político, no sentido de não proteger os bens culturais do país, e o tombamento é uma das formas de fazê-lo, poderá haver a responsabilidade civil por omissão, responsabilidade esta solidária da União, dos Estados, do Distrito Federal e dos Municípios.[32]

29. "Da divisão de competências das pessoas políticas e o meio ambiente", *Revista de Direito Ambiental* 10/98.

30. Neste ponto, discordamos de Maria Coeli Simões Pires: "Desse modo, só a União, teoricamente, poderá adotar medidas de abrangência total, relativamente a bens de importância nacional (...) Não deverá adotar medidas apenas para suprir iniciativa do ente competente (...)" (ob. cit., p. 112).

31. *Revista de Direito Ambiental*, ano I, 1996, p. 97, *apud* Heraldo Garcia Vitta, art. cit., p. 99.

32. A respeito da responsabilidade estatal por omissão, ver Celso Antônio Bandeira de Mello: "Quando o dano foi possível em decorrência de uma *omissão* do Estado (o serviço não funcionou, funcionou tardia ou ineficientemente) é de aplicar-se a teoria da responsabilidade *subjetiva*" (*Curso* ..., cit., p. 624, grifos no original).

O tombamento realizado por determinado ente estatal, por força do art. 23 da Constituição Federal, não exclui idêntico procedimento dos demais; uma vez tombada a coisa por ente estatal, os demais não podem ser responsabilizados por omissão que advier diretamente relacionada ao referido tombamento. Se se cuida de competência comum, independentemente de a coisa interessar mais à União (interesse nacional), ao Estado (interesse regional) ou ao Município (interesse local), uma vez ocorrido o tombamento por quaisquer deles, os outros não serão, evidentemente, responsabilizados por omissão, pois o tombamento realizado por um dos entes estatais aproveita aos demais. Tanto a responsabilidade solidária quanto a sua desincumbência devem ter a mesma consistência lógica.

Uma vez tombado o bem por determinado ente estatal, este responsabiliza-se civilmente por eventuais danos advindos de sua ação ou omissão em face da proteção da qual assumiu e não cumpriu adequadamente. Os demais entes estatais, independentemente de ocorrer interesse nacional, regional ou local, a contar do tombamento efetivado por um deles, já não podem ser responsabilizados por ações ou omissões de quem realizou o tombamento. A pensar de forma diferente, todos os entes estatais *deveriam* tombar a coisa já anteriormente tombada por um deles; quando, na verdade, uma vez ocorrido o tombamento por determinado ente estatal, os demais passam a ter opção a idêntico procedimento, se assim convier ao interesse público. Por ser competência paralela, é possível suprir-se a omissão de um ente estatal, mediante ação de outro ente estatal e, dessa forma, aquele ficaria desincumbido de realizar o mesmo procedimento.

5. *Dever de indenizar*

Neste tópico, vamos analisar o tombamento e o dever de indenizar em duas frentes; a primeira, referente ao fato de o proprietário da coisa tombada ser indenizado por prejuízos sofridos diante da restrição a que ficou sujeita a coisa; a segunda, com relação à responsabilização estatal diante de omissões que porventura ocorram à conservação da coisa tombada, não se olvidando da análise anteriormente feita acerca da responsabilidade dos entes estatais, em face do art. 23 do Texto Constitucional, a qual, por ter sido antes verificado, não fará parte deste item.[33]

Como frisamos, o tombamento caracteriza-se em servidão administrativa; esta premissa permite-nos avançar no fator indenizatório, pois a doutrina enfatiza a indenizabilidade da servidão. Realmente, o direito de propriedade é assegurado pela Constituição da República, embora tal direito possua contornos jurídicos, estabelecidos pelo ordenamento. Ou seja, o direito de propriedade é aquele no qual está inserida a propriedade, de acordo com o sistema normativo; cabe a este dar a feição jurídica da propriedade. Mas, enquanto na limitação administrativa temos os contornos da propriedade, na servidão, conforme visto, há ingerência estatal na propriedade alheia, invasão da esfera jurídica de outrem, verdadeiro sacrifício de direito. E, desde que haja sacrifício de direito, além evidentemente do prejuízo real, efetivo, caberá a indenização.

Carlos Ary Sundfeld anota:

"A diferença entre as duas situações está em que o condicionamento, mesmo quando gerado por ato específico, corresponde a gravame normal, tido por indispensável e coerente com os graus de exigência da vida social, ou que não provoca prejuízo, ou o provoca por breve tempo ou em reduzida extensão. O sacrifício é constrangimento extraordinário, excedente dos padrões de normalidade habitualmente aceitos.

33. Preferimos analisar a questão da responsabilidade civil estatal em face do art. 23 no item anterior para fins didáticos, pois está intimamente ligada à idéia de competência administrativa.

"O conceito de normalidade flutua no tempo e no espaço. Contudo, é viável e necessário delimitá-lo, até certo grau. É normal, mesmo quando atinja sujeito especificado, o gravame de *baixa intensidade* (ex.: dever de suportar a afixação, na fachada do imóvel, de placa indicativa do nome de rua), de *pequena extensão* (ex.: dever de preservar portal histórico, quando da demolição do prédio para nova edificação), de *curtíssima duração* (ex.: ocupação de terreno pela polícia, por dois dias, para acesso ao imóvel vizinho, invadido por bandidos), *que não altere a destinação do bem nem impeça ou diminua sua utilização natural* (ex.: tombamento de obra pictórica, impedindo sua destruição) ou *que provoque mínimo prejuízo* (ex.: requisição de trator pertencente a particular para remover pequena quantidade de entulho lançado na via pública)."[34]

Paulo Affonso Leme Machado distingue duas situações relacionadas à generalidade da restrição à propriedade, ou à sua especificidade, caso no qual caberia a indenização: "Devemos distinguir dois casos: quando a propriedade vinculada está inserida num contexto de outros bens vinculados ou limitados; quando a propriedade é escolhida individualmente para ser vinculada, não havendo mais bens a serem existentes na vizinhança ou os bens existentes na vizinhança estão sujeitos a outro regime jurídico".[35]

De acordo com o referido autor, no caso de todos os bens de uma quadra ou das quadras vizinhas tiverem gravames de conservação, inedificabilidade etc., nada há de discriminatório. A propriedade imóvel não está sendo sujeita a gravames e ônus de maneira desigual a outras situadas em igual situação.[36]

34. Ob. cit., pp. 94-5 (grifos no original).

35. "Tombamento — Instrumento jurídico de proteção do patrimônio natural e cultural", *RT* 563/35.

36. Ibidem.

Mas o mesmo não ocorre quando uma propriedade é escolhida solitariamente para ser conservada. Como há prejuízo especial, certo grau de especialidade na limitação ao direito de propriedade,[37] abre-se o direito à indenização[38].

O ínclito Celso Antônio Bandeira de Mello, por seu turno, enfatiza:

"35. Com efeito, se a limitação administrativa não é senão o perfil do direito, parece razoável entender que, sempre que seja necessário um ato específico da Administração *impondo um gravame*, por conseguinte criando uma situação nova, atingiu-se o próprio direito e, pois a hipótese é de servidão. Por este motivo entendemos que tanto o tombamento pelo Patrimônio Histórico quanto a declaração de que uma determinada área particular é de reserva florestal são casos de servidão e não de limitação administrativa, como normalmente se afirma.

"(...).

"Pelo contrário [o autor referia-se ao fato de nas servidões nem sempre haver indenizações], nos casos de tombamento pelo Patrimônio Histórico ou de declaração de que certa área passa a ser reserva florestal e que, em conseqüência, as árvores não podem ser cortadas há uma individualização do bem objeto de ato imperativo da Administração e conseqüentemente um prejuízo manifesto para o proprietário dele, na maior parte dos casos (...)."[39]

Em excelente artigo, o mesmo autor, fundamentadamente, assinala: "Em sendo tombada uma edificação residencial, comercial ou industrial, o *dominus* poderá dele usar e gozar, porém sem poderes de alterá-la. Com isto fica privado da possibilidade de extrair maior conforto ou funcionalidade no uso; fica igualmente tolhido no gozo, pois não poderá extrair todo o rendimento

37. Já tivemos oportunidade de discordar no sentido de que se cuida de limitação administrativa.

38. Art. cit., p. 35.

39. *Curso...*, cit., p. 526 — grifo no original.

que lhe seria proporcionado pela modificação. A disponibilidade — que é o mais importante dos três elementos, como acentua o precitado Washington de Barros Monteiro — torna-se seriamente comprometida. É que não podendo destruir a construção para reedificar, ocorrerá fundo sacrifício na disposição do bem. E é perceptível à todas as luzes que o significado econômico da propriedade sofrerá decréscimo violentíssimo".[40]

Hely Lopes Meirelles não discrepa desta distinção: "Vê-se, pois, que a limitação administrativa difere tanto da servidão administrativa como da desapropriação. A *limitação administrativa*, por ser uma restrição geral e de interesse coletivo, não obriga o Poder Público a qualquer indenização; *a servidão administrativa ou pública*, como ônus especial a uma ou algumas propriedades, exige indenização dos prejuízos que a restrição acarretar para os particulares (...)".[41]

Especificamente quanto à indenização, arremata: "O tombamento, em princípio, não obriga à indenização, salvo se as condições impostas para a conservação do bem acarretem despesas extraordinárias para o proprietário, ou resultem na interdição do uso do mesmo bem, ou prejudiquem a sua normal utilização, suprimindo ou depreciando o seu valor econômico (...)".[42]

Juarez Freitas encarta a possibilidade de indenização no conceito de servidão administrativa — e o regime jurídico do tombamento é este: "Cumpre realçar, igual e enfaticamente, como elemento necessário à conceituação da servidão pública ou administrativa, o fato de esta, em nosso sistema, acarretar o dever de indenizar, não à propriedade como um todo, senão que, necessária e unicamente, para compensar prejuízos reais e efetivos, ocasionados pelo estabelecimento do ônus (...)".[43]

Estamos mencionando dois fatores importantes: a existência de sacrifício de direito do *dominus*, e não a mera limitação ou sujeição administrativa; e a presença de real, efetivo prejuízo ao proprietário da coisa — ambos devem estar presentes, sob pena de não haver qualquer indenização no tombamento.

Mais uma vez vamos tirar proveito da lição de Celso Antônio Bandeira de Mello, para quem a indenização é cabível apenas se houver (a) um sacrifício do direito e (b) que tal sacrifício implique agravo econômico.[44]

Por isso, nas limitações administrativas, ainda que ocorram prejuízos econômicos, a indenização não é cabível, como nas alterações de índices urbanísticos ou a mudança do zoneamento — não houve cerceamento de direito, ou diminuição do direito de propriedade, mas contornos deste direito, dessa forma, não cabe indenização. De outro lado, há casos nos quais têm sacrifício de direito, sem que ocorra o efetivo prejuízo econômico, como no tombamento de uma cidade ou de uma região, mediante o qual há um "tratamento jurídico uniforme à comunidade dos prédios da cidade, os quais não perdem valor (...)".[45]

Com efeito, o que justifica a indenizabilidade no tombamento é o princípio da igualdade, ou a impossibilidade de alguns suportarem prejuízos econômicos, em benefícios de todos, da coletividade. É o princípio da distribuição das cargas públicas, segundo o qual todos devem arcar os benefícios da sociedade, sendo vedado a alguns fazê-lo, em benefício dos demais integrantes da comunidade. Acerca desta disposição, enfatiza Adilson Abreu Dallari: "Nesse caso, o princípio da isonomia, e, por decorrência dele, o princípio da distribuição das cargas públicas, obriga a coletividade beneficiária do tombamento (e representada pela administração) a reparar o dano

40. "Tombamento e dever de indenizar", *RDP* 81/66.

41. *Direito de Construir*, p. 78 — grifos no original.

42. Idem, p. 131.

43. Art. cit., p. 27.

44. "Tombamento...", art. cit., p. 73.

45. Celso Antônio Bandeira de Mello, "Tombamento...", cit., p. 73.

eventualmente experimentado pelo proprietário do bem".[46]

E acentua, com lapidar precisão:

"Cabe, por último, apenas registrar que as servidões administrativas admitem também uma separação entre indenizáveis e não indenizáveis. Ou seja, algumas são instituídas a título gratuito e outras a título oneroso, mas essa separação decorre não da essência ou da natureza de determinados tipos de servidão, mas sim, das circunstâncias inerentes a cada caso concreto.

"Em princípio, como ensina Bielsa, a servidão administrativa é indenizável, pois a proteção à propriedade alcança sua privação total ou parcial. A servidão, embora afete apenas o atributo da exclusividade, que deixa de existir, é uma privação parcial e, assim, em princípio indenizável."[47]

Não é outro o entendimento de Carlos Augusto A. Machado:

"Como vemos, tudo vai depender da análise do caso concreto. Só concretamente, de caso em caso, é que podemos dizer, com acerto, se haverá necessidade de indenização ou não.

"(...).

"No primeiro caso, isto é, quando há um tombamento de um bem individualizado, desde que o proprietário sofra um prejuízo, deve haver uma indenização, sob pena de se infringir o princípio da isonomia consagrado no § 1º, do art. 153 da CF brasileira.

"Porém, em se tratando de tombamento de toda uma generalidade de bens, achamos não haver direito à indenização, pois, neste caso, todos os bens daquela região tombada vão receber o mesmo tratamento pelo Poder Público, não ferindo, assim, o princípio da isonomia. Cita-se, como exemplo, o tombamento de bairros e de cidades inteiras, como é o caso de Olinda e Ouro Preto. Não houve prejuízo e, sim, uma valorização da natureza, inclusive turística desses bens."[48]

O ilustre constitucionalista Marcelo Figueiredo entende igualmente indenizável o tombamento:

"Se compulsarmos a doutrina e a jurisprudência, à outra conclusão não chegaremos: o direito à indenização do proprietário é inegável. Toda vez que a Administração Pública, por si ou por quem faça suas vezes, direta ou indiretamente, atinge a essência do direito, fica obrigada a reparar o prejuízo (...).

"Não há dúvida de que a Constituição brasileira agasalha a proteção à propriedade, atribuindo ao proprietário o direito ao uso, gozo e disposição da coisa, que constitui a alma do direito de propriedade. Ferindo qualquer um desses elementos, estamos comprimindo o direito e, como remédio, temos a reparação à indenização."[49]

Considerando o acima exposto, seguindo a linha dos doutrinadores, concluímos: a) o tombamento, na hipótese de causar gravame especial a determinado bem, com prejuízo econômico ao proprietário, considerando-se o princípio da isonomia, origina indenização; b) na hipótese de não haver

46. "Tombamento", *Temas de Direito Urbanístico*, v. 2, p. 13. Alguns doutrinadores, entre os quais J. Cretella Júnior, entendem descabida a indenização no tombamento, por cuidar-se de mera limitação administrativa. São palavras do citado doutrinador: "O tombamento, instituto do direito público, fundamentado no poder de polícia do Estado, estabelece limitações ou restrições ao direito de propriedade, sem indenização para o proprietário" (art. cit., p. 67).

47. "Servidões Administrativas", *RDP* 59-60/96-7.

48. "Tombamento — Um instituto jurídico", *Temas de Direito Urbanístico*, v. 1, p. 42. Apenas não concordamos com o autor quando se refere ao fato de, em casos tais, nos tombamentos genéricos, ocorrer limitações administrativas, como expressamente o diz em nota de rodapé (n. 42); trata-se de servidão administrativa, regime jurídico do tombamento: a questão da indenizabilidade não é elemento indispensável à caracterização da servidão administrativa. Pode acontecer ou não, de acordo com o caso concreto.

49. Art. cit., p. 62.

prejuízo econômico, ainda que haja o sacrifício de direito, a indenização é incabível; c) no tombamento genérico, recaindo sobre uma generalidade de bens, como uma região ou cidade, pelo princípio da isonomia e ante a inexistência de gravame especial, não se fala em indenização.

Pode ocorrer de o Poder Público, ao determinar o tombamento de determinado bem, impedir sua destinação econômica, sua funcionalidade; neste caso, tratar-se-á de desapropriação indireta, a ser devidamente compensada, mediante ressarcimento dos prejuízos ao proprietário da coisa, sobretudo por cuidar-se de ato ilícito da Administração, a qual deveria agir nos termos estabelecidos na Lei de Desapropriações, decretando-a, conforme as normas legais, e não, por via oblíqua fazê-la ao arrepio do sistema normativo, sob falsa forma jurídica (tombamento). Havendo interdição do uso da propriedade, ou diminuição extraordinária de seu potencial econômico, a indenização deve haver para compor os prejuízos sofridos pelo particular.[50] Cuida-se de extinção do direito de propriedade, verdadeira compressão total do direito, como acentua Carlos Ari Sundfeld:

"Estamos agora diante de dever de abstenção que, dadas sua intensidade e as peculiaridades do bem, caracteriza a extinção do direito (espécie de sacrifício). Há extinção do direito porque, uma vez observada, pelo proprietário, a abstenção que se lhe exige, estará privado da possibilidade de dar destinação útil ao bem.

"Imagine-se um exemplo: impõe-se, no interesse da preservação dos recursos hídricos, ao proprietário de terreno urbano não edificado situados nas proximidades de manancial de água, a proibição de edificar, fazer qualquer espécie de instalação permanente, acampar, desmatar, remover a cobertura vegetal e fazer movimentação de terra, permitindo-se-lhe apenas praticar na área esportes ao ar livre e o excursionismo. As proibições correspondem obviamente a deveres de não fazer. Percebe-se desde logo que o proprietário foi privado da faculdade de dar ao imóvel destinação consentânea com sua vocação urbana. Seu direito de propriedade extinguiu-se, dada a impossibilidade de utilização funcional."[51]

Ao discutir o regime jurídico do zoneamento, Celso Antônio Bandeira de Mello, falando acerca da indenizabilidade ou não desta limitação administrativa, aponta: "19. O uso e gozo do bem são noções cuja *substância* está indissoluvelmente ligada à idéia de *funcionalidade.* Logo, o que não se lhes pode retirar é a funcionalidade. Entende-se por funcionalidade a aptidão natural do bem em conjugação com a destinação social que cumpre, segundo o contexto em que esteja inserido. É isto que o direito quer proteger quando consagra, constitucionalmente, o direito de propriedade".[52]

Assim, se o tombamento ceifar, impedir a funcionalidade da coisa tombada, haverá sacrifício de direito, correspondente, no caso, a sua compressão absoluta, devendo acarretar indenização ao seu dono, por ser desapropriação indireta, desapossamento ilícito do objeto pelo Estado.

Agora, tentaremos analisar uma questão que não vem sendo muito discutida na doutrina; uma vez tombado o bem por determinado ente estatal, se o proprietário não conservar a coisa, como deveria fazê-lo, é cabível ação de responsabilidade civil contra a entidade que realizou o tombamento? Em caso positivo, qual seria a destinação do dinheiro? E a legitimidade ativa para a

50. "Se o Poder Público retira do bem particular seu valor econômico, há de indenizar o prejuízo causado ao proprietário. Essa regra, que deflui do princípio da *solidariedade social*, segundo o qual só é legítimo o ônus suportado *por todos, em favor de todos*, não tem exceção no Direito pátrio, nem nas legislações estrangeiras" (Hely Lopes Meirelles, *Direito Administrativo...*, cit., p. 522).

51. Ob. cit., p. 118.

52. "Natureza jurídica do zoneamento", *RDP* 61/39 (grifos no original).

ação? Estas e outras perguntas procuraremos enfrentar, sem a ficção de definitividade, tendo em vista a complexidade do tema.

Vamos destrinchar a responsabilização estatal a partir do tombamento já efetivado; ao contrário do estudo que fizemos, apesar de perfunctoriamente, quando da análise da competência constitucional (art. 23, CF/88), na qual a omissão, causadora de responsabilidade de "todos os entes estatais", solidariamente, tinha por base a ausência de tombamento ou qualquer outra medida que proteja o patrimônio histórico-cultural.

A respeito, dispõe o art. 19 do Decreto-lei 25, de 30.11.1937:

"Art. 19. O proprietário da coisa tombada, que não dispuzer (*sic*) de recursos para proceder às obras de conservação e reparação que a mesma (*sic*) requerer, levará ao conhecimento do Serviço do Patrimônio Histórico e Artístico Nacional, a necessidade das mencionadas obras, sob pena de multa correspondente ao dobro da importância em que fôr (*sic*) avaliado o dano sofrido pela mesma coisa.

"§ 1º. Recebida a comunicação e consideradas necessárias as obras, o diretor do Serviço do Patrimônio Histórico e Artístico Nacional mandará executá-las, a expensas da União, devendo as mesmas (*sic*) ser iniciadas dentro do prazo de seis meses, ou providenciará para que seja feita a desapropriação da coisa.

"§ 2º. A falta de qualquer das providências previstas no parágrafo anterior, poderá o proprietário requerer que seja cancelado o tombamento da coisa.

"§ 3º. Uma vez que verifique haver urgência na realização de obras e conservação ou reparação em qualquer coisa tombada, poderá o Serviço do Patrimônio Histórico e Artístico Nacional tomar a iniciativa de projetá-las e executá-las, a expensas da União; independentemente da comunicação a que alude êste (*sic*) artigo, por parte do proprietário."

A coisa tombada, apesar da inscrição no livro competente, continua pertencendo ao particular; caso contrário, haveria desapropriação, com os reflexos jurídicos próprios deste instituto. Mas o proprietário tem determinadas restrições legais, mediante as quais a coletividade usufrui o bem, em convivência harmoniosa ao particular, detentor da coisa. Há supressão parcial do direito de propriedade, sobretudo no que se refere ao uso e gozo dela; daí a indenizabilidade, se houver prejuízo econômico ao particular.

No entanto, vemos imóveis tombados serem desmanchados ao longo dos anos, por descaso do proprietário, o qual não se interessa em cumprir o determinado na lei (levar ao conhecimento da administração a necessidade de obras, no caso de não dispor de recursos para procedê-las), e por incúria do Poder Público, o qual, apesar de ter a incumbência de vigilância permanente e de inspecionar a coisa tombada (art. 20 do Decreto-lei 25/37), permite-lhe completo abandono.

A proteção do patrimônio histórico-cultural é dever do Poder Público:[53] não deixam dúvidas os arts. 23, III, IV, 30, IX e 216, todos da Constituição da República. Por ser do Poder Público a *proteção* do valor erigido pelo Poder Constituinte, sua responsabilidade, evidentemente, torna-se imperiosa. Não há como transferir ao particular incumbência constitucional conferida ao Estado. Este não pode trespassar ao administrado tarefas que lhe são próprias, embora não exclusivas, pois todos os cidadãos merecem respeitar e proteger o patrimônio cultural e histórico.

Sem fazermos mácula total da legislação infraconstitucional acerca das obras a serem realizadas nos bens tombados, a cargo, a princípio, do particular, segundo a lei

53. "A competência a ser exercida [a do art. 23, da CF] não se afigura como faculdade, mas sim dever a ser cumprido por todos os entes público e do qual não podem se furtar" (Flávio de Queiroz B. Cavalcanti, "Tombamento e dever do Estado de indenizar", *RTJE* 130/52, nov. 1994).

atual como vimos acima, entendemos do seguinte modo: se a proteção do patrimônio cultural é da competência administrativa do Estado, portanto, cabe-lhe esta tarefa, qualquer omissão sua acarretar-lhe-á indenização, nos exatos termos do art. 37, § 6º, da Constituição Federal, embora na modalidade subjetiva, pois, como cediço, cuidando-se de responsabilidade estatal por omissão, a responsabilidade do Estado tem por base comportamento ilícito (negligência, imprudência ou imperícia; ou o dolo).[54]

Paulo Affonso Leme Machado entende do mesmo modo, ao asseverar: "Não só o proprietário da coisa tombada é responsável pela sua conservação e reparação. Invocável a co-responsabilidade do Poder Público que tenha tombado a coisa, desde que se comprovem dois requisitos: que não tenha sido o proprietário o causador do dano e que a reparação seja necessária".[55]

Da colocação acima, apenas ressalvamos a possibilidade de o proprietário ter dado causa ao fator determinante da reparação e, ainda assim, o Poder Público que tenha tombado o bem ser responsabilizado civilmente, se houver, por parte dele, Poder Público, omissão na fiscalização e vigilância da coisa tombada. Não são situações absolutamente incompatíveis, e tudo se resolverá no caso concreto.

Aliás, o Decreto-lei 25, de 30.11.1937, no art. 20 dispõe: "As coisas tombadas ficam sujeitas à vigilância permanente do Serviço do Patrimônio Histórico e Artístico Nacional, que poderá inspecioná-los sempre que for julgado conveniente, não podendo os respectivos proprietários ou responsáveis criar obstáculos à inspeção, sob pena de multa de cem mil réis, elevada ao dobro em caso de reincidência".

Ora, a contar do tombamento realizado, o Poder Público que a efetivou, toma para si a responsabilidade de proteger a coisa tombada; cabe-lhe vigiar, de maneira permanente a coisa; pode, inclusive, inspecioná-la, visando àquela proteção constitucional.

Se o bem, após o tombamento, deteriorou-se, sem que o proprietário tomasse a iniciativa de o impedir, ou comunicasse ao órgão da administração para o impedir ou restaurar a coisa, nem por isso o Poder Público escapará da responsabilização civil, diante da omissão que porventura possa ocorrer.

A nosso ver, como as coisas tombadas ficam sujeitas à vigilância permanente da Administração Pública (art. 20) — aliás, a lei nem precisava dispor a respeito, pois o tombamento pressupõe especial sujeição da coisa à coletividade, a cargo do Poder Público — a inércia da administração no cumprimento do dever de proteção (que inclui o de vigiar) acarreta indenização civil.

Esta responsabilidade, porém, pode ter o sentido de determinação judicial de o Estado restaurar a obra (obrigação de fazer) ou na sua impossibilidade, de compensar o prejuízo sofrido pela comunidade, mediante condenação correspondente a ele, por intermédio de aplicação da Lei de Ação Civil Pública: depósito do valor em conta especial, sujeita à fiscalização de determinadas entidades, para sua posterior aplicação no bem-comum.

É que o patrimônio cultural e histórico é direito difuso, direito da comunidade, indivisível, direito de todos, podendo ser aplicado, no caso, o disposto no art. 13, *caput* da Lei 7.347, de 24.7.1985, segundo o qual: "Havendo condenação em dinheiro, a indenização pelo dano causado reverterá a um fundo gerido por um Conselho Federal ou por Conselhos Estaduais de que participarão necessariamente o Ministério Público e representantes da comunidade, sendo seus recursos destinados à reconstituição dos bens lesados".

Com efeito, a ação civil pública é cabível na proteção a bens e direitos de valor artístico, estético, histórico, turístico e pai-

54. A respeito, Celso Antônio Bandeira de Mello, *Curso...*, cit., p. 624.

55. Art. cit., p. 25.

sagístico, nos exatos termos do art. 1º, III, da lei referida.[56]

Perfeitamente invocável a Lei 7.347, de 24.7.1985, na proteção de bens tombados, quer para determinar a obrigação de fazer ao Poder Público (art. 11), ou para condená-lo na omissão de vigilância da coisa tombada (art. 13).

Dir-se-á que o art. 216, § 1º, da Constituição brasileira é programática, portanto, sujeito aos delineamentos normativos do legislador ordinário, a dar-lhe suficiente eficácia jurídica. Mas esta singela colocação cai por terra ao debruçarmo-nos no disposto no art. 23, da Carta Magna, a qual impõe a obrigatoriedade da proteção, pelos entes estatais, dos mesmos valores protegidos por aquela outra disposição normativa. Além do mais, por força do Decreto-lei 25, de 30.11.1937, art. 20, a responsabilidade da Administração não pode ser arredada. Logo, sob quaisquer prismas que encaremos a responsabilização estatal, ela é manifesta.[57]

Portanto, a responsabilidade pelas obras de conservação e reparação da coisa tombada continua do particular (art. 19, do Decreto-lei 25/37); porém, mesmo que não leve ao conhecimento da Administração a situação precária da coisa, esta será responsabilizada, diante da inércia em vigiar o bem tombado. Trata-se de responsabilidade por omissão do Estado. Ao contrário do que tentam argumentar, de haver normas constitucionais programáticas na proteção da cultura, a impossibilitar qualquer ação do Poder Público, pensamos que o ordenamento jurídico tem normas mais do que suficientes para resultar no dever de agir da administração, depois de tombado o bem, sujeito à fiscalização pelo Estado. Repetimos: a sujeição especial da coisa tombada está submetida à fiscalização do Poder Público que o tombou; logo, sua incúria acarretará as compensações devidas à comunidade.

6. Limites da análise jurisdicional

Já vimos, durante a exposição do tema, meios processuais de responsabilização estatal para a recomposição dos danos causados ao patrimônio histórico-cultural; por intermédio da ação civil pública e da ação popular, sem prejuízo de outras ações, como a de responsabilidade civil do Estado (ação ordinária), cautelares etc., o Estado poderá ser chamado a responder no caso de ofensa aos bens culturais da Nação. Esta responsabilização estatal pauta-se na Constituição Federal, tanto em dispositivos específicos alicerçados em diversos pontos do texto, como vimos, quanto em normas principiológicas (Estado Democrático de Direito, cidadania, dignidade da pessoa humana — art. 1º).

Neste item não vamos volver às questões anteriormente vistas; iremos verificar, apenas, dois temas: a determinação da qualificação do bem pelo juiz; a obrigatoriedade (ou não) de ser tombada a coisa. Para isto, urge entendermos, de maneira satisfatória, a diferença entre "discrição e vinculação" do administrador público.

56. Também a Ação Popular serve para a proteção dos bens históricos e culturais: o cidadão poderá intentá-la com os mesmos objetivos da Ação Civil Pública. Pensamos, dessa forma, ser possível intentar ação popular visando à proteção do patrimônio cultural, não só para anular ato administrativo, o que é normal nesse tipo de ação, mas também para determinar o Poder Público a agir em prol do bem comum (obrigação de fazer), ou de penalizá-lo com a condenação, em dinheiro, dos prejuízos sofridos pela comunidade devido a sua inércia: aplicar-se-iam os dispositivos da Lei de Ação Civil Pública quanto a tais aspectos. Em sentido contrário, isto é, entendendo que a ação popular não cabe neste caso, ver "A proteção jurídica dos bens culturais", artigo de Carlos Frederico Marés, in *Cadernos de Direito Constitucional e Ciência Política* 2/25, 1993.

57. "A vigilância é a fiscalização, o *velamento* (*velar* e *vigiar* são cognatos, provindo ambos de *vigilare*, mas o primeiro termo é mais pertinente: é a *provedoria, o zelar* (cf. art. 129, II, da CF), consistindo, pois, em *medida preventiva ou instrumental*" (Sérgio de Andréa Ferreira, "O tombamento e o devido processo legal", *RTDP* 28/19 — grifos no original).

Para Celso Antônio Bandeira de Mello: "Discricionariedade, portanto, é a margem de liberdade que remanesça ao administrador para eleger, segundo critérios consistentes de razoabilidade, um, dentre pelo menos dois comportamentos cabíveis, perante cada caso concreto, a fim de cumprir o dever de adotar a solução mais adequada à satisfação da finalidade legal, quando, por força da fluidez das expressões da lei ou da liberdade conferida no mandamento, dela não se possa extrair objetivamente, uma solução unívoca para a situação vertente".[58]

Enquanto, segundo o mesmo mestre: "Atos vinculados seriam aqueles em que, por existir prévia e objetiva tipificação legal do único possível comportamento da Administração em face de situação igualmente prevista em termos de objetividade absoluta, a Administração, ao expedi-los, não interfere com apreciação subjetiva alguma".[59]

Logo, para que ocorra a vinculação da competência do administrador, não poderá haver campo para o exercício do elemento "subjetivo", apreciação pela qual o agente, necessariamente, desbordaria para a discricionariedade. Esta competência dita discricionária deve ser referida num determinado caso concreto; a lei permite ao agente escolher a melhor opção, diante da situação concreta.

A competência discricionária é "relativa", pois, entre outros motivos, elencados pelo citado professor, citamos os seguintes: a) as expressões vagas, fluídas ou imprecisas (como notável saber, situação urgente, pobreza etc.) podem ter "zonas de certeza positiva" e "zonas de certeza negativa", no sentido de que o agente estará vinculado ao campo abrangido por elas, porque não está autorizado a fazer delas intelecção arbitrária; b) a liberdade concedida pelo legislador, ao agente público, para o exercício da discricionariedade, poderá esmaecer-se ou esvair-se diante da situação fática na qual a regra deva ser aplicada. As particularidades do evento levar-lhe-ão ao atendimento de uma única opção, ainda que a norma legal tenha-lhe ditado outras vias.[60]

Ao contrário do que entendem alguns doutrinadores,[61] somos de opinião que as expressões "patrimônio cultural, histórico, paisagístico etc." correspondem à competência discricionária do agente que tenha a incumbência de verificá-la, de certificá-la, diante de caso concreto. Trata-se de expressões fluídas, conceitos imprecisos, a ser verificados num dado caso, diante de uma certa e definida situação concreta.[62]

Então, se se cuida de discricionariedade, o administrador tem a oportunidade e conveniência de qualificar determinada coisa no sentido de a reconhecer patrimônio histórico-cultural para o tombamento. Porém, como acima frisamos, esta competência discricionária é relativa; além dos pontos colocados, forte é a doutrina no reconhe-

58. *Discricionariedade e Controle Jurisdicional*, p. 48.

59. *Curso de Direito Administrativo*, p. 266.

60. "'Relatividade' da competência discricionária", *RDA* 212/51-2.

61. Destacamos: J. Cretella Júnior: "Entretanto, a rotulação, a qualificação o enquadramento do bem, como histórico ou artístico, não é ato discricionário, porque envolve questões de fato, limitada, embora de modo um tanto vago, mas limitada, por texto expresso de lei" (art. cit., p. 66); Sérgio de Andréa Ferreira: "O não haver, diferentemente do que ocorre na desapropriação, um elenco pormenorizado de casos de *tombamento*, não o torna, como grifado, *discricionário*, sendo, ao contrário, *vinculado*, na medida em que a coisa que se pretende tombar tenha, na própria dicção constitucional, '*referência à identidade, à ação, à memória dos diferentes grupos formadores da sociedade brasileira*' (CF, art. 216)" (art. cit., p. 32, grifos no original).

62. Assinala Maria Coeli Simões Pires: "De fato, o conteúdo do ato [do tombamento], os passos de sua execução e as alterações que produz no mundo jurídico estão prescritas em lei, porém, a escolha do momento para tombar, assim como a do bem a ser contemplado, fica a cargo da Administração, que opta, por meio de órgão técnico especializado, numa primeira instância, e de agente político, *a posteriori*" (ob. cit., p. 120).

cimento de que a competência discricionária deva ser exercida de maneira razoável, ponderada, e sem excessos, sob pena de ser acomodada aos ditames corretos, ou ser decretada a nulidade do ato. Finalmente, os motivos que levaram à edição do ato, mesmo no exercício da competência discricionária, devem ser suficientes para justificar a medida.

Por conta disto, fica evidentemente clara a possibilidade de o Judiciário analisar o ato ou a conduta do agente, no exercício da competência discricionária: "(...) o Judiciário, a instâncias do interessado, pode e deve analisar amplamente as circunstâncias de fato em vista das quais a Administração expediu determinado ato 'sub color' de exercitar discrição comportada pela dicção normativa (...)".[63]

Apesar de se cuidar de competência discricionária do agente qualificar ou não determinado bem, sujeito, portanto, aos limites antes expostos, nada impede de o Judiciário manifestar-se, por meio de ações apropriadas, no sentido de reconhecer a qualificação de certo bem, comunicando-a à autoridade administrativa, a fim de que esta possa tomar as medidas pertinentes, entre as quais destacamos o tombamento.

Isto porque conforme vimos, na zona de certeza positiva o administrador não tem alternativa, senão a de agir da forma indicada no caso concreto; se não o fizer, o juiz poderá determinar que o faça. Mas, do que cuidamos, o próprio magistrado poderia reconhecer determinado bem como de valor histórico, cultural, artístico etc., ainda que se cuide de competência discricionária do administrador, uma vez tendo ocorrida a zona de certeza positiva, por intermédio de prova pericial ou outros meios de prova, porque a proteção aos valores indicados pelo Texto Constitucional (arts. 23 e 216 cits.) são um dever do Poder Público, Federal, Estadual, Distrital e Municipal e, neste aspecto, o cidadão tem "direito subjetivo contra o Estado", de nada importando cuidar-se, o art. 216, da CF, de norma programática. Para reforçar nosso entendimento, citamos Marcelo Figueiredo, ao qual já tivemos oportunidade de referir, embora sob a égide da Constituição pretérita:

"A norma do art. 180[64] é, portanto, lacunosa e deverá ser colmatada, completada, mediante a ação conjunta do Poder Público e quiçá dos cidadãos (o que discutiremos mais adiante). Por ora, fiquemos com a idéia de que a eficácia da regra inserta no art. 180 é parcial na proporção em que não só exige regramento ulterior, como também instaura aos destinatários do comando constitucional, ou seja, *todas as pessoas*, quer políticas, quer físicas, quer jurídicas, direitos subjetivos contra o Estado (...)."[65]

Não nos parece fora de propósito ação popular visando à qualificação do bem; ela pode ser proposta para proteger o patrimônio cultural. O mesmo se diga da ação civil pública, instrumento idôneo para o reconhecimento de direitos difusos, como o patrimônio cultural brasileiro.

Não discrepa desta nossa posição Maria Coeli Simões Pires: "Registramos, ainda, o avanço que se tem efetuado no campo da preservação, por via da Ação Civil Pública e da Ação Popular, com o reconhecimen-

63. Celso Antônio Bandeira de Mello, "Relatividade...", cit., p. 54. Acrescenta o referido autor: "Assinale-se que o Judiciário brasileiro — e há mais de cinqüenta anos — não se correu de averiguar se o motivo indicado mediante conceitos imprecisos ('valor histórico ou artístico' de dado bem) existia ou não, apurando-o mediante juízo pericial, em caso no qual se contendeu a procedência deste pressuposto fático para um tombamento (*RDA*, v. II, fasc. I, 1945, pp. 124 e ss.)". Idem, p. 53.

64. Dispunha o art. 180 da Constituição Federal pretérita: "Art. 180. O amparo à cultura é dever do Estado. Parágrafo único. Ficam sob a proteção especial do Poder Público os documentos, as obras, e os locais de valor histórico ou artístico, os monumentos e as paisagens naturais notáveis, bem como as jazidas arqueológicas".

65. Art. cit., p. 56 (grifo no original).

to judicial do valor cultural do bem para efeito de proteção estatal; ambas as ações são próprias para efetivar de forma direta tutela de bens culturais e naturais (ainda que não tombados)".[66]

Logo, para nós, seria possível o juiz reconhecer o valor cultural de determinado bem, comunicando sua decisão ao Poder Público, a fim de que este adote as medidas pertinentes, tais o tombamento inventários, registros, vigilância, desapropriação e outras formas de acautelamento e preservação (art. 216, § 1º, CF/88). Mas fica a critério da autoridade administrativa tomar a medida que lhe pareça mais conveniente; estamos, de novo, no exercício da competência discricionária.

Chegamos, dessa forma, no último ponto da questão. Apesar de reconhecido o valor cultural de determinado bem, o Poder Público estaria obrigado a tombá-lo? Já vimos acima que a escolha das alternativas fica a critério do administrador: poderá tombá-lo ou tomar outras medidas administrativas, as quais, efetivamente, protejam a coisa, reconhecida pela própria autoridade administrativa ou pelo juiz. Acentua Maria Coeli Simões Pires: "Demais disso, em determinadas situações, não é recomendável a sua adoção [do tombamento] e sim a de instrumentos diversos que podem ser usados de maneira progressiva. Recomendam alguns estudiosos, por exemplo, que o tombamento não deve ser adotado para proteção de bens ameaçados, ao argumento de que existem alternativas extremas para bens irreversivelmente ameaçados, como desapropriação, trasladação, enfim ações curativas mais eficazes".[67]

66. Ob. cit., p. 122.

67. Ibidem. A autora acrescenta, ainda, que se deva evitar tombamento de bens localizados em zonas em crescimento, tendo em vista que a economia de mercado acabará por forçar o crescimento de expectativas e de tensões e impasses entre o setor público e o proprietário.

Em que pesem tais colocações, importantes e esclarecedoras, adiantemo-nos para asseverar a responsabilidade do Poder Público se não tomar a medida de efetiva proteção ao valor cultural reconhecido, por cuidar-se de "dever" estatal, conforme a norma do art. 23, da Constituição Federal, antes referida. A omissão acarretar-lhe-á responsabilidade civil.

Sendo assim, reconhecemos a competência discricionária do administrador em tombar ou não um bem, reconhecido seu valor cultural; porém, nunca poderá quedar-se de dar efetiva proteção à coisa cujo valor fora qualificado pelo juiz ou pela Administração Pública. Se, perante o caso concreto, apenas o tombamento for a opção necessária para a proteção do bem, apenas este caminho deverá ser trilhado pelo agente público. Em suma, tudo quanto se disse acerca da competência discricionária aplica-se no ato de tombar a coisa de valor cultural, sobretudo no que se refere à "zona de certeza positiva" e "zona de certeza negativa".

Por conta disto, o Judiciário poderia determinar ao agente que proceda ao tombamento do bem, se for a melhor opção, diante do caso concreto. Seria uma situação anormal, excepcional, mas, como acima frisamos, a competência discricionária é relativa e pode ser analisada pelo juiz; além disso, o Texto Constitucional, como afirmamos repetidas vezes, determina ao Poder Público a proteção ao patrimônio cultural brasileiro — e o tombamento é um dos meios pelos quais esta preservação se efetiva.

7. Conclusões

A final das explanações acima, podemos apresentar as seguintes conclusões:

A) a função social da propriedade impõe ao proprietário tanto obrigações de fazer como de não-fazer; trata-se de preceito constitucional, de observância pela comunidade, cabendo ao Poder Público, por meio de lei, traçar a conduta do particular, visando a utilização da propriedade de acordo com sua função social;

B) o tombamento enquadra-se no conceito de função social da propriedade e tem por fim promover e proteger o patrimônio cultural brasileiro, cuidando-se de procedimento administrativo, previamente estabelecido em lei, pressupondo dois momentos distintos: a qualificação da coisa tombada e a edição de ato administrativo, que é concretizado com a inscrição no Livro Tombo;

C) apesar da dissensão doutrinária, o tombamento é servidão pública ou administrativa, por meio da qual a coletividade utiliza-se do bem particular, sem retirá-la de seu proprietário; impõe sujeição especial sobre o bem, ao invadir a esfera jurídica do particular; atingindo o uso e o gozo da coisa;

D) a competência legislativa na proteção do patrimônio cultural é concorrente da União e dos Estados, embora os Municípios possam legislar, quando se cuidar de patrimônio histórico-cultural local, observadas as normas editadas pela União (na elaboração de normas gerais) ou pelo Estado respectivo (na elaboração de normas suplementares àquelas);

E) a competência administrativa ou de execução é comum da União, dos Estados, do Distrito Federal e dos Municípios; por isso, há responsabilidade de todos os entes políticos na proteção do patrimônio cultural, sobretudo quanto ao fato de legislarem adequadamente, se as normas do ente político que teria competência para editá-las, forem insuficientes;

F) por se cuidar de responsabilidade solidária, os entes políticos devem proteger o patrimônio histórico-cultural brasileiro, independentemente da ocorrência do caráter geral, regional ou local da coisa. A omissão de um ente político não exclui a responsabilidade civil dos demais; em havendo omissão, a responsabilização é de todos, de forma solidária;

G) o tombamento realizado por determinado ente político não impede de os demais procederem do mesmo modo; porém, eventuais omissões causadoras de danos porventura ocorrentes pelo ente que tombou a coisa, não podem ser imputados aos demais, exceto se estes, igualmente, tenham-na tombado;

H) no tombamento a indenização ao particular pode ou não ocorrer, dependendo do caso concreto, cujos pressupostos à indenizabilidade são: sacrifício do direito e prejuízo real, efetivo, ao proprietário do bem tombado. Por isso, no caso de tombamento no qual o gravame é imposto a uma região ou cidade, ante a ausência de prejuízo aos proprietários e pelo princípio da isonomia, não se fala em indenização; o mesmo não acontece no caso de uma específica propriedade ser atingida, isoladamente: a distribuição de cargas públicas e o princípio da isonomia impõem a indenização;

I) se do tombamento originar não apenas o sacrifício do direito do particular, mas a sua supressão ou compressão total, por impedir a destinação econômica do bem, tratar-se-á de desapropriação, devendo o Poder Público ressarcir o proprietário de acordo com o regime jurídico de que se cuida;

J) com o tombamento, o ente político que o realizou passa a ter responsabilidade na vigilância da coisa tombada; a ocorrência de danos à coisa, por conta da omissão deste dever (fincados na Constituição Federal e na lei ordinária) acarretará responsabilidade civil estatal, na modalidade subjetiva;

L) esta responsabilidade estatal pode ser no sentido de restauração da coisa; se isto não for possível, o ente estatal deverá indenizar a comunidade pelos prejuízos sofridos em decorrência de sua omissão, aplicando-se, no caso, o disposto na Lei de Ação Civil Pública (depósito do dinheiro em conta administrada pela sociedade). Não apenas a ação civil pública, como também a Ação de Responsabilidade Civil do Estado, a Ação Popular e outros tipos de ações poderão ser utilizados na proteção do patrimônio histórico-cultural;

M) tanto a qualificação do bem para a proteção cultural como a forma de realizá-la (tombamento, registros etc.) são atos discricionários do Poder Público; porém, a competência discricionária é relativa, pois, no caso concreto, o único caminho a ser seguido pelo administrador pode ser o reconhecimento da coisa (qualificação) e sua proteção por meio do tombamento;

N) embora se cuide de competência discricionária do administrador público, o juiz poderá, dependendo do caso concreto: a) reconhecer, por meio de sentença judicial, o patrimônio histórico-cultural do bem; b) determinar sua proteção, embora deixe a critério do Poder Público a forma de realizá-la — conveniência e oportunidade; c) determinar a forma a ser feita a proteção (tombamento);

O) de todo modo, uma vez reconhecida qualificação da coisa, a discricionariedade do agente público concerne apenas quanto à forma de proteção, porque a proteção, em si mesma, é um dever do Estado, conforme se ressaltou.

8. Bibliografia

BANDEIRA DE MELLO, Celso Antônio. *Curso de Direito Administrativo*. 10ª ed., São Paulo: Malheiros Editores, 1998.

————. *Discricionariedade e Controle Jurisdicional*. São Paulo: Malheiros Editores, 1992.

————. "Tombamento e dever de indenizar". *Revista de Direito Público*. São Paulo: Ed. RT, n. 81, 1987.

————. "'Relatividade' da competência discricionária". *RTDP*. São Paulo: Malheiros Editores, n. 25, 1998.

————. "Natureza jurídica do zoneamento". *Revista de Direito Público*. São Paulo: Ed. RT, n. 61, 1982.

————. "Eficácia das normas constitucionais sobre justiça social". *Revista de Direito Público*. São Paulo: Ed. RT, ns. 57/58, 1981.

CAVALCANTI, Flávio de Queiroz B. "Tombamento e dever de indenizar". *Revista Trimestral de Jurisprudência dos Estados*. São Paulo: Jurid Vellenich, n. 130, 1994.

CRETELLA JR., J. "Regime jurídico do tombamento". *Revista de Direito Administrativo*. São Paulo: FGV, n. 112, 1973.

DALLARI, Adilson Abreu. "Servidões administrativas". *Revista de Direito Público*. São Paulo: Ed. RT, ns. 59/60, 1988.

————. "Tombamento". In: DALLARI, Adilson Abreu; FIGUEIREDO, Lucia Valle (coord.), *Temas de Direito Urbanístico*, v. 2. São Paulo: Ed. RT, 1991.

FERREIRA, Sérgio de Andréa. "O tombamento e o devido processo legal". *Revista de Direito Administrativo*. São Paulo: FGV, n. 208, 1997.

FIGUEIREDO SANTOS, Marcelo de Oliveira Fausto. "Tombamento — Uma análise constitucional. Aspectos da discricionariedade aplicáveis ao instituto". In: DALLARI, Adilson Abreu; FIGUEIREDO, Lucia Valle (coord.), *Temas de Direito Urbanístico*, v. 1. São Paulo: Ed. RT, 1987.

FREITAS, Juarez. *Estudos de Direito Administrativo*. 2ª ed., rev., São Paulo, Malheiros Editores, 1997.

————. "Reconceituando o ônus real de uso público". *Revista Trimestral de Jurisprudência dos Estados*. São Paulo: Jurid Vellenich, v. 133, 1995.

MACHADO, Carlos Augusto A. "Tombamento — Um instituto jurídico". In: DALLARI, Adilson Abreu; FIGUEIREDO, Lucia Valle (coord.), *Temas de Direito Urbanístico*, v. 1. São Paulo: Ed. RT, 1987.

MACHADO, Paulo Affonso Leme. "Instrumento jurídico de proteção do patrimônio natural e cultural". *Revista dos Tribunais*. São Paulo: Ed. RT, n. 563, 1982.

MARÉS, Carlos Frederico. "A proteção jurídica dos bens culturais". *Cadernos de Direito Constitucional e Ciência Política*. São Paulo: Ed. RT, n. 2, 1993.

MEIRELLES, Hely Lopes. *Direito Administrativo Brasileiro*. 23ª ed., São Paulo: Malheiros Editores, 1998.

————. *Direito de Construir*. 7ª ed., São Paulo: Malheiros Editores, 1996.

————. *Direito Municipal Brasileiro*. 7ª ed., São Paulo: Malheiros Editores, 1994.

SILVA, José Afonso da. *Direito Urbanístico Brasileiro*. 2ª ed., São Paulo: Malheiros Editores, 1997.

————. *Aplicabilidade das Normas Constitucionais*. 3ª ed., São Paulo: Malheiros Editores, 1998.

SIMÕES PIRES, Maria Coeli. *Da Proteção ao Patrimônio Cultural*. Belo Horizonte: Del Rey, 1994.

SUNDFELD, Carlos Ari. *Direito Administrativo Ordenador*. São Paulo: Malheiros Editores, 1997.

VITTA, Heraldo Garcia. "Da divisão de competências das pessoas políticas e meio ambiente". *Revista de Direito Ambiental*. São Paulo: Ed. RT, n. 10, 1998.

PERFIL DO USUCAPIÃO[1] CONSTITUCIONAL

EDILSON PEREIRA NOBRE JÚNIOR

Juiz Federal. Juiz do TRE/RN. Professor da UFRN.
Mestrando pela UFPE

1. Antecedentes no direito positivo. 2. Conceito e fundamento. 3. Natureza jurídica: aquisição originária ou derivada. 4. Pressupostos do usucapião constitucional rural. 5. Pressupostos do usucapião constitucional urbano. 6. Síntese conclusiva. 7. Bibliografia.

1. Antecedentes no direito positivo

Nas plagas patriais, o precedente mais remoto do instituto se centra na legitimação de posse prevista pelo art. 5º da Lei 601, de 18 de setembro de 1850.[2] Por esta, os posseiros poderiam adquirir o domínio das glebas devolutas que ocupassem desde que comprovassem cultura efetiva, ou princípios de cultura, e morada habitual.

1. Abstraindo a querela filológica, sindicável através do confronto das lições de Aurélio Buarque de Holanda Ferreira (*Dicionário Aurélio Eletrônico*, versão 2.0, Editora Nova Fronteira, 1996) e Caudas Aulete (*Dicionário Contemporâneo da Língua Portuguesa*, v. 5, 3ª ed., Editora Delta, 1980, pp. 3.732-3), utilizaremos, no curso desta abordagem, o vocábulo usucapião, derivado do latim *usucapio*, como substantivo masculino, prestigiando assim a escolha do legislador quando da nomenclatura da Seção IV, Capítulo II, do Título II, do Código Civil, nada obstante a preferência pelo gênero feminino haver sido sufragada pela superveniente Lei 6.969/81 (arts. 2º, 3º e 7º).

2. A raiz histórica do usucapião, porém, é bem mais antiga. Há ressaibos do instituto no Livro dos Juízes (cap. 11, versículo 26), no qual se registra que Jefté, o galaadita, defendera, perante os amonitas, o direito dos hebreus às terras do país de Heesebon e suas aldeias, em virtude de nestas habitarem, sem oposição, durante trezentos anos. Pode também, com facilidade, ser vislumbrada em Roma do século IV a.C. através da Lei das XII Tábuas, em cuja Tábua VI, item III, constava "que a aquisição da propriedade pela posse tenha lugar ao fim de dois anos para os imóveis, ao fim de um ano para os demais". Ganhou desenvolvimento com a Lei Atínia, ao proibir a aquisição quando se tratasse de coisas apreendidas por ladrões e receptadores, enquanto que as Leis Júlia e Plaucia vedaram-na quanto às coisas obtidas mediante violência. Posteriormente, foi-se verificando tendência legislativa em se ampliar o prazo para a sua consumação. Criou-se a *longi temporis praescriptio*, extensiva aos peregrinos e aos fundos provinciais, nos apossamentos por dez ou vinte anos, conforme o favorecido residisse ou não na mesma província. Em 531 d.C., Justiniano fundiu ambas modalidades numa só, preservando a *logissimi temporis praescriptio* (antecedente do usucapião extraordinário), criada uma centúria antes por Teodósio II, cujo prazo era de trinta anos, acrescido para quarenta anos quando se voltasse para os bens do fisco, os imóveis das igrejas, vilas, estabelecimentos pios e litigiosos.

Com forte influxo de preocupação social, nosso constitucionalismo, a contar da Constituição de 1934, consagrou, a nível magno, a figura do usucapião *pro labore*, destinada a propiciar a melhoria do pequeno produtor rural.[3] Assim dispôs o seu art. 125: "Todo brasileiro que, não sendo proprietário rural ou urbano, ocupar, por dez anos contínuos, sem oposição nem reconhecimento de domínio alheio, um trecho de terra de até dez hectares, tornando-o produtivo por seu trabalho e tendo nele a sua morada, adquirirá o domínio do solo, mediante sentença declaratória, devidamente transcrita". O preceito foi repetido, sem alterações, pelo art. 148 da Constituição de 1937. Logo após, o Decreto-lei 710/38 clarificou serem as terras do domínio estatal usucapíveis nesta modalidade, ao dizer, no seu art. 12, § 1º, que: "Ressalvado o disposto no art. 148, da Constituição (de 1937), não corre usucapião contra os bens públicos de qualquer natureza".

A Constituição de 1946 manteve o usucapião laboral no seu art. 156, § 3º. Trouxe-lhe, contudo, duas alterações. Eliminou o vocábulo *brasileiro*, contido no início dos dispositivos anteriores, substituindo-o pela expressão *todo aquele*, bem como elevou para até vinte e cinco hectares a extensão do bem a ser adquirido. Este limite fora, com a Emenda Constitucional 10, de 9.11.1964, alargado para área não excedente de cem hectares, a qual, em qualquer caso, deveria ser reputada como suficiente para assegurar, ao lavrador como à sua família, condições de subsistência e progresso social e econômico, nas dimensões fixadas pela lei, segundo os sistemas agrícolas regionais.

Editado o Estatuto da Terra (Lei 4.504, de 30.11.1964), o usucapião em comento passou a ser disciplinado também em lei ordinária, mais precisamente em seu art. 98, o qual foi, por mais quase quinze anos, a sua fonte normativa, tendo em vista que a Emenda Constitucional 1, de 17.10.1969, a exemplo da Constituição de 1967, manteve-se silente quanto ao tema.

Em 10.12.1981, veio a lume a Lei 6.969 que, a despeito de permitir a aquisição em glebas não excedentes de 25 hectares, salvo se maior fosse o módulo rural da região, encurtou para um lustro o prazo da posse aquisitiva. Agregou, dirimindo dúvida gerada a partir da omissão constitucional pós 1967, ao objeto da relação usucapienda, as terras devolutas.[4] Gizou, ainda, disposições procedimentais sobre a matéria, salientando a possibilidade de seu reconhecimento administrativo (art. 4º, § 2º).[5]

A Constituição em vigor, promulgada em 5.10.1988, no seu Título VII — Da Ordem Econômica e Financeira, dedicou, em separado, os Capítulos II e III à política urbana e à política agrícola e fundiária, respectivamente. Além de manter o usucapião especial no campo (art. 191), engendrou inovação merecedora de encômios ao estender sua aplicação à urbe (art. 183), como tentativa de amenizar o grave problema da habitação, gerado pelo rápido, adensado e desordenado crescimento populacional nas cidades. Em ambos os casos, eliminou a possibilidade dos imóveis públicos serem adquiridos pela posse prolongada.[6]

2. Conceito e fundamento

Maiores dificuldades não atormentam a definição do que se deva entender por usu-

3. O seu embrião consistiu no art. 116 do anteprojeto elaborado por comissão presidida por Afrânio de Melo Franco, emanando sua proposição da parte do ilustre membro, Deputado João Mangabeira.

4. Em atenção ao art. 3º, parágrafo único, da Lei 6.969/81, o Decreto 87.040, de 17.3.1982, especificou as áreas de interesse da segurança nacional insuscetíveis da medida.

5. No afã de regulamentar o seu procedimento administrativo, expediu-se o Decreto 87.620, de 21.9.1982.

6. Noticia Euclides de Oliveira (Projeto de Código Civil, *Tribuna da Magistratura* 98/284) a

capião.[7] Este é considerado, à luz do ordenamento jurídico, como a aquisição da propriedade ou de outro direito real pelo decurso prolongado do tempo, segundo o preenchimento dos requisitos previstos em lei. No que concerne à sua regulação constitucional, a sua eficácia é mais restrita, limitando-se, nos termos dos arts. 183 e 191 da Lei Fundamental, à obtenção do domínio ou propriedade, podendo-se inserir aí isoladamente o domínio útil.

No particular de sua justificativa, avultam razões de ordem social. Em primeiro lugar, não se há de negar que a estabilidade das relações jurídicas estaria irremissivelmente afetada pela permanência, por considerável lapso de tempo, de um estado fático sem reação da pessoa interessada. Caso não se reconhecesse a prescrição aquisitiva em face do novo prescribente, o grau de instabilidade conduziria, sem dúvida, ao abalo da confiança gerada pela forte aparência de proprietário, constituída em torno do possuidor. Digno de transcrição, comentário de San Tiago Dantas: "Aqui se nota que o tempo, longe de ter na vida jurídica uma ação dissolvente, é um fator de consolidação de situações visíveis. O tempo trabalha a favor do que é aparente e trabalha contra as situações ocultas. O tempo trabalha a favor das situações visíveis, declarando que, a partir de um certo tempo, ela não pode ser contestada. O tempo não trabalha sobre o direito como trabalha sobre as criaturas vivas, fazendo-as desaparecer".[8]

Além disso, a atitude do proprietário que, descurando-se de suas obrigações, abandona o bem, atenta contra a sua função social, prescrita pela Lei Maior com especificidade para as propriedades urbana (art. 182, § 2º) e rural (art. 186, I a III), e, portanto, esvazia-lhe a proteção que o direito outorga à qualidade dominial do particular remisso.

O relevo que a função social da propriedade vem usufruindo no atual quadrante do direito constitucional positivo, com reconhecimento expresso em mais de um dispositivo da Lei Magna (arts. 5º, XXIII e 170, III), torna-a capaz de vincular o exercício absoluto da garantia do direito de propriedade.

Como bem ressalta Roger Raupp Rios,[9] o domínio, outrora sem peias na concepção do art. 524 do Código Civil, ainda densamente influenciado por ressaibos individualistas, foi alçado à condição de direito-função. Dessa maneira, o seu pleno exercício somente é válido quando em conformidade com a missão constitucional imposta ao seu titular. Do contrário, sucumbirá ante a imperiosa necessidade de ordenada produção agrícola e de moradia.

3. Natureza jurídica: aquisição originária ou derivada

Árduo debate doutrinário se volta à descoberta do caráter da aquisição dominial que o usucapião proporciona. No plano didático, podem-se classificar os modos de obtenção da propriedade em originários ou derivados. Tem-se por originária a aquisição do domínio emanada do assenhoreamento autônomo da coisa, sem translatividade, visto independer da participação de um ato de vontade de titular anterior. Já o adquirir por derivação pressupõe um anterior dono, que, por um título jurídico, transmite seus atributos ao adquirente.

A eficácia prática do discrímen resulta em que, sendo originária a aquisição, a propriedade obtida se apresenta despida dos

inclusão do usucapião com fins de moradia ou trabalho no texto do Projeto de Código Civil em trâmite no Congresso Nacional.

7. Interessante notar que Manoel Rodrigues (*A Posse, Estudo de Direito Civil Português*, pp. 283-6) denomina o instituto de prescrição positiva.

8. *Programa de Direito Civil*, p. 157.

9. "A propriedade e sua função social na Constituição da República de 1988", *Revista Ajufe* (45):49.

vícios que porventura maculavam o direito do antecessor. Diferentemente, na aquisição derivada, o adquirente a recebe com os mesmos defeitos que existiam quando a coisa se encontrava em poder do alienante. Isso se infere da simples leitura do art. 492 do Código Civil, relativa à sucessão por atos *inter vivos*, reforçada pela do art. 495 do mesmo diploma, aplicável à transmissão em decorrência de morte.

Embora na atualidade o tema se encontre superado, o evolver doutrinário mostrou acesa dissensão. San Tiago Dantas[10] e Caio Mário da Silva Pereira[11] defenderam que o usucapião versa aquisição derivada. O último dos autores, a despeito de afirmar que ao usucapião falta a circunstância da transmissão voluntária, sustém, louvado na singularidade da postura aquisitiva, relacionar-se com outra pessoa, que já era proprietária, e que fica privada da sua titularidade dominial em benefício de outrem, devendo-se rematar por constituir aquele uma forma de aquisição derivada.

Esse modo de pensar, não obstante a sua respeitabilidade, perde prestígio ante o argumento de que, no usucapião, o direito é obtido sem qualquer vinculação com o proprietário anterior, o qual não atua na transmissão do bem ao novo dono. Esta ocorre unicamente pela conjunção dos elementos tempo e posse, jungidos aos parâmetros legais, advindo sua formalização através de ato judicial. Não há, portanto, título jurídico que ligue o adquirente ao anterior dono, que poderá até mesmo não existir.

A doutrina propende a aceitar, sem maiores rebuços, a índole da aquisição *ad usucapionem* como originária.[12] Essa posição obteve a simpatia, em sede de uniformização jurisprudencial, do Supremo Tribunal Federal. Inicialmente há *leading case* no RE 9.056,[13] posição que, antes da Constituição de 1988, alcançara ratificação no RE 94.580-6-RS,[14] lide aforada a pretexto de se decidir se a hipótese comportaria a incidência de imposto de transmissão. Nesta assentada, preponderou luzidio voto-vista do Min. Moreira Alves, ao proceder a investigação ingente e detalhada da doutrina nacional e estrangeira sobre o assunto, concluindo que os adeptos, entre nós, da teoria da aquisição derivada padecem de erro de perspectiva ao considerarem, com apoio em Brinz, que a aquisição somente era originária quando o adquirente fosse o primeiro senhor do imóvel. Sendo assim, o usucapião, por na maioria das vezes sobrevir a domínio anterior, deveria ser considerado como aquisição derivada. Olvidou-se, esclarece o douto julgador, que o ponto diferenciador dos conceitos objeto de classificação estaria no fato de a coisa ser ou não submetida à transmissão para o novo senhor.[15]

4. Pressupostos do usucapião constitucional rural

A figura descrita no art. 191 da Lei Máxima de 1988, responsável pelo retorno, ao

10. Ob. cit., p. 157.

11. *Instituições de Direito Civil*, p. 119.

12. Entre outros, consultar: Pontes de Miranda, *Tratado de Direito Privado*, t. XI, p. 117; José Carlos Moreira Sales, *Usucapião de Bens Imóveis e Móveis*, pp. 28-9; Nelson Luiz Pinto, *Ação de Usucapião*, pp. 46-9; Darcy Bessone, *Direitos Reais*, p. 168; Artur Marques da Silva, "Regime constitucional do usucapião", in *Propriedade e os Direitos Reais na Constituição de 1988*, pp. 96-7; José Ernani de Carvalho Pacheco, *Usucapião*, p. 12; Pedro Simões e Joventina Simões, *Direito das Coisas*, p. 147; Carlos Alberto Bittar, *Direitos Reais*, p. 86.

13. 2ª T., rel. Min. Orozimbo Nonato, *RF* 121/77.

14. Pleno, ac.un., rel. Min. Djaci Falcão, *Lex JSTF* 82/97. Conferir também acórdão unânime da 3ª CCivil do TJSP no AI 85.931-1, relatado pelo Des. Flávio Pinheiro, publicado na *RT* 623/58.

15. Recomendável a leitura do trecho contido às fls. 109-10 da *Lex JSTF* 82. Idem às fls. 112-3, onde é, a esse respeito, indicada farta bibliografia estrangeira e nacional.

proscênio constitucional, do usucapião *pro labore*, demanda, à sua configuração, a presença de requisitos de várias ordens, respeitantes aos aspectos pessoais do prescribente, à coisa hábil, à posse e ao decurso do tempo.

No plano pessoal, mister assentar que, ao contrário das Constituições de 1934 (art. 125) e 1937 (art. 148), que expressamente utilizavam a expressão *brasileiro*, a aquisição dominial poderá ter lugar por nacional, sendo desimportante se nato ou naturalizado, ou por estrangeiro. Isso decorre da utilização, pelo texto atual, mantendo-se fiel a tradição inaugurada pela Constituição de 1946 (art. 156, § 3º), da expressão *aquele que* no lugar do vocábulo restritivo *brasileiro*.

Para que alienígena venha, nessa modalidade, a adquirir por usucapião, faz-se necessário, apenas, a não existência de vedação na Lei 5.709, de 7.10.1971, regulamentada pelo Decreto 74.965, de 26.11.1974, a qual, recepcionada pelo art. 190 da Lei Maior, disciplina a aquisição ou o arrendamento de propriedade rural por pessoa física ou jurídica estrangeira e estabelece os casos em que tal depende do plácito do Congresso Nacional.[16]

Diferentemente das modalidades usucapião extraordinário e ordinário, reguladas nos arts. 550 e 551, ambos do Código Civil, à espécie em comento não se poderá habilitar pessoa jurídica. Isso se explica, sem maior esforço retórico, por a Constituição, no art. 191, exigir que a gleba tenha se tornado produtiva pelo trabalho do interessado e de sua família e, ainda mais, que aquele instale no imóvel a sua moradia. Tanto o conceito de família, como o da elementar moradia, são insuscetíveis de serem portados por pessoa jurídica. Esta, além de não possuir relações parentais, encontra-se desprovida de moradia, denominando-se sede, o lugar escolhido para centro de suas obrigações.

Repetindo o contexto vocabular do art. 1º da Lei 6.969/81, o art. 191 da Constituição timbra em assentar que o prescribente não poderá ser proprietário de outro imóvel rural ou urbano. Destarte, durante o correspondente lapso temporal, não poderá possuir outro bem imóvel, quer se situe na zona rural ou urbana, muito embora pudesse ostentar tal qualidade antes do princípio da posse aquisitiva. Da mesma maneira, nada impede que, uma vez consumado o usucapião, possa tornar-se senhor de outros imóveis. Proibir-se esta conduta seria o mesmo que obstar o progresso social e econômico do usucapiente, fim maior da norma constitucional.

Quanto ao objeto do usucapião, alguns pontos se apresentam relevantes. O primeiro deles condiz com a extensão da coisa a ser adquirida. Alterando o art. 1º e parágrafo único da Lei 6.969/81, o art. 191 do Diploma Básico menciona área de terra não superior a cinqüenta hectares.

Pergunta-se, inicialmente, se alguém, possuindo área superior a cinqüenta hectares, poderia usucapir, levando em conta o prazo do art. 191 da Constituição, área igual àquele limite. Posicionamento afirmativo foi esposado por Pontes de Miranda, comentando o art. 156, § 3º, da Constituição de 1946,[17] sendo acompanhado por Nelson Luiz Pinto,[18] pondo em destaque o anelo social do instituto.

Penso, com a devida vênia, que a razão está com José Carlos de Moraes Salles[19]

16. A única restrição de interesse ao assunto estaria no art. 7º da Lei 5.709/71, ao submeter ao prévio assentimento da Secretaria-Geral do Conselho de Segurança Nacional (atualmente Conselho de Defesa Nacional, nos termos do art. 91 da CF), a aquisição de imóvel situado em área indispensável à segurança nacional. Considerando-se o caráter público de tais locais, a possibilidade de usucapião já estaria, independente da nacionalidade do interessado, toldada pelas interdições do art. 191, parágrafo único, da CF, e do art. 3º, *caput*, da Lei 6.969/81.

17. Ob. cit., p. 153.

18. Ob. cit., p. 60.

19. Ob. cit., p. 231.

quando defende que esse entendimento conduz a uma burla ao preceptivo constitucional, principalmente sob o lado do remisso proprietário que, consciente da maior extensão do imóvel, não se incomodaria com a passagem do período de cinco anos por inferir que, encontrando-se o imóvel fora da dimensão gizada pelo Constituinte, seria necessário ao possuidor aguardar mais cinco ou quinze anos para consumar a aquisição, intervalo em que, se lhe aprouvesse, poderia lançar mão dos meios interruptivos da posse *ad usucapionem*.

Assim, na intenção de induzir em erro o proprietário, bastaria ao usucapiente apossar-se de imóvel com superfície maior que cinqüenta hectares e, ao depois do lustro constitucional, pleitear o usucapião com relação à área igual ou inferior a dito limite. A esta orientação é de ser considerada a adesão de Lenine Nequete[20] que, antes de 1988, somente admitia o usucapião sobre a área inferior ao limite quando se cuidasse de terras públicas, porque estas somente se submetiam à modalidade da Lei 6.969/81. No particular dos terrenos privados, hoje os únicos a suportar a medida, entendia da impossibilidade do usucapião especial em parte, porquanto aqueles também se encontravam sujeitas ao usucapião comum (extraordinário e ordinário).

A mesma diretriz servirá de bússola na hipótese de prédios rústicos com área superior a vinte e cinco e inferior a cinqüenta hectares, possuídos na data da entrada em vigor da recente ordem constitucional.

Outra questão importante diz respeito à possibilidade do usucapião especial rural incidir sobre área inferior ao módulo rural ou à fração mínima de parcelamento, uma vez que tais medidas podem variar de dois a cento e vinte hectares.

Sem embargo da opinião favorável de Celso Ribeiro Bastos,[21] calcada em que o módulo rural tem a ver com o desdobramento comum da propriedade, não podendo atuar como impedimento à concretização de um dispositivo constitucional, propendemos pela impossibilidade.

Ao contrário do eminente jurista, a concessão do usucapião é que importaria em possível maltrato à Constituição. A finalidade do instituto, como bem restou expressada na Mensagem 458/81, que instruiu o Projeto da Lei 6.969/81, foi a de solucionar o problema daqueles que, sem propriedade alguma, ocupam, por anos seguidos, sem contestação, uma área rural e a afastam do quadro de improdutividade e abandono em que a encontraram. Em relevo foi posto o anseio de alcançar-se, o quanto possível, o progresso social e econômico do trabalhador que, sozinho ou com sua família, torna viável pequena extensão de terra.

A gleba inferior ao módulo rural configura o minifúndio, isto é, imóvel rural de tamanho e possibilidades inferiores às da propriedade familiar (art. 4º, IV, Lei 4.504/64), sendo antieconômico e, por isso, acarreta a redução do minifundiário a estado deficitário, devendo, a exemplo do latifúndio, ser combatido e evitado.

E, como se não bastasse, há o comando do art. 65 da Lei 4.504/64, de forte teor de ordem pública, a recomendar que nenhum imóvel rural possa ser dividido em fração inferior ao módulo da região, salvo as situações elencadas no art. 2º do Decreto 62.504, de 8.4.1968. Submetido ao controle exegético do Supremo Tribunal Federal, à interdição fora atribuída o caráter de absoluta, de maneira a não poder evadir-se de seu âmbito nem mesmo a divisão do condomínio. Eis a ementa do decidido no RE 78.048-SP: "Estatuto da Terra. Art. 65. Divisão da gleba. 1) *Ex vi* dos arts. 65, da Lei 4.504/64, e 11, do Dec.-lei 57/66, é inadmissível a divisão da gleba em quinhões menores do que os módulos, ainda que para fazer cessar o condomínio entre os co-proprietários. 2) O fim da lei, no caso, é o de evitar a proliferação de minifúndios antieconômi-

20. *Usucapião Especial*, pp. 35-6.

21. *Comentários à Constituição do Brasil*, p. 347.

cos, e deve preponderar sobre a literalidade do dispositivo".[22] A este julgado precedera o RE 66.409-RS,[23] no qual se assentara a indivisibilidade do módulo por atos entre vivos ou por direito hereditário, excepcionando-se, até então, apenas a repartição da co-propriedade.

Atento ao relevante imperativo contido no art. 65 da Lei 4.504/64, os tribunais vêm indeferindo pedido de usucapião especial em imóveis de dimensões minifundiárias.[24]

O art. 191 da Lei Maior é bem claro em reportar-se a área de terra, situada em zona rural. Vê-se aqui que o próprio constituinte definiu qual o tipo de área a ser usucapida, perfilhando o critério topográfico.

Se tivesse, *ad instar* do art. 1º da Lei 6.969/81, continuado a dispor que o objeto deveria ser reputado como área rural, continuaria forjada a idéia de que aquele estaria, necessariamente, encaixado na definição de imóvel rural e, por isso, adotar-se-ia o critério da destinação, válido para fins agrários, alijando o da localização, consagrado pelo Código Tributário Nacional (art. 29).[25]

Entendendo cabível, mesmo com a Constituição de 1988, a continuidade, para fins do usucapião especial no campo, do critério da destinação. Há julgado do Tribunal de Alçada do Rio Grande do Sul: "Aos efeitos da usucapião especial qüinqüenal da Lei 6.969/81, considera-se como imóvel rural todo aquele que, embora localizado em área urbana, tenha destinação específica de prédio rústico. O incapaz pode adquirir através de seu representante por usucapião, presumindo-se a continuidade das características da posse *ad usucapionem*, quando ocorreu a transmissão *mortis causa* desta. Não há domínio residual em favor do Poder Público. Se este alega propriedade de imóvel, há de prová-la com o respectivo. Sentença confirmada em reexame necessário".[26]

Na província dos pressupostos reais, resta indagar se ainda é possível o usucapião especial de terras públicas. Embora possa parecer consideração desnecessária frente ao teor proibitivo do parágrafo único do art. 190 da Lei Básica, a questão se alça a tema palpitante ante a interpretação desenvolvida por Celso Ribeiro Bastos,[27] no sentido de que nem todos os bens públicos estão submetidos a regime juspublicístico, como é o caso das terras devolutas, as quais, não obstante integrantes do domínio estatal, são possuídas como direito disponível, a exemplo dos bens particulares, haja vista não estarem afetadas a um fim público. Dada a essa singularidade, permanecem usucapíveis. São as palavras do autor: "Os bens públicos são aqueles que pertencem ao domínio das pessoas jurídicas de direito público. No entanto, nem todos esses bens estão sujeitos a um regime também de direito público. Pertencem ao domínio público sem que contudo, se sujeitem às regras jurídicas a que estão normalmente submetidos os bens públicos na plena acepção da palavra. Estes são públicos pela destinação e não somente pela titularidade. As terras devolutas constituem o maior contingente que compõe essa categoria de imóveis. Nada obstante serem públicas em razão da qualidade que detém a sua titularidade, não têm essa qualificação quando se leva em conta a destinação a que estão afetas. As terras devolutas não estão vinculadas ao atingimento de um fim público. Permanecem como um estoque de terras ainda não transpassado aos particulares

22. 1ª T., rel. Min. Aliomar Baleeiro, *RTJ* 73/860.

23. *RTJ* 52/331.

24. *RJTJESP* 90/335 e 123/226, e *RT* 652/65.

25. Sobre a conceituação de imóvel rural, consultar dois excelentes trabalhos: Paulo Guilherme de Almeida, "Critério para a definição de imóvel rural: localização ou destinação?", *RDC* 36/101; Antonio Augusto de Souza Coelho, "A propriedade rural na nova Constituição", in *A Propriedade e os Direitos Reais na Constituição de 1988*, p. 135.

26. Ap. Cív. 190052902, rel. Juiz Lauro Duarte Gehlen, j. 9.8.1990.

27. Ob. cit., pp. 239-40.

ou, tendo um dia estado em suas mãos, já tornaram à origem em razão do donatário ter caído em comisso. O fato é que estas terras são possuídas pelos Poderes Públicos à moda de um particular. Devem, portanto, estar sujeitas ao usucapião, não colhidas, pois, pela expressão 'imóveis públicos' a que se refere o Texto comentado".

Sou novamente forçado a divergir do conspícuo lente. Muito embora manifeste reservas quanto ao mérito da proibição, em virtude de servir de empeço à aquisição da terra pelo pequeno produtor que nela labora,[28] não posso deixar de assentar que a necessidade única do texto constitucional fincar, às expressas, a interdição do usucapião de bens públicos, diz justamente respeito àqueles denominados dominiais, gênero do qual as terras devolutas são espécie. Isto porque os bens de uso comum do povo e de uso especial, por sua conatural vocação ao atingimento de fim público, coletivo ou específico, encontram-se imunes à província do usucapião. Prova disso é que a doutrina administrativista não admite desafetação pelo não uso de tais bens.

A superveniência do art. 191, parágrafo único, da Norma Ápice, repercutiu na não recepção dos arts. 2º, 3º, 4º, §§ 2º a 4º, da Lei 6.969/81, juntamente com os Decretos 87.040/82 e 87.620/82.

Em casos de bens objeto de herança jacente, interessante notar que o seu retorno ao patrimônio público somente ocorre com a declaração judicial de vacância. Portanto, até que tal ocorra o bem ainda permanece no universo dominical privado e, por isso, pode ser alvo de posse *ad usucapionem*, conforme vem entendendo o Superior Tribunal de Justiça.[29]

28. Necessário ser lido trabalho de Guilherme Calmon Nogueira da Gama ("Usucapião urbano: aspectos relevantes", p. 257) quando critica o retrocesso trazido a lume pelos arts. 183, § 3º, e 191, parágrafo único, ambos da CF.

29. REsp 13.414-RJ, rel. Min. Ruy Rosado de Aguiar, *DJU* 13.3.1995, p. 5.297.

Ainda no que concerne às terras devolutas, é de se ressalvar, ante o caráter declaratório da sentença na ação de usucapião, como perfeitamente válidas as aquisições decorrentes de posses com os requisitos do art. 1º da Lei 6.969/81, já consumadas por inteiro antes de 5.10.1988.

No que toca à posse, há de se ressaltar, em primeiro lugar, a sua justeza. De acordo com o art. 489 do Código Civil, por posse justa há de entender-se aquela que não for violenta, clandestina, ou precária.

No particular do apossamento violento ou clandestino, mister observar que uma vez a posse escoimada de tais vícios, poderá iniciar-se o prazo tendente ao usucapião. Essa inteligência obtém-se da dição do art. 497 do Código Civil: "Não induzem posse os atos de mera permissão ou tolerância, assim como não autorizam a sua aquisição os atos violentos, ou clandestinos, senão depois de cessar a violência, ou a clandestinidade".[30]

Diferentemente da posse violenta ou clandestina, a posse precária, resultante do abuso de confiança, é incapaz de convalescimento. É que, enquanto aquele que recebeu algo com a obrigação de restituir, como no caso do comodatário, arrendatário e depositário, não procede à devolução da coisa, a prática defeituosa não cessa e, portanto, não se pode falar em posse justa para os fins aqui colimados.

Por seu turno, a Constituição exige que o interessado possua a área como sua, quer dizer, com ânimo de dono, o que, consoante Lenine Nequete, é "de presumir-se pelo simples exercício dos atos possessórios, a menos que reconhecido expressamente, pelo possuidor, o domínio alheio, por qualquer ato judicial ou extrajudicial inequívoco".[31] A posse com *animus domini* é, entre nós, requisito de que não são alheias as demais modalidades de usucapião previstas no Có-

30. Há similitude quanto ao art. 2.233 do Código Civil francês.

31. Ob. cit., p. 30.

digo Civil (arts. 550 e 551), tendo sido igualmente prevista no art. 2.230 do Código Civil da França.

A posse terá ainda de ser pacífica, ou seja, sem oposição, de maneira que não haja sido contestada por outrem. Salienta Lenine Nequete[32] que o conceito de oposição, em sede de usucapião especial, deve ater-se apenas aos atos de domínio ou de pleito sobre o domínio, com desfecho favorável ao opositor, não se aplicando aqui qualquer das causas de suspensão ou interrupção válidas para o usucapião comum, como, por exemplo, o protesto ou outro ato judicial ou extrajudicial que constitua em mora o usucapiente. Ilustrando a sua valiosa opinião, invoca o magistério de Pontes de Miranda[33] e, para júbilo potiguar, sentença da lavra do saudoso Des. João Maria Furtado, exarada quando judicava monocraticamente perante a Comarca de Baixa Verde.[34]

Com o merecido respeito aos doutrinadores invocados, não vislumbro razão para que o art. 172 do Código Civil aqui não surta seus efeitos na integralidade. O usucapião, de que não foge a modalidade criada pelo art. 125 da Constituição de 1934, é reputado como uma espécie do gênero prescrição, possuindo identidade de origem e de fundamento.[35] Não pode, portanto, sem disposição expressa em contrário, escapar do ditamento do citado preceito geral.

Assim, o art. 553, mera repetição do art. 172, ambos do Código Civil, é aplicável ao usucapião rural.

De boa lembrança, ainda quanto a pacificidade da posse, a decisão do Superior Tribunal de Justiça no REsp 62.502-ES: "A posse *ad usucapionem* não perde seu caráter de pacífica e inconteste embora ajuizadas ações possessórias (mesmo com reintegração liminar) por quem se afirma proprietário, quando tais demandas são, ao final, julgadas improcedentes".[36]

A posse deve, igualmente, ser ininterrupta, melhor dizendo, deverá o possuidor operá-la com continuidade, sem intervalos. Vale apontar que breves interrupções, provocadas por esbulhos repelidos pelo desforço imediato, não inviabilizam o curso da posse *ad usucapionem*. Igualmente, quando, em intervalo curto, o usucapiente seja obrigado a acorrer ao Judiciário com interditos de manutenção e reintegração para manter-se ou reintegrar-se.

A perfectibilização da situação fática do usucapião especial dispensa a presença de justo título e boa-fé. É certo que o art. 191 da Constituição não fez menção expressa à dispensa de tais requisitos. Contudo, não se pode sonegar a continuidade da vigência, por força da regra da recepção, do

32. Ob. cit., pp. 34-5 e 12.

33. Disse o mestre alagoano: "A oposição, que tornaria insuficiente o suporte fático, é a oposição consistente em ato de domínio ou de pleito sôbre o domínio, que tenha desfêcho favorável ao opositor" (ob. cit., p. 153).

34. A veneranda decisão se acha publicada na *RF* 89/811.

35. O íntimo liame entre a prescrição e o usucapião fora exposto, com maestria, por San Tiago Dantas: "Prescrição aquisitiva e prescrição liberatória são dois institutos que a doutrina francesa e italiana costumam geralmente tratar juntos, enquanto que a doutrina brasileira prefere o tratamento separado, isto porque, no direito brasileiro, o usucapião aparece unicamente como modo de aquisição de propriedade, ao passo que a prescrição liberatória aparece em todos os direitos. Costuma-se dizer que a prescrição aquisitiva é o modo de aquisição de um direito subjetivo determinado — propriedade. Entretanto, estudando-se a história e a função econômica dos dois institutos, não se pode deixar de reconhecer neles um fundo comum. De fato, sobre ambos os institutos encontram-se a idéia da lesão e a idéia da convalescença por força do tempo, como denominadores comuns". Mais adiante, conclui: "Portanto, não há dúvida de que ainda mesmo no que se pode chamar de seus alicerces filosóficos, prescrição aquisitiva e prescrição liberatória exprimem na origem jurídica o mesmo princípio" (*Programa de Direito Civil III*, p. 157).

36. Rel. Min. Athos Carneiro, *DJU* 3.8.1992, p. 11.320.

art. 1º da Lei 6.969/81, ao exonerar o usucapiente da comprovação de tais requisitos. O princípio norteador do instituto, tanto no plano sobranceiro quanto no infraconstitucional, está modelado na valorização do labor humano, circunstância a justificar que se posterguem esses requisitos, ao contrário do que sucede quanto ao art. 551 do Código Civil.

Há necessidade do possuidor tornar o imóvel produtivo, estabelecendo neste, desde o início da posse, a moradia própria ou de sua família.

O interregno temporal para a obtenção do direito é de cinco anos, redução operada desde a Lei 6.969/81.

Importante consideração se reflete quanto a liceidade da soma das posses no usucapião especial rural. O art. 552 do Código Civil, tratando dos usucapiões extraordinário e ordinário, faculta ao possuidor, a fim de integralizar o tempo exigido pela lei, acrescer à sua posse a do seu antecessor, desde que ambas sejam contínuas e pacíficas.

Complementando o dispositivo, vem o art. 496 de idêntico diploma traçar um divisor de águas, prescrevendo: "O sucessor universal continua de direito a posse de seu antecessor; e ao sucessor singular é facultado unir sua posse à do antecessor, para os efeitos legais". Há, então, as figuras da *sucessio possessionis*, privativa do sucessor universal, e da *accessio possessionis*, relacionada com o sucessor singular. No primeiro caso, há uma continuidade do vínculo possessório, enquanto no outro a legislação põe ao interessado uma faculdade de postular a união de tais posses.

As peculiaridades próprias do usucapião especial fazem com que tais dispositivos sejam aplicados com temperamentos. Pressuposto do instituto, é a posse pessoal, com moradia do usucapiente e de sua família, juntamente com o fato de tornar a terra produtiva. Esta singularidade afasta, por si só, a possibilidade da *acessio possessionis*. Esse entendimento fora sufragado, na vigência da redação originária do art. 156, § 3º, da Constituição de 1946, pelo egrégio Tribunal de Justiça de São Paulo.[37]

Admite-se, e mesmo assim parcialmente, a *sucessio possessionis*, desde que o sucessor universal seja integrante do grupo familiar do campesino, com ele se encontrando a morar e trabalhando na terra. Esse ponto de vista rende homenagem à regra do art. 1.572 do Código Civil, segundo a qual, aberta a sucessão, o domínio e posse da herança transmitem-se, desde logo, aos herdeiros do falecido.

5. *Pressupostos do usucapião constitucional urbano*

O art. 183 da Lei Máxima representou importante inovação no cenário social brasileiro ao estender ao solo urbano, com vistas a resolver o também angustiante problema da moradia, a disciplina do usucapião especial, já existente no campo desde 1934.

Em princípio, à sua regência se aplicam às orientações expendidas no tópico retro, com as pequenas modificações aqui apontadas.

A primeira discussão que o preceito gerou, capaz de agitar a doutrina e a jurisprudência, foi a perquirir da sua aplicação às posses anteriores a 5.10.1988.

Épocas atrás, por ocasião da entrada em vigor da Lei 2.437/55, responsável pela redução para vinte anos do prazo do art. 550 do Código Civil, o Supremo Tribunal Federal uniformizou o seu ponto de vista através da edição da Súmula 445, sufragando a possibilidade de aplicação imediata da lei que reduz prazo prescricional, ressalvados tão-só os processos pendentes.

Quanto ao art. 183 da Constituição, sucede algo diferente. Na hipótese versada pela Súmula 445, já existia o instituto jurídico cujo prazo fora reduzido. Aqui, contraria-

37. *RT* 305/344.

mente, cuida-se de direito novo, de maneira que não se pode ter por iniciada posse quando ainda não existia norma a lhe dar específico efeito jurídico.[38]

Não obstante, o Tribunal de Justiça de São Paulo vem orientando-se opostamente, optando por entender que as posses havidas, na data da promulgação da Constituição de 1988, com mais de cinco anos, encontram-se abrangidas pelo usucapião especial urbano. Elucidativa a ementa da Apelação Cível 106.162-1: "Usucapião. Urbano. Ocorrência. Prescribente sempre imbuída na convicção de possuir, como proprietária, terreno sobre o qual levantou modesta residência. Aplicação do art. 183 da Constituição da República de 1988. Recurso não provido".[39] Essa decisão, que inclusive assentou ser correta a incidência da novel disciplina constitucional aos processos pendentes, em contrariedade com a exceção plasmada pela Súmula 445 do Supremo Tribunal Federal, foi ratificada pela 1ª Câmara Civil.[40] Idêntico ponto de vista foi perfilhado pela 3ª Câmara do Tribunal de Alçada do Rio Grande do Sul na Apelação Cível 190108761.[41]

Retificando a corrente pretoriana acima, o Supremo Tribunal Federal, por sua 1ª Turma, firmou, nos autos do RE 145.004-MT, ser defeso, na análise do usucapião especial introduzido pelo art. 183 da Lei Magna de 1988, considerar-se o tempo de posse anterior à sua promulgação, não guardando a hipótese qualquer pertinência com a motivação subjacente à sua Súmula 445.[42]

O bem usucapível há de situar-se em zona urbana, a ser definida pelo legislador municipal. A adoção do critério topográfico, traduzindo a oposição entre zona urbana e rural, força a inclusão também, para fins da nova figura de usucapião especial, da zona de expansão urbanística, igualmente de delineação pelo Legislativo dos Municípios.

O bem, situado em zona urbana, não poderá ultrapassar a dimensão de 250 metros quadrados. Estreme de dúvidas que o Constituinte aludiu ao tamanho do terreno, da superfície, ao invés da porção construída.

Doutro lado, investigando-se o art. 183, § 1º, do Estatuto Básico, nota-se que este, ao referir-se à concessão de uso, que, a exemplo do título de domínio, deverá ser conferida tanto ao homem como à mulher, ou a ambos, independente do estado civil, não possui qualquer sentido prático, sendo a sua redação tributada ao modo pressuroso como se elaborou a Constituição. O não cabimento aqui de concessão de uso justifica-se por dois irrespondíveis fundamentos: a) tal título é representativo de contrato de direito público, pelo qual a Administração, sob certas condições, cede ao particular o uso exclusivo de um bem público, sendo, assim, totalmente estranho ao usucapião constitucional urbano, por, em nenhuma hipótese, este abranger imóvel público; b) descabe falar-se aqui em concessão de uso, porquanto o resultado da posse nos moldes do art. 183 da Constituição é a aquisição do domínio, não apenas da mera faculdade do possuidor utilizar a coisa numa finalidade específica.

Por último, calha considerar que, da mesma forma que o possuidor rural, o urba-

38. Discutindo, a partir da Constituição de 1946, a juridicidade do cômputo, para fins de usucapião *pro labore*, de posse anterior pelo estrangeiro, o Supremo Tribunal Federal perfilhou solução semelhante à que seguimos, conforme consta de julgado publicado na *RF* 200/103.

39. 2ª CCivil, ac.un., rel. Des. Cezar Peluso, *RJTJESP* 119/296.

40. *RT* 649/58.

41. Rel. Juiz Araken de Assis, j. 28.11.1990.

42. Rel. Min. Octávio Gallotti, j. 21.5.1996, *Informativo STF* 32, 29.5.1996. Forte nessa diretriz, consultar ainda outras decisões: TJSC, Ap. Cív. 43.427, rel. Des. Wilson Guarany, j. 15.3.1994; TJSC, Ap. Cív. 45.095, rel. Des. Pedro Manoel Abreu, j. 1.11.1994; TJSC, Ap. Cív., 38.073, 3ª C., rel. Des. Cid Pedroso, j. 3.11.1992; TJSC, Ap. Cív., 194000154, rel. Juiz Ari Azambuja Ramos, j. 1.3.1994; TARS, Ap. Cív. 190005314, rel. Juiz Lauro Duarte Gehlen, j. 22.2.1990; *RJTAMG* 60/102.

no não poderá, por mais de uma vez, invocar o direito à aquisição pela posse prolongada de acordo com os pressupostos especiais elencados pela Lei Fundamental. Nada impede, por outro lado, que venha a novamente alegar usucapião do direito comum.

À semelhança do que sucede com o usucapião especial no campo, o imóvel urbano deverá servir, a contar do seu *dies a quo* da relação possessória, de moradia do usucapiente e de sua família.

6. Síntese conclusiva

Ao final do exposto, resta-nos sumariar algumas conclusões:

a) secundando os passos trilhados pelo Constituinte de 1934, a Constituição de 1988 reincorporou o usucapião especial ao Texto Magno, fazendo emergir, em meritória atitude novidadeira, a sua abrangência ao solo urbano;

b) justificado por razões coletivas, dirigidas à estabilização das relações jurídicas ao largo do tempo e a sancionar o desprezo da função social da propriedade, o usucapião constitucional representa modalidade originária de aquisição do domínio, não se espraiando a outros direitos reais;

c) demanda a perfeição, pelo interessado, que não poderá ser proprietário de outro imóvel rural ou urbano, de posse, durante um lustro, com *animus domini*, ininterrupta e pacífica, sobre imóveis rurais e urbanos, cuja extensão não poderá superar a cinqüenta hectares ou duzentos e cinqüenta metros quadrados, respectivamente, excluídos os bens públicos;

d) apesar da prescindibilidade de justo título e boa-fé, cabe ao usucapiente, se rurícola, fazer com que o trecho de terra seja tornado produtivo, com o estabelecimento neste de sua moradia; caso resida na urbe, deverá utilizar o imóvel como habitação própria e de sua família;

e) descabe a concessão do usucapião do art. 191 da Lei Maior sobre imóveis inferiores às dimensões do módulo rural da região, por tal contravir à finalidade do instituto, voltada para o progresso social e econômico do pequeno camponês;

f) em face de sua condição de direito novo, o art. 183 da Constituição não é aplicável às posses precedentes a 5.10.1988, incorrendo-se em erro o tratamento da espécie nos moldes da Súmula 445 do Supremo Tribunal Federal, relativa à diminuição de prazo prescricional já existente e em curso.

7. Bibliografia

ALMEIDA, Paulo Guilherme. "Critério para a definição de imóvel rural: localização ou destinação?", *Revista de Direito Civil* 10(36):101-36, São Paulo, abr.-jun. 1986.

BASTOS, Celso Ribeiro & MARTINS, Ives Gandra. *Comentários à Constituição do Brasil*. v. 7. São Paulo: Saraiva, 1990.

BESSONE, Darcy. *Direitos Reais*. São Paulo: Saraiva, 1988.

BITTAR, Carlos Alberto. *Direitos Reais*. Rio de Janeiro: Forense Universitária, 1991.

GAMA, Guilherme Calmon Nogueira. "Usucapião especial urbano: aspectos relevantes". *Revista do Instituto de Pesquisas e Estudos — Divisão Jurídica* (20): 243-266, Bauru, dez. 1997/ mar. 1998.

MIRANDA, Pontes de. *Tratado de Direito Privado*. v. 11. 4ª ed. São Paulo: Ed. RT, 1983.

NEQUETE, Lenine. *Usucapião Especial*. São Paulo: Saraiva, 1983.

OLIVEIRA, Euclides de. "Breves anotações sobre o texto aprovado no Senado, que retorna à Câmara para discussão final". *Tribuna da Magistratura: Caderno de Doutrina*, São Paulo, jan.-fev. 1998, pp. 281-285.

PACHECO, José Ernani de Carvalho. *Usucapião*. 10ª ed. Curitiba: Juruá Editora, 1998.

PEREIRA, Caio Mário da Silva. *Instituições de Direito Civil*. v. 4. 4ª ed. Rio de Janeiro: Forense, 1981.

PINTO, Nélson Luiz. *Ação de Usucapião*. São Paulo: Ed. RT, 1987.

RIOS, Roger Raupp. "A propriedade e sua função social na Constituição da República de 1988". *Revista Ajufe* (45):49, São Paulo, 1995.

RODRIGUES, Manuel. *Estudo de Direito Civil Português: A Posse*. 3ª ed. Coimbra: Almedina, 1981.

SALLES, José Carlos de Moraes. *Usucapião de Bens Imóveis e Móveis*. 2ª ed. São Paulo: Ed. RT, 1992.

SAN TIAGO DANTAS, Francisco Clementino. *Programa de Direito Civil*. v. 3. 2ª ed. Rio de Janeiro: Ed. Rio, 1981.

SILVA, Artur Marques da. "O regime constitucional do usucapião". In: BITTAR, Carlos Alberto. *A Propriedade e os Direitos Reais na Constituição de 1988*. São Paulo: Saraiva, 1991.

SIMÕES, Pedro & SIMÕES, Joventina. *Direito das Coisas*. Natal: Nossa Editora, 1997.

SOUZA COELHO, Antonio Augusto de. "A propriedade rural na nova Constituição". In: BITTAR, Carlos Alberto. *A Propriedade e os Direitos Reais na Constituição de 1988*. São Paulo: Saraiva, 1991.

LICITAÇÃO PÚBLICA: (IN)EXEQÜIBILIDADE DAS PROPOSTAS E GARANTIA ADICIONAL

JOEL DE MENEZES NIEBUHR

Mestre em Direito pela Universidade Federal de Santa Catarina (UFSC).
Doutorando da PUC/SP.
Professor da UNISUL. Advogado em Florianópolis/SC

I – Introdução. II – (In)exeqüibilidade das propostas. III – Dispositivos legais acerca da (in)exeqüibilidade das propostas. IV – Garantia em licitação pública. V – Garantia adicional. VI – Considerações finais. VII – Referências bibliográficas.

I – Introdução

1. A licitação pública e o respectivo contrato administrativo visam a amparar o interesse público, que reclama uma utilidade efetiva. Sob esta perspectiva, é imperativo que as propostas ofertadas à Administração sejam exeqüíveis – ou, melhor, que possam ser perfeitamente cumpridas.

O tema propicia inúmeras indagações, pois é dificílimo distinguir as propostas inexeqüíveis daquelas excepcionalmente vantajosas e com condições de serem mantidas.

2. Vinculada a essa questão encontra-se a da *garantia adicional*, novidade introduzida pela Lei 9.648, de 27.5.1998. Esta se destina às propostas que se presumem exeqüíveis, porém ainda de valor substancialmente reduzido, que enseja o reforço de garantia.

3. Ambas as matérias recebem maior ênfase com a apreensão dos princípios da licitação pública, buscando-se uma solução a eles adequada.

Destarte, pautado pelo enfoque principiológico, discorrer-se-á, no primeiro momento, acerca da (in)exeqüibilidade das propostas, comentando-se as regras pertinentes contidas na Lei 8.666, de 21.6.1993, com as devidas alterações. No segundo momento tratar-se-á da garantia adicional, com a análise do § 2º do art. 48 da supracitada lei.

Pretende-se, com amparo em pesquisa bibliográfica, contribuir para o esclarecimento de alguns pontos polêmicos sobre a (in)exeqüibilidade das propostas e a garantia adicional, assuntos que fazem parte do cotidiano da Administração Pública.

II – (In)exeqüibilidade das propostas

4. A licitação pública é o procedimento através do qual a Administração seleciona a melhor proposta para um futuro contrato administrativo, tratando todos os possíveis interessados com igualdade. Deste sucinto conceito defluem dois princípios nucleares do instituto – quais sejam: a eficiência (vantagem) e a isonomia (igualdade) –, bem como outros tantos que lhes são correlatos, dentre os quais se destacam a competitividade, a legalidade, a moralidade, a razoabilidade, a publicidade, a economicidade, o julgamento objetivo e a vinculação ao instrumento convocatório.

O propósito da licitação *pública* é a satisfação do interesse *público*, mediante a aferição de uma proposta e a entabulação de um contrato administrativo. Para tanto, a Administração recebe todos os interessados com igualdade, aumentando a disputa e as chances de obter a melhor proposta.

5. Desta sorte, tanto a licitação quanto o contrato que lhe é subseqüente não passam da forma adotada para que se contemple o interesse público consubstanciado na construção de uma obra, na prestação de serviços e na aquisição ou alienação de bens. Como corolário, não se trata de formas vazias, abstratas, sem conteúdo e objetivos. Tudo o que a elas se refere encontra-se estritamente relacionado à execução prática e *concreta* do interesse público.

O que importa para a Administração Pública é que a licitação e o contrato lhe propiciem um resultado *concreto*. Por isso, é imprescindível avaliar se as propostas lançadas pelos licitantes possuem condições *concretas* de serem cumpridas. Não basta selecionar a proposta com o menor preço ou com a melhor qualidade; é imperioso verificar se ela pode ser mantida, ou seja, se o licitante tem meios para adimplir a obrigação a ser assumida.

6. Nesse diapasão, ganha ressonância a assertiva de Marcello Caetano segundo a qual as propostas devem ser sérias, firmes e concretas.[1]

Como adverte Adílson Abreu Dallari, "ninguém pode pretender manter uma proposta cujo cumprimento seja impossível, nem deve a Administração aceitar proposta cujo cumprimento seja fortemente improvável, uma vez que o interesse público não pode servir nem ao aventureirismo, nem a experiências de resultado duvidoso".[2]

7. Admitindo-se toda sorte de propostas, mesmo aquelas de *cumprimento impossível* ou *fortemente improvável*, a Administração Pública expõe-se a risco desmedido. Em direito público, conforme pondera Cirne Lima, a palavra "administração" designa a atividade de quem não é senhor absoluto.[3] O agente administrativo maneja bens e interesses da coletividade, que não lhe pertencem em particular; por isso deve agir com moderação e prudência (*princípio da indisponibilidade do interesse público*).

8. A eficiência que se espera da licitação pública e do contrato administrativo deve ser mensurada em razão da execução deles (*princípio da eficiência*). Se a proposta e os termos do contrato não forem cumpridos, a rigor, em vez de vantagem, o que se impõe é prejuízo, amarga desvantagem. As conseqüências que advêm da admissão de propostas inexeqüíveis são desastrosas para a Administração, variando desde serviços

1. Eis as palavras do ilustre administrativista lusitano: "As propostas devem ser sérias, isto é, feitas com o propósito de serem mantidas e cumpridas (...). As propostas devem ser firmes, sem cláusulas restritivas, resolutivas ou excepcionais, embora possam sugerir novas modalidades de execução ou de cláusulas apresentadas como facultativas no ato convocatório. As propostas devem ser concretas e não com oferta de preços indeterminados, como seria a de percentagem de redução sobre a proposta mais barata, ou em termos análogos" (Marcello Caetano, *Princípios Fundamentais do Direito Administrativo*, Rio de Janeiro, Forense, 1977).

2. *Aspectos Jurídicos da Licitação*, 4ª ed., São Paulo, Saraiva, 1997, p. 130.

3. Cirne Lima professa que, "em direito público, designa, também, a palavra 'administração' a atividade do que não é senhor absoluto" (*Princípios de Direito Administrativo*, 5ª ed., São Paulo, Ed. RT, 1982, p. 20).

malfeitos, obras com problemas estruturais e objetos imprestáveis, que forçam a rescisão de contratos, reparações e novos procedimentos licitatórios.

9. A proposta inexeqüível frustra o caráter competitivo da licitação pública (*princípio da competitividade*). Aqueles que têm possibilidades de satisfazer os reclames da Administração, ante parâmetros razoáveis, são alijados da disputa.

Muitas vezes, grandes empresas, com o escopo de dominar o mercado, ofertam propostas cujos valores apresentam-se inferiores ao seu custo (*dumping*). Estas práticas são condenadas pela ordem jurídica, tolhendo a livre concorrência que serve de arrimo à ordem econômica prevista na Constituição Federal (inciso IV do art. 170).

10. Nada obstante isso, não se impede que a Administração Pública, em determinados casos, obtenha uma oferta realmente excepcional que lhe acarrete grande vantagem em relação às demais que lhe foram apresentadas.

O que se proíbe é a proposta que não tem condições de ser cumprida ou aquela que maliciosamente frustra a competição, procurando inviabilizar a atividade de terceiros. Se uma proposta excepcional é ofertada, por imperativo constitucional (*caput* do art. 37 da CF – princípio da eficiência), a Administração deve, antes de concluir pela inexeqüibilidade, verificar quais os motivos que a impulsionaram e se, por razões especiais, há meios de ser adimplida.

Em hipótese alguma a ordem jurídica veda ou restringe que os particulares procurem novas tecnologias, invistam no aprimoramento de seus produtos e ofereçam à Administração propostas mais vantajosas.

Há uma linha muitíssimo tênue entre as propostas inexeqüíveis e as excepcionais, porém exeqüíveis. É necessário analisar caso a caso, porque as peculiaridades de determinada situação fática se constituem no fator preponderante para se precisar quais propostas podem e quais não podem ser cumpridas.

III – Dispositivos legais acerca da (in)exeqüibilidade das propostas

11. A Lei 8.666/1993, denominada *Lei de Licitação Pública e Contratos Administrativos*, pretende operacionalizar os princípios jurídicos tocantes à (in)exeqüibilidade das propostas, prevendo regras que dizem respeito à adequação delas ao mercado.

12. O inciso X do art. 40 prescreve que o edital indicará "o critério de aceitação dos preços unitário e global, conforme o caso, permitida a fixação de preços máximos e vedados a fixação de preços mínimos, critérios estatísticos ou faixas de variação em relação a preços de referência, ressalvado o disposto nos §§ 1º e 2º do art. 48".

Transparece que a supracitada norma concerne à aceitabilidade dos preços de forma geral, tanto para valores máximos quanto para valores mínimos.

12.1 No que tange aos valores máximos sua permissão decorre do necessário planejamento orçamentário, que é requisito de toda contratação pública (art. 167 da CF; incisos II e III do § 2º do art. 7º, *caput* do art. 38 e inciso II do § 2º do art. 40, todos da Lei 8.666/1993). Ora, a Administração não pode contratar sem que haja a previsão de recursos para arcar com seus compromissos, facultando-se a ela fixar no edital o valor máximo que se pretende despender com a futura contratação.

12.2 O inciso X do art. 40 da Lei 8.666/1993 proibiu a fixação de valores mínimos, ou critérios estatísticos ou faixas de variação em relação a preços de referência. É que o preço mínimo dá azo ao empate, e anteriormente à vigência da lei em tela o critério de desempate era subjetivo, fomentando conluios. Referida vedação não impede a desclassificação de propostas inexeqüíveis; tão-só – insista-se – opõe-se a que o edital o estabeleça de maneira abstrata e de antemão.

13. A regra geral quanto à inexeqüibilidade das propostas é insculpida no § 3º do art. 44, que tem a seguinte dicção: "Não se admitirá proposta que apresente preços global ou unitários simbólicos, irrisórios ou de valor zero, incompatíveis com os preços dos insumos e salários de mercado, acrescidos dos respectivos encargos, ainda que o ato convocatório da licitação não tenha estabelecido limites mínimos, exceto quando se referirem a materiais e instalações de propriedade do próprio licitante, para os quais ele renuncie à parcela ou à totalidade da remuneração".

13.1 A primeira observação que se depreende é que o dispositivo se relaciona a toda e qualquer proposta, independentemente da modalidade de licitação, critério de julgamento, abrangendo obras, serviços, compras e alienações, como também aquelas propostas que envolvam preço global ou unitário.

13.2 Em segundo lugar, frise-se que o legislador remeteu o agente administrativo às condições de mercado, devendo, para identificar a proposta inexeqüível, verificar sua incompatibilidade com os preços dos insumos e salários, acrescendo-se os respectivos encargos. Assim, a proposta inaceitável provoca prejuízo ou reduz em muito os benefícios para o licitante. Bem se vê, por ilação lógica, que o particular de boa-fé não tem condições de arcar com prejuízos e daí adimplir suas obrigações. Se o fizer, evidencia-se que há a intenção de violar a competitividade, comprometendo a atividade de seus concorrentes.

13.3 Em terceiro lugar, há remissão à inclusão, no edital, de preços mínimos, o que é expressamente vedado pelo inciso X do art. 40. Esta proposição normativa é oriunda da péssima técnica legislativa, que alcança um de seus ápices na lei ora sob comento.

13.4 Em quarto lugar, a norma admite a pertinência de preços aparentemente inexeqüíveis, que se explicam em razão de se referirem a materiais e instalações de propriedade do próprio licitante, para os quais ele renuncia à parcela ou à totalidade da remuneração. Constituem-se casos especiais e peculiares em que o licitante, sem pretender elidir a competição, por motivo de disponibilidade de equipamentos e instalação, tem meios para minimizar o preço apresentado em sua proposta e executá-la com perfeição.

Imagine-se o caso de empresa de Engenharia que constrói um prédio público em pequeno e isolado Município do interior de um Estado, implantando ali toda a estrutura suficiente e adequada. Em seguida, nova obra vem a ser licitada na mesmo cidade. Destarte, a empresa já possui instalado todo o equipamento para executar o objeto licitado, tendo condições de ofertar preço reduzido.

14. Sob a mesma égide do § 3º do art. 44, a Lei da Licitação Pública, agora no inciso II do art. 48, prescreve: "Art. 48. Serão desclassificadas: (...); II – propostas com valor global superior ao limite estabelecido ou com preços manifestamente inexeqüíveis, assim considerados aqueles que não venham a ter demonstrada sua viabilidade através de documentação que comprove que os custos dos insumos são coerentes com os de mercado e que os coeficientes de produtividade são compatíveis com a execução do objeto do contrato, condições estas necessariamente especificadas no ato convocatório da licitação".

É palmar que o dispositivo repete boa parte do conteúdo do § 3º do art. 44, especialmente no trecho relativo à desclassificação de proposta com preço inexeqüível e ao parâmetro de identificá-la em cotejo com os custos dos insumos aplicáveis ao mercado.

Entretanto, algumas diferenças vêm a lume. Com efeito.

14.1 Trata o dispositivo, com remissão ao inciso X do art. 40, das propostas cujo valor global seja superior ao limite estabelecido e, também, daquelas de preços manifestamente inexeqüíveis.

Não se conclua que a inexeqüibilidade dos preços atinge tão-somente as propostas de valor global. A previsão atinente ao valor global refere-se, às claras, às propostas superiores ao montante fixado, e não às inexeqüíveis. Portanto, o preço, mesmo cotado por valor unitário, se for incoerente com o custo de mercado dos insumos, a proposta deve ser desclassificada.

14.2 O inciso ora colacionado pretende introduzir critério de prova restrito a documentos. Não é lícito vincular a demonstração da viabilidade do preço à comprovação documental. Este é um dos meios de prova, porém não o único. Se o licitante tem reais condições de suportar e executar sua proposta, ele pode prová-lo do modo como lhe convier, vedando-se apenas as provas ilícitas (inciso LVI do art. 5º da CF).

14.3 Obriga-se o agente administrativo a incluir no instrumento convocatório da licitação a exigência de que o preço deve ser viável, demonstrada por documento que comprove a coerência com os custos dos insumos e a compatibilidade dos coeficientes de produtividade com a execução do objeto licitado.

Essa exigência não passa de formalidade que entrava e complica a atividade administrativa, sem ter sentido ou utilidade alguma. Se ela está encartada na lei, não há motivo para que o agente administrativo a transplante ao instrumento convocatório. Deve-se observá-la em qualquer caso, esteja ou não na convocação.

Ademais, interpretar a proposição legal no sentido de que o agente administrativo é obrigado a *detalhar* e *explicitar* quais as condições de compatibilidade dos insumos e dos coeficientes de produtividade com o mercado e a execução do contrato é, também, negar-lhe qualquer efeito prático. Se por vezes nem o licitante, especialista na área, tem meios para fazê-lo, imagine-se o agente administrativo. Cada procedimento licitatório teria que ser precedido de estudos, que se estenderiam por meses e meses, para que o servidor pudesse conhecer com tanta profundidade o objeto licitado.

15. O § 3º do art. 44 e o inciso II do art. 48 são as normas angulares no pertinente à inexeqüibilidade das propostas. *Grosso modo* – apesar das críticas –, elas apreendem os princípios da licitação pública e as implicações deles decorrentes, preconizando critério de aferição maleável, sempre com vista ao mercado e aos pormenores de cada caso.

Contudo, os agentes administrativos viam-se inseguros para desclassificar uma proposta em virtude de inexeqüibilidade do preço, pois temiam, ante a ausência de um critério objetivo, ofender os princípios da licitação pública, o que afastaria indevidamente proposta apta a ser cumprida.

Com o intuito de solucionar essa questão, a Lei 9.648/1998 introduziu o § 1º no art. 48 da Lei 8.666/1993, que tem a seguinte expressão: "§ 1º. Para os efeitos do disposto no inciso II deste artigo, consideram-se manifestamente inexeqüíveis, no caso de licitações de menor preço para obras e serviços de Engenharia, as propostas cujos valores sejam inferiores a 70% (setenta por cento) do menor dos seguintes valores: a) média aritmética dos valores das propostas superiores a 50% (cinqüenta por cento) do valor orçado pela Administração, ou b) valor orçado pela Administração".

15.1 Calha sublinhar, introdutoriamente, que o referido dispositivo não priva de eficácia o inciso X do art. 40, o § 3º do artigo 44 ou o inciso II do art. 48. Todos eles se aplicam em sua inteireza, representando a regra geral sobre a matéria. Afora isso, a hipótese normativa do § 1º tem aplicação restrita aos casos de licitação de menor preço para obras e serviços de Engenharia.

15.2 Antes de outras considerações, faz-se mister esclarecer o mecanismo erigido pelo legislador para objetivamente identificar uma proposta inexeqüível.

Confira-se o seguinte exemplo hipotético. A Administração orça um serviço de Engenharia em R$ 1.000.000,00. São apresentadas cinco propostas, de acordo com a tabela em anexo:

Propostas	**Valor**
Licitante A	R$ 830.000,00
Licitante B	R$ 640.000,00
Licitante C	R$ 570.000,00
Licitante D	R$ 480.000,00
Licitante E	R$ 475.000,00

Para aferir a proposta inexeqüível o agente administrativo deve calcular a média aritmética das propostas acima de 50% do valor orçado pela Administração. Assim, ante tal desiderato, consideram-se as propostas dos *Licitantes A*, *B* e *C*, cuja média é de R$ 680.000,00.

Desse modo, é inexeqüível a proposta inferior a 70% de R$ 680.000,00 – portanto, a inferior a R$ 476.000,00.

No exemplo carreado a proposta do *Licitante E* é considerada inexeqüível; e a do *Licitante D*, aquela que melhor satisfaz o interesse público, saindo-se ele vencedor do certame.

Ressalve-se que, se o valor orçado pela Administração fosse inferior à média aritmética acima descrita, os 70% deveriam ser calculados sobre ele (valor orçado). Então, seriam inexeqüíveis as propostas abaixo de R$ 700.000,00.

15.3 Valendo-se do resultado desse exemplo hipotético, cabe determinar qual a efetiva amplitude ou utilidade desse critério e se ele se afaz aos princípios que justificam a desclassificação de propostas inexeqüíveis.

15.4 É cediço que o mecanismo consagrado pelo dispositivo em tela não passa de uma presunção erigida pelo legislador. A inexeqüibilidade não se obtém por cálculos abstratos, mas com a análise concreta das propostas. O que resta aos cientistas jurídicos é determinar se se trata de *presunção absoluta* (*juris et de jure*) ou *relativa* (*juris tantum*). Em outras palavras, se, no exemplo acima, o *Licitante E* poderia produzir prova da exeqüibilidade de sua proposta, ou não.

15.5 Veja-se que o *Licitante D*, com uma proposta de R$ 480.000,00, foi o vencedor do certame e que a proposta do *Licitante E*, perfazendo R$ 475.000,00, foi desclassificada, pois se concluiu que ela não tinha condições de ser cumprida. Ressalve-se que se esta fosse acrescida de R$ 1.000,00 ela não seria desclassificada e o *Licitante E* seria o vencedor da disputa.

Nessa senda – percebe-se às escâncaras –, não é procedente a afirmação de que a proposta do *Licitante E* é *efetivamente* inexeqüível. Ela até pode sê-lo em tese; no entanto, não se trata de *presunção absoluta*. Desclassificá-la *a priori* seria atirar às calendas o *princípio da razoabilidade*, que retrata o bom senso, a prudência, a adequação do agir à moralidade que deve marcar a atividade administrativa.

O raciocínio é linear: se uma proposta de R$ 476.000,00 pode ser considerada a mais vantajosa para a Administração Pública, salta aos olhos que não é razoável considerar que a proposta de R$ 475.000,00 não pode ser cumprida. A diferença de 0,2% não é o divisor de águas entre a melhor proposta e aquela que não tem condições de ser honrada.

De mais a mais, o que dizer de uma diferença de 1%, 3%, 5% ou, até mesmo, em alguns casos, de 10%?

15.6 Convém lembrar que todos os interessados têm o direito de participar da licitação pública em igualdade de condições – o que pressupõe que suas propostas sejam avaliadas. Este direito é restringido tão-só à hipótese em que a proposta não é *efetivamente* exeqüível.

15.7 Repita-se, por oportuno, que o § 1º do art. 48 não exclui a normatividade do inciso X do art. 40, do § 3º do art. 44, nem tampouco do inciso II do art. 48. Destarte, mesmo para os casos específicos de licitações de menor preço para obras e serviços de Engenharia a proposição do § 1º do art. 48 ganha contorno de *presunção* ***juris tantum*** (*relativa*).

Essa é a opinião de Marçal Justen Filho, ao enfatizar que a questão é de fato, e não de direito, e que a prova pode ser realizada mediante diligência da Administração.[4] Aliás, Adílson Abreu Dallari, durante conferência proferida no XIII Encontro Brasileiro de Direito Administrativo, realizado em setembro/1999 em Florianópolis/SC, foi além, insistindo que em tais casos é *dever* da Administração efetuar a diligência.

A posição firmada pelos ilustres professores supracitados merece aplausos. A rigor, nos casos de pretensa inexeqüibilidade das propostas, dado que a Administração Pública deve celebrar o melhor contrato (*princípio da eficiência*), a *faculdade* de diligência prevista no § 3º do art. 43 torna-se um *dever*, implicando, inclusive, falta funcional a agentes omissos.

IV – Garantia em licitação pública

16. Antes de adentrar especificamente a garantia adicional, atente-se a que, consoante a redação do inciso III do art. 31 da lei sob análise, a documentação relativa à qualificação econômico-financeira abrange a "garantia, nas mesmas modalidades e critérios previstos no *caput* e § 1º do art. 56 desta Lei, limitada a 1% (um por cento) do valor estimado do objeto da contratação".

Ainda, a alínea "e" do inciso XIV do art. 40 preconiza que o edital indicará, obrigatoriamente, "a exigência de seguro, quando for o caso" – o qual nada mais é do que uma espécie de garantia.

Enfim, o art. 56 exprime que, sempre a critério da autoridade competente, tendo em vista a peculiaridade de cada caso, se poderá exigir a prestação de garantia (*básica*) nas contratações de obras, serviços e compras, cabendo ao contratado escolher qual a modalidade a ser ofertada, limitando-se a 5% do valor do contrato ou 10%, para aqueles considerados de grande vulto ou de alta complexidade técnica.[5]

16.1 A garantia em licitação pública e em contrato administrativo é tema que causa controvérsia. Se, de um lado, através dela a Administração Pública assegura as obrigações assumidas por terceiros, doutro, onera as propostas apresentadas.

4. Cf. as próprias palavras do autor: "Não se afigura defensável, porém, transformar em absoluta a presunção do § 1º. Se o particular puder comprovar que sua proposta é exeqüível, não se lhe poderá interditar o exercício do direito de apresentá-la. É inviável proibir o Estado de realizar contratação vantajosa. A questão é de fato, não de direito. Incumbe o ônus da prova da exeqüibilidade ao particular. Essa comprovação poderá fazer-se em face da própria Administração, pleiteando-se a realização de diligência para tanto" (Marçal Justen Filho, *Comentários à Lei de Licitações e Contratos Administrativos*, 5ª ed., São Paulo, Dialética, 1998, p. 439).

5. Leia-se o próprio dispositivo:

"A critério da autoridade competente, em cada caso, e desde que prevista no instrumento convocatório, poderá ser exigida a prestação de garantia nas contratações de obras, serviços e compras.

"§ 1º. Caberá ao contratado optar por uma das seguintes modalidades de garantia:

"I – caução em dinheiro ou títulos da dívida pública;

"II – seguro-garantia;

"III – fiança-bancária.

"§ 2º. A garantia a que se refere o *caput* deste artigo não excederá a 5% (cinco por cento) do valor do contrato e terá seu valor atualizado nas mesmas condições daquele, ressalvado o previsto no § 3º deste artigo.

"§ 3º. Para obras, serviços e fornecimentos de grande vulto envolvendo alta complexidade técnica e riscos financeiros consideráveis, demonstrados através de parecer tecnicamente aprovado pela autoridade competente, o limite de garantia previsto no parágrafo anterior poderá ser elevado para até 10% (dez por cento) do valor do contrato.

"§ 4º. A garantia prestada pelo contratado será liberada ou restituída após a execução do contrato, e, quando em dinheiro, atualizada monetariamente.

"§ 5º. Nos casos de contratos que importem na entrega de bens pela Administração, dos quais o contratado ficará depositário, ao valor da garantia deverá ser acrescido o valor desses bens."

O agente administrativo maneja o *interesse* que é *público* – e, por conseqüência, *indisponível*. Deste modo, é seu dever evitar riscos e preservar o bem da coletividade sem recorrer a aventuras ou a apostas (*princípio da indisponibilidade do interesse público*).

Todavia, é certo que o licitante oferta de acordo com os custos que futuramente empregará para cumprir o contrato. Ao acrescer à proposta a exigência de garantia, também o montante total é acrescido. Mesmo de forma indireta, aumentam-se os custos da prestação a ser executada.[6] Neste sentido, a Administração Pública lesa o *princípio da eficiência*, porque deixa de perceber a proposta menos onerosa.

Demais disso, a garantia, em certa medida, não é compatível com o *princípio da competitividade*, que busca a participação do maior número de licitantes. É que, uma vez onerada a proposta, muitos dos possíveis interessados deixam de ingressar no certame, pois não conseguem manter o aparato econômico-financeiro adequado.[7]

16.2 O desate dessa questão não se opera através de raciocínio de exclusão. Importa ponderar ou equilibrar as vantagens e desvantagens de cada um dos argumentos, visto que só por esta via se alcança uma solução razoável (*princípio da razoabilidade*). A Administração Pública não abdica da proposta mais vantajosa e da participação de todos os possíveis interessados (*princípios da eficiência* e *da competitividade*) nem, tampouco, da prudência e da moderação (*princípio da indisponibilidade do interesse público*).

16.3 Faz-se necessário verificar a conveniência de se exigir a garantia dos licitantes.

É certo que para casos ordinários, em que não haja a possibilidade de solução de continuidade do serviço público, ou para aqueles de valor reduzido não é imperioso, nem razoável, que se onerem as propostas e se minimize a competição, compelindo os licitantes a apresentar a garantia.

Contudo, noutro delta, há casos delicados, que acarretam riscos para a Administração. Nestas hipóteses não se vislumbra óbice algum em requisitar a garantia das propostas.

A discricionariedade do agente administrativo em exigir a garantia, em qualquer modalidade, é limitada pelos princípios da eficiência e da competitividade. Conquanto a lei confira a ele a prerrogativa de exigi-

6. Hely Lopes Meirelles firmou posição: "Sempre combatemos essa exigência, por desnecessária e onerosa para todos os licitantes, pois, para punir faltosos, o Poder Público dispõe de sanções administrativas mais justas e eficazes" (*Licitação e Contrato Administrativo*, 11ª ed., atualizada por Eurico de Andrade Azevedo e Célia Marisa Prendes, São Paulo, Malheiros Editores, 1996, p. 182).

7. Marçal Justen Filho pondera:

"A prestação de garantia pelo particular envolve uma questão delicada. Sob um ângulo, a Administração deve cercar-se de todas as cautelas para evitar prejuízos ao patrimônio público. Isso significaria exigir do particular o fornecimento de garantias de indenização de eventuais danos. Portanto, a prestação da garantia é uma vantagem para a Administração.

"Sob outro enfoque, porém, a prestação de garantias representa um encargo econômico-financeiro para o particular. Para obter a garantia, é obrigado a desembolsar recursos. Em alguns casos, as dimensões desse encargo podem atingir valores muito elevados. Isso poderia inviabilizar a contratação porque o particular, muito embora em condições de desempenhar suas prestações, não disporia de recursos para arcar com os custos da garantia. Assim, a exigência de garantias vultosas poderia ser instrumento de impedimento à livre participação dos interessados. Como se não bastasse, o particular engloba, na formação de seus custos, os encargos necessários à obtenção da garantia. Sob essa abordagem, a garantia produz efeitos maléficos. Tanto reduz o número de licitantes como acarreta elevação dos custos para a Administração" (*Comentários* ..., 5ª ed., p. 479).

E em nota de rodapé, o mesmo autor assevera: "Como o custo econômico da garantia é repassado para a proposta, quem paga pela garantia, na prática, é a própria Administração" (idem, ibidem).

la ou não, tais princípios, ao imporem que a Administração obtenha a proposta mais vantajosa (menos onerosa) e que se fomente a participação do maior número de interessados, restringem a garantia às situações de risco, quer por se relacionarem a vultoso montante pecuniário, quer por comprometerem a continuidade do serviço público. Se não houver risco não há justificativa para se onerar as propostas e tolher a competição.[8]

V – Garantia adicional

17. Além da *garantia para a habilitação* econômico-financeira e da denominada *garantia básica*, a Lei 9.648/1998 acrescentou o § 2º ao art. 48 da Lei 8.666/1993, segundo o qual nas licitações de menor preço concernentes a obras e serviços de Engenharia, para aquelas propostas consideradas exeqüíveis, porém que não ultrapassam a 80% da média aritmética das propostas superiores a 50% do valor orçado ou, se for o caso, do próprio valor orçado, exige-se a prestação de *garantia adicional.*

Confira-se o exato teor da norma: "Dos licitantes classificados na forma do parágrafo anterior cujo valor global da proposta for inferior a 80% (oitenta por cento) do menor valor a que se referem as alíneas 'a' e 'b', será exigida, para a assinatura do contrato, prestação de garantia adicional, dentre as modalidades previstas no § 1º do art. 56, igual à diferença entre o valor resultante do parágrafo anterior e o valor da correspondente proposta".

17.1 Como visto, a garantia, conquanto acautele a Administração, onera as propostas e diminui a competição. Sob este prisma, ela só pode ser exigida em casos de risco, em que se faz necessário assegurar o cumprimento das propostas. Se assim o é, adicionar outra garantia, em tese, só pode ocorrer em casos realmente excepcionais, em que os riscos são crepitantes.

As propostas que variam entre 70% e 80% da média aritmética das propostas superiores a 50% do valor orçado, ou, conforme a situação, do próprio valor orçado, embora exeqüíveis, são concebidas, mediante *presunção legislativa*, como de altíssimo risco. Por este motivo é que, além da *garantia para a habilitação* (inciso III do art. 31) e da *básica* (art. 56), exsurge uma nova modalidade: trata-se da *garantia adicional*. Como o próprio nome indica, o licitante vê-se obrigado, para assinar o contrato, a adicionar outra garantia, além daquela ofertada na proposta.

18. A regra inserida no § 2º do art. 48 da Lei 8.666/1993 fomenta dúvidas e controvérsias tanto para apreender o significado de seu texto quanto para concebê-la em

8. O moderno especialista Antônio Carlos Cintra do Amaral assinala:

"A Lei 8.666/1993, em seu art. 56, dispõe que a Administração *poderá* exigir a prestação de garantia de execução contratual. Essa discricionariedade (liberdade) atribuída pela lei à Administração não é, porém, absoluta. Ela está condicionada à consideração sobre o grau de complexidade econômico-financeira de cada contrato específico.

"Deve existir uma relação de adequação entre as exigências de garantia de execução contratual e as características do caso concreto, em função de sua complexidade. Extrapola os limites legais (a) o agente público que inclui no edital exigências que frustrem o caráter competitivo da licitação, ferindo, assim, o disposto no art. 3º, § 1º, inciso I, da Lei. 8.666/1993; mas também (b) o que – diante de casos concretos em que flagrantemente o interesse público imponha certas precauções relativas à execução do contrato, mediante a exigência da prestação de garantia em valor compatível com o risco envolvido – se abstenha de efetuar tal exigência" (*Ato Administrativo, Licitações e Contratos Administrativos*, São Paulo, Malheiros Editores, 1996, p. 116).

Também Marçal Justen Filho delineia limites à discricionariedade do agente administrativo: "A lei remete à discricionariedade da Administração a exigência da garantia. Poderá (deverá) ser exigida apenas nas hipóteses onde se faça necessária. Quando não inexistirem riscos de lesão ao interesse público a Administração não precisará impor a prestação de garantia" (*Comentários ...*, 5ª ed., p. 479).

consonância aos princípios da licitação pública e às emanações constitucionais.

19. A primeira questão a ser solucionada atina à determinação, de acordo com a exata descrição da norma, de qual o *valor resultante do parágrafo anterior*, que será adotado para se calcular a garantia adicional.

Pondera Antônio Carlos Cintra do Amaral: "O 'valor resultante do parágrafo anterior' pode, em tese, ser entendido como a média aritmética das propostas apresentadas, ou 70% dessa média, que corresponde ao limite mínimo de aceitabilidade das propostas".[9]

19.1 O § 1º do art. 48 formula critério para se determinar qual a proposta inexeqüível. Todavia, da operação expressa no dispositivo *resulta* somente um valor, que é o menor entre a média aritmética dos valores das propostas superiores a 50% do valor orçado pela Administração e do próprio valor orçado pela Administração. O percentual de 70% sobre este montante não é resultado do § 1º, mas apenas o parâmetro a ser levado à comparação com ele.

19.2 Ressalte-se que se deve calcular a *diferença entre o valor resultante do parágrafo anterior e o valor da correspondente proposta*. Ora, a proposta, para ser considerada exeqüível, deve ser superior a 70% do valor resultante do § 1º. Desta feita, se o valor a ser tomado incide sobre 70%, a diferença apurada seria negativa, inviabilizando ou invertendo a garantia.

Tome-se o seguinte exemplo: a média aritmética é R$ 100.000,00 – e, por conseqüência, o valor correspondente a 70% desta média é R$ 70.000,00. Imagine-se que a proposta vencedora tenha apresentado o preço de R$ 75.000,00. Tendo em vista que o agente administrativo, como impõe o § 2º do art. 48, deve apurar a *diferença entre o valor resultante do parágrafo anterior e o valor da correspondente proposta*, caso o *valor resultante* fosse os 70%, ter-se-ia que subtrair R$ 75.000,00 de R$ 70.000,00, obtendo resultado negativo de menos R$ 5.000,00. A garantia de valor negativo é absolutamente irracional, não tem aplicação ou explicação.

A única solução plausível confirma que o *valor resultante do parágrafo anterior* é o menor daqueles previstos em suas alíneas "a" e "b". No exemplo ofertado apura-se a diferença entre R$ 100.000,00 e R$ 75.000,00, restando R$ 25.000,00.

19.3 Se, por meio de uma *quimera jurídica*, a garantia adicional fosse obtida da diferença entre R$ 75.000,00 e R$ 70.000,00, o valor dela seria de R$ 5.000,00. Note-se que para pôr uma pá-de-cal na questão, nesta hipótese, quanto menor o valor da proposta (mais próximo da inexeqüibilidade), menor o valor da garantia. Assim, inverter-se-ia, de uma vez por todas, qualquer propósito lógico. Se a proposta vencedora fosse de R$ 72.000,00 a garantia seria de apenas R$ 2.000,00, contra uma garantia de R$ 9.000,00 de um licitante com proposta de R$ 79.000,00.[10]

9. In Armando Verri Júnior (org.), *Licitações e Contratos Administrativos. Temas Atuais e Controvertidos*, São Paulo, Ed. RT, 1999, p. 84.

Para Marçal Justen Filho "a garantia deverá cobrir a diferença entre o valor da proposta e o limite mínimo de 80%" (*Comentários ...*, 5ª ed., p. 440).

No entanto, Antônio Carlos Cintra do Amaral, com acerto, refuta tal entendimento: "Não posso entender que 'o valor resultante do parágrafo anterior', ou seja, o valor resultante do § 1º do art. 48, seja 80%. Simplesmente porque esse valor de 80% somente aparece, na lei, *no § 2º do art. 48*. No § 1º desse artigo há menção a três valores, quais sejam: o menor valor entre a média aritmética das propostas (a) e o valor orçado pela Administração (b), 70% desse menor valor e 50% do valor orçado, percentual este último acima do qual as propostas devem ser consideradas para formação da média. Não existe, nesse § 1º, qualquer menção, explícita ou implícita, aos 80%" (in Armando Verri Júnior (org.), *Licitações ...*, p. 84).

10. Este último argumento é explorado com muita propriedade por Antônio Carlos Cintra do Amaral, concluindo ele, também, que o *valor resultante do parágrafo anterior* é o menor entre os

20. Outra dificuldade se ergue em face do agente administrativo, visto que o § 2º do art. 48 estabelece que a garantia adicional será *igual à diferença entre o valor resultante do parágrafo anterior e o valor da correspondente proposta*. Como questiona Antônio Carlos Cintra do Amaral: "'Igual à diferença' deve ser o *valor da garantia adicional* ou *o valor a ser adicionalmente garantido*?".[11]

20.1 Na mesma linha dos ensinamentos do supracitado autor, valendo-se de interpretação sistemática e dos princípios da proporcionalidade e da razoabilidade, a conclusão é a de que a diferença se refere ao valor a ser garantido, e não ao valor da garantia.

20.1.1 Quanto à interpretação sistemática, os §§ 1º e 2º do art. 56 limitam a garantia a 5% sobre o valor do contrato ou, em casos excepcionais, a 10%. É neste artigo que se encontram a regra e a exceção acerca da matéria, sem que se possa ultrapassar tais parâmetros. Daí que a garantia, mesmo que adicional, deve ser de 5% ou 10% do valor apurado.

20.1.2 O entendimento contrário é desproporcional e irrazoável. No exemplo aventado no subitem anterior a diferença obtida entre a proposta (R$ 75.000,00) e o valor resultante do § 1º (R$ 100.000,00) é de R$ 25.000,00. Se o proponente, além da garantia básica de 5%, que remonta R$ 3.750,00, tivesse que adicionar o valor desta diferença, o total da garantia seria de R$ 28.750,00 – o que corresponde a mais de 38% do montante da proposta. Veja-se a irrazoabilidade de se onerar a proposta em quase 40%, e, no mesmo plano, a desproporcionalidade entre a garantia básica de R$ 3.750,00 e a garantia adicional de R$ 25.000,00!

Portanto, a diferença entre o *valor resultante do parágrafo anterior* e a proposta vencedora é a base sobre a qual vai incidir a garantia. Ela vai ser calculada sobre este valor. Prosseguindo no exemplo, a garantia adicional será de 5% de R$ 25.000,00 – o que atinge R$ 1.250,00.

21. Afora as dificuldades de se apreender o sentido do dispositivo, o mesmo merece criticas por motivo de sua *in*conveniência e *in*adequação aos princípios que servem de pedestal à licitação pública e à Constituição Federal.

22. Perante essa nova modalidade de garantia contida na Lei da Licitação Pública podem-se imaginar dois perfis de licitantes, com comportamentos distintos, porém com conseqüências parecidas.

22.1 O licitante *prudente* certamente agrega à sua proposta o valor aproximado da garantia adicional. Acentue-se que é dificílimo ou, em muitas vezes, impossível ter uma noção do *quanto* se irá exigir para tal desiderato. Desta forma, o licitante, a fim de evitar prejuízos ou riscos que comprometam sua atividade, vai onerar a proposta ofertada, e, sem um parâmetro definido, é possível que esta vá bem acima do valor da pretensa garantia. Outrossim, não se afasta a hipótese de o licitante acrescer à sua proposta o montante aproximado da garantia adicional e ela não ser exigida, causando, para a Administração, gasto sem contrapartida alguma, categoricamente *ineficiente*.

22.2 O licitante *imprudente*, no afã de celebrar o contrato, não atenta à garantia adicional e deixa de inserir seu custo na proposta. Se a margem de lucro ofertada for reduzida, acrescendo-se a garantia adicional, corre-se o risco de se fulminar ou reduzir substancialmente o benefício a ser percebido por ele. Pode ocorrer, em casos extremos, que os custos se tornem superiores à contrapartida oferecida pela Administração, provocando – daí, sim – a inexeqüibilidade da proposta. E, advirta-se, não por culpa exclusiva do licitante, mas também por imposição da Administração.

Não se esqueça que proposta inexeqüível é sinônimo de serviço malfeito, resci-

previstos em suas alínea "a" e "b" (in Armando Verri Júnior (org.), *Licitações ...*, p. 84).

11. In Armando Verri Júnior (org.), *Licitações ...*, p. 86.

são de contrato, perdas e danos, solução de continuidade e, sobretudo, de máxima *ineficiência*.

23. A par desses efeitos não-desejáveis, note-se que, como ensina Hely Lopes Meirelles, "a Administração e os licitantes ficam sempre adstritos aos termos do pedido ou do permitido no instrumento convocatório da licitação, quer quanto ao procedimento, quer quanto à documentação, às propostas, ao julgamento ou ao contrato".[12]

Já Adílson Abreu Dallari sustenta: "O edital há de ser completo, de molde a fornecer uma antevisão de tudo que possa vir a ocorrer no decurso das fases subseqüentes da licitação. Nenhum licitante pode vir a ser surpreendido com coisas, exigências, transigências, critérios ou atitudes da Administração que, caso conhecidos anteriormente, poderiam afetar a formulação de sua proposta".[13]

O instrumento convocatório vincula todo o procedimento: esclarece as condições do futuro contrato, para que todos os interessados saibam dos encargos que a Administração exige, avaliem suas condições de suportá-los e formulem suas propostas.

23.1 É exatamente por isso que o *caput* do art. 56 da Lei 8.666/1993 determina que a garantia *básica* tem que estar prevista no instrumento convocatório.

23.2 Aliás, como se dessume do inciso XXI do art. 37 da Constituição Federal: "(...) as obras, serviços, compras e alienações serão contratadas mediante processo de licitação pública que assegure igualdade de condições a todos os concorrentes, *com cláusulas que estabeleçam obrigações de pagamento, **mantidas as condições efetivas da proposta*** (...)".[14]

23.3 Não se quer proibir variações contratuais em face do que foi posto no instrumento convocatório. O interesse público justifica alterações, podendo-se diminuir ou aumentar encargos, modificar especificações de projetos etc. O conteúdo da norma constitucional é no sentido de preservar a equação entre os custos e os benefícios da proposta. Em outras palavras, a relação entre os custos previstos no instrumento convocatório e os benefícios que o licitante se propõe auferir deve ser mantida. O contrato pode impor encargos não previstos no certame, mas, *pari passu*, é imprescindível que se repactue o valor da contrapartida que incumbe à Administração.

23.4 Sucede que o licitante não tem como prever a necessidade ou não de oferecer a garantia, e, por isso, não tem meios de incluir seu custo na proposta. A garantia adicional só é exigida para a assinatura do contrato, após ofertadas e classificadas as propostas, comparando uma a outra, de acordo com os critérios de cálculo já descritos.

Insiste-se que os interessados, para avaliarem suas condições de participar do certame, elaborar e oferecer suas propostas, precisam ter ciência do *quanto* se irá despender para se satisfazer o interesse público. É com base em tais esclarecimentos que se calculam os custos e os benefícios que podem ser obtidos com o contrato, determinando a participação do interessado, a qualidade do produto ou serviço ofertado e o respectivo preço.

A proposta é formulada de acordo com os dados que o licitante possui para elaborá-la. Se, com a análise do instrumento convocatório, o custo do licitante é de R$ 100.000,00, ele poderá oferecer proposta de R$ 110.000,00 ou de R$ 120.000,00, o que comporta certa margem de lucro. Contudo, é inviável que após a formulação da proposta, para celebrar o contrato, a Administração Pública, através da garantia adicional, eleve o custo do licitante sem contrapartida, aproximando ou equiparando à própria oferta e frustrando a expectativa de lucro.

23.5 Nesse caso, ofendem-se o princípio da vinculação ao instrumento convocatório e a proposição constitucional segundo a qual deve-se *manter as condições efeti-*

12. *Licitação* ..., 11ª ed., p. 31.

13. *Aspectos* ..., 4ª ed., p. 92.

14. Grifos nossos.

vas da proposta. O § 2º do art. 48 da Lei 8.666/1993, que se refere à própria garantia adicional, por violar a norma expressa no inciso XXI do art. 37 da Carta Magna, é eivado de inconstitucionalidade.

VI – Considerações finais

24. Reafirmando o propósito inicial deste ensaio de se analisar a questão das propostas inexeqüíveis e da garantia adicional em licitação pública sob as luzes dos princípios pertinentes, depreendem-se, objetivamente, as seguintes considerações:

24.1 A desclassificação de propostas inexeqüíveis encontra amparo nos princípios da indisponibilidade do interesse público, da eficiência e da competitividade. A licitação pública destina-se à satisfação *concreta* do interesse público, não bastando apenas propostas com preço reduzido ou com altíssima qualidade, requerendo, porém, acima de tudo, condições *concretas* de serem cumpridas.

24.2 O inciso X do art. 40, o § 3º do art. 44 e o inciso II do art. 48, todos dispositivos da Lei 8.666/1993, prevêem a desclassificação de propostas inexeqüíveis, devendo-se identificá-las mediante o cotejo da compatibilidade entre os custos e o preço praticado no mercado.

24.3 A Lei 9.648 introduziu o § 1º ao art. 48 da Lei 8.666/1993 com o fito de estabelecer critério objetivo para avaliar a inexeqüibilidade das propostas. Segundo seus ditames, a proposta inexeqüível é aquela que não ultrapassa 70% do menor valor entre a média aritmética das propostas acima de 50% do valor orçado pela Administração e o próprio valor orçado.

Esse mecanismo criado pelo legislador não passa de *presunção relativa*, uma vez que todos têm direito de participar da licitação e que a Administração Pública tem o dever de buscar a melhor proposta. Cabe ao licitante fazer a prova da exeqüibilidade de sua oferta, inclusive requerendo diligências (§ 3º do art. 43).

24.4 A garantia em licitação pública, por um lado, assegura a proposta e, por outro, a onera e restringe a competição. Desta relação de benefícios e malefícios infere-se que a discricionariedade do agente administrativo em exigi-la é limitada pela ocorrência de situações de risco, quer por envolverem elevado valor, quer por acarretarem solução de continuidade do serviço público.

24.5 Além da *garantia para a habilitação* e da *garantia básica*, a Lei 9.648/1998 acrescentou ao art. 48 da Lei 8.666/1993 o § 2º, criando a *garantia adicional*. Esta incide sobre as propostas exeqüíveis que não forem superiores a 80% do valor resultante do § 1º do mesmo artigo.

24.6 O dispositivo não é claro, sendo que duas dúvidas emergem à sua exata apreensão.

Em primeiro lugar, é necessário precisar qual o valor resultante do § 1º do art. 48, já que o mesmo faz remissão ao menor dos valores encartados nas alíneas "a" e "b" e, também, a 70% deste valor. Nesta linha de raciocínio, o único valor resultante é o menor entre as alíneas "a" e "b", haja vista que o montante de 70% deles é tão-só parâmetro para verificar a proposta inexeqüível. Agrega-se que este valor tem que ser maior do que os 70%, pois é dele que se subtrai o montante sujeito à garantia adicional. Enfim, adotando-se entendimento oposto, quanto menor o valor da proposta, tanto menor é o valor da garantia – o que não responde ao princípio da razoabilidade.

Em segundo lugar, pela literalidade da regra, não se sabe se a garantia é o valor da diferença apurada, ou se sobre esse valor é que vai incidir a garantia. Valendo-se de interpretação sistemática, vê-se que o art. 56 da lei em apreço limita o valor da garantia em 5% e 10% do valor do contrato. Por isso, a diferença resultante é a base para se calcular a porcentagem da garantia, além do quê seria irrazoável e desproporcional coagir o licitante a oferecê-la no valor total da diferença.

24.7 Afora os desencontros operacionais, saliente-se que o dispositivo viola o princípio da vinculação ao instrumento convocatório e a intangibilidade da equação econômico-financeira. Os licitantes não têm meios para prever o montante da garantia adicional, desequilibrando a relação entre os custos da proposta e a contrapartida que toca à Administração.

VII – Referências bibliográficas

CAETANO, Marcello. *Princípios Fundamentais do Direito Administrativo*. Rio de Janeiro, Forense, 1977.

CINTRA DO AMARAL, Antônio Carlos. *Ato Administrativo, Licitações e Contratos Administrativos*. São Paulo, Malheiros Editores, 1996.

DALLARI, Adilson Abreu. *Aspectos Jurídicos da Licitação*. 4ª ed. São Paulo, Saraiva, 1997.

JUSTEN FILHO, Marçal. *Comentários à Lei de Licitações e Contratos Administrativos*. 5ª ed. São Paulo, Dialética, 1998.

LIMA, Cirne. *Princípios de Direito Administrativo*. 5ª ed. São Paulo, Ed. RT, 1982.

MEIRELLES, Hely Lopes. *Licitação e Contrato Administrativo*. 11ª ed., atualizada por Eurico de Andrade Azevedo e Célia Marisa Prendes. São Paulo, Malheiros Editores, 1986.

VERRI JÚNIOR, Armando (org). *Licitações e Contratos Administrativos. Temas Atuais e Controvertidos*. São Paulo, Ed. RT, 1999.

O DOMÍNIO DA UNIÃO SOBRE TERRAS DEVOLUTAS

NILMA DE CASTRO ABE

Mestranda da PUC/SP

1. Introdução. 2. Conceito de terras devolutas. 3. O direito de propriedade no Código Civil. 4. O domínio da União sobre terras devolutas. 5. Conclusão. 6. Bibliografia.

1. Introdução

A Constituição Federal/1988 dispõe que figuram dentre os bens da União as terras devolutas indispensáveis à defesa das fronteiras, às fortificações e construções militares, às vias federais de comunicação e à preservação ambiental, definidas em lei (art. 20, II). Esse dispositivo constitucional revela que as terras devolutas são atribuídas à União – o que nos leva a refletir a respeito da natureza jurídica do vínculo que estabelece esta apropriação.

O presente trabalho tem como objetivo debater a natureza jurídica dos poderes da União sobre suas terras devolutas e sugerir, através de uma definição de terras devolutas, que eles não se caracterizam como os concedidos pelo direito de propriedade privada, sendo melhor entendidos como de natureza pública, e assim disciplinados pelo direito público.

2. Conceito de terras devolutas

Em nosso país a história das terras devolutas começa com a descoberta do Brasil. Quando Portugal se apropriou do território brasileiro as terras do além-mar passaram a pertencer ao Estado, e assim permaneceram entre 1500 e 1530, período em que praticamente não houve colonização.

Diante da necessidade de colonizar a nova possessão, a Coroa Portuguesa decide dividir o território nacional em largos lotes de terra, concedidos pela Coroa Portuguesa por meio de Cartas de Doação;[1] e, por serem inalienáveis e transmissíveis hereditariamente, denominavam-se *capitanias hereditárias*.

O capitão-donatário possuía principalmente poderes políticos sobre a capitania, de jurisdição e de governo, caracterizando-se mais como um delegado do Rei, pois tinha o dever de tornar as terras produtivas e não exercia direito de propriedade sobre toda a extensão da capitania, embora exercesse direito de propriedade pleno, imediato e pessoal sobre determinada porção de terra.[2]

1. Ismael Marinho Falcão, *Direito Agrário Brasileiro: Doutrina, Jurisprudência, Legislação e Prática*, Bauru/São Paulo, Edipro, 1995, pp. 31-32.

2. Costa Porto, "A propósito de terras devolutas", *Cadernos da UnB*, Brasília, UnB, 1978, pp. 26-27.

Dentre os poderes do capitão estava o de conceder sesmarias, transmitindo gratuitamente o domínio útil da terra para o colono, denominado *sesmeiro*, o qual teria a obrigação de demarcá-la, ocupá-la e nela realizar atividades produtivas por um determinado período de tempo, assim como pagar o foro.[3] O donatário possuía poderes concorrentes ao do Rei, que efetuava doações independentemente das concessões feitas pelo capitão.[4]

O cumprimento das obrigações gerava a *confirmação* posterior do Rei ou do capitão, adquirindo o sesmeiro a propriedade da terra. Não se confirmando o adimplemento de seus deveres, o sesmeiro sofria a pena de "comisso", caducando a concessão da sesmaria e causando a devolução das terras ao patrimônio devoluto da capitania.[5] A implantação do sistema de sesmarias revela a transferência de terras da Coroa Portuguesa para o particular, iniciando, em conjunto com as capitanias hereditárias, a formação da propriedade privada no Brasil.

O sistema de sesmarias foi suspenso pelo Ato Imperial 76/1822, e até 1850 houve um vazio legislativo, em razão da ausência de normas definidoras da apropriação de terras, fossem elas públicas ou privadas. Isto levou a que a ocupação rural naquele período acontecesse de forma desordenada, resultando num verdadeiro avanço dos particulares sobre as terras públicas.[6]

Com a edição da Lei 601/1850 tal situação foi modificada. Um dos principais objetivos foi o de impedir o avanço das ocupações sobre as terras do Estado Brasileiro, separando-as definitivamente das terras privadas. Para tanto, esta lei revalidou as sesmarias caídas em comisso ou as outras concessões realizadas pelo Governo, e legitimou as posses em curso, condicionando-as, porém, aos requisitos de *cultura efetiva* e *morada habitual* (arts. 4º e 5º da Lei 601/1850). *Dispondo sobre o passado*, e prescrevendo sobre o *futuro*, aboliu a legitimação de posses daí em diante,[7] proibindo aquisições de terras devolutas por outro título que não o de compra (art. 1º da Lei 601/1850). Com essa providência o Poder Público procurou tanto viabilizar um controle sobre o território nacional como proteger as terras públicas, resguardando-as de uma ocupação desenfreada e desordenada.

Com o mesmo intento, um conceito de terras devolutas é introduzido pela lei referida. Inicialmente o termo "terras *devolutas*" indicava as terras *devolvidas* pelos sesmeiros à Coroa Portuguesa em razão do descumprimento das suas obrigações. No entanto, a linguagem popular foi introduzindo no conceito de *devoluta* a idéia de terra não aproveitada, ociosa, não explorada.[8]

A primeira definição legal do instituto das terras devolutas – introduzido pela Lei 601/1850 – consagra esse entendimento, integrando ao conceito tanto *as terras*" '*devolvidas*" pelos particulares que descumpriram os requisitos para sua aquisição como também *as terras públicas não afetadas a um uso público* – incluindo nessa última categoria seja as terras já delimitadas, seja aquelas que nunca foram ocupadas ou discriminadas, sempre permanecendo no domínio do Estado. Ficaram excluídas do conceito de *terras devolutas* as terras pertencen-

3. Fábio Alves, *Direito Agrário – Política Fundiária no Brasil*, Belo Horizonte, Del Rey, 1995, p. 37.

4. Ismael Marinho Falcão, *Direito Agrário Brasileiro: ...*, p. 159.

5. Idem, ibidem.

6. Idem, ibidem, p. 44.

7. Tupinambá Miguel Castro do Nascimento, *Introdução ao Direito Fundiário*, Porto Alegre, 1985, p. 17.

8. Costa Porto ensina: "Com o decorrer dos tempos, diluída a idéia primitiva de devolução, em decorrência do inaproveitamento, generalizou-se a praxe de considerar devoluta a terra simplesmente não aproveitada, não ocupada, não trabalhada, não aplicada a algum uso – público ou particular; fenômeno que teria o coroamento consagrador na Lei 601, de 18.9.1850" ("A propósito ...", *Cadernos da UnB*, 1978, p. 10).

tes aos particulares e as terras públicas afetadas a um uso público federal, estadual ou municipal.

Este entendimento foi mantido pelo Decreto-lei 9.740, de 5.9.1946, que aprimorou o conceito de *terras devolutas*, mantendo a mesma técnica de definição através da exclusão. Ele eliminou do conceito de terras devolutas as *terras próprias*, que são as terras públicas registradas – portanto, delimitadas – que não estavam afetadas a qualquer uso público.[9]

Assim, permanecem no conceito de *terras devolutas* as terras "devolvidas" pelos particulares e as terras desocupadas, vagas, que permaneceram no domínio do Estado, ambas não discriminadas, não delimitadas. A característica mais marcante da devolutividade é a *indeterminação física do bem* – ou seja, as terras devolutas não são determinadas, e sim *determináveis*, via procedimento discriminatório, regulado hoje pela Lei 6.383, de 7.12.1976.

Propomos ser justamente esse caráter peculiar das terras devolutas que aponta a impossibilidade de se caracterizar a natureza jurídica do vínculo existente entre a União e seu patrimônio devoluto como um direito de propriedade traçado no Código Civil. De fato, o direito de propriedade tal como delineado no Código Civil é insuficiente para a titularidade da União sobre terras devolutas, conforme veremos a seguir.

3. O direito de propriedade no Código Civil

O Código Civil Brasileiro estabelece que a propriedade privada constitui-se no direito de usar, gozar e dispor dos bens e de reavê-los de quem quer que injustamente os possua (art. 524).

Na lição de Washington de Barros Monteiro o *direito de usar* compreende o de exigir da coisa todos os serviços que ela pode prestar, sem alterar-lhe a substância. O *direito de gozar* consiste em fazer frutificar a coisa e auferir-lhe os produtos. O *direito de dispor* – o mais extenso dos três – consiste no poder de consumir a coisa, de aliená-la, de gravá-la de ônus e de submetê-la ao serviço de outrem.[10]

O *direito de reaver* o bem de quem injustamente o possui é exercido por meio da ação reivindicatória, visando o titular do domínio à restituição da coisa, pois se encontra perdido o *jus possessionis*, uma vez que o bem se encontra indevidamente na posse de outrem.

O direito de propriedade privada caracteriza-se como um direito absoluto, exclusivo e irrevogável. É *absoluto* não somente porque pode ser oponível *erga omnes*, mas também porque constitui-se no mais extenso e completo de todos os direitos reais, o que lhe dá um conteúdo de plenitude.[11] É *exclusivo* porque exclui de terceiros exercer sobre a coisa qualquer dominação. É *irrevogável*, ou perpétuo, no sentido de que subsiste independentemente de exercício, enquanto não sobrevier causa legal extintiva.

Ressalte-se que o caráter absoluto da propriedade não se coaduna mais com os tempos atuais, e por isso mesmo vem sofrendo inúmeras limitações, por meio de leis administrativas, leis ambientais e da própria Constituição Federal, em favor dos interesses da sociedade e da coletividade.

Além disso, a Constituição/1988 prescreve que a propriedade atenderá à sua função social (art. 5º, XXIII), implicando a reconfiguração do direito de propriedade, na

9. Decreto-lei 9.740/1946: "Art. 5º. São devolutas, na faixa de fronteira, nos Territórios Federais e no Distrito Federal, *as terras que, não sendo próprias* nem aplicadas a algum uso público federal, estadual ou municipal, não se incorporam ao domínio privado" (o grifo é nosso).

10. *Curso de Direito Civil – Direito das Coisas*, São Paulo, Saraiva, 1994, p. 91.

11. Arnaldo Rizzardo, *Direito das Coisas*, v. I, Rio de Janeiro, Aide, 1991, p. 287.

medida em que o uso deve ser exercido a fim de atender não apenas aos interesses do proprietário (interesse individual), mas também aos interesses dos demais participantes da sociedade (interesses coletivos).[12] O não-exercício do direito de uso nesses termos pode levar à perda da propriedade pela desapropriação (arts. 182, § 2º, e 184 da CF/1988).

Assim, o traço da *perpetuidade* sofre um abalo nessa nova configuração da propriedade no Brasil, onde a não-destinação do bem à função social acarreta a transferência compulsória do domínio.

Após esse breve elenco dos elementos constitutivos e das características do direito de propriedade, faremos um contraste entre os poderes do titular do direito de propriedade privada e os poderes que a União exerce sobre as terras devolutas.

4. O domínio da União sobre terras devolutas

Em primeiro lugar, *a forma de aquisição* das terras devolutas pelo Estado contrasta com a forma de aquisição regulada pelo direito privado, pelo qual só se adquire o direito de propriedade imóvel pela transcrição do título no Registro de Imóveis, pela acessão, pelo usucapião, pelo direito hereditário (art. 530 do CC), além de casos excepcionais, como, por exemplo, o casamento.

As terras devolutas caracterizam-se como um instituto de direito público, e sua *aquisição pelo Poder Público decorreu de lei*, sendo mantida a titularidade pelas Constituições, independentemente do exercício de um poder de fato (posse) ou da aquisição de outro título de propriedade, dispensando qualquer outra formalidade.

12. Gustavo Tepedino, "Contornos constitucionais da propriedade privada", *Revista de Direito Comparado* 2/243, n. 2, março/1998.

De fato, a primeira Constituição Federal republicana, promulgada em 24.2.1891,[13] sob a influência do ideal federalista, destinou aos Estados-membros as terras devolutas situadas dentro de seus respectivos territórios, reservadas à União somente aquelas consideradas indispensáveis. Esta orientação constitucional persistiu na Constituição Federal/1934 (art. 21, I), na Constituição Federal/1937 (art. 37, "a") e na Constituição Federal/1946 (art. 34, II).

Com a promulgação da Constituição Federal em 24.1.1967 há uma modificação quanto aos bens sob domínio público, na medida em que pertenceriam à União "a porção de terras devolutas indispensáveis à defesa nacional ou essencial ao seu desenvolvimento econômico" (art. 4º), e aos Estados seriam reservadas tão-somente "as terras devolutas não compreendidas no artigo anterior" (art. 5º). Ocorreu, portanto, uma profunda alteração no domínio das terras devolutas, na medida em que se permitiu à União a aquisição de quaisquer porções destas terras que fossem indispensáveis à *defesa nacional* ou essenciais ao seu *desenvolvimento econômico*.[14]

13. O art. 64 prevê que "pertencem aos Estados as minas e as terras devolutas situadas nos seus respectivos territórios, cabendo à União somente a porção de território que for indispensável para a defesa das fronteiras, fortificações, construções militares e estradas de ferro federais".

14. Em relação a esta alteração alerta Costa Porto: "Aparentemente de pequeno alcance, a diferença de linguagem finda acarretando um mundo de conseqüências da maior amplitude. As terras devolutas, insistamos, continuam pertencendo aos Estados, podendo, entretanto, a União apropriar-se daquelas porções julgadas indispensáveis não apenas à defesa – e defesa das fronteiras – mas à segurança – que diz muito mais que defesa – e segurança de toda a Nação – ou do 'essencial' não somente ao desenvolvimento econômico, mas ao desenvolvimento *tout court* – econômico, social, político, institucional, 'espiritual', quase um novo 'o céu é o limite'" ("A propósito ...", *Cadernos da UnB*, 1978, p. 13).

Sob a alegação de serem indispensáveis à defesa nacional ou essenciais ao seu desenvolvimento econômico, passaram a integrar o domínio da União as terras devolutas que anteriormente pertenciam aos Estados, restando-lhes apenas aquelas que estavam no seu domínio e que não foram adquiridas pela União. Ressalte-se que este regime foi mantido pela Carta Constitucional de 17.10.1969 (art. 4º, I).

A Constituição Federal/1988 modificou novamente o domínio das terras devolutas, incluindo entre os bens da União "as terras devolutas *indispensáveis* à defesa das fronteiras, das fortificações e construções militares, das vias federais de comunicação e à preservação ambiental, definidas em lei" (art. 20, II); e entre os bens dos Estados "as terras devolutas não compreendidas entre as da União" (art. 26, IV). Assim, na vigência da atual ordem constitucional pertencem à União as terras devolutas indispensáveis para a realização dos fins enumerados no art. 20, II, e aquelas que já pertenciam à União em razão da aquisição realizada sob a vigência da Constituição anterior.

Em razão da *indeterminação das terras devolutas* a União não pode exercer os direitos de uso e gozo com base na legislação privada, o que afasta a possibilidade de afetação administrativa das terras devolutas a um uso público. Embora a Constituição indique os fins a que se destinam as terras devolutas federais, o dispositivo constitucional, por si só, não autoriza a implementação de uma atividade administrativa concreta naquele imóvel, pois seu manejo para este objetivo é obstado diante da *indeterminação física* do bem.

Somente após a discriminação de terras devolutas torna-se possível a ocupação administrativa, e a conseqüente afetação a um uso público. Todavia, há que lembrar que neste estágio não teremos mais terras devolutas, mas sim *terras próprias*, determinadas.

O direito de dispor do bem, que é um dos principais traços característicos do domínio, também não poderá ser exercido pela União em sua total extensão. Especialmente a alienação das terras devolutas aos particulares exigirá prévia discriminação, em virtude da impossibilidade de a Administração Pública transferir um bem indeterminado a estes sujeitos. Note-se que pela legislação atual o particular não terá legitimidade ativa para propor ação discriminatória para determinar a terra (art. 18 da Lei 6.383/1976).

Todavia, convém lembrar que pode acontecer de a União, que dispõe legislativamente dos institutos jurídicos, alienar terras devolutas para um Estado-membro através de lei e sem a necessidade de prévia discriminação. Ressalvada essa hipótese, conclui-se que o poder de disposição da União tal como entendido no Código Civil – isto é, o poder de consumir a coisa, de aliená-la, de gravá-la de ônus e de submetê-la ao serviço de outrem – é muito limitado.

A despeito dos inúmeros institutos previstos no ordenamento jurídico justamente para que a União possa realizar a gestão de seus bens imóveis, tais como concessão de uso (art. 189 da CF/1988 e Decreto-lei 9.740/1946), concessão de direito real de uso (Decreto-lei 271/1967), aforamento (Lei 9.636/1998), arrendamento (Lei. 4.504/1964, Decreto-lei 9.740/1946), cessão de uso (Lei 9.636/1998), venda (Lei 4.504/1964 e Lei 9.636/1998), doação (Lei 9.636/1998), legitimação de posse (Lei 6.383/1976) e regularização de posse (Lei 4.504/1964) – para citarmos os principais –, a natureza das terras devolutas impede o exercício dos poderes estabelecidos pela lei civil de usar e dispor do bem apropriado.

A *indeterminação* das terras devolutas também impede o exercício do *direito de reaver* o bem de quem injustamente o possui, por meio da ação reivindicatória, a qual apresenta três pressupostos para sua interposição: a propriedade atual do titular, a posse injusta do possuidor e a *individuação do imóvel reivindicado*. Esse último requisito implica a descrição completa do bem, com seus limites e confrontações, indicando a área e a localização.

A ação reivindicatória tem como objetivo retomar a posse do bem para o proprietário, a fim de que exerça o uso com exclusividade, excluindo terceiros. Ora, como pode a União excluir terceiros do uso de um bem que não está determinado?

Propomos, assim, que a titularidade da União sobre as terras devolutas não se explica pelo instituto da propriedade privada, pois trata-se de apropriação pública, que se aproxima do exercício de um domínio eminente, entendido pela doutrina como exercício de um poder soberano (político) sobre o seu território.[15] De fato, a União não exerce sobre terras devolutas os poderes privados de uso, gozo e disposição, e sim um *poder de controle sobre o exercício da posse do território nacional.*

Isto explica ser a ocupação de terras devolutas disciplinada pela Lei 6.383, de 7.12.1976, a qual dispõe sobre o processo discriminatório de terras devolutas da União, que será administrativo ou judicial.

O processo discriminatório administrativo será instaurado por comissões especiais constituídas de três membros: um bacharel em Direito do Serviço Jurídico do Instituto de Colonização e Reforma Agrária (INCRA), um engenheiro agrônomo e um funcionário que exercerá as funções de secretário. As comissões especiais serão criadas por ato do Presidente do INCRA e terão jurisdição e sede estabelecidas no respectivo ato de criação, ficando seus presidentes investidos dos poderes de representação da União, para promover o processo discriminatório administrativo (art. 2º da Lei 6.383/1976).

A comissão especial instruirá inicialmente o processo com memorial descritivo da área, no qual constarão: I – o perímetro com suas características e confinâncias, certas ou aproximadas, aproveitando, em princípio, os acidentes naturais; II – a indicação de registros da transcrição das propriedades; III – o rol das ocupações conhecidas; IV – o esboço circunstanciado da gleba a ser discriminada ou seu levantamento aerofotogramétrico; V – outras informações de interesse (art. 3º da Lei 6.383/1976). Nessa etapa inicial a comissão especial deverá indicar com precisão a área que será objeto do processo discriminatório administrativo.

O presidente da comissão especial convocará os interessados para apresentarem, no prazo de 60 dias e em local a ser fixado no edital de convocação, seus títulos, documentos, informações de interesse e, se for o caso, testemunhas (art. 4º da Lei 6.383/1976). A comissão autuará e processará a documentação recebida de cada interessado, em separado, de modo a ficarem bem caracterizados o domínio ou a ocupação com suas respectivas confrontações (art. 5º da Lei 6.383/1976).

Encontradas ocupações, legitimáveis ou não, serão lavrados os respectivos termos de identificação, que serão encaminhados ao órgão competente do INCRA para providências cabíveis (art. 9º da Lei 6.383/1976).

Conferir a legitimação da posse é um dever do Poder Público sempre que as ocupações preencherem os requisitos da cultura efetiva e morada habitual em área de até 100ha e o ocupante não for titular de imóvel rural (art. 29 da Lei 6.383/1976).

A legitimação consiste no fornecimento de uma *Licença de Ocupação* – LO, pelo

15. Rodrigo Octávio ensinou que o domínio eminente nada mais é do que a manifestação do poder soberano do Estado sobre as coisas que se acham em seu território (*Do Domínio da União e dos Estados segundo a Constituição Federal*, São Paulo, Livraria Acadêmica Saraiva, 1924, p. 32).

No mesmo sentido é a lição de Hely Lopes Meirelles: "O domínio eminente é o poder político pelo qual submete à sua vontade todas as coisas do seu território. É uma das manifestações da soberania interna; não é direito de propriedade. Como expressão da soberania nacional, não encontra limites senão no ordenamento jurídico-constitucional estabelecido pelo próprio Estado" (*Direito Administrativo Brasileiro*, São Paulo, Malheiros Editores, 1997, pp. 433-434).

prazo mínimo de quatro anos, findo o qual o ocupante terá a *preferência para a aquisição* do lote, pelo valor histórico da terra nua, satisfeitos os requisitos de morada permanente e cultura efetiva e comprovada sua capacidade para desenvolver a área ocupada. Esse instituto torna lícita a posse daquele que cumpre os requisitos mencionados e cuja formalização se dá através de um documento expedido pelo Poder Público, denominado *Licença de Ocupação*.

A legitimação de posse estabelece um conjunto de *direitos* e *deveres* ao ocupante. São *direitos* do ocupante: a) permanecer no exercício da posse que não se caracteriza como contrária ao Direito; b) após o período de mais de quatro anos, terá o direito de preferência para adquirir a propriedade. Não se trata do direito de obter a propriedade, mas apenas o direito de obter antes do que qualquer outro, pelo simples motivo de ter trabalhado na terra; c) até 100ha adquire a terra pelo seu valor histórico, acima dessa área adquire pelo valor atual da terra nua; d) acesso a financiamentos concedidos pelas instituições financeiras integrantes do Sistema Nacional de Crédito Rural; e) possibilidade de obter garantia do INCRA para o cumprimento das obrigações assumidas pelo ocupante perante as instituições de crédito; f) a indenização das benfeitorias no caso de a União, por necessidade ou interesse público, imitir-se na posse do imóvel, promovendo o cancelamento da LO e a desocupação do imóvel; g) o direito à instalação em outra gleba da União, computados os prazos de morada habitual e cultura efetiva da antiga ocupação, no caso de desocupação do imóvel em razão de necessidade ou interesse público.

Também têm *deveres* previstos em lei, cujo inadimplemento acarreta o cancelamento da LO, a desocupação do imóvel e a arrecadação das terras para o patrimônio da União. São os deveres dos ocupantes: a) cultura efetiva; b) morada habitual; c) inexistência de título de propriedade de imóvel rural; d) impedimento de transferir por ato *inter vivos*, negociar ou penhorar a LO, que é um título provisório, intransferível, inegociável e não passível de penhora ou arresto; e) pagamento do valor histórico da terra nua para aquisição de área até 100ha, e pagamento do valor atual da terra para aquisição de área superior a 100ha.

O cancelamento da LO pelo Poder Público pode decorrer: a) do descumprimento das obrigações do posseiro, acarretando a imediata imissão na posse, sem indenização das benfeitorias, e extinguindo o direito do particular de ser removido para outra gleba; b) da *necessidade* ou *utilidade pública*, originando para o posseiro o direito à indenização das benfeitoria úteis e necessárias, bem como a remoção para outra gleba (art. 31 da Lei 6.383/1976).

Alerte-se que neste último caso a autorização para a União promover o cancelamento da LO e a remoção do ocupante da gleba pública decorre da *necessidade* e *utilidade pública*, permitindo à União um poder de gerenciar o uso do território nacional.

Assim sendo, verifica-se que por meio do instituto das terras devolutas a União exerce um controle sobre o território nacional, não para guardar para si terras públicas para benefício próprio, tanto que a ocupação de terras devolutas pode ser legitimada, mas sim para garantir à União o exercício de um poder soberano sobre o território nacional.

Encerrado o processo discriminatório, o INCRA providenciará o registro, em nome da União, das terras devolutas discriminadas, definidas em lei, como bens da União (art. 13 da Lei 6.383/1976). A partir do registro as terras devolutas tornam-se terras próprias e determinadas.

5. Conclusão

Em nosso país permanece em vigor o instituto das terras devolutas, em razão de a Constituição/1988 incluir dentre os bens da União "as terras devolutas *indispensáveis* à defesa das fronteiras, das fortificações e construções militares, das vias federais de comunicação e à preservação ambiental, definidas em lei" (art. 20, II), e entre os bens dos Estados "as terras devolutas não compreendidas entre as da União" (art. 26, IV).

Terras devolutas são bens públicos *determináveis*, formadas pelas terras que permaneceram no domínio público porque nunca foram ocupadas e as "devolvidas" ao Poder Público pelos particulares que descumpriram as condições para a aquisição do título de propriedade definitivo, ambas não discriminadas e não delimitadas.

A característica mais marcante da devolutividade é a *indeterminação física do bem*, ou seja, as terras devolutas não são determinadas, e sim *determináveis*, via processo discriminatório, regulado pela Lei 6.383, de 7.12.1976.

Esse traço aponta a dificuldade em caracterizar a natureza jurídica do vínculo existente entre a União e seu patrimônio devoluto como um direito de propriedade traçado no Código Civil.

A titularidade da União sobre terras devolutas não se explica pelo instituto da propriedade privada tal como delineado no Código Civil, pois trata-se de propriedade pública, que se aproxima do exercício de um domínio eminente, entendido pela doutrina como exercício pelo Poder Público de um poder soberano (político) sobre o seu território.

Competem à União, por meio do INCRA, a iniciativa do processo discriminatório de terras devolutas na esfera administrativa e também a legitimidade ativa para propor a ação discriminatória, demonstrando que compete à União *um controle*, desde o início, sobre o processo que delimitará as terras devolutas e, em última instância, um controle sobre o território nacional (arts. 2º e 18 da Lei 6.383/1976).

A possibilidade de legitimar posses no processo discriminatório também traduz que o objetivo desse procedimento não é reter terras na mão da União para proveito próprio, e sim possibilitar um *poder de controle sobre o exercício da posse sobre o território nacional*. Trata-se de verdadeiro vínculo jurídico de natureza pública – e, portanto, disciplinado pelo direito público.

Com a realização do processo discriminatório a terra devoluta é delimitada e torna-se terra própria, revelando a provisoriedade do instituto das devolutas, indicando que existe no ordenamento jurídico pátrio para viabilizar um controle sobre a ocupação das terras nacionais.

6. Bibliografia

ALVES, Fábio. *Direito Agrário – Política Fundiária no Brasil*. Belo Horizonte, Del Rey, 1995.

MEIRELLES, Hely Lopes. *Direito Administrativo Brasileiro*. São Paulo, Malheiros Editores, 1997.

MONTEIRO, Washington de Barros. *Curso de Direito Civil – Direito das Coisas*. São Paulo, Saraiva, 1994.

NASCIMENTO, Tupinambá Miguel Castro do. *Introdução ao Direito Fundiário*. Porto Alegre, Sérgio Antônio Fabris Editor, 1985.

OCTÁVIO, Rodrigo. *Do Domínio da União e dos Estados segundo a Constituição Federal*. São Paulo, Livraria Acadêmica Saraiva, 1924.

PORTO, Costa. "A Propósito de terras devolutas". *Cadernos da UnB Brasília*. Brasília, UnB, 1978.

RIZZARDO, Arnaldo. *Direito das Coisas*. v. I. Rio de Janeiro, Aide, 1991.

TEPEDINO, Gustavo. "Contornos constitucionais da propriedade privada". *Revista de Direito Comparado* 2. N. 2. Março/1998.

Impressão e acabamento:
GRÁFICA PAYM
Tel. (011) 4392-3344